Analecta Gregoriana

Cura Pontificiae Universitatis Gregorianae edita
Vol. 114. Series Facultatis Theologicae: sectio B, n. 36

P. Luigi BINI S. J.

L'INTERVENTO DI OSCAR CULLMANN NELLA DISCUSSIONE BULTMANNIANA

LIBRERIA EDITRICE DELL'UNIVERSITÀ GREGORIANA
PIAZZA DELLA PILOTTA, 4 - ROMA
1961

IMPRIMI POTEST

Romae, die 9 septembris 1961.

R. P. Paulus Muñoz Vega, S. I.
Rector Universitatis

IMPRIMATUR

E Vicariatu Urbis, die 15 septembris 1961.

† Aloysius, *Card. Provicarius*

TYPIS PONTIFICIAE UNIVERSITATIS GREGORIANAE - ROMAE

SIGLE

AAS = *Acta Apostolicae Sedis*
ChZ = *Christus und die Zeit* (O. CULLMANN)
DBS = *Dictionnaire de la Bible*, Supplément
DThC = *Dictionnaire de Théologie Catholique*
EThL = *Ephemerides Theologicae Lovanienses*
FGM = *Formgeschichtliche Methode*
FGSch = *Formgeschichtliche Schule*
GV = *Glauben und Verstehen* (R. BULTMANN)
KM = *Kerygma und Mythos*
NRTh = *Nouvelle Revue Théologique*
PG = *Patrologia Graeca* (MIGNE)
PL = *Patrologia Latina* (MIGNE)
RB = *Revue Biblique*
RGG = *Religion in Geschichte und Gegenwart*
RGSch = *Religionsgeschichtliche Schule*
RHE = *Revue d'Histoire Ecclésiastique*
RHPhR = *Revue d'Histoire et de Philosophie Religieuse*
RSPhTh = *Revue des Sciences Philosophiques et Théologiques*
RSR = *Recherches de Sciences Religieuses*
RThom = *Revue Thomiste*
RThPr = *Revue de Théologie Protestante*
ThBl = *Theologische Blätter*
ThLZ = *Theologische Literaturzeitung*
ThWNT = *Theologisches Wörterbuch zum Neuen Testament*
ThZ = *Theologische Zeitschrift* (Basel)
VbC = *Verbum Caro*
ZKTh = *Zeitschrift für Katholische Theologie*

ABBREVIAZIONI

1) OPERE DI OSCAR CULLMANN:

Christologie = *Die Christologie des NT.*
Die Taufflehre = *Die Tauflehre des NT. Erwachsenen- und Kindertaufe.*
Immortalité = *Immortalité de l'âme ou résurrection des morts?*
Königsherrschaft = *Königsherrschaft Christi und Kirche im NT.*
Le Mythe = *Le Mythe dans les écrits du NT.*
Le retour = *Le retour du Christ, espérance de l'Eglise selon le NT.*

Les sacrements = *Les sacrements dans l'évangile johannique.*
Tradition = *La Tradition. Problème exégétique, historique et théologique.*
Urchristentum = *Urchristentum und Gottesdienst.*

2) Opere di R. Bultmann:

Heilsgeschichte = *Heilsgeschichte und Geschichte. Zu Oscar Cullmann, Christus und die Zeit.*

3) Altre opere:

Barth, *Ein Versuch* = K. Barth, *Rudolf Bultmann. Ein Versuch ihn zu verstehen.*
Körner = J. Körner, *Eschatologie und Geschichte.*
Malevez = L. Malevez, *Le message chrétien et le mythe. La Théologie de R. Bultmann.*
Marlé = R. Marlé, *Bultmann et l'interprétation du NT.*
Ott = H. Ott, *Geschichte und Heilsgeschichte in der Theologie Rudolf Bultmanns.*
Vögtle = A. Vögtle, *Rivelazione e mito.*

Nota: Le *sottolineature* che si incontreranno nei *testi citati* sono tutte dei rispettivi *Autori*.

BIBLIOGRAFIA

Avvertenza: Limiti precisi dalla presente bibliografia:

— Delle opere di Oscar Cullmann e Rudolf Bultmann da noi effettivamente consultate, segnaliamo solo quelle che ci sembrano assumere un rilievo particolare nei confronti del tema del nostro lavoro.
— Degli altri Autori ci limitiamo ad elencare le pubblicazioni che maggiormente hanno contribuito a guidare la presente ricerca.
— Un indice dei nomi assicurerà, lo speriamo, un riferimento rapido alle varie opere citate.

I. OPERE DI OSCAR CULLMANN

Les récentes études sur la formation de la tradition évangélique, = *RHPhR* 5 (1925), 459-477; 564-579.
Les problèmes posés par la méthode exégétique de l'école de K. Barth, = *RHPhR* 8 (1928), 70-83.
Le problème littéraire et historique du roman pseudo-clémentin. Etude sur le rapport entre le gnosticisme et le judéo-christianisme (Etudes d'histoire et de philosophie religieuses publiés par la Faculté de Théologie protestante de l'Univ. de Strasbourg, n. 23). Paris 1930, pp. 271.
Das Neue Testament Deutsch. (Recensione), = *RHPhR* 13 (1933), 81-84.
La signification de la sainte Cène dans le christianisme primitif, = *RHPhR* 16 (1936), 1-22.
La pensée eschatologique d'après un livre récent: F. Holmstroem, *Das eschatologische Denken der Gegenwart*, = *RHPhR* 18 (1938), 347-355.
Königsherrschaft Christi und Kirche im N.T. (Theologische Studien, n. 10). Zürich 1941, 48. Riedito nel 1946, 1950. Ediz. francese, 1941; inglese, 1956.
Les origines des premières confessions de foi, = *RHPhR* 21 (1941), 77-110.
L'essence de la foi chrétienne d'après les premières confessions, = *RHPhR* 22 (1942), 30-42.
Les premières confessions de foi chrétienne. (Etudes d'histoire et de philosophie religieuses publiées par la Faculté de Théologie protestante de l'Université de Strasbourg, n. 30). Paris 1943, pp. 54. Riedizione 1948. Edizione italiana, 1948.

Le retour du Christ, espérance de l'Eglise selon le N.T. (Cahiers théologiques de l'actualité protestante n. 1). Paris-Neuchâtel 1943, pp. 38. Ediz. inglese, 1956.

Urchristentum und Gottesdienst. (Abhandlungen zur Theologie des A. und N.T. n. 3). Zürich 1944, pp. 88. Riedizione e rifacimento 1956. Edizione francese, 1945; italiana, 1948; inglese, 1955.

Die Pluralität der Evangelien als theologisches Problem im Altertum, = ThZ 1 (1945), 23-42.

La délivrance anticipée du corps humain d'après le N.T. Travaux publiés à l'occasion du soixantième anniversaire de K. Barth. Paris-Neuchâtel, 1946, pp. 31-40. Citiamo dall'edizione inglese: «*The proleptic Deliverance of the Body according to the N.T.*» in: *The Early Church,* London 1956, 165-173.

Christus und die Zeit. Die urchristliche Zeit - und Geschichtsauffassung. Zürich 1946, pp. 224. Riedizione 1948. Edizione francese, 1947; inglese, 1952.

Weihnachten in der alten Kirche. Basel 1947, pp. 31. Edizione francese, 1949.

Die Tauflehre des N.T. Erwachsenen- und Kindertaufe. (Abhandlungen zur Theologie des A. und N.T., n. 12). Zürich 1948, pp. 75. Edizione francese, 1948.

La nécessité et la fonction de l'exégèse philologique et historique de la Bible, = VbC 3 (1949), 2-13. Riedizione francese, 1955; inglese, 1956.

Eiden kai episteusen. La vie de Jésus, objet de la «vue» et de la «foi» d'après le quatrième évangile, = Mélanges M. Goguel. Neuchâtel 1950, 52-61.

Les sacrements dans l'évangile johannique. La vie de Jésus et le culte de l'Eglise primitive. (Etudes d'histoire et de philosophie religieuses publiées par la Faculté de Théologie protestante de l'Université de Strasbourg, n. 42). Paris 1951, pp. 86.

Le christianisme primitif et la civilisation, = VbC 5 (1951), 57-68.

Petrus, Jünger-Apostel-Märtyrer. Das historische und das theologische Petrusproblem. Zürich 1952, pp. 282. Edizione francese, 1952.

La tradition. Problème exégétique, historique et théologique. (Cahiers théologiques de l'actualité protestante, n. 33). Neuchâtel-Paris 1953, pp. 54. Edizione tedesca, 1954; inglese, 1956.

Le mythe dans les écrits du Nouveau Testament, = Numen 1 (1954), pp. 120-135.

Zur neuesten Diskussion über die «Exousiai» in Röm. 13,1, = ThZ 10 (1954), 321-336.

Zur Frage der Erforschung der neutestamentlichen Christologie, = Kerygma und Dogma 1 (1955), 133-141.

Karl Ludwig Schmidt (1891-1956). Gedächtnisrede, = ThZ 12 (1956), 1-9.

Der Staat im N.T. Tübingen 1956, pp. VII-84. Edizione francese, 1956; inglese, 1956; italiana, 1957.

Immortalité de l'âme ou résurrection des morts? Neuchâtel-Paris 1956, pp. 85.

Escatology and Missions in the N.T. The background of the N.T. and its escatology. Studies in honour of C.H. Dodd. Cambridge 1956, p. 409-421.
Il cristianesimo primitivo e il problema ecumenico. = Protestantesimo 12 (1957) 49-63.
Die Christologie des N.T. Tübingen 1957, pp. VI-352. Edizione francese, 1958.
Necessità della teologia per la Chiesa secondo il Nuovo Testamento, = Protestantesimo 13 (1958), 1-14.
Catholiques et protestants. Un projet de solidarité chrétienne. Neuchâtel-Paris 1958, pp. 70.
Parusieverzögerung und Urchristentum, = ThLZ 84 (1958), 1-11.
Dialogue sur le Christ: la réponse du professeur Cullmann, = Choisir 1 (1960), n. 9-10), p. 20-23.

* * *

Bibliografia completa delle opere di Oscar Cullmann
— *fino a tutto il 1958*, in:
FRISQUE, J., *Oscar Cullmann. Une théologie de l'histoire du salut.* Tournai, 1960, p. 262-272.

II. OPERE DI RUDOLF BULTMANN

Jesus. Tübingen 1926, pp. 184. Abbiamo usata la riedizione del 1951.
Glauben und Verstehen. Gesammelte Aufsätze. Tübingen, t. I: 1933; t. II: 1953. Il t. I è stato riedito, immutato, nel 1954.
La conferenza programmatica *Neues Testament und Mythologie,* pubblicata dapprima in « Beiträge zur evangelischen Theologie », n. 7, München 1941, è riprodotta ora in *Kerygma und Mythos,* edito a cura di H.-W. Bartsch, t. I, Hamburg 1942, 3ª ediz. 1954, p. 15-48.
Heilsgeschichte und Geschichte. Zu Oscar Cullmann, Christus und die Zeit, = ThLZ 73 (1948), col. 659-666.
Recensione all'edizione tedesca di « Les premières confessions de foi chrétienne » di O. Cullmann, = ThLZ 74 (1949), col. 40-42.
Zum Problem der Entmythologisierung, = Kerygma und Mythos, t. II, Hamburg 1952, p. 179-208; *Theologie des Neuen Testaments,* Tübingen 1953, pp. 608, 3ª ediz. 1955.
In eigener Sache (note critiche a R. MARLÉ, *Bultmann et l'interprétation du Nouveau Testament*), =TLZ 82 (1957), col. 241-250.
Ist voraussetzungslose Exegese möglich?, = ThZ 13 (1957), p. 409-417.

* *

Bibliografia completa delle opere di Rudolf Bultmann
— *fino al 1949*, in:
Festschrift Rudolf Bultmann, zum 65. Geburtstag. Stuttgart 1949, pp. 241-251.
— completata *fino al 1° agosto 1954,* in:
Theologische Rundschau (Tübingen) 22 (1954), 3-20.

III. Studi su Oscar Cullmann

1) *Protestanti*:

Aulén, Gustaf, Recensione della *Christologie des N.T.*, = *Svensk Teologisk Kvartalskrift* 34 (Lund 1958) 50-55. Non ci è stato possibile consultare questo articolo. Lo segnaliamo ugualmente, data l'importanza dell'autore.
Barth, Karl, *Kirchliche Dogmatik*, III/2, p. 531-532, riprodotto in *KM* II, 102 s.
Bartsch, Hans-Werner, *Anmerkungen zu Oscar Cullmann*, = *KM* II, 36-48.
Bouttier, M., *L'oeuvre d'Oscar Cullmann*, = *Foi et Vie* 44 (1946), 819-831.
Conte, G., Recensione dell'ediz. italiana di *Der Staat im N.T.*, = *Protestantesimo* 13 (1958), 55-58.
Dodd, Charles Harold, Recensione di *Les sacrements dans l'Evangile Johannique*, = *Journal of Ecclesiastic History* 3 (London 1952), 218-221.
Girardet, G.M., Recensione di *Petrus*, = *Protestantesimo* 8 (1953), 40-50.
Goguel, Maurice, Recensione di *Petrus*, = *RHPhR* 35 (1953), 196-209.
Masson, Charles, Recensione di *Christus und die Zeit*, = *Revue de Théologie et de Philosophie* 34 (Lausanne 1946), 75-88.
Michel, O., Recensione di *Der Staat im N.T.*, = *ThLZ* 83 (1958), 161-166.

2) *Cattolici*:

Ambrosanio, Antonio, *L'Eucaristia nell'esegesi di Oscar Cullmann*, Napoli 1956, pp. XX-152.
Arrieta, Jesús Silvestre, *La Iglesia del Intervalo: aspecto escatológico del tiempo de la Iglesia en Oscar Cullmann*, = *Miscelanea Comillas* 31 (1959), 191-297. Pubblicazione della prima parte di una tesi dal medesimo titolo presentata all'Università Gregoriana nel 1958.
Benoit, Pierre, Recensione di *Christus und die Zeit*, = *RB* 55 (1948), 104-108.
—, Recensione di *Die Tauflehre des N.T.*, = *RB* 56 (1949), 312-320.
—, Recensione di *Petrus*, = *RB* 60 (1953), 565-579.
—, Recensione di *La Tradition*, = *RB* 62 (1955), 258-2646.
—, Recensione di *Immortalité de l'âme ou resurrection des morts?*, = *RB* 65 (1958), 147-148.
—, Recensione di *Die Christologie des N.T.*, = *RB* 65 (1958), 268-275.
Chifflot, P., *Le Christ et le Temps*, = *La Maison-Dieu* (1948), 26-49.
Cipriani, S., «*Bibbia e Tradizione*» *in un recente libro protestante*, = *Scuola Cattolica* 83 (1955), 355-390.
—, *Dio e Cesare*, = *Divus Thomas (Plac.)* 61 (1958), 237-252.
Daniélou, Jean, Presentazione di *Christus und die Zeit*, = *Dieu Vivant*, n. 11 (1950), 145-148.

—, *Réponse à M. Cullmann*, = Dieu Vivant, n. 24 (1953), 107 s.
—, *Qu'est-ce que la tradition apostolique?*, = Dieu Vivant, n. 26 (1954), 71-78.
DE GHELLINCK, JOS., Recensione di *Les premières confessions de foi chrétienne*, = RHE 42 (1946), 407-416.
DEJAIFVE, GEORGES, *M. Cullmann et la question de Pierre*, = NRTh 75 (1953), 365-379.
FRISQUE, JEAN, *Oscar Cullmann. Une théologie de l'histoire du salut*. Tournai 1960, pp. 279.
JOURNET, CHARLES, *Primauté de Pierre dans la perspective protestante et dans la perspective catholique*, Paris 1953, pp. 153.
KARRER, OTTO, *Um die Einheit der Christen. Die Petrusfrage. Ein Gespräch mit E. Brunner, O. Cullmann, H. v. Campenhausen*. Frankfurt a. M. 1953, pp. 228.
LEVIE, JEAN, Recensione di *Christologie des N.T.*, = NRTh 81 (1959), 750-752.
MARLÉ, RENÉ, Recensione di *Christologie des N.T.*, = RSR 47 (1959), 297-300.
MEINERTZ, MAX, Analisi critica di *Christologie des N.T.*, = Theologische Revue 54 (1958), 1-10.
STIRNIMANN, HEINRICH, *Zu Cullmanns Vorschlag einer « ökumenischen Kollekte »*, = Freiburger Zeitschrift für Philosophie und Theologie 6 (1959), 121-133.
STROTHMANN, TH., Presentazione di *Christus und die Zeit*, = Irénikon 21 (1948), 395-410.
TAVARD, GEORGE H., *Scripture, Tradition and History*, = The Downside Review 72 (1954), 232-244.
WEIJENBORG, R., Recensione di *Christologie des N.T.*, = Antonianum 33 (1958), 141-153.

IV. STUDI SU RUDOLF BULTMANN

1) *Protestanti*:

BARTH, KARL, *Rudolf Bultmann. Ein Versuch, ihn zu verstehen* (Theologische Studien, n. 34). Zürich 1953, pp. 56.
—, *Kirchliche Dogmatik*, III/2, p. 531-537, riprodotto in KM II, 102-109.
BURI, FRITZ, *Entmythologisierung oder Entkerygmatisierung der Theologie*, = KM II, 85-101.
KOERNER, J., *Endgeschichtliche Parusieerwartung und Heilsgegenwart im N.T.*, = Evangelische Theologie 14 (1954), 177-192.
—, *Eschatologie und Geschichte*. Hamburg 1957, pp. 161.
LEUBA, JEAN-LOUIS, *Bultmann et l'interprétation du Nouveau Testament*, = VbC 2 (1957), 67-63.
MIEGGE, GIOVANNI, *L'evangelo e il mito nel pensiero di R. Bultmann*. Milano 1956, pp. 174.

Ott, Heinrich, *Objektivierendes und existentielles Denken,* = *Theologische Zeitschrift* 10 (1954), 257-289, riprodotto in *KM* IV, 105-131.

—, *Geschichte und Heilsgeschichte in der Theologie Rudolf Bultmanns.* Tübingen 1955, pp. VII-211.

2) *Cattolici*:

Adam, Karl, *Das Problem der Entmythologisierung und die Auferstehung des Christus,* = *KM* V, 101-120.

Fries, Heinrich, *Bultmann, Barth und die Katholische Theologie.* Stuttgart 1955, pp. 172.

Malevez, Léopold, *Le message chrétien et le mythe. La théologie de R. Bultmann* (Museum Lessianum, n. 51). Bruxelles-Paris 1954, pp. 167.

—, *Exégèse biblique et Philosophie. Deux conceptions opposées de leurs rapports*: *R. Bultmann et Karl Barth,* = *NRTh* 78 (1956), 897-915; 1027-1043.

Marlé, René, *R. Bultmann et la « démythologisation » du message néotestamentaire,* = *RSR* 41 (1953), 612-632.

—, *La « Théologie du Nouveau Testament » de Rudolf Bultmann,* = *RSR* 42 (1954), 434-468, riprodotto (in tedesco) in *KM* V, 141-172.

—, *Un récent livre de R. Bultmann (à propos de 'Glauben und Verstehen' II),* = *Dieu Vivant* 26 (1954), 135-140.

—, *Bultmann et l'Ancien Testament,* = *NRTh* 72 (1956), 473-486.

—, *Bultmann et l'interprétation du N.T.* (Coll.: Théologie, n. 33). Paris 1956, pp. 206.

—, *Bultmann devant les théologiens catholiques,* = *RSR* 45 (1957), 262-272.

—, *Le Mythe et le Nouveau Testament,* = *DBS* VI, 261-268.

Tucci, Roberto, *Un nuovo allarme tra i teologi protestanti,* = *La Civiltà Cattolica* (1957, I) 580-593.

—, *La fede della comunità primitiva e il Cristo della storia,* = *Ibid.* (1957, IV), 122-136.

Vögtle, Anton, *Rivelazione e Mito,* in: *Problemi e orientamenti di Teologia dommatica,* Milano 1957, t. I, p. 827-960.

V. Opere varie

1) *Cattolici*:

Balthasar, Hans Urs von, *La théologie de l'histoire.* Paris 1955, pp. 199.

Benoit, Pierre, *Réflexions sur la « Formgeschichtliche Schule »,* = *RB* 53 (1946), 481-512.

Bouillard, Henri, *Karl Barth,* t. I: *Genèse et évolution de la théologie dialectique;* t. II-III: *Parole de Dieu et existence humaine* (Coll.: Théologie, n. 38). Paris 1957, pp. 281; 288; 308.

Cerfaux, Lucien, *Le Christ dans la théologie de S. Paul.* Paris 1954, pp. 435.
Congar, Yves M.-J., *Esquisses du mystère de l'Eglise.* Paris 1953, pp. 179.
Daniélou, Jean, *Essai sur le mystère de l'histoire.* Paris 1953, pp. 341.
Marrou, Henri-Irénée, *De la connaissance historique.* Paris 1954, pp. 298.
Puech, Henri-Charles, *La gnose et le temps,* = *Eranos-Jahrbuch* 20 (1951). Zürich 1952, p. 57-115.
Rahner, Karl, *Chalkedon: Ende oder Anfang?*, in: *Das Konzil von Chalkedon,* hsg. von A. Grillmeier-H. Bacht, Bd. III, Würzburg 1954, p. 3-49.
Schmaus, Michael, *L'elemento escatologico del Cristianesimo,* in: *Problemi e orientamenti di teologia dommatica,* t. II, Milano 1957, p. 925-959.

2) *Protestanti*:

Allmen, Jean-Jacques von, *Pour un prophétisme sacramentel,* in: *L'Eglise et les Eglises, Mélanges L. Beauduin.* Chevetogne 1954, t. II, 309-343.
Dodd, Charles Harold, *The Apostolic Preaching and its Developments.* London 1951, pp. 96.
Jones, G.V., *Christology and Myth in the New Testament. An Inquiry into the Character, Extent and Interpretation of the Mythological Element in N.T. Christology.* London 1956, pp. 395.
Lampert, E., *The Apocalypse of History. Problems of Providence and Human Destiny.* London 1948, pp. 180 (L'autore è un teologo ortodosso residente in Gran Bretagna).
Leuba, Jean-Louis, *La tâche actuelle de la théologie protestante,* = *VbC* 12 (1958), 54-67.
Löwith, Karl, *Weltgeschichte und Heilsgeschehen.* Stuttgart 1953, pp. 231.

INTRODUZIONE

Il pensiero di Rudolf Bultmann ha una funzione di primo piano nella teologia protestante di oggi. Prescindere dai problemi che pone, significa rinunciare a una delle più interessanti linee di autentico approfondimento teologico.[1]

I teologi protestanti attuali lo hanno compreso. Le sue preoccupazioni si sono talmente infiltrate nelle loro riflessioni che lo studio di un autore protestante recente, specialmente se di cultura germanica, rimane incompleto finchè non si sono osservate le sue reazioni davanti agli interrogativi e alle soluzioni bultmanniane.[2]

Ma non è solamente questo che ci invita a « confrontare » criticamente Oscar Cullmann e Rudolf Bultmann.

L'opera principale del Cullmann, « Christus und die Zeit », ha segnato una data importante nella discussione suscitata dalla pubblicazione di « Offenbarung und Heilsgeschehen » (1941).[3]

E' una presa di posizione coerente ed organica. E' molto più di una formulazione di una base esegetica in difesa della teologia tradizionale.[4]

Pretende offrire una autentica soluzione cristiana agli interrogativi sollevati dal teologo di Marburg.

---

[1] Ott, 201.
[2] H.-W. Bartsch, *Die kirchliche Bedeutung der Debatte*, in: Beiheft zu *KM* I-II, p. 9 s.
[3] *Offenbarung und Heilsgeschehen*, München 1941, contiene propriamente due saggi: Die Frage der natürlichen Offenbarung; Neues Testament und Mythologie. E' il secondo che ha dato origine alla discussione che ci interessa. Mentre il primo saggio è ora pubblicato in *GV* I, 79-104, il secondo è raccolto in *KM* I, 15-48 (ediz. 1951). Il Marlé nota come a molti è sfuggito il valore del contributo del Cullmann alla controversia bultmanniana: R. Marlé, *Bulletin de théologie protestante*: *RSR* 41 (1953), 612; H.-W. Bartsch ritiene che « Christus und die Zeit » sia uno dei contributi più validi alla controversia: *loc. cit.*; Helmuth Thielicke poi, afferma che è l'apporto decisivo e chiarificatore: *Die Frage der Entmythologisierung des N.T.*: *KM* I, 159.
[4] Così lo giudica Körner, 66.

Jean-Louis Leuba ritiene che il Cullmann ne offra davvero gli elementi decisivi.⁵

Ecco allora il senso e i limiti del presente lavoro:

Esporre criticamente la soluzione proposta da Oscar Cullmann al problema di Rudolf Bultmann.

Ma dobbiamo giustificare la nostra ricerca, rispondendo prima ad un preciso interrogativo:

il problema che sta alla base della riflessione teologica del prof. Cullmann coincide col problema posto dalla teologia del Bultmann?

Se infatti l'interrogativo bultmanniano, il Cullmann non se lo è posto oppure vi ha dedicato solo un'attenzione marginale, la nostra fatica non ha ragione di essere.

Anzitutto, qual'è il problema di Rudolf Bultmann?

La maggior parte degli studiosi della teologia bultmanniana rispondono a questa domanda sulla falsariga della conferenza del 1941.⁶

Prendono come punto di partenza la constatazione dell'inconciliabilità del pensiero mitico, proprio degli scritti biblici, col pensiero moderno.⁷ Il problema consisterà quindi, in primo luogo, nel formulare il Messaggio in modo da renderlo accessibile all'uomo di oggi.

Tuttavia quasi tutti sottolineano che il problema del Bultmann è qualcosa di più radicale. Non si tratta soltanto di un nuovo tentativo di adattare il Messaggio a una deter-

---

⁵ J.-L. LEUBA, *Bultmann et l'interprétation du N.T.*: VbC 12 (1957), 61; idem: Prefazione alla traduzione francese di G. MIEGGE, *L'Evangile et le Mythe dans la pensée de R. Bultmann*, Neuchâtel-Paris 1958, p. 11. Riprende, benchè in un altro contesto, lo stesso motivo in *La tâche actuelle de la théologie protestante*: VbC 12 (1958), 54-67.

⁶ Ed es. MALEVEZ, 13-24; MIEGGE, 1-17; MARLÉ, 49 s.

⁷ KM I, 16-21. Ci pare utile dare fin d'ora la definizione bultmanniana di mito. Questo per un'intelligibilità maggiore di queste note introduttive. Torneremo in seguito con maggior attenzione critica su tale nozione. Diamo il testo stesso del Bultmann (*KM* I, 22, n. 2) nella chiara versione francese del Marlé:

« Est mythique le mode de représentation dans lequel ce qui n'est pas du monde (das Unweltliche), le divin, apparait comme étant du monde, comme humain, l'au-delà comme un ici-bas, selon lequel par exemple la trascendance de Dieu est pensée comme éloignement spatial; un mode de représentation en vertu duquel le culte est compris comme une action communiquant par des moyens matériels des forces qui ne sont pas matérielles. Il ne s'agit donc pas du mythe au sens moderne du mot, où celui-ci ne signifie rien de plus qu'idéologie » (MARLÉ, 48).

minata mentalità.⁸ Sarebbe concordismo o apologetica decadente.⁹

Rudolf Bultmann vuole arrivare al senso autentico del Messaggio. Vuole spogliarlo dell'involucro mitico ma per scoprirne l'appello genuino. Questo sarà allora valido ed accessibile agli uomini di tutti i tempi.

In questo senso, egli afferma, il problema della smitizzazione è problema di ermeneutica cioè è la sola via per arrivare a cogliere il cuore del Messaggio nella sua integra purezza.[10]

Il teologo di Marburg sottolinea il contrasto tra la visione del mondo (Weltbild) moderna e quella neotestamentaria più che altro per sollecitare la sensibilità teologica, proponendole l'innegabile disagio suscitato, da quel contrasto, per introdurla a porsi il vero problema di fondo.[11]

Infatti, il Bultmann affermerà che la smitizzazione è esatta, più che da quel contrasto, dalla natura stessa del mito, dal contesto neotestamentario in cui l'espressione mitica si inserisce e dalla natura stessa della fede.[12]

Il significato proprio del mito non è quello di dare una immagine oggettiva del mondo. Vuole piuttosto esprimere il modo in cui l'uomo intende se stesso nel mondo cioè come dipendente da forze trascendenti.[13]. Perciò, la mitologia del Nuovo Testamento non vuole essere considerata come complesso di rappresentazioni oggettivanti ma come una concezione dell'esistenza che cerca di esprimersi attraverso a queste rappresentazioni.[14]

---

[8] Il Bultmann noterà che la smitizzazione tende a una comprensione della Scrittura spogliata da ogni visione del mondo, formata sotto l'influsso del pensiero oggettivante, sia essa mitica o scientifica (*KM* II, 187).

[9] MARLÉ, 58. Il BULTMANN approva esplicitamente quest'affermazione del gesuita francese: *In eigener Sache*, 243. Questa è un'esatta interpretazione di *KM* I, 22 s.

[10] *KM* II, 185. Cf. anche *KM* I, 22 s. 48. In *KM* II, 188-190, R. BULTMANN parla di un'intelligenza della Scrittura che ricorre alla scienza. Ma spiega che egli qui per scienza intende, in definitiva, l'analitica esistenziale che importa esclusione di ogni elemento oggettivante: *KM* II, 189. Un'analisi accurata della smitizzazione come ermeneutica è fatta dall'OTT, 58-109.

[11] MIEGGE, 11-13

[12] *KM* I, 22-26; II, 183 s 207 s.

[13] *KM* I, 22 s; II, 183 s.

[14] *KM* I, 23-26. Il Bultmann nota che l'intenzione autentica del mito di parlarci di un'azione trascendente è impacciata e dissimulata dal carattere oggettivante delle sue espressioni: *KM* I, 23.
Cf. MIEGGE, 13 s; MALEVEZ, 22 s; MARLÉ, 58 s; VÖGTLE, 872-874; OTT. 26.

Questa re-interpretazione, soggiunge, è richiesta dagli scritti stessi del Nuovo Testamento. Danno quasi un esempio di «smitizzazione» colla libertà con cui si servono di rappresentazioni mitiche, sovente oggettivamente inconciliabili tra loro, per esprimere verità non mitiche. Cessano di contraddirsi solo se si coglie, al di là del loro contenuto rappresentativo, il loro significato vero che è esistenziale.[15]

Infine la smitizzazione è un'esigenza della stessa fede. Questa esige di essere liberata da ogni concezione oggettivante sia essa derivata dalla mentalità biblica antica o dalla mentalità scientifica moderna. Infatti la fede vuole essere decisione per Dio. Ma decisione che è obbedienza, docilità. Rifiuta i gradini di sicurezza, di razionalità offerti dal pensiero oggettivante che ridimensiona l'avvenimento di Dio in Cristo e ce lo rende accessibile, disponibile, controllabile.[16]

Queste considerazioni ci confermano nella convinzione che il problema di fondo posto da Rudolf Bultmann consiste in una ricerca dell'autentico ed essenziale contenuto del Messaggio evangelico. Per usare le sue parole: vuole darci un'interpretazione smitizzatrice che scopra la verità del Kerigma come Kerigma.[17]

---

[15] *KM* I, 23. Cf. MIEGGE, 14 s; MARLÉ, 59; VÖGTLE, 874 s.
[16] *KM* II, 207 s.
[17] *KM* I, 26; II, 197. Il Kerigma come Kerigma, cioè il nucleo del Messaggio, è costituito per il Bultmann dall'annuncio dell'azione decisiva di Dio in Cristo: *KM* I, 25. Annuncio di un paradosso: l'inviato escatologico di Dio è un uomo concreto di cui si può ritracciare la storia, un uomo nel cui destino si realizza l'azione escatologica di Dio. Azione che, in quanto escatologica, è un avvenimento che sfugge ad ogni dimostrazione e controllo: *KM* I, 48. Vedi sotto pag. 258 s. e MARLÉ, p. 173 s. Per una critica del paradosso bultmanniano rimandiamo a P. BENOIT, recensione alla «*Theologie des N.T.*»: *RB* 59 (1952), 95-96. Comprendiamo ora perchè la smitizzazione non è tanto eliminazione (Eliminierung) quanto interpretazione (Interpretierung): MARLÉ, 62; lodato dal Bultmann per questa affermazione: *In eigener Sache*, 243. Infatti, eliminare semplicemente il mito significa eliminare il Kerigma stesso, espresso dal mito: è l'errore liberale: *KM* I, 24-25. E deve essere interpretazione esistenziale: l'intenzione profonda del mito è infatti di esprimerci non un contenuto rappresentativo (Vorstellungsgehalt) ma una comprensione dell'esistenza (Existenzverständnis): *KM* I, 22-23; II, 184. Che questa ricerca del nucleo del Messaggio sia la portata profonda del problema del Bultmann è stato chiaramente affermato, tra gli altri, da R. MARLÉ (p. 173) e P. LENGSFELD, *R. Bultmann, Das Anliegen seiner Theologie und der Eine Glaube*: *Una Sancta* 13 (1958), 115. Ci limitiamo a citare questi autori perchè godono ambedue di un'approvazione esplicita del Bultmann stesso che riconosce che l'hanno capito su questo punto. Cf. rispettivamente per MARLÉ: *In eigener Sache*, 248; per LENGSFELD: *Una Sancta* 13 (1958), 295.

Oscar Cullmann è fermamente convinto che proprio questo sia il problema del Bultmann.[18] Oscar Cullmann si pone, sia pure in termini diversi, questo medesimo problema? Sì, Egli ce lo afferma.[19]

In questo senso, tracciando le linee fondamentali delle conclusioni cullmanniane, noi presentiamo la sua soluzione al problema del Bultmann.

E' una soluzione polemica: parte col rifiuto di ammettere che, per arrivare al nucleo del Messaggio, bisogna negarne il carattere temporale, « in forza di un apriori filosofico ».[20] Quindi la nostra esposizione avrà come scopo principale di mettere in rilievo il pensiero di Oscar Cullmann di fronte al problema del nucleo del Messaggio.

Non è propriamente uno studio sulla teologia bultmanniana. Il teologo di Marburg sarà spesso presente nelle nostre pagine ma come colui che interroga ed è oggetto di critica.

Possiamo parlare, se non di collaborazione, per lo meno di dialogo tra i nostri due Autori, impegnati nella ricerca della soluzione di un interrogativo comune?

La Prima Parte del nostro lavoro risponderà negativamente. Vi esporremo, con una certa ampiezza, la genesi dell'interpretazione neotestamentaria di Oscar Cullmann. Questa analisi deve servire anzitutto a situare il pensiero del teologo alsaziano nel quadro vivo del protestantesimo contemporaneo. Sottolineerà anche, come la scoperta del Messaggio come storia, fu una realizzazione progressiva.

L'interpretazione esistenziale sembrerà al Cullmann, appunto perchè esistenziale, compromettere in partenza il successo dell'impresa bultmanniana. Gli farà inoltre ritenere vano, se non impossibile, un vero dialogo, venendo a mancare persino un linguaggio comune.

---

[18] *ChZ*, 6 25 83.
[19] *Op. cit.*, 24-26. I tre teologi di fronte ai quali il Cullmann prende una posizione più accentuata e dai cui problemi confessa di essere stato influenzato in modo particolarmente vivace sono K. Barth, R. Bultmann, M. Werner: *ChZ*, 6. L'influsso del Bultmann sembra essere il più profondo. E' il primo che subisce (Vedi sotto, Parte I, cap. I). Lo guida nella sua presa di posizione di fronte al Barth (Vedi sotto, Parte I, cap. II). Confessa di ricercare col medesimo radicalismo del teologo di Marburg il nucleo del Messaggio: *ChZ*, 24-26 83.
[20] *ChZ*, 25.

Pretenderà allora di dimostrare esegeticamente al Bultmann che la temporalità come successione (Verlaufzeit, kalendarische Zeit) è elemento essenziale del Messaggio.[21]

Nella seconda parte seguiremo allora il Cullmann nel suo tentativo di formulare e di fondare la sua soluzione: il Messaggio è costituito dall'annuncio di una storia di salvezza lineare e cristocentrica. In questa luce ci spiegherà il mito come Profezia.

Nella terza parte infine, assisteremo al « confronto » tra le rispettive posizioni teologiche di Oscar Cullmann e Rudolf Bultmann. Confronto polemico, risultante principalmente dall'intrecciarsi delle reciproche critiche.

Chiuderemo la nostra indagine con una specie di bilancio finale (Conclusione generale) in cui, contrariamente all'ipotesi di interpretazione di Jean-Louis Leuba,[22] pur riconoscendo in Rudolf Bultmann un alleato, in quanto insiste sulla salvezza come avvenimento attuale e sulla necessità di un apporto concettuale per una lettura valida della Scrittura, sottolineeremo quanto il significato profondo della teologia bultmanniana dell'attualizzazione salvifica si differenzi dalla teologia cattolica della salvezza.

Ritroveremo invece, nelle tre direttrici fondamentali del pensiero teologico cullmanniano (salvezza come storia cristocentrica; presente come tensione; carattere sacramentale dell'attualizzazione della salvezza) tre linee di marcia che ci sono, entro certi limiti, comuni.

Le riserve che la nostra coscienza di teologi cattolici ci imporrà di muovere alla sintesi teologica del teologo alsaziano le denunceremo, non soltanto come differenziazioni dalla teologia tradizionale cattolica, ma anche come incoerenze colle tre linee di forza secondo cui si sviluppa la teologia cristiana del Cullmann.

Questo dice quanto ci sentiamo vicini a questa riflessione teologica che ci accingiamo a studiare e a meditare,

---

[21] *Op. cit.*, 24.
[22] J.-L. LEUBA, *Bultmann et l'interprétation du N.T.*, = *VbC* 11 (1957), 60-62, denuncia una coincidenza sostanziale tra cattolicesimo e bultmannesimo.

come ci invita il Cullmann stesso, « senza seconde intenzioni »,²³ « con sincerità e franchezza », ²⁴ animati solo « dalla volontà sincera di capirci meglio » e « senza dimenticare che invochiamo... il medesimo Signore ».²⁵

---

²³ *Tradition*, 8.
²⁴ *Catholiques et protestants*, 8 25 37 61.
²⁵ *Tradition*, 8.

PARTE PRIMA

L'INTERPRETAZIONE DEL NUOVO TESTAMENTO

Capitolo Primo

VERSO L'INTERPRETAZIONE STORICO-SALVIFICA

I. Formgeschichte Methode (1925)

Il primo lavoro, pubblicato dal Cullmann ventitreenne (è nato il 25 Febbraio 1902), segnava il punto di partenza della sua ricerca di un'interpretazione neo-testamentaria che soddisfacesse da una parte alle esigenze della critica e dall'altra a quella della fede.[1]

Questo bisogno di ricerca metodologica era naturale in un giovane teologo impegnato. Il decennio che vedeva l'inizio della sua attività scientifica era un periodo veramente « critico » per la teologia protestante tedesca. La teologia dialettica, la « Formeschichtliche Schule » andavano all'attacco di quei bastioni della teologia liberale e della « Religionsgeschichtliche Schule » entro i quali le stesse guide del rinnovamento si erano formate a sodi metodi di indagine.[2] Senza dire poi, che i maestri della Scuola liberale avevano fornito talora, più o meno consapevolmente, non pochi ele-

---

[1] Oscar Cullmann, *Les récentes études sur la formation de la tradition évangélique*, = *RHPhR* 5 (1925), 459-477; 564-579.
    Questa doppia preoccupazione, critica e religiosa, è sottolineata dall'ossatura stessa dello studio del Cullmann che esaminiamo in queste prime pagine. Il rimprovero che rivolge agli avversari della Formgeschichtliche Methode (FGM) è proprio questo: non hanno capito come il nuovo metodo sia il solo ad avere valore critico e portata religiosa insieme. a. c. p. 466. Questo primo articolo non è altro che la tesi da lui sostenuta davanti alla facoltà di teologia protestante dell'Università di Strasburgo per il conseguimento del bacellierato in teologia nel 1924.
    Un'interessante analisi della maturazione graduale dell'esegesi cullmanniana cui siamo debitori di qualche suggestione si potrà trovare in J. Frisque, *O. Cullmann*, Tournai 1960, p. 15 s.

[2] Marlé, 12 ss. H. Bouillard, *Karl Barth. Genèse et évolution de la Théologie dialectique*. Paris 1957, t. I, 79-118. Un quadro più vasto delle correnti esegetiche, in cui sorsero « Formgeschichtliche Schule » e teologia dialettica, è quello tratteggiato da J. Levie, *La Bible Parole humaine et Message de Dieu*, Paris-Louvain 1958, p. 9-156. Interessante anche perchè tiene conto delle ripercussioni in campo cattolico.

menti che dei rinnovatori come Karl Barth e Rudolf Bultmann avrebbero potenziato e sviluppato.³

Oscar Cullmann entra in campo con una netta presa di posizione: rottura colla scuola liberale e accettazione delle conclusioni essenziali della FGSch.⁴ E questo in un'epoca in cui la nuova scuola non riceveva generalmente in Germania accoglienza favorevole e in cui, fatto significativo, le stesse riviste protestanti, eccetto « *Theologische Blätter* », non prestavano neppure eccessiva attenzione agli autori e alle opere che la difendevano.⁵

Lo scetticismo e il disinteresse di cui la FGM era oggetto non erano, agli occhi di Oscar Cullmann, del tutto ingiustificati. Non si poteva non rimanere sconcertati nel constatare che due maestri della nuova scuola, come M. Dibelius e R. Bultmann, applicando il medesimo metodo ai medesimi brani evangelici, arrivano a conclusioni opposte.⁶

Soprattutto poi, i rappresentanti della FGM non si curavano di formulare una descrizione coerente e criticamente giustificata del loro metodo. Si limitavano a tentativi di applicarlo praticamente.⁷

---

³ *Les récentes études...* 462 s. R. BULTMANN, *Die liberale Theologie und die jüngste theologische Bewegung,* = *ThBL* 3 (1924), 73-86; *GV* I, 1-25. Lo stesso impegno di smitizzazione non deve significare un rinnegamento totale del lavoro critico liberale ma una svolta decisiva che ne è un approfondimento coerente: *KM* I, 24.

⁴ Il Cullmann è d'accordo con molti altri autori nel criticare l'imprecisione e l'inesattezza dell'appellativo « Formgeschichtliche Schule o Methode ». C'è pericolo di confusione tra « Form » (forma) e « Formung » (formazione in senso dinamico). L'espressione « Kultgeschichtliche Methode » del Bertram, egli osserva, è esatta ma ristretta. La sua preferenza va a quella del Bultmann: « Geschichte der Tradition »: *Les récentes études...* p. 467. Tuttavia, usa sempre l'appellativo consacrato « Formgeschichtliche Schule, Methode ». E' quanto faremo anche noi, dato che la traduzione italiana proposta da E. FLORIT « storia delle forme » (E.F., *La « storia delle forme » nei vangeli in rapporto alla dottrina cattolica,* = *Biblica* 14 [1933], 212-248) ci sembra più vaga dell'abituale tedesca. F.M. BRAUN osserva che questa (cioè Formgeschichte) « n'a d'équivalent possible en aucune langues »: *DBS* III, 312, art. Formgeschichte (*Ecole de la*).

⁵ *Les récentes études...* 466.

⁶ *Art. cit.,* 464. Si tratta di M. DIBELIUS, *Die Formgeschichte des Evangeliums,* Tübingen 1919. e R. BULTMANN, *Die Geschichte der synoptischen Tradition,* Göttingen 1921. Il Dibelius pensava che parecchi logia erano addizioni di predicatori a racconti di fatti preesistenti. Il Bultmann invece vede nel logion il nucleo originale attorno al quale si era andato costruendo un episodio. L'importanza di queste prese di posizione per la determinazione della struttura dei sinottici è evidente.

⁷ *Art. cit.,* 467.

E' precisamente questo lavoro che Oscar Cullmann si proponeva di fare con questo suo primo articolo. Analizzando le opere più significative del movimento, cercherà di metterne in rilievo i principi informatori e di difenderli di fronte alle diffidenze degli epigoni del liberalismo. E questo suo sforzo di analisi seria e sobria conserva anche oggi al suo articolo un valore orientativo sulla genesi e la natura della FGM.[8]

Non è nostro intento lo studio della storia della FGSch in se stessa. Perciò metteremo in valore solo i lineamenti di questa prima espressione del pensiero cullmanniano che servono a caratterizzarne il significato come prima tappa verso la formazione di una sua ermeneutica definitiva. Infatti, vedremo che egli è giunto all'interpretazione neo-testamentaria di « Christus und die Zeit » solo dopo una laboriosa ricerca progressiva.

1. *Il postulato liberale.*

a) *La vita di Gesù.* L'esegeta liberale si prefiggeva, nota il Cullmann, come scopo ultimo della sua ricerca, la ricostruzione di una vita di Gesù, in cui, accanto a una descrizione fedele della sua attività e della sua predicazione, riuscisse a delineare anche il profilo psicologico della sua personalità umana.[9] Appunto per questo, Bultmann e Bertram furono i rappresentanti della FGSch contro cui i liberali si scagliarono con maggior violenza. Un critico di Basilea, Lichtenbran, lanciò addirittura un appello ai teologi perchè scrivessero un « Anti-Bultmann ». Bultmann e Bertram erano infatti quelli che affermavano più chiaramente l'impossibilità di una vita di Gesù.[10] Oscar Cullmann si unisce al Bult-

---

[8] P. DE HAES, *La résurrection de Jésus dans l'apologétique des 50 dernières années*, Rome 1953, p. 164 s. Cf. anche P. BENOIT, *Réflexions sur la « Formgeschichtliche Methode »*: RB 53 (1948), 481-512. Questo autore, ad esempio, si rifà con insistente frequenza alla sintesi offerta dallo studio cullmanniano del 1925. Così F.-M. BRAUN, *Formgeschichte (Ecole de la)*: DBS III, 312-317.
[9] *Les récentes études...*, 468.
[10] *Art. cit.*, 466. L'opera incriminata di G. BERTRAM era « *Die Leidensgeschichte Jesu und der Christuskult ». Eine formgeschichtliche Untersuchung*, Göttingen 1922. Il CULLMANN infatti notava: « C'est ici (in questo libro) que nous pouvons le mieux étudier ce que nous appellerons le « principe » de la nouvelle méthode »: *art. cit.*, 465.
L'opera, fino allora più criticata di R. BULTMANN, era « *Die Geschichte der synoptischen Tradition* » già citata. Sarà poi, a partire dal 1926,

mann nel dichiarare il fallimento di ogni tentativo di redigere una vita di Gesù.[11]

La scuola liberale ha raggiunto altri notevoli risultati ma non questo che costituisce il suo scopo supremo. Questo prova, osserva il teologo alsaziano, che le premesse metodologiche da cui partiva e i principi ispiratori su cui si basava, erano falsi.

Le premesse della FGSch dovranno perciò essere precisamente l'opposto di quelle della Scuola liberale.

« Possiamo fissarne (della FGSch) le premesse in opposizione diretta con quelle dell'antica critica delle fonti ».[12]

b) *L'oggettività*. Le varie premesse liberali Oscar Cullmann le riassume in questa constatazione: la scuola liberale adottava nel campo esegetico la concezione positivistica della storia, dominante nella cultura europea fino agli albori del nostro secolo.

Il fatto è sovrano. Lo storico è colui che lo registra. Più meccanica, distaccata sarà la sua tecnica di registazione, più la sua opera sarà storicamente valida cioè «oggettiva». L'uomo deve scomparire davanti al fatto positivo.[13]

Ma la storia questi fatti deve scovarli nei documenti. Ed è precisamente nei documenti che la storia esiste già, latente ma reale, prima dell'intervento dell'uomo-storico. E allora, come osserva ironicamente R.G. Collingwood: « scis-

---

« *Jesus* ». Contro di essa, anche il Cullmann eleverà più di una riserva, come vedremo. Cf. MARLÉ, 23.

[11] « Toutes les tentatives d'écrire une "vie de Jésus" n'en ont pas moins complètement échoué »: *art. cit.*, 468.

La posizione attuale dell'esegesi protestante davanti a questo problema sembra farsi sempre più complessa e differenziata. Cf. B. RIGAUX, *L'historicité de Jésus devant l'exégèse récente*, = *RB* 65 (1958), 481-522.

[12] « Nous pouvons fixer ses prémices en opposition directe avec celles de l'ancienne critique des sources »: *art. cit.*, 468.

[13] H.-I. MARROU, nel suo libro *De la connaissance historique*, Paris 1953, p. 51 s. caratterizza in modo efficace il cosidetto « mito del fatto » del positivismo storico. Se lo seguiamo quando critica l'aspetto razionalistico e « disumano » della concezione della storia del secolo scorso non possiamo accettare il fatto che egli non ne sottolinei in nessun modo gli aspetti validi e duraturi immerso com'è in una visione radicalmente negativa e pessimistica dell'oggettività e finalmente non possiamo non dichiarare per lo meno ambigue alcune delle caratterizzazioni di quella che egli ritiene essere l'autentica conoscenza storica. Cf. A. DESCAMPS, *Réflexions sur la méthode en Théologie biblique*, in: *Sacra Pagina. Miscellanea biblica Congressus Internationalis Catholici de re biblica*, Paris-Louvain 1959, v. I, p. 132-157. Specie « Note sur la méthode historique en général », p. 132-136.

sors and paste! »: tutto consiste nel saper lavorare di colla e di forbici. Meno la personalità dello storico interverrà, più l'oggettività è assicurata.[14]

Assumendo questa metodologia, l'esegesi liberale parte alla ricerca di un nucleo di fatti e di logia. Devono essere veramente storici. Devono essere fatti veramente avvenuti nell'esistenza terrena di Gesù. Devono essere Logia che egli ha veramente pronunciati.

Questi « fatti e detti storici » dovranno essere severamente separati da elementi secondari, dovuti alle « idee teologiche » della chiesa primitiva.

Quale sarà il criterio di separazione? Ciò che potrà trovare una giustificazione *davanti alla ragione* sarà generalmente considerato come « storico », risponde il Cullmann.[16] Quindi, nessuna meraviglia, soggiunge, se la vita e la figura del Gesù storico, che questo mosaico di « fatti » riusciva a ricostruire, « cessa di essere l'immagine del culto cristiano. Il protestantesimo moderno, bisogna riconoscerlo, nonostante le vitalità morali che alimenta, ha strappato al culto cristiano la sua immagine cultuale, il Cristo, e sotto questo punto di vista ha provocato nel cristianesimo uno sconvolgimento infinitamente più grave della stessa Riforma. Il protestante che è passato attraverso all'antica metodologia critica caratterizzata dalla ricerca del nucleo storico non adora più *Dio in Cristo*, cerca soltanto di adorare Dio *come* il Cristo l'ha adorato. Questo è l'unico vincolo *religioso* che sussiste ancora tra il protestante e il Cristo. Bisogna confessare che questo vincolo è *molto debole* ».[17]

Questa ricerca del nucleo storico portava gli esegeti a concentrare il loro lavoro sui documenti scritti. Di qui, l'im-

---

[14] R.G. Collingwood, *The idea of History*, Oxford 1946, p. 257. Citato in: Marrou, 54.
[16] *Les récentes études...*, 474.
[17] « Le Jésus "libéral" nous pouvons l'admirer et tâcher de l'imiter, mais il cesse d'être l'image du culte chrétien. Le protestantisme moderne, il faut le reconnaître en toute sincérité, malgré les forces morales qu'il renferme, a dérobé au culte chrétien son image cultuelle, le Christ, et sous ce rapport il a provoqué dans le christianisme un bouleversement infiniment plus grave que la Réforme. Le protestant qui a passé par l'ancienne méthode de critique caractérisée par la recherche d'un noyau historique n'adore plus *Dieu* en *Christ*, il tâche seulement d'adorer Dieu *comme* le Christ l'a adoré. C'est là l'unique lien *religieux* qui existe encore entre le protestant et le Christ. Il faut avouer que ce lien est fort lâche »: *art. cit.*, 578.

portanza presa ai loro occhi dal problema sinottico.¹⁸ L'esegesi si riduceva, osserva il prof. Cullmann, a un confronto puramente filologico di testi oltrecchè ad un indefinito moltiplicarsi di fonti.¹⁹

Però la « Religionsgeschichtliche Schule » (RGSch), agli inizi del nostro secolo, veniva ad esercitare un'influenza benefica sulla critica neo-testamentaria: invitava gli esegeti a guardare, al di là dei testi, all'ambiente in cui quei testi erano nati. Ed è così la RGSch che ha aperto la via al nuovo metodo.²⁰ L'esigenza di oggettività positiva si traduceva nell'esegeta liberale anche sullo stesso piano personale. Perfino nel medesimo individuo lo storico e il credente erano due aspetti rigidamente separati. Il credente poteva (e anzi, in un certo senso, doveva) studiare il vangelo, prescindendo dalla sua fede. Suo scopo era di ritrovare nella lettera del documento e solo là, la personalità di Gesù. E questo ogni scienziato, cristiano o meno, poteva proporselo.²¹

2. La nuova scuola.

a) *La comunità credente.* « Nostro scopo non è conoscere ciò che Gesù è stato in se stesso, ma ciò che è stato per i fedeli... Nella *totalità* dello sviluppo della tradizione, persino nei suoi aspetti apparentemente più profani, vediamo l'azione misteriosa che Gesù ha esercitato sull'anima collettiva cui ha comunicato il suo spirito. Il nostro scopo, in ultima analisi, risale dunque se non allo stesso Gesù secondo la carne, almeno alla sua *potenza* incomparabile che noi presentiamo dietro tutte le leggi di formazione della tradizione evangelica. Questa potenza religiosa del Cristo — ed è questo l'elemento ben più importante dei suoi atti e delle sue pa-

---

¹⁸ Ma proprio le conclusioni cui condussero le ricerche sui sinottici portarono un colpo fatale alla scuola liberale. Marco era ritenuto anteriore a Matteo e a Luca. Era quindi il documento storico originale e attendibile per la vita di Gesù. Il cardine del famoso nucleo storico era precisamente costituito da Marco I-III.
Il WREDE nella sua opera *Das Messiasgeheimnis in den Evangelien*, 1901, ammetteva ancora la precedenza di Marco. Però dimostrava che la preoccupazione fondamentale di Marco, non era di darci un resoconto storico delle vicende di Gesù, ma la teoria del segreto messianico.

¹⁹ *Art. cit.*, 461.

²⁰ *Art. cit.*, 461 s. Anche R. Bultmann sottolineerà l'importanza decisiva della RGSch nell'evoluzione dell'esegesi verso la FGM: MARLÉ, 27-31.

²¹ *Art. cit.*, 574.

role — noi non possiamo conoscerla ricostruendo un « Gesù storico » come la vecchia critica aveva tentato. Essa ci si rivela soltanto nell'*insieme* della tradizione evangelica, come è stata concepita dalla comunità sotto l'impulso diretto di questa stessa potenza. Anche da questo punto di vista, il Gesù storico è fuori dal nostro studio; ciò che cerchiamo di conoscere, è la Sua *influenza*, è Gesù *Cristo* che noi non separeremo dalla sfera del cristianesimo primitivo in cui soltanto ci è accessibile ».[22]

Questa pagina è fondamentale per comprendere tutta l'opera futura del Cullmann, teologo del Nuovo Testamento.[23]

L'ha sintetizzata in un'affermazione paradossale che, così come suona, né noi né il Cullmann stesso, come vedremo, possiamo accettare: i vangeli sono documenti storici importanti, non per la vita di Gesù ma per quella della comunità primitiva.[24]

I principi su cui questa nuova concezione si fonda, Oscar Cullmann li riduce a due: Il vangelo, prima di essere scritto, fu trasmesso dalla tradizione orale;[25] questa tradizione orale evangelica è stata creata e trasformata dalla comunità. Gli evangelisti non sono autori ma codificatori, trascrittori.[26]

Questo nuovo punto di partenza era rivoluzionario per

---

[22] « Notre but est de connaître non pas ce que Jésus a été en lui-même, mais ce qu'il a été pour ses fidèles... Dans le développement *entier* de la tradition, même dans ses aspects d'apparence les plus profanes, nous voyons l'action mystérieuse que Jésus a exercée sur l'âme collective à laquelle il a comuniqué son esprit. Notre but, en dernier lieu, remonte donc tout de même sinon au Jésus selon la chair lui-même, pourtant à sa *puissanse* incomparable que nous présentons derrière toutes les lois de formation de la tradition évangélique. Cette puissance religieuse du Christ — et c'est là ce qui importe plus que ses actes et ses paroles — nous ne pouvons pas la connaître par la reconstruction d'un « Jésus historique » telle que l'ancienne critique l'a tentée. Elle se révèle à nous uniquement dans l'*ensemble* de la tradition évangélique, telle qu'elle a été conçue par la communauté sous l'impulsion directe de cette puissance même. A ce point de vue aussi, le Jésus historique est en dehors de notre étude; ce que nous cherchons à connaître, c'est son *influence*, c'est Jésus-*Christ* que nous ne séparerons pas de la sphère du christianisme primitif où seulement il nous est accessible »: *art. cit.*, 569.
[23] Vedremo come le sue grandi opere future rispondono alla preoccupazione di ritrovare la fede e la concezione teologica della comunità cristiana primitiva. Significativo ad es. il sottotitolo di « *Christus und die Zeit* »: *Die urchristliche Zeit - und Geschichtsauffassung.*
[24] *Art. cit.*, 571.
[25] *Art. cit.*, 468.
[26] *Art. cit.*, 472.

la scuola liberale. Il mito del vangelo come « documento storico scritto » era relegato in secondo piano.[27]

Oscar Cullmann infatti osserverà che non c'è una sola pericope evangelica che non sia passata attraverso all'elaborazione della tradizione orale, prima di essere fissata per iscritto. Chi può controllare il numero indefinito di fattori che sono intervenuti a formularla? Ora, tra questi vari fattori, uno era certamente assente: la preoccupazione storica. Ed è proprio l'elemento che dovrebbe conferire alla pericope il crisma della autenticità storica![28]

Il lavorìo inconscio della comunità che andava formando racconti a proposito di un personaggio storico, senza del resto nessuna intenzione di formarne, era esclusivamente al servizio del culto, della predicazione, della polemica ed era immerso in uno spirito di adorazione per il Cristo.

Questi sono i veri generatori della tradizione evangelica. Davanti alla storia la comunità non era soltanto indifferente, era ostile. Voleva proprio sottrarre il Cristo che descriveva alle contingenze storiche. Era interamente dominata dall'esperienza religiosa del Cristo Kyrios. Raccontare la sua vita collo stile di un processo verbale, cioè secondo i criteri storici della scuola liberale, sarebbe stato per i primi cristiani mentire. Il Cristo che annunciavano, perchè corrispondesse alla loro fede intima, dovevano rivestirlo di un carattere trascendente che esigeva una fuga dalla storia.[29]

b) *Valore critico*. Qual'è il valore critico del nuovo metodo? Non è forse più un metodo di interpretazione letteraria che di critica storica? No. Questo è il « vero metodo storico », risponde Oscar Cullmann.[30] Situa i vangeli nel loro vero contesto. Li esamina alla luce della storia dell'ambiente di fede in cui si sono venuti formando. E questa

---

[27] Non indugiamo in un'analisi più particolareggiata del contenuto e degli argomenti della FGSch che non servono a gettare luce sul metodo personale di O. Cullmann e sulla sua idea della teologia. Elementi per una critica cattolica del metodo potranno trovarsi negli articoli già citati, di P. Benoît e E. Florit. X. Léon-Dufour (*Les évangiles synoptiques, Introduction à la Bible*, Paris 1959, II, p. 304-305; 311-315) ci offre poi una sintesi concisa ed aggiornata della posizione cattolica attuale.
[28] *Les récentes études...*, 472.
[29] *Art. cit.*, 473.
[30] *Art. cit.*, 477.

analisi storica impedisce i giudizi affrettati su avvenimenti che i documenti non ci permettono di conoscere.

Perciò, meglio conosceremo la storia del secolo apostolico, più viva sarà la comprensione che avremo dell'evoluzione della tradizione orale e scritta evangelica.[31]

Ed è proprio per questo che, non solo non ripudiamo nessuno dei risultati della critica liberale [32] e della RGSch;[33] ma allarghiamo perfino il campo delle nostre ricerche positive a settori fino allora ritenuti secondari. Il Cullmann allude qui soprattutto allo studio delle leggende popolari e delle leggi psicologiche che ne reggono la formazione.[34] Allora sono nel vero coloro che, come ad esempio il Liechtenbran, vedono nella FGM uno scetticismo ipercritico? [35]

No. La FGM è semplicemente più logica della scuola liberale, pensa il Cullmann. Applica fino in fondo le premesse « conservatrici ». La scuola liberale ammetteva un'influenza della comunità sui vangeli. Era una specie di « deus ex machina » cui si faceva ricorso solamente davanti a pagine « storicamente incomprensibili »: miracoli, idee teologiche, discordanze tra agiografi ecc... La FGM è radicale: accetta, in tutta la sua portata, il fatto che i documenti evangelici hanno una preistoria di trent'anni di tradizione orale di cui erano artefici uomini non interessati alle vicende di un personaggio storico ma all'apparizione del Figlio di Dio.

« Anche se abbiamo conosciuto Cristo secondo la carne, ora non lo conosciamo più in questo modo » (2 *Cor.* 5,16).

Ma non è un ridurre Gesù a un mito?

No. La FGM conferma la storicità e la divinità di Gesù. Se i testimoni oculari che sono all'origine della tradizione hanno visto in Gesù l'essere divino che la tradizione scritta ci descrive, osserva il teologo alsaziano, questo significa che esisteva realmente nella vita e nella morte di Gesù un elemento misterioso che suscitava in loro adorazione.[36]

c) *Rudolf Bultmann.* Oscar Cullmann preferisce appoggiare la sua analisi della struttura della FGM sull'opera di

---

[31] *Art. cit.*, 571.
[32] *Art. cit.*, 460 e 570.
[33] *Art. cit.*, 567 e 571.
[34] *Art. cit.*, 568 e 572.
[35] *Art. cit.*, 473 ss.
[36] *Art. cit.*, 576.

G. Bertram piuttosto che su quella del Bultmann. La trova più organica e quindi più adatta a mettere in rilievo i principi ispiratori della scuola.[37]

Tuttavia, il fondo del suo studio manifesta il suo accordo sostanziale col pensiero di R. Bultmann. Lo presenta, accanto al Bertram, come il più insigne maestro della FGM.

Questa convergenza la esprime con una chiarezza e insistenza notevole, soprattutto sul piano cristologico: il Cristo che incontriamo nei vangeli è il Cristo di Paolo. E il Cullmann chiosa, quasi compiaciuto, che non è un puro caso che R. Bultmann, maestro della FGSch, sia anche un fedele della scuola di K. Barth.[38]

Questo accordo, così chiaramente affermato, ci parrà tanto più significativo se osserveremo che il Cullmann rifiuta già il « domma » del Bousset, accettato anche dal Bultmann, secondo il quale l'adorazione del Kyrios sarebbe sorta nella comunità cristiana ellenistica.[39] Questa comunanza di concezioni è così reale che il Cullmann prende le difese del Bultmann davanti all'accusa di ipercriticismo, adottando pienamente i principi ispiratori della sua ricerca e mettendone in valore la coerenza.[40]

Però tiene ad insistere sul fatto che alla base del lavorìo inconscio e collettivo della tradizione comunitaria stavano « ricordi autentici ». R. Bultmann, egli spiega, ha trascurato di dirlo. Ed è proprio per questo che le sue conclusioni hanno una apparenza così negativa.[41] Ma è solo un'apparenza, continua il Cullmann. Rudolf Bultmann stesso non mette forse esplicitamente alcuni logia brevissimi al di sopra di ogni trasformazione comunitaria?

Il Liechtenbran che attribuisce al Bultmann la convinzione che queste poche parole sarebbero l'unica tradizione che i primi cristiani avrebbero posseduto sul Cristo prova così ancora di non aver capito il metodo che critica.[42]

Però anche Oscar Cullmann muove qualche appunto al

---

[37] *Art. cit.*, 465.
[38] *Art. cit.*, 572, n. 2.
[39] *Art. cit.*, 476, n. 1.
[40] *Art. cit.*, 473.
[41] *Art. cit.*, 475. P. Benoit ritiene troppo benevola questa spiegazione del Cullmann. « Le scepticisme de Bultmann est plus déclaré que ne le laisserait penser cette appréciation bénigne »: *art. cit.*, 498, n. 1.
[42] *Art. cit.*, 476, n. 3.

libro del Bultmann « *Die Geschishte der synoptischen Tradition* ».

E' spesso oscuro. Per questo è difficile capirlo e sorgono critiche e malintesi. Eppoi, critica più importante, un lavoro di così largo respiro era prematuro. Nell'interesse stesso del nuovo metodo, era meglio attendere che si fosse raggiunto un accordo su certe questioni particolari, prima di tentare uno studio d'insieme. Le inevitabili divergenze cogli altri promotori della FGM, specie con M. Dibelius, non fanno che generare scetticismo e sfiducia verso di essa.[43]

Come si vede, non sono critiche che segnino opposizioni fondamentali. Tutt'altro. Rivelano invece la preoccupazione di difendere e di affermare un metodo che egli considera come patrimonio comune.

Solo più tardi, il Cullmann si accorgerà che proprio in questo libro erano già presenti e operanti gli elementi radicali della futura « smitizzazione ».[44]

d) *Atteggiamento credente*. E' l'aspetto più suggestivo della nuova teoria. E' qui che ci rendiamo conto in modo definitivo dell'abisso che la separa dal positivismo della scuola liberale. Il lettore del testo sacro deve partecipare personalmente alla ricostruzione storica del suo contenuto. « Bisogna saper vedere dietro i nostri testi; bisogna indovinare le disposizioni intime dell'anima religiosa collettiva. Nessun versetto del vangelo ce ne parla in modo *diretto*. Coloro per i quali l'ideale della scienza storica consiste unicamente in un'analisi minuziosa del testo, si chiuderanno subito l'accesso a uno studio della storia della tradizione. Bisogna fare uno sforzo di concentrazione e di *meditazione* per scoprire sotto la lettera scritta la vita profonda. Bisogna animare i testi, bisogna ritrovare lo spirito della tradizione e le passioni e le aspirazioni di coloro che l'hanno formata. Questo è possibile solo nella misura in cui saremo capaci di leggere, da un capo all'altro i nostri vangeli *cogli occhi della prima generazione cristiana* ».[45]

---

[43] *Art. cit.*, 464.
[44] *ChZ*, 86, n. 5.
[45] « Il faut voir derrière nos textes; il faut deviner les dispositions intimes de l'âme religieuse collective. Aucun verset de nos évangiles ne nous en parle de façon *directe*. Ceux pour qui l'idéal de la science historique consiste uniquement dans une analyse minutieuse du texte donné,

E, per leggere il vangelo cogli occhi della prima generazione cristiana, non basta la semplice intuizione storica. Ci vogliono gli occhi della fede di chi ha incontrato, come i primi cristiani, il Kyrios. Bisogna essere posseduti dal medesimo spirito di fede e di adorazione che ha guidato i primi credenti nell'elaborazione della tradizione.[46] Siamo ben lontani dalla concezione liberale, secondo la quale, un credente e un non credente erano in uguali condizioni per scoprire, nelle pagine del vangelo, il Gesù della storia.

3. *Problemi aperti.*

a) *Metodo aprioristico?* Oscar Cullmann insiste nell'affermare che la FGM esige dal critico un maggiore sforzo storico che il metodo liberale. E ripete che è il solo metodo totalmente scientifico.

Infatti è il solo che mette lo storico veramente in grado di afferrare *tutto* l'oggetto della ricerca esegetica nella sua completezza. I documenti scritti infatti ci sono dati per rivelare una tradizione *vivente*.[47]

L'esegeta però, deve leggere il documento colle risorse della critica come anche cogli occhi della fede della comunità primitiva. Sono due fattori inscindibili di lettura. Ma in che senso la fede è principio di intelligibilità del testo sacro? Non è un apriori anti-scientifico? Sembrerebbe che è proprio nel libro sacro che debbo scoprire gli elementi della fede stessa.

Il nostro interrogativo si fa più urgente se consideriamo la risposta che il Cullmann da a M. Werner.[48] Questi vedeva

---

se fermeront dès l'abord l'accès à une étude de l'histoire de la tradition. Il faut faire un effort de concentration et de *méditation* pour découvrir sous la lettre écrite la vie profonde. Il faut animer les textes, il faut retrouver l'esprit de la tradition et les passions et les aspirations de ceux qui l'ont formée. Celà n'est possible que dans la mesure où nous serons capables de lire, d'un bout à l'autre, nos évangiles avec *les yeux de la première génération chrétienne* »: art. cit., 573.

[46] « Le savant qui veut étudier l'histoire de la tradition doit, avant d'entreprendre une telle investigation, avoir rencontré le Christ Kyrios dans l'Evangile. D'une façon objective, il doit avoir été saisi, par l'intermédiaire de la tradition évangélique, par l'esprit du Christ, comme les premiers chrétiens en étaient saisis au moment où ils ont formé cette tradition. Alors seulement il sera à même de la replacer dans la vie religieuse de l'Eglise primitive »: art. cit., 574.

[47] *Art. cit.*, 573.
[48] *Art. cit.*, 578 s.

nella FGM un ritorno al cattolicesimo: non prende più come norma il Gesù della storia ma il Cristo che la comunità adora.

Oscar Cullmann precisa i limiti di convergenza col cattolicesimo. La tradizione, per la FGSch, è unicamente la comunità primitiva nella sua opera di elaborazione della immagine cultuale del Cristo, fissata poi nei vangeli.

Inoltre, tra FGS e cattolicesimo, c'è una differenza di fondo inconciliabile: l'atteggiamento della FGSch è dettato da una volontà di assoluta sincerità scientifica, l'atteggiamento cattolico dal domma.

Non è forse il problema del dualismo Scrittura-Tradizione che si annuncia?[49]

b) *Cristologia e storia*. Le ripercussioni cristologiche della nuova scuola esegetica sono notevoli. Anzitutto i negatori della storicità di Gesù sono, secondo il prof. Cullmann, definitivamente confutati. Il dinamismo, secondo cui la tradizione evangelica si evolve, rivela uno sforzo collettivo e progressivo per sottrarre Gesù alle contingenze della storia e non lo sforzo contrario di fare di un essere mitico un uomo.[50]

Questo sforzo collettivo, dettato da un'autentica esperienza della divinità di Gesù, pone il grande problema della teologia cristiana di ogni tempo: « come armonizzare questo elemento che ha suscitato il culto colle contingenze storiche in cui si è manifestato quaggiù? Per usare il linguaggio della dommatica ecclesiastica: come combinare le due nature in Cristo? ».[51]

Calcedonia segna il trionfo della tendenza cultuale sul razionalismo di Ario. Senza Calcedonia il cristianesimo sarebbe morto nel quarto secolo. E' vero: la formula di Atanasio è una soluzione speculativa buona per il pensiero teo-

---

[49] Oscar Cullmann stesso lo intravvede quando osserva che la chiesa cattolica è meno imbarazzata della riforma a vedere messa in dubbio l'esattezza del quadro esterno, cronologico e geografico, dei vangeli perchè essa « n'a jamais complètement oublié que la tradition précède l'Ecriture »: *art. cit.*, 459 s.

[50] *Art. cit.*, 575.

[51] « Comment mettre d'accord cet élément qui a provoqué le culte avec les contingences historiques dans lesquelles il s'est manifesté icibas? Pour parler le language de la dogmatique ecclésiastique: comment combiner les deux natures en Christ? »: *art. cit.*, 576.

logico. Era però necessaria: una religione è una società e come tale ha bisogno di dommi.⁵²

Ma un'altra soluzione, la vera, era già stata data secoli prima che il problema si ponesse in termini espliciti. Ed era appunto il lavorìo collettivo e spontaneo della tradizione primitiva a formularla « *rendendo i racconti della vita esteriore di Gesù conforme all'apparizione terrestre del suo spirito*. E' vero, ha alterato la nudità dei fatti ma ha conservato ben altro: l'elemento irrazionale di questa vita che ha costituito il culto cristiano ».⁵³

Per mettere in rilievo il carattere sovrumano delle gesta di Gesù, le ha spogliate delle contingenze storiche. Ha creato una narrazione cultuale della vita di Gesù. E questo non fu una deviazione ma un perfezionamento. L'elemento cultuale era immanente alla vita del Gesù storico e imponeva adorazione.⁵⁴ Garante poi dell'autenticità dello sviluppo e del perfezionamento di questa cultualità immanente era lo spirito di Cristo che ispirava la comunità.

Ma questa « soluzione » ci conferma nel dubbio che Oscar Cullmann in questa prima fase della sua riflessione teologica è ben lontano da una chiara comprensione della storia. Sembra supporre che « storicità » e « trascendenza religiosa » non possano coesistere sullo stesso piano di fede.⁵⁵

Notiamo infatti un netto spostamento di accento da un « nucleo storico », che non potremmo mai determinare con certezza e quindi, in definitiva, sempre vago e aleatorio,⁵⁶ verso un dato più oggettivo e essenzialmente trascendente com'è la fede della comunità primitiva nel Kyrios.⁵⁷

---

⁵² *Art. cit.*, 576.
⁵³ « Elle (la comunità) a réussi à faire disparaître les désaccord... *en rendant les récits de la vie extérieure de Jésus conformes à l'apparition terrestre de son esprit*. Il est vrai qu'en ce faisant elle a transformé les faits nus, mais elle a retenu autre chose: l'élément irrationnel de cette vie qui a constitué le culte chrétien »: *art. cit.*, 576.
⁵⁴ Facciamo rilevare l'importanza fondamentale che già fin d'ora. Cullmann accorda al culto. Usa la parola « culto » nel senso suo più generico di adorazione, adottato dal Bertram (*art. cit.*, 577, n. 4). E dal Bertram Cullmann ha preso, molto più della parola, la stessa primarietà attribuita all'elemento cultuale. Egli parla addirittura, come vedemmo sopra, di «Kultgeschichtliche Methode»: *art. cit.*, 467.
⁵⁵ Cf. P. Benoit, *art. cit.*, 508, n. 1.
⁵⁶ *Les récentes études*..., 476 569 576.
⁵⁷ P. Benoit, *art. cit.*, 510. L. Cerfaux commenterà: « Il reste toujours que l'on nie à peu près tout le côté historique de Jésus pour sauver un élement irrationnel, soit une vague impression de mystère » (Bultmann),

Questo rilievo però, non ci autorizza ad attribuire a Oscar Cullmann una negazione *radicale* del valore dell'elemento storico nella Scrittura come non ci consente di dire che egli ritenga sia totalmente impossibile coglierlo. Infatti rimprovera, come abbiamo visto, al suo maestro del tempo, Rudolf Bultmann, proprio questo silenzio sull'esistenza e la determinabilità di un nucleo storico nel Nuovo Testamento.[58] Inoltre ritiene che la FGSch applichi ancora più coerentemente e consequenzialmente della Scuola liberale il metodo storico: infatti estende l'esame critico-storico dai documenti all'ambiente in cui sono nati (tradizione orale).[59] Ha, d'altra parte, il merito di sottolineare l'insostenibilità del criterio liberale di scelta e di giudizio sulla storicità o meno di fatti, parole: era un criterio rigidamente razionalista. Ciò che non era giustificabile davanti alla ragione doveva vedersi negato il carattere di storicità.[60]

Tuttavia dobbiamo segnalare almeno una lacuna presente nella metodologia biblica del giovane teologo e che minava alla base la validità critica del suo sistema.

Si tratta di quella che possiamo chiamare « storicità indiretta » delle azioni e delle parole di Cristo. I vangeli sono documenti di una fede della comunità. E' per tramite di questa testimonianza di fede che arriviamo a cogliere ciò che il Cristo veramente fu.

Il primo a non sottoscrivere più interamente questa affermazione ci sembra che oggi sarebbe Cullmann stesso. Lo vediamo giungere all'affermazione della storicità di certe parole e fatti della vita di Cristo attraverso a un rigido ed esclusivo esame esegetico dei testi in cui non si vede in che cosa si differenzi da un esegeta liberale di vecchio stampo.[61]

---

soit « un élément mystérieux qui a certainement prêté à l'adoration » (Cullmann), in: *L'histoire de la tradition synoptique, Recueil L. Cerfaux*, Gembloux 1954, tome I, p. 366, note 3.

[58] *Les récentes études...*, 473. Cf. sopra, p. 12.
[59] Vedi sopra, p. 10 s.
[60] Vedi sopra, p. 7.
[61] Pensiamo ad es. alla sua analisi esegetica del famoso passo di Matteo sul primato: *Petrus*, 176-238. Oppure alla sua polemica sull'interpretazione di *Rom.* 13,1 a proposito del significato paolino delle « exousiai ». Cf. l'appendice a *Dieu et César*. Rimandiamo sopratutto all'insieme della sua « *Christologie* » in cui si potrebbe vedere ad esempio la tecnica che lo conduce a conchiudere che il titolo « Figlio dell'uomo » non è creato o applicato al Cristo dalla comunità ma sua « autodefinizione »

Inoltre insisteva talmente sull'opera di « distoricizzazione » compiuta dalla comunità primitiva nei confronti del Cristo che rimaniamo dubbiosi che egli potesse poi fornire all'esegeta una garanzia oggettiva che la comunità non tradisse e non alterasse il Messaggio.[62] Egli sembra far forza su un elemento che diremmo passivo: la mentalità della comunità era così impregnata dalla Potenza del Kyrios che non poteva non testimoniarlo fedelmente.[63] Noi pensiamo che sarebbe stato opportuno chiarire maggiormente una funzione attiva della comunità : i primi cristiani non erano certamente imbevuti di una mentalità storica identica a quella di noi moderni, tuttavia la loro fede stessa era anzitutto impegno e sforzo positivo di fedeltà integrale alla Persona come al Messaggio e al ricordo del Maestro. E questa ci sembra essere la garanzia della verità della loro testimonianza. A questo impegno attivo di fedeltà della comunità andrà certamente aggiunta la garanzia dello Spirito.[64] Ma non possiamo, come fa in definitiva il Cullmann, limitare a questo elemento la fonte di validità storica della testimonianza della comunità.

Da questo suo primo lavoro si ha insomma l'impressione che « storicità » e « trascendenza religiosa » rimanevano un dualismo aperto, non risolto.

Oscar Cullmann nel 1925 non era ancora il teologo della storia della salvezza.

II. ESEGESI OGGETTIVA (1928)

Nel 1922 Karl Barth pubblica la seconda edizione del suo Commento alla Lettera ai Romani. Era un libro nuovo rispetto alla prima edizione del 1919.

(p. 154 s), oppure come sia il Cristo stesso e non la comunità ad applicarsi il titolo di « Figlio di Dio » (p. 281 s). Possiamo infine osservare come nella « *Christologie* » è proprio sul piano rigidamente e minutamente positivo ed esegetico che si impegna ad inseguire in una polemica critica capillare le posizioni bultmanniane.

[62] *Les récentes études...*, 473.
[63] *Art. cit.*, 569.
[64] *Art. cit.*, 576 s. In questa prima opera il Cullmann non menziona ancora la garanzia fornita al libro sacro dalla testimonianza apostolica. Sarà sopratutto nel suo opuscolo « *La Tradition* » che prenderà in considerazione il carattere apostolico degli scritti neotestamentari.

« Cadde come una bomba nell'assemblea dei teologi » notava Karl Adam.[65]

Oscar Cullmann, nella sua ricerca di una interpretazione del Nuovo Testamento, non poteva non affrontare, colla sua abituale diligenza, l'esame dell'esegesi teologica del Barth. Si sentiva spinto a questo, forse più che dalla discussione tra E. Brunner e H. Gressmann, rappresentanti rispettivamente di un esclusivismo teologico e di un esclusivismo storico,[66] dal fatto che Rudolf Bultmann, maestro della FGSch, riconosceva un reale valore scientifico all'esegesi teologica.[67]

Questa indagine poi, rispondeva a un problema che la sua presa di posizione nei ranghi della FGSch aveva lasciato aperto: il rapporto tra esegesi « teologica » e esegesi « storica » cioè, in altri termini: qual'è la funzione della fede come principio di intelligibilità della Scrittura? Qual'è l'apporto della fede alla ricerca critica, nella costituzione di una nuova lettura cristiana oggettiva del Libro sacro? [68]

1. *Esegesi « oggettiva » piuttosto che esegesi « teologica ».*

a) *La « Sache »*. Nel primo volume della sua Dommatica K. Barth distinguerà con precisione tre momenti nell'interpretazione della scrittura: « Beobachtung » o « Explicatio »: notare e spiegare ciò che il testo dice: esegesi biblica; « Nachdenken » o « Meditatio »: ripensare: E' la dommatica; « Aneignung » o « Applicatio »: applicare ciò che il testo dice alla nostra mentalità e alla nostra vita. La teologia pratica.[69]

Tre momenti successivi ma inseparabili. Così la teologia è ad un tempo una e molteplice nei suoi compiti, come l'interpretazione della Scrittura. Inoltre l'interpreta-

---

[65] K. ADAM, *Die Theologie der Krisis*, in: *Hochland* 23 (1926), t. II, p. 276 s, citato in: H. BOUILLARD, *Karl Barth*, t. I ,p. 17.

[66] H. BOUILLARD, *op. cit.*, t. I, p. 180.

[67] *Les problèmes posés par la méthode exégétique de Karl Barth*: *RHPhR* 8 (1928), 70-83; questo articolo deve molto all'analisi di R. Bultmann, *Das Problem einer theologischen Exegese des NT*, pubblicato sulla rivista barthiana *Zwischen den Zeiten* 3 (1925), 334 ss. Cf. L. MALEVEZ, *Exégèse biblique et phisolophie*: NRTh 78 (1956), 901, n. 8.

[68] *Les problèmes posés...*, 70.

[69] K. BARTH, *Kirchl. Dogmatik*, I/2, p. 810 815 825. Cf. H. BOUILLARD, *op. cit.*, t. III, p. 43.

zione ha il suo momento decisivo nel « Nachdenken » perciò il centro della teologia è la dommatica.[70]

Questo decisivo chiarimento fu espresso dal Barth nel 1938. Nel 1922 egli parlava semplicemente di esegesi « teologica ».

Il Cullmann pensava che molte opposizioni all'interpretazione barthiana venivano dalle confusioni suscitate proprio da quell'aggettivo « teologico ».

Alcuni identificavano l'esegesi teologica colla dommatica (Brunner), altri con quella appendice edificante dell'esegesi scientifica che è la teologia pratica (Jülicher). Il termine « oggettivo » invece sottolinea il carattere scientifico del metodo.

Il metodo « oggettivo » barthiano è applicabile all'esame di qualunque documento letterario che non sia una semplice relazione cronologica di avvenimenti del passato ma sviluppi una qualunque « idea » teologica, filosofica, estetica... E' il metodo per interpretare Pascal, Beethoven o il vangelo.

Ma quel termine « oggettivo » ha un contenuto più profondo. Anzitutto ha una funzione polemica: respinge ogni compromesso coll'esegesi liberale. Questa concentra la sua attenzione sugli elementi filologici storici e psicologici del testo. Arriva fino a vedere quale posto l'idea (religiosa, nel nostro caso) espressa dal testo occupa nella genesi del pensiero dell'Autore e a determinare sotto quali influenze egli l'ha rivestita di una determinata forma. Ma qui l'esegesi liberale si ferma. No, questo è solo il momento iniziale della lettura. L'esegesi deve essere precisamente « oggettiva ». E qui siamo al significato profondo di questo termine cullmanniano: l'esegesi dev'essere « oggettiva » nel senso che deve tendere a mettere in valore non l'autore ma l'idea che ha espresso, ciò che ha voluto dire, l'oggetto del suo discorso: la « Sache » (Sachexegese).[71]

Che significa mettere in valore l'idea-oggetto? Non significa soltanto individuarla cioè trovare ciò che l'Autore voleva dire. Bisogna anche esaminare, criticare la sua « idea »: « Per comprendere un'affermazione religiosa, è un metodo storico deficiente quello che costringe il critico a fermarsi, per principio, nel campo storico e a disinteressarsi

---

[70] K. BARTH, op. cit., I/2, p. 857. Cf. BOUILLARD, ibidem.
[71] Les problèmes posés..., 72.

espressamente dal voler sapere se l'idea considerata dall'Apostolo (si riferisce nel contesto a un esempio di esegesi paolina) è anche vera in senso assoluto. Rinunciare a porsi questa domanda è rinunciare ad afferrare l'essenza stessa dell'idea paolina ».[72]

b) *Come giungere alla « Sache »*? Bisogna abbandonare la considerazione a distanza, come ha dimostrato il Bultmann. L'esegeta deve riuscire a far rivivere le idee del passato. Del resto, questo scopo glielo assegnava anche la scuola liberale, nota il Cullmann senza però spiegare in che senso. Per realizzare questa risurrezione dell'idea, non basta conoscere la storia del testo, il carattere dell'autore e le vicende dell'epoca e dell'ambiente in cui scrisse. Nemmeno se a tutto questo bagaglio tecnico-storico si aggiunge una simpatia personale per il fenomeno religioso in generale.

Per far rivivere l'idea bisogna portarla fuori dal piano storico, spogliarla della sua forma storica, esaminarla nella sua nuda essenza oggettiva.

La sola via cioè, conclude il Cullmann, è la conoscenza religiosa.[73]

« Dobbiamo avvicinare i testi dell'antichità partendo dal fatto che possono contenere delle verità oggettive che sono per noi nuove; in questo caso, queste verità non ci sono accessibili che *per la medesima via di conoscenza* attraverso alla quale l'autore stesso le ha scoperte ».[74] « ... l'interpretazione di un testo antico sarà considerata perfetta quando lo storico sarà riuscito a *riprodurre*, quindi a « ricreare » il contenuto del testo cioè a svilupparne le idee come se egli ne fosse il vero inventore ».[75]

---

[72] « Pour comprendre une affirmation religieuse, c'est une faute de méthode de la part de l'historien que de vouloir rester, par principe, dans le domaine historique et de se désintéresser expressément de la question de savoir si l'idée considérée comme vraie par l'apôtre est aussi vraie dans un sens absolu. En renonçant à poser cette question, il renonce à saisir l'essence de l'idée paulinienne »: *art. cit.*, 72.

[73] *Art. cit.*, 72.

[74] « Il faut aborder les textes de l'antiquité en partant du fait qu'ils peuvent contenir des vérités objectives qui, pour nous, sont nouvelles; dans ce cas, ces vérités ne nous sont accessibles que par la *même voie de connaissance* par laquelle l'auteur lui même les a découvertes... »: *art. cit.*, 73.

[75] « ... l'interprétation d'un texte ancien sera considérée comme la plus parfaite, lorsque l'historien aura réussi à *reproduire*, donc à « recréer »,

c) *Il soggettivismo di R. Bultmann*. Questa necessità di « ricreare » il contenuto del testo non espone l'esegeta al pericolo di ricadere nel soggettivismo? Certo. E R. Bultmann, secondo il Cullmann, cede a questo pericolo. Il nostro autore è d'accordo nel respingere col Bultmann l'esegesi a distanza. E' il primo a concedere che la sua stessa analisi del pensiero del Barth deve assai al Bultmann.[76] Ma si separa dal maestro della FGSch quando questo arriva a determinare il significato della gnoseologia religiosa richiesta per questa interpretazione ri-creatrice. Il Cullmann non può accettare la tendenza che egli scorge nel « *Jesus* » di voler considerare il problema della nostra esistenza individuale come l'oggetto dell'interpretazione biblica.[77] L'incontro personale tra esegeta e storia è compreso dal Bultmann come se l'essenza rivelata della storia fosse inseparabile dalla persona del critico che la esamina. Non è forse questo il soggettivismo e lo psicologismo che volevamo evitare?[78]

Una conferma della esattezza della sua critica, Oscar Cullmann la vede nel disinteresse che il Bultmann manifesta per gli episodi che hanno relazione colla persona di Gesù. Per ritrovare la vera idea religiosa suscitata nella comunità primitiva dall'apparizione terrena di Gesù, quegli episodi non andavano trascurati.[79]

Sono i primi incerti sintomi del dissidio che finirà per opporre radicalmente i due teologi.

Quali sono le condizioni di salvaguardia dell'oggettività cullmanniana?

« ... è evidente che « abbandonare la considerazione a distanza » non significa per noi « ricadere nel soggettivismo ». Il critico deve invece essere invitato dal testo ad afferrare *nella* sua coscienza una verità oggettiva ed esistente indipendentemente dalla sua coscienza ».[80]

---

le contenu du texte, c'est-à-dire à en développer les idées, comme s'il en était le véritable inventeur »: *art. cit.*, 73.

[76] *Art. cit.*, 70.
[77] *Art. cit.*, 73, n. 1.
[78] *Art. cit.*, 76, n. 1.
[79] *Art. cit.*, 76.

[80] « ... il est évident qu'« abandonner la considération à distance » ne veut pas dire, pour nous, « retomber dans le subjectivisme ». Le critique doit, au contraire, être invité par le texte à saisir *dans* sa propre conscience une vérité objective et existant indépendamment de sa conscience »: *art. cit.*, 73, n. 1.

Concludendo questo paragrafo notiamo fin d'ora in questa seconda tappa di ricerca due elementi nuovi:

1) Un'esplicitazione definitiva dello scopo dell'esegesi: far rivivere l'idea religiosa espressa dal testo (Sache). Farla rivivere in se stessa e cercarne la giustificazione. E in questo si dice d'accordo col Bultmann.

2) Una riaffermazione di oggettività. La « Sache » è una verità che esiste indipendentemente dalla mia coscienza.

Tuttavia rimangono aperti i due problemi già posti dalla sua adesione alla FGSch.

Qual'è la funzione della fede come principio di intelligibilità del testo? Questo interrogativo può anche sembrare ora più grave: non devo soltanto individuare e descrivere la « Sache » devo anche giustificarla: è vera o meno? Ma in base a quale criterio?

Inoltre il dissidio storia-« Sache » rimane insoluto. Per comprendere la « Sache » devo spogliarla della storia. Debbo considerarla in se stessa, disincarnata.

2. *Esegesi oggettiva e storia.*

a) *Carattere storico della Bibbia*. Tutti i documenti biblici possono essere esaminati coi criteri dell'esegesi oggettiva?

Il problema si impone: l'esegesi oggettiva non è applicabile ai documenti esclusivamente storici perché non hanno nessun contenuto concettuale religioso filosofico o estetico...

Parecchi libri storici della Bibbia non fanno che riferire avvenimenti del passato. Però sono dominati dal senso e dall'interesse religioso. E' il caso del Deuteronomio. Ebbene questi, afferma il Cullmann, vanno letti col metodo dell'esegesi oggettiva.

I testi puramente cronistorici sono rari nella Bibbia. Però non mancano. Quindi vanno letti come un qualunque altro libro profano.[81]

---

[81] *Art. cit.*, 75. Questa ammissione del Cullmann che può forse sconcertare chi come noi crede che tutti i libri della Bibbia contengono un messaggio di salvezza non è affatto emessa così di passaggio. Affermerà ancora che, non essersi accorto dell'esistenza di questi libri storici non religiosi, è stato occasione ed è ancora pericolo di esegesi allegoriche e fallaci: infatti l'esegeta mette un contenuto religioso laddove non ne esiste nessuno: *art. cit.*, 82.

Ma in un certo senso tutti i documenti biblici sono storici. Non nel senso che Oscar Cullmann darà più tardi a questa affermazione: descrivono un momento della storia della salvezza. Sono storici in un senso molto più elementare: riferiscono un messaggio ritenuto vero nel passato. Per questo ogni esegesi oggettiva è anche storica. Cioè l'interpretazione di un testo religioso è unica ma ha due aspetti complementari e ugualmente necessari: quello storico e quello oggettivo religioso.[82]

b) *Storia e Religione*. Nella polemica, suscitata dal Barth, il dissidio, aspetto storico e aspetto religioso dell'interpretazione del Nuovo Testamento, è giunto a un tale punto da farli quasi considerare due metodi esegetici opposti.

Questo malinteso è in parte dovuto allo stesso Barth e più ancora ai suoi discepoli (certains jeunes néophites barthiens), nota il teologo alsaziano. Essi non insistono sufficientemente sull'aspetto storico dell'esegesi oggettiva (ib.).

Ma il vero motivo del contrasto è più profondo. E' secondo il Cullmann, nella teoria della conoscenza della scuola liberale che permea l'atmosfera anche di correnti esegetiche non dichiaratamente liberali. Secondo questa, scienza e fede sono valori nettamente separati. La fede è sentimento. Sarebbe quindi anti-scientifico ricorrere alla fede per leggere un testo. Il critico dovrà conoscere il fattore fede ma in un senso ben limitato: basterà abbia una conoscenza tecnica della struttura psicologica del sentimento religioso.[83]

c) *Trasparenza dell'involucro storico*. La componente storica dell'esegesi oggettiva ha una funzione insostituibile. E va sottolineata assai più di quanto facciano abitualmente i barthiani, sostiene Oscar Cullmann.

Non è proprio l'esame storico che mi introduce alla « Sache »? E' esso che rende trasparente la « forma storica » del testo così da farmi vedere il « contenuto religioso ». Il Cullmann ci avverte che qui adotta categorie bultmanniane.[84]

---

[82] *Art. cit.*, 76.
[83] *Art. cit.*, 77.
[84] *Art. cit.*, 78.

Il complesso degli elementi storici che avvolgono la
« Sache » deve essere considerato « ... come punti di arrivo
di linee convergenti *tutte* verso un punto situato sul piano
soprastorico delle verità religiose assolute. Il contenuto non
deve dunque essere cercato *accanto* alle accomodazioni alle
idee dell'epoca, cioè accanto alle forme relative e storiche di
cui è rivestita l'affermazione del testo, ma *in* e dietro tutte
le forme storiche ».[85] E questo impone un'esigenza precisa:
« Bisogna conoscere a fondo tutto il trasparente storico,
ma bisogna che questo sia così chiaro che a un certo punto,
lo studioso possa *dimenticarsi* che il piano storico esiste ».[86]

d) *Allegoria?* Quando l'esegeta sarà padrone del « trasparente » storico e avrà afferrato la « Sache », potrà allora
tradurre il linguaggio passato, in cui la « Sache » è presentata, nel linguaggio di oggi. Sarà una sostituzione di « trasparenti » cioè di forme storiche.

E' quanto K. Barth ha tentato nel suo Commento ai Romani. Ha suscitato contro di sé l'accusa di allegorizzare il
pensiero paolino.

Il Cullmann difende energicamente il tentativo barthiano. Non è allegoria. Infatti il Barth sostituisce un « trasparente » passato con un « trasparente » presente. L'allegoria invece, consiste nel sostituire un contenuto, una « Sache » estranea, all'autentico contenuto biblico. Questo può
avvenire, spiega, perché non si è riusciti a comprendere l'autentica « Sache » oppure perché la si vuol comprendere partendo dalla filosofia greca (Origene) o da una mentalità
dommatica (Cattolicesimo).[87]

Talora, è vero, lo stesso Barth non sfugge all'allegoria.
Ma questo non dipende dal suo metodo esegetico. Non è
abbastanza storico per poter sempre penetrare il significato

---

[85] « ... comme des points d'aboutissement de lignes convergeant *toutes* vers un point situé sur le plan suprahistorique des vérités religieuses absolues. Le contenu ne doit donc pas être cherché *à côté* des accomodations aux idées de l'époque, c'est-à-dire à côté des formes relatives et historiques dont est revêtue l'affirmation du texte, mais *dans* et derrière toutes les formes historiques »: *art. cit.*, 79.

[86] « Il faut connaître à fond tout le trasparent historique, mais il faut que celui-ci soit tellement clair qu'à un moment donné, le savant puisse *oublier* que le plan historique existe »: *art. cit.*, 79.

[87] *Art. cit.*, 82.

esatto delle differenti forme storiche assunte dai vari concetti religiosi.[88]

Questa generosa difesa del barthismo non gli impedisce di segnalare fin d'ora una differenza di impostazione che avrà conseguenze notevoli. Il Barth vede nella ricerca storica un semplice preliminare. Appena l'esegeta ha compreso « la Sache » la sua funzione è chiusa. Oscar Cullmann invece, afferma una compenetrazione costante tra aspetto storico e contenuto religioso. Talora l'esegeta potrà intuire la « Sache » direttamente, senza averne analizzato criticamente l'involucro storico. Il contenuto così scoperto illuminerà e guiderà lo studio della forma storica. Ma anche nel caso normale in cui il lettore giunga al contenuto, attraverso alla analisi della forma storica, il contenuto svelato farà capire meglio la forma. E' un reciproco illuminarsi e esplicitarsi tra forma e contenuto.

Per questo, storico e teologo devono essere riuniti in una sola persona. E il guaio del Barth, osserva francamente il Cullmann, è di non essere uno storico. Consulta i commenti storico-critici degli specialisti. Li chiude. Eppoi costruisce la sua teologia.[89]

e) *Il culto della Parola*. Questa riserva non impedisce al Cullmann di pensarsi sostanzialmente d'accordo coll'esegesi oggettiva barthiana.

E' una convergenza che ha radici religiose profonde:

« Il bisogno di un'esegesi « oggettiva »... appare quando il teologo si rende conto dell'*assenso* fondamentale che la verità biblica provoca in lui. Questo fu il caso di Lutero e di Calvino ».[90]

E' la confessione protestante della sovranità della Parola che li accomuna.[91] E' una comunanza di metodo che è logica conseguenza del radicalismo del loro culto della Parola. Le riserve del Cullmann sono solo sul piano storico. La minima superficialità storica è opacità che impedisce alla

---

[88] *Art. cit.*, 82-83.
[89] *Art. cit.*, 80.
[90] « Le besoin d'une éxégèse "objective"... apparaît au moment où le théologien se rend compte de l'*assentiment* foncier que provoquent en lui les vérités bibliques. Tel fut le cas de Luther et de Calvin »: *art. cit.*, 82.
[91] Cf. L. MALEVEZ, *Exégèse biblique et philosophie*, = NRTh 78 (1956), 1027.

Parola di manifestarsi e di imporsi.⁹² Sono quindi critiche che partono dal barthismo di fondo che anima il Cullmann e che lo fanno, in un certo senso, ancora più coerente di quello che anima il Barth stesso.⁹³

L'intransigenza della sua adesione al nuovo metodo si manifesta, tra l'altro, nel giudizio che egli emette sulla storia dell'esegesi protestante: il valore di un'analisi esegetica determinata va misurata dall'estensione secondo la quale il critico ha, sia pure inconsciamente, applicato i canoni dell'esegesi oggettiva.⁹⁴

Ma questa coerenza nel culto della sovranità della Parola sembra ammettere una frattura. La Parola può essere tradotta da un linguaggio, da una forma storica a un'altra.⁹⁵ La condizione della legittimità di questa traduzione è unica: la trasparenza dev'essere totale. Posso tradurre la Parola quando l'ho compresa pienamente.

Ma come armonizzare l'affermazione della sovranità della Parola colla possibilità di comprensione totale della stessa? Parola e linguaggio, Sache e forma storica sono proprio così perfettamente separabili come pensa il Cullmann?

Se questa separabilità non fosse così perfetta la traduzione non ci esporrebbe al pericolo di alterare la stessa Parola?

Sono interrogativi che il Cullmann non ha esaminati.

f) « *Dimenticare il piano storico* ».⁹⁶ In questa seconda tappa dell'itinerario cullmanniano il tentativo di soluzione del dissidio storia-trascendenza della « Sache », si accentua.

La storia è « trasparenza » dell'oggetto religioso. L'involucro storico va costantemente tenuto presente durante tutta

---

⁹² *Les problèmes posés...*, 83.
⁹³ La rivalorizzazione che O. Cullmann oppone a K. Barth dell'aspetto storico della ricerca esegetica significa forse che il Cullmann accetta con riserva la convinzione che l'unica oggettività valida è quella della Parola di Dio? Non pare. Più intensa sarà la luminosità della « forma storica » tanto più vera sarà l'oggettività. E l'oggetto unico, la vera Sache, è proprio la Parola di Dio e solo essa. E' la confessione di fede di Karl Barth come di O. Cullmann. Quindi valorizzare l'aspetto storico non fa che rendere possibile una visione più profonda della Sache.
⁹⁴ *Art. cit.*, 83, n. 2.
⁹⁵ Vedi sopra, p. 25.
⁹⁶ *Art. cit.*, 79.

l'analisi della « Sache ». Storia e oggetto religioso infatti si illuminano e chiariscono a vicenda.

Però siamo ancora lontani da una storia della salvezza, cioè, da un seguito di gesta divine iscritte nelle contingenze storiche in modo indissolubile. Le verità religiose si situano su un piano « soprastorico ». Per ri-crearle bisogna dimenticare il piano storico.

III. Escatologia e Temporalità

In una recensione del « *Das Neue Testament Deutsch* »,[97] Oscar Cullmann fa alcune osservazioni che sono di un certo interesse per comprendere la sua evoluzione progressiva verso una ermeneutica definitiva del Nuovo Testamento.

Gli Autori (A. Oepke, J. Schniewind, H.-D. Wendlandt, P. Althaus, F. Büchsel...) vogliono condurre il lettore al di là dell'analisi storica e psicologica. Vogliono portarlo ad afferrare l'oggetto religioso, la « Sache », che il libro sacro presenta. Ed è il lettore di oggi che vogliono mettere a contatto personale colla « Sache ». Ma non lo fanno né col metodo della cosiddetta esegesi « pneumatica » (o teologica), né con quello dell'esegesi « pratica ».

Questo perché?

« ... la prima — gli autori pensano all'esegesi di K. Barth — violenta il testo perché trascura il quadro storico, la seconda poi non è un'esegesi scientifica propriamente detta, nel senso che pronuncia giudizi di valore sul testo prendendo come criterio idee moderne. Contrariamente a questi due metodi, gli autori del nuovo commento cercano di afferrare l'oggetto, la Sache di cui parla il testo, tirando i criteri di interpretazione dal testo stesso. Crediamo che questi principi esegetici preconizzati dai nostri autori segnano un progresso rispetto agli Schriften des N.T. ».[98]

---

[97] *Das Neue Testament Deutsch. Neues Göttinger Bibelwerk*, Göttingen: Vandenhoeck und Ruprecht. Cf. *RHPhR* 13 (1933), 81-84. E' un totale rifacimento del più diffuso commento tedesco del N.T.: *Die Schriften des Neuen Testaments*, neu übersetzt und für die Gegenwart erklärt... Le prime due edizioni furono dirette da J. Weiss, 1ª 3ª ediz. (1916) da W. Bousset e W. Heitmüller; questa è la quarta.

[98] « ... la première — les auteurs pensent à celle de Karl Barth — fait violence au texte en négligeant le cadre historique, quant à la seconde elle n'est pas une exégèse scientifique proprement dite, en ce sens qu'elle

1. *Autotrasparenza.*

In che modo gli autori rendono attuale la « Sache »?

« Cercano l'oggetto religioso del testo, *la Sache, nel* suo involucro storico, proibendo a se stessi di mischiarvi questa o quell'idea moderna, ma senza confondere d'altra parte l'involucro storico coll'oggetto religioso stesso.

Pensiamo infatti che il miglior modo di mettere in evidenza l'*attualità* del testo, non è modernizzarlo, ma di rendere l'involucro storico — mediante la spiegazione storica — abbastanza trasparente da permettere al lettore di penetrare attraverso di esso, fino all'oggetto sopra-storico stesso ».[99]

Queste osservazioni sono passi avanti che separano ulteriormente Oscar Cullmann da Karl Barth e rendono sempre più personale la sua esegesi.

— L'esegesi pneumatica (cioè teologica) violenta il testo.

— Non è « traducendo » cioè « modernizzando » l'involucro storico ma rendendolo trasparente che la Sache diviene così accessibile da interpellarci. Il Cullmann ci sembra così abbandonare alla sua sorte la « traduzione » barthiana che cercava di giustificare cinque anni prima.[100]

E l'involucro storico diviene trasparente di per se stesso. La semplice analisi storica, alimentata dai criteri e dai principi che l'involucro stesso suggerisce, basta ad operare questa che potremmo chiamare « autotrasparenza ». Ogni mezzo estraneo alla forma storica del testo è escluso. In particolare, per la prima volta, torna insistente, sotto la penna del Cull-

---

émet des jugements de valeur sur le texte en prenant comme critère des idées modernes. Contrairement à ces deux méthodes, les auteurs du nouveau commentaire cherchent à saisir l'objet, la Sache dont parle le texte, en tirant les critères d'interprétation uniquement du texte lui-même.

Nous croyons que ces principes exégétiques préconisés par nos auteurs marquent un progrès par rapport aux *Schriften des N.T.* »: *art. cit.*, 82.

[99] « Ils cherchent l'objet religieux du texte, la *Sache, dans* son enveloppe historique, en s'interdisant d'y mêler telle ou telle idée moderne, mais sans confondre d'autre part l'enveloppe historique avec l'objet religieux lui-même.

Nous pensons qu'en effet la meilleure manière de mettre en evidence *l'actualité* du texte, c'est de ne pas le « moderniser », mais de rendre l'enveloppe historique — par l'explication historique — assez transparente pour permettre au lecteur de pénétrer à travers elle, jusqu'à l'objet supra-historique lui-même »: *art. cit.*, 83.

[100] *Les problèmes posés par la méthode exégétique de l'école de K. Barth,* = *RHPhR* 8 (1928), 82 ss.

mann, il rifiuto di accettare idee filosofiche come mezzo di interpretazione. Non è forse il primo esplicitarsi di quell'anti-filosofismo cullmanniano che lo opporrà radicalmente al Bultmann?

Ma, notiamolo bene, la Sache si situa sempre fuori e sopra la storia. E' essenzialmente « objet suprahistorique ».

Cinque anni dopo Oscar Cullmann stendeva una lunga recensione della ben nota opera di Folke Holmström.[101] In abbozzo vi troviamo le ultime componenti della sua interpretazione definitiva.

Non ci fermiamo ad esaminare l'analisi critica che il Cullmann fa della storia della teologia protestante, schizzata dall'Holmström.[102]

Ci interessano piuttosto le posizioni personali prese dal nostro autore.

2. *Verso la scoperta della temporalità.*

« Siamo d'accordo coll'autore a considerare come compito essenziale della teologia moderna di trovare una soluzione al problema escatologico, se davvero si considera il cristianesimo primitivo come la norma di ogni cristianesimo. Ben lungi dall'essere un accessorio che si possa eliminare a piacimento, l'escatologia è un elemento vitale del cristianesimo. Volerlo sopprimere, non è adattare il cristianesimo ai bisogni nuovi, è sostituirlo con un'altra cosa ».[103]

---

[101] *La pensée eschatologique d'après un livre récent*, = RHPhR 18 (1938), 347-355 (rec.). Si tratta di Folke Holmström, *Das eschatologische Denken der Gegenwart. Drei Etappen der theologischen Entwicklung des 20. Jahrhunderts*, Gütersloh, 424 pp.
[102] F.H. studia la storia della teologia protestante del secolo scorso analizzando la sua posizione riguardo al problema escatologico. Vede perciò nel suo sviluppo storico tre momenti:
— « *zeitgeschichtlich* »: l'escatologia è il valore centrale del cristianesimo del N.T. Ma la Parusia non è venuta alla data fissata. Quindi il « cristianesimo » moderno deve trovare altrove il suo centro e la sua norma (J. Weiss, A. Schweitzer, ecc.).
— « *ungeschichtlich* »: attualizzazione dell'escatologia rendendola atemporale (K. Barth, R. Bultmann).
— « *offenbarungsgeschichtlich* »: rivalutazione del carattere temporale dell'escatologia.
O. Cullmann, pur segnalando imprecisioni e oscurità nella caratterizzazione della terza fase, difende decisamente l'opera dell'H. dalla critica che più frequentemente altri gli aveva mossa « elle (questa divisione) ne saurait être qualifié d'artificielle ou de schématique »: *art. cit.*, 355.
[103] « Avec l'auteur nous considérons comme une tâche essentielle de la

Risponde poi a un'obbiezione che gli faranno, un decennio e più dopo, Rudolf Bultmann e Johannes Körner: l'escatologia temporale non è forse un'eredità giudaica?[104] Il semplice fatto che un elemento neo-testamentario è di origine giudaica non gli impedisce di essere elemento centrale del Messaggio cristiano.

Analizziamolo seriamente. Non con criteri aprioristici filosofici ma rigidamente scritturistici.

« Il punto di partenza (di questa analisi) sarà dunque un'esegesi oggettiva e una teologia del Nuovo Testamento fondata rigorosamente su questa esegesi e affrancata da ogni partito preso filosofico ».[105] Inoltre, questa esegesi dev'essere costantemente condotta alla luce della concezione del Messaggio che era propria della comunità cristiana primitiva.[106] Il responso di una ricerca esegetica di questo genere sarà decisivo.

Potrà rivelarci che un dato elemento, magari di origine giudaica, è periferico. Allora lo potremo trascurare. Tale è il caso della data della Parusia (*Mc.* 13,30). Ma il Cullmann è certo che questa indagine confermerebbe la centralità dell'escatologia come avvenimento futuro temporale ma già, in qualche modo, attuale.

Promette di dimostrarlo accuratamente in una futura opera.[107]

La preoccupazione escatologica balza così in primo piano. E l'ermeneutica cullmanniana assume un volto sempre più definito.

1) Dobbiamo leggere la Scrittura, non con categorie filosofiche, ma cogli occhi di fede dei primi credenti. Questa fede è il vincolo che ci fa membri di un medesimo cristianesimo. E' una ulteriore esplicitazione della sua professione anti-filosofica.

---

théologie moderne de trouver une solution au problème eschatologique; si toutefois on envisage le christianisme primitif comme la norme de tout christianisme. Loin d'être un accessoire qu'on puisse éliminer à volonté, l'eschatologie est au contraire un élément vital du christianisme. Vouloir le supprimer, ce n'est pas adapter le christianisme aux besoins nouveaux, c'est le remplacer par autre chose »: *art. cit.*, 353.

[104] Vedi sotto, p. 245 s.; 254 s.

[105] « Le point de départ (di questa analisi) sera donc une exégèse objective et une théologie du N.T. basée rigoureusement sur cette exégèse et affranchie de tout parti-pris philosophique »: *art. cit.*, 354.

[106] *Art. cit.*, 354.

[107] *Art. cit.*, 355.

2) L'escatologia come avvenimento temporale è elemento vitale del cristianesimo. L'escatologia è appunto la salvezza definitiva ed è evento temporale. La temporalità assume quindi una funzione essenziale nel Messaggio.

L'alterità Sache-Storia si va risolvendo. Abbiamo qui il punto di partenza di una riflessione che condurrà il Cullmann alla formulazione della Teologia della salvezza. Siamo ormai su un sentiero ben divergente dalle concezioni bultmanniane di Jesus e della « *Geschichte der synoptischen Tradition* ».[108]

---

[108] O. Cullmann affermerà che tutto il programma smitizzatore era già presente in queste due opere (*ChZ*, 45, n. 5). Non possiamo supporre che le sue prese di posizione che abbiamo ora esaminate e che ci sembrano già così opposte alle bultmanniane vengano maturandosi proprio anche alla lettura e allo studio dei libri del prof. di Marburg? Benché non lo nomini, i due punti capitali di questa recensione danno l'impressione di una posizione, in un certo senso, polemica contro R. Bultmann.

Capitolo Secondo

L'INTERPRETAZIONE STORICO-SALVIFICA

« *Christus und die Zeit* » segna il punto di arrivo dell'evoluzione che siamo venuti analizzando.[1] Oscar Cullmann vi mette in opera un'ermeneutica matura e definitiva. Per poterla comprendere meglio ripensiamo brevemente alle tappe percorse. Le riassumiamo attorno alle quattro date in ciu egli prese posizione, con altrettanti articoli nella « *Revue d'histoire et de philosophie religieuse* », di cui, dal 1930 al 1936, si trovò ad essere segretario di redazione:

1925: adesione alla FGSch. Insistenza sulla fede come principio di intelligibilità del Messaggio.
1928: si affianca a K. Barth e, salvo la riserva anti-soggettivistica, anche a R. Bultmann. L'involucro storico deve divenire « trasparenza della Sache ».
1933: si accentua il suo dissidio col Bultmann: rifiuto della filosofia come mezzo di interpretazione.
1938: mediante un approfondimento della funzione essenziale dell'escatologia temporale nel Messaggio, è ormai sulla via sicura per scoprire la temporalità della Sache. Il Messaggio come storia di salvezza.

La divergenza dalle posizioni bultmanniane si fa sempre più stridente.

Che questo itinerario, da noi così tratteggiato, sia autentico ce lo conferma il Cullmann stesso quando ci descrive il contesto storico in cui « *Christus und die Zeit* » si è venuto formando. Ci sembra utile fermarci su questa ambientazione. Ci farà capire meglio non solo la genesi della sua ermeneutica ma soprattutto la genesi della sua stessa teologia neotestamentaria. « *Christus und die Zeit* » infatti non è un

---

[1] *Christus und die Zeit. Die urchristliche Zeit - und Geschichtsauffassung*, Zweite Auflage. Zollikon - Zürich 1948. Citeremo così: *ChZ*.

trattato di metodologia esegetica ma una teologia biblica che fonda e giustifica un determinato modo di esegesi.

E' la codificazione di una riflessione teologica che si è venuta definendo in funzione delle tre correnti teologiche, imperniate sui nomi di M. Werner, Rudolf Bultmann, Karl Barth.[2] L'eterogeneità di queste teologia è già un indice della complessità del pensiero del Cullmann.

Ma, tra i problemi posti da queste tre grandi correnti, è quello escatologico che fu decisivo.

Abbiamo già visto come è proprio nel recensire il libro dell'Holmström che egli afferma per la prima volta esplicitamente un certo carattere storico del Messaggio. Ed è spinto a questo dalla persuasione che il Nuovo Testamento presenta la Fine (Eschaton), cioè la salvezza definitiva, come un evento temporale.[3]

Questo punto di partenza sarà l'oggetto di ulteriore analisi nelle pubblicazioni che prepareranno « *Christus und die Zeit* ».[4]

Una recente precisazione del Cullmann viene a confermarci in questo giudizio. Rileva che questi ultimi decenni vedono una ripresa del problema escatologico di cui sono attivi rivalorizzatori soprattutto M. Werner, F. Buri, R. Bultmann. Qual'è la causa di questo nuovo interesse escatologico? O. Cullmann risponde: Per Werner e Buri: il ritardo della Parusia. Per Bultmann: la preoccupazione di smitizzarla.[5] Ebbene « *Christus und die Zeit* », in cui l'escatologia ha una funzione decisiva, non deve la sua origine alle preoccupazioni che assillavano Werner e Bultmann. E' stato, egli pensa, questo ad indurre i suoi critici a trascurare quanto aveva affermato del suo libro nella sua prefazione: è stato scritto e pensato in una situazione teologica tutta interessata dall'escatologia in se stessa.[6]

---

[2] *Op. cit.*, 6 e 24 s.
[3] Cf. sopra, p. 30.
[4] Delle nove pubblicazioni (tra articoli e libri) che O. Cullmann diede alla luce in questo periodo di tempo, sei studiano un aspetto del problema escatologico. Tra queste segnaliamo: *Auferstehungshoffnung und Auferstehungsglaube im Neuen Testament: Der Grundriss* 4 (Zürich 1942), 66-74; *Le retour du Christ, espérance de l'Eglise selon le Nouveau Testament: Cahiers Théologiques de l'Actualité Protestante*, n. 1 (Paris- Neuchâtel 1943), p. 38.
[5] *Parusieverzögerung und Urchristentum. Der gegenwärtige Stand der Diskussion*:ThLZ 83 (1958), 1-11.

Lo studioso dell'interpretazione cullmanniana del Nuovo Testamento troverà in « *Christus und die Zeit* » questi due elementi fondamentali:
— Il cristianesimo è storia di salvezza.
— e, conseguentemente, l'interpretazione del messaggio cristiano è un'interpretazione storico-salvifica.

I. Il cristianesimo come storia di salvezza

1. *Storicità della « Sache »*.

La « Sache » neo-testamentaria è l'oggetto religioso del cristianesimo, cioè, il messaggio che il Nuovo Testamento proclama dalle sue pagine (Kerigma).[7]

E' ciò che il lettore vi deve scoprire e da cui si sente intimamente interpellato. Ebbene questo messaggio è « la rivelazione dell'azione di Dio in Cristo, cioè una storia cristocentrica continua ».[8]

« Dio si rivela in modo tutto particolare nel seno (innerhalb) di una storia strettamente limitata ma continua e vi opera in un modo definitivo, la « salvezza ».[9] « Costateremo che i primi cristiani situano nella medesima prospettiva cristocentrica della storia biblica, cioè sulla *medesima linea temporale* — linea di Cristo — la *creazione* operata da Dio « all'inizio » e il realizzarsi di ogni divenire in Dio « alla fine dei giorni ».[10]

---

[6] *Art. cit.*, 4.
[7] Questa definizione della Sache è profondamente protestante. La Chiesa e la Tradizione non vi hanno nessuna funzione essenziale. Non la troviamo esplicitamente enunciata nelle opere di Cullmann ma l'insieme del suo pensiero ci invita a caratterizzarla così.
[8] « Hier wird besonders deutlich, dass alles, was die ersten Christen in ihren Schriften verkünden, Offenbarung von Gottes Handeln in Christus, also ein fortlaufendes Christus-*Geschehen ist* »: *ChZ*, 21.
[9] « ... Gott innerhalb eines schmal begrenzten, aber fortlaufenden Geschehens sich in besonderer Weise offenbart und in endgültiger Weise « Heil » schafft »: *ChZ*, 18.
[10] « Wir werden feststellen, dass das Urchristentum genau in der gleichen christozentrischen Perspektive der biblischen Geschichte, d.h. genau *auf der gleichen zeitlichen* Christus-linie, wie die geschichtliche Ereignisse des Volkes Israel, des Wirkens Jesu, der Apostel und der Urkirche, die göttliche *Schöpfung* « am Anfang » und das Göttliche *Ziel* allen Werdens « am Ende der Tage » sieht. In dieser kosmischen Ausdehnung der geschichtlichen Linie wird das, was für das moderne Denken am Anspruch der christlichen Offenbarung so anstössig ist, besonders

Comprendere il Messaggio è comprendere che il Cristo è il centro di questa storia, accettarlo è inserirsi vitalmente su questa linea di salvezza.[11]

2. Il Kerigma è storia.

E' proprio dell'Essenza divina rivelarsi. E questa sua rivelazione, la Parola, è un atto (Handeln) (*Io.* 1,3).[12]

« Ma è nella storia che l'attività di Dio si rivela agli uomini nel modo più concreto. E la storia, dal punto di vista teologico, rappresenta appunto, nella sua intima essenza, la relazione tra Dio e gli uomini ».[13]

« La medesima Parola di Dio, che si manifesta come attività creatrice e che si manifesterà alla fine dei tempi nella nuova creazione « si è fatta carne » (*Io.* 1,14) in Gesù Cristo, ciò che significa che nella sua totale pienezza (in seiner ganzen Fülle) è diventata storia ».[14]

La storicità non è una delle tante qualificazioni del Kerigma. Il Kerigma stesso è storia. La storia è Dio che entra in rapporto coll'umanità: die Beziehung Gottes *zu* den Menschen. La precisione e la densità della definizione cullmanniana è intraducibile. La storia quindi è salvezza, la storia è rivelazione.[15] Siamo quindi ben lontani da una storia

---

deutlich: nämlich die Tatsache, dass *alle christliche Theologie ihrem innersten Wesen nach biblische Geschichte* ist: auf einer geraden Linie banal zeitlichen Geschehens offenbart sich hier Gott und lenkt von ihr aus nicht nur die Gesamtgeschichte, sondern auch das Geschehen in der Natur! Hier ist kein Raum für Spekulationen über Gott, die von Zeit und Geschichte absehen »: *ChZ*, 19.

[11] *ChZ*, 193-197.
[12] *ChZ*, 19.
[13] « Nirgends offenbart sich aber Gottes Handeln dem Menschen konkreter als in der Geschichte, die ja, theologisch gesprochen, ihrem innersten Wesen nach die Beziehung Gottes zu den Menschen darstellt »: *op. cit.*, 19.
[14] « Das gleiche Wort Gottes, das sich als Schöpfungshandeln kundtut und am Ende in der Neuschöpfung kundtun wird, ist in Jesus Christus « Fleisch geworden » (*Jo.* 1, 14) d.h. in seiner ganzen Fülle Geschichte geworden »: *op. cit.*, 19-20.
[15] Per questo O. Cullmann ci dirà che le espressioni che definiscono il nucleo centrale del Kerigma: storia biblica (biblische Geschichte), storia della rivelazione (Offenbarungsgeschichte), storia della Salvezza (Heilsgeschichte) si equivalgono. (*ChZ*, 22 e 78). « Storia biblica » accentua il fatto che gli avvenimenti della vita di Cristo sono situati sulla stessa linea di sviluppo degli avvenimenti della storia d'Israele (*op. cit.*, 15 16 19). « Storia di Salvezza » è espressione che sottolinea il fatto che ogni rivelazione è espressione dell'amore di Dio (*op. cit.*, 21). Seguiremo O. Cull-

concepita come pura successione cronologica. Ma non assume nemmeno un valore puramente astratto e disincarnato quasi indicasse unicamente un gesto di Dio verso l'uomo.

E' la Parola fatta carne che è storia. E' un gesto di Dio ma che si iscrive nel tempo. E' azione divina che si inserisce nella trama della successione cronologica.

« ... l'attività divina, *nella sua totalità* (*all* sein Handeln) è così naturalmente legata al tempo che questi non pone (ai primi cristiani) nessun problema; costituisce al contrario, la condizione naturale e necessaria di ogni atto divino ».[16] Questa nuova visione dell'essenza della « Sache » neo-testamentaria avrà come conseguenza un rinnovamento definitivo dell'interpretazione del Nuovo Testamento. In quale direzione avverrà questo approfondimento?

II. L'INTERPRETAZIONE STORICO-SALVIFICA DEL NUOVO TESTAMENTO

Oscar Cullmann in « *Christus und die Zeit* » non risponde direttamente ed esplicitamente al nostro quesito. Ed è comprensibile: negli articoli da noi precedentemente esaminati, egli studiava « ex professo » il problema dell'interpretazione del Nuovo Testamento. In « *Christus und die Zeit* » invece, non teorizza una forma di ermeneutica, la mette in pratica.

Ci sembra utile chiederci anzitutto qual'è il problema che egli si pone in « *Christus und die Zeit* ». Potremo allora capire meglio l'interpretazione che egli mette in esercizio per raggiungere lo scopo.

---

mann che preferisce usare abitualmente quest'ultima dizione. « Storia della rivelazione » avrebbe forse un significato più vasto. Ma « storia della Salvezza » ha già diritto di cittadinanza nel linguaggio teologico per merito di von Hofmann e della « Scuola di Erlangen » (*op. cit.*, 22, n. 10).

[16] « Daher ist *all* sein Handeln so selbstverständlich mit der Zeit verbunden, dass diese nicht etwa als Problem empfunden wird, sondern die natürliche Voraussetzung allen göttlichen Feschehens ist »: *op. cit.*, 43. Abbiamo tradotto: natürliche Voraussetzung, condizione naturale e necessaria, ispirandoci alla traduzione francese: condition naturelle et nécessaire (*ChZ*, 35). Questa accentuazione ci pare significativa: sappiamo infatti che l'edizione francese è stata elaborata sotto il controllo vigile dell'Autore (*Christ et le temps*, 10).

1. Il problema di « Christus und die Zeit ».

« Il presente lavoro ha per oggetto la ricerca dell'elemento centrale del Messaggio cristiano ».[17] Sono le parole con cui il Cullmann apre la prefazione della prima edizione del suo libro. E già in polemica col Bultmann aggiungerà nell'introduzione: « Con metodi esclusivamente storici ci proponiamo di dimostrare che il "nocciolo specificamente cristiano", come possiamo determinarlo risalendo alle fonti del cristianesimo primitivo, si identifica realmente colla storia della salvezza ».[18] Preciserà il significato della storia, della salvezza come essenza del Kerigma in questi termini:

« L'opera del Cristo forma *in primo luogo* il centro di una serie di avvenimenti speciali che si vanno sviluppando sulla linea del tempo e che, agli occhi dei primi cristiani, costituisce la storia biblica (= storia di salvezza). In secondo luogo, per i cristiani, questa storia singolare diventa anche la norma e la misura della storia generale che chiamiamo « profana », che, d'altra parte, vista in questa luce, cessa allora di essere profana ».[19]

R. Bultmann sintetizzerà felicemente il punto di arrivo di « *Christus und die Zeit* »: « Cristo come centro del tempo... centro a partire del quale va compresa l'intera storia sia posteriore che anteriore ad esso ».[20]

L'ampio sviluppo dato all'analisi della nozione giudaicocristiana e ellenica del tempo, la sua presa di posizione sulla nozione di eternità, hanno creato un malinteso tra parecchi suoi lettori.

Espressione eloquente ne è l'osservazione di C. Straeter che consiglia a O. Cullmann di cambiare titolo al suo libro.

---

[17] « Die vorliegende Arbeit hat die Frage nach dem Zentralen in der christlichen Verkündigung zum Gegenstand »: *ChZ*, 5.

[18] « Sie (questo lavoro) soll rein historisch nachweisen, dass der spezifisch « *christliche* Kern », wie er aus allen urchristlichen Quellen zu erschliessen ist, wirklich mit der Heilsgeschichte steht und fällt »: *op. cit.*, 24.

[19] « ...das Werk Christi ist *primär* Mitte eine*s besonderen* über die Zeitlinie sich erstreckenden Geschehens, das im Sinne des Urchristentums als Christusgeschehen zu bezeichnen ist. *Sekundär* wird dieses Geschehen für den Christen aber auch Massstab der allgemeinen, sogenannten « profanen » Geschichte, die in diesem Lichte gesehen für ihn dann aufhört, profan zu sein »: *op. cit.*, 16.

[20] « Christus, als die Mitte der Zeit... von der aus die ganze Geschichte nach rückwärts und nach vorwärts zu verstehen... ist »: *Heilsgeschichte*, 659.

Invece di « *Christus und die Zeit* » sarebbe meglio rispondente al contenuto, « *Die Zeit und Christus* ».[21]

L'Autore protesterà ripetutamente contro questa errata interpretazione del suo problema. Non gli interessa tanto il problema speculativo del tempo e dell'eternità quanto dimostrare che la fede della chiesa primitiva è fondata sulla storia di salvezza, cioè, su una serie di avvenimenti reali iscritti nella linea del tempo e di cui il protagonista è Cristo.[22]

Adesso possiamo chiederci qual'è il principio di lettura con cui il Cullmann apre il Nuovo Testamento per scoprirvi la centralità della storia di salvezza.

Arriveremo a determinarla in due momenti:
— funzione fondamentale della fede e dell'analisi storica.
— l'analisi storica ha per oggetto la testimonianza di fede del cristianesimo primitivo, codificata negli scritti neotestamentari, ma procede alla luce della Regola di fede della medesima comunità primitiva formulata nei simboli.

2. *Fede e storia.*

Solo la fede può gettare luce sul vero senso della « Sache » come storia di salvezza, il cui centro è Cristo. La serie di avvenimenti temporali, il cui intreccio forma la storia di salvezza, agli occhi dello storico profano non è altro che un susseguirsi di « fatti di cronaca » (faits divers).

« ... quantunque un certo numero di fatti essenziali di questa storia (di salvezza) possa essere oggetto di ricerca e di analisi della scienza storica, questa storia assume un significato — quando avvicina, interpreta e collega gli avvenimenti in relazione alla realtà storica di Gesù — soltanto se Gesù di Nazareth, realtà centrale della storia, è riconosciuto come la *rivelazione assoluta di Dio agli uomini*. Senza questo atto di fede, non solo non si può accordare un valore normativo alla storia biblica, ma questa deve necessariamente apparire come senza senso. Inversamente, mediante

---

[21] E l'autore spiega il suo consiglio così « Want niet het mysterie van het vleeschgeworden Woord is het centrale thema, maar « die Zeit »: *Christus en de Tijd, Bijdragen* 7 (1946), 280.

[22] *ChZ*, Vorwort zur 2. Auflage, p. 9, e *Immortalité* p. 19-20, note 1. *Parusieverzögerung und Urchristentum*, = *ThLZ* 83 (1958), 4.

questo atto di fede non ci può essere altra norma all'infuori della storia biblica, designata allora storia della rivelazione e della salvezza ».[23]

La fede inoltre, è il dono dello Spirito che sola concede al credente la visione complessiva della storia della salvezza e la possibilità di comprenderla, centrata in Cristo, e di attribuire alle varie epoche della salvezza il loro significato e il loro valore profondo.[24]

D'altra parte, il Cullmann vuole fare opera di storico.[25] E' con metodi rigidamente storici che vuole dimostrare al Bultmann che il Kerigma è storia di salvezza.[26] Ai suoi avversari della scuola escatologica conseguente rimprovererà, appunto, come del resto anche al Bultmann stesso, di mancare di fedeltà ai risultati della ricerca critica neo-testamentaria.[27]

3. La concezione di fede del cristianesimo primitivo.

a) *Incoerenza?* Solo la fede fa trasparire negli scritti neo-testamentari il Kerigma come storia di salvezza e, d'altra parte, questi scritti debbono essere esaminati con criteri esclusivamente storici. Questa posizione non può non sembrare incoerente. Né si può dire che, trattandosi di una discussione tra cristiani, questi hanno una medesima fede e che quindi l'oggettività delle loro conclusioni dipenderà, essendo per ipotesi identica la luce di fede, prevalentemente dalla rigorosità storica della loro indagine.

Per condurre ad una identica lettura critica del Nuovo Testamento, bisognerebbe che la luce di fede (e anche la

---

[23] « Denn obschon einzelne Grundtatsachen dieser biblischen Geschichte Gegenstand historischer Forschung sind, so bekommt sie als Ganzes in ihrer Zusammenstellung, Deutung und Verbindung der Ereignisse mit der geschichtlichen Tat Jesu nur dann einen Sinn, wenn diese zentralgeschichtliche Tat Jesu von Nazareth als *absolute göttliche Offenbarung* an den Menschen anerkannt wird. Ohne diesen Glauben kann jener ganzen biblischen Geschichte nicht nur kein normativer Wert zugesprochen werden, sondern sie muss als sinnlos erscheinen. Wo dagegen umgekehrt dieser Glaube vorhanden ist, da kann es ausser dieser biblischen Geschichte, die dann als Offenbarung-und Heilsgeschichte bezeichnet wird, keine andere Norm geben »: *ChZ*, 18.
[24] *Op. cit.*, 31 67.
[25] *Op. cit.*, 26
[26] *Op. cit.*, 26 e 26.
[27] *Op. cit.*, 24 ss.

concezione che si fanno del suo contenuto) fosse profondamente identica. Ora questa identità non sussiste.

Il problema sembra complicarsi ulteriormente: l'indagine storica dovrà dimostrare che la concezione centrale della fede neo-testamentaria è appunto costituita dalla Storia della salvezza. Come può allora questa stessa fede neo-testamentaria, su cui si indaga, essere luce e guida dell'indagine di cui essa è oggetto? Non ci troviamo nelle contraddizioni del classico « circolo vizioso »?

O. Cullmann non si pone esplicitamente questi interrogativi. Vi dà però una soluzione interessante col modo stesso di condurre la sua ricerca.

b) *La concezione della comunità primitiva.* Egli presuppone, come norma indubitabile della fede cristiana, la concezione del Kerigma che animava e ispirava la comunità primitiva.[28]. Noi siamo cristiani nella misura in cui la nostra fede coincide colla loro.[29] La sua indagine si impegnerà coi metodi più rigidamente positivi a ritrovare qual'era il centro, il significato della fede per il cristianesimo primitivo. Il centro della fede primitiva sarà quindi anche il centro della nostra fede.

Per questo la sua ricerca si concentrerà sulle espressioni di fede della comunità primitiva cioè anzitutto sugli scritti neo-testamentari.

Ma qui sorge un nuovo interrogativo: gli scritti neo-testamentari stessi non distinguono nella presentazione del Messaggio tra essenziale, centrale e secondario e periferico. Quindi la nostra opera di ricerca del nucleo centrale rischia di ricadere nel soggettivo e nell'illogico?

In un suo precedente studio Oscar Cullmann aveva trovato che i primi cristiani furono ad un certo punto afferrati da questo stesso nostro problema di comprensione totale del Messaggio a partire dal suo nucleo centrale.[30] Ed è preci-

---

[28] *Op. cit.*, 5 14 24 31 ecc. *Immortalité,* 7 19 20.

[29] « Wer sich mit der historischen Feststellung, dass die Heilsgeschichte das Herz der urchristlichen neutestamentlichen Verkündigung, ist, nicht begnügen und barüber hinaus selbst Stellung zu ihr nehmen will, muss wissen, dass er sich damit für oder gegen die christliche Verkündigung selbst entscheidet »: *op. cit.,* 24 e 22.

[30] *Les premières confessions de foi chrétienne,* Paris 1943, pp. 54; *Les origines des premières confessions de foi,* = RHPhR 21 (1941), 77-110;

samente nelle Confessioni di fede che cercarono di fissare quello che la loro fede vedeva e viveva come centrale.

c) *La soluzione*. Si delinea così la soluzione della serie di interrogativi postici nel corso di questo capitolo.

Egli « legge », il Nuovo Testamento per scoprirvi l'elemento centrale del Messaggio di fede. Lo fa con un atteggiamento che è la risultante di due componenti: la luce della fede e l'inquisizione storica. La luce della fede gli dice già che il centro del Messaggio è il Cristo come anima della storia di salvezza.

Questo senso della fede glielo dettano precisamente i simboli in cui la comunità primitiva ha espresso una persuasione vitale che dev'essere anche la nostra.

E' alla luce di queste categorie di fede, e, armato cogli strumenti dell'indagine storica, che l'esegeta si chinerà sul Nuovo Testamento per mettervi in valore un nucleo centrale che la sua fede ha già individuato e che ora la sua attività critica vuole mettere in rilievo, ritrovare e confermare polemicamente.

E' escluso perciò ogni « circolo vizioso ». Il Cullmann cerca nel Nuovo Testamento ciò che le confessioni di fede gli assicurano. La testimonianza di fede primitiva già elaborata e sintetizzata nei suoi elementi fondamentali (simboli) diviene la luce che dirige l'analisi storica che ha per oggetto l'altra testimonianza di fede primitiva che è il complesso degli scritti neo-testamentari.

Ci si impone ora l'esame del significato e del valore delle confessioni di fede.

III. LA REGOLA DI FEDE

1. *Le Confessioni di fede*.

La funzione delle Confessioni di fede è decisiva nella Teologia biblica di O. Cullmann. E' quindi indispensabile vederle da vicino.

L'essence de la foi chrétienne d'après les premières confessions: = *ibidem* 22 (1942), 30-42.
Le nostre citazioni si riferiscono ai due articoli della *RHPhR*.

Precisiamo anzitutto che, con questo termine « Prime confessioni di fede », il Cullmann prende in considerazione unicamente le formule di fede che la Chiesa fu condotta ad elaborare dal primo secolo alla metà del secondo.[31]

Alcuni simboli erano il riassunto della stessa Predicazione apostolica antecedente alla codificazione evangelica. Quindi sono testimonianze della tradizione orale. Altri simboli saranno sintesi della tradizione evangelica scritta.[32]

Perché la Chiesa elaborò tali formule di fede?

Ci furono evidentemente numerosi motivi contingenti: necessità culturali, polemiche ecc...[33] Ma la ragione fondamentale, secondo il Cullmann, era la seguente: « Si poneva la questione: qual'è il nucleo comune di quelle tradizioni, trasmesse dapprima oralmente e quindi fissate per iscritto da autori così diversi? In quella tradizione, in quei libri che cosa costituisce il nocciolo comune e che cosa lo sviluppo particolare? Ogni confessione di fede, sia essa elaborata consciamente o nata spontaneamente, risponde implicitamente a questa domanda ».[34]

Inoltre, ragione non meno importante: la Chiesa sentiva il bisogno di un'autenticazione apostolica del canone da essa costituito: Perché solo 27 libri tra i molti che circolavano tra le mani dei cristiani e perché questi e non altri? Ebbene essa insisteva nel formulare e nell'inculcare i simboli, anche dopo aver fissato il canone, proprio per dimostrare l'autenticità apostolica degli scritti canonici. Lo provava il fatto che il loro contenuto essenziale corrispondeva a quello del simbolo.[35]

2. *Le Confessioni come norme.*

Donde viene il carattere normativo e decisivo dei simboli? Il simbolo è norma perché nella convinzione della comunità è di origine apostolica. Tale persuasione è così radi-

---

[31] *Les origines...*, 78.
[32] *Art. cit.*, 79 s.
[33] *Art. cit.*, Chap. II, p. 85-99.
[34] « La question se posait: quelle est la doctrine commune de ces traditions transmises d'abord oralement et fixées ensuite par écrit par ces écrivains si divers? Dans cette tradition, dans ces livres, quel est l'essentiel, quel est l'accessoire? Toute confession de foi, qu'elle soit élaborée consciemment ou née spontanément, répond implicitement à cette question »: *art. cit.*, 80 e 109-110.
[35] *Art. cit.*, 83.

cata che si attribuisce a lungo a ciascun apostolo un articolo del simbolo detto apostolico.[36] Ingenua leggenda, il cui significato è però eloquente.

Tale normatività, osserva il Cullmann, è valida anche per noi. E proprio per lo stesso motivo. Le formule del primo secolo, da cui si sono venute originando le altre, se non sono opera personale degli apostoli sono certamente opera della chiesa apostolica.[37]

Un lettore cattolico non può fare a meno di chiedersi, a questo punto, se O. Cullmann non sia con questa sua concezione più vicino di quanto non pensi alla posizione cattolica. Le Confessioni di fede infatti, appaiono ora il criterio di comprensione della Scrittura. E sono criterio normativo decisivo di questa comprensione, proprio perché espressione di una tradizione apostolica che si presenta in una formulazione distinta dalla Scrittura e che è la garanzia dell'autenticità apostolica della Scrittura stessa. La tradizione non scritta assume così una funzione, se non prevalente, per lo meno parallela a quella della Scrittura.

E' indubbiamente uno sviluppo interessante.

Tuttavia ricordiamo che il Cullmann ci invita a non separare la Scrittura dalla Regola di fede. Formano un unico blocco; la tradizione apostolica.[38]

Il carattere normativo dei due elementi: Scrittura e Regola di fede, ha un unico ed identico motivo di fondo: la loro apostolicità. E, per evitare ogni possibile interpretazione filocattolica di una tradizione non scritta che avesse, in un certo senso, una funzione di depositaria e di interprete normativa della tradizione scritta, soggiunge:

« Con questo non si voleva porre *ogni* tradizione ecclesiastica al di sopra della S. Scrittura; si trattava invece di togliere autorità ad ogni *futura* tradizione in nome della tradizione apostolica ».[39]

---

[36] *Art. cit.*, 83 s.
[37] *Art. cit.*, 84 98-99 109-110.
[38] *La Tradition*, 48-49.
[39] « Par là, on ne voulait pas mettre *toute* tradition ecclésiastique au dessus de l'Ecriture; il s'agissait, bien plus, de détrôner toute tradition *future* au nom de la tradition *apostolique* »: *art. cit.*, 81, n. 9. Le sottolineature dell'Autore, in questo caso sono quanto mai significative.
R. Bultmann ha steso una recensione delle « Premières confessions... », = *ThLZ* 74 (1949), 40-42. Fa una sola critica notevole. Il Cullmann dovrebbe approfondire meglio la nozione letteraria di « Confessione ». Contesta il

Non possiamo non notare, sia pure di sfuggita, che queste precisazioni del Cullmann ci lasciano pensosi. E' proprio certo che la Regola di fede risale realmente agli apostoli nel senso letterale in cui la comprende il Cullmann? Non è piuttosto l'espressione dell'interpretazione ufficiale che la Chiesa dava della tradizione scritta? Se la comunità cristiana del secondo secolo ha riconosciuto come normativo il simbolo era soltanto perché lo credeva di origine apostolica o non era piuttosto anche perché vi ritrovava un'espressione autentica della fede che viveva?

Questa Regola di Fede distinta dalla Scrittura è un precedente che pone un grave problema al protestantesimo.[40]

3. *Normatività e temporalità*.

Il Cullmann non concepisce una Tradizione che continua viva nella Chiesa, articolata in due manifestazioni, la scritta e la orale, implicantesi a vicenda. C'è una sola vera Tradizione normativa, scritta o orale, la Tradizione apostolica. La cosiddetta tradizione post-apostolica non è vera Tradizione appunto perché post-apostolica.

La Tradizione e l'Apostolato sono necessariamente interdipendenti e inseparabili, dichiara, appoggiandosi anche al Bultmann.[41]

Il valore della Tradizione viene dal fatto che è apostolica, cioè, partecipa alla stessa funzione normativa e centrale, esercitata nella storia di salvezza dalle gesta di Cristo.

Infatti, l'apostolo è tale perché è un testimonio. Questa testimonianza lo pone in una comunione così intima col Kyrios che ogni proclamazione, trasmessa dall'apostolo, è

---

carattere di « Confessione » a parecchie delle formule ritenute tali dal nostro Autore. Non si esprime sulle numerose posizioni teologiche assunte dal Cullmann nel corso del suo studio.

[40] P. BENOIT, recensione di « *La Tradition* », = *RB* 72 (1955), 262. Così anche J. DANIÉLOU, *Réponse à M. Cullmann*, = *Dieu Vivant*, n. 24, p. 115 ss. O. Cullmann nega persino l'esistenza del problema: la Regola di fede è un'eccezione unica e irripetibile. A differenza di ogni altra norma o tradizione esterna alla Scrittura che potranno essere formulate in seguito, soltanto questa regola di fede primitiva risale sostanzialmente agli apostoli quindi è normativa: *La Tradition*, p. 49.

Un'interessante presentazione cattolica del problema delle origini della Tradizione, qui toccato dal Cullmann è quella di L. CERFAUX, *Les deux points de départ de la tradition chrétienne*, in *Recueil Lucien Cerfaux*, Gembloux 1954, tome II, p. 265-282.

[41] *La Tradition*, 26, n. 2.

considerata dal credente come trasmessa dal Cristo stesso (ib.).

« Perciò in ultima analisi possiamo ricondurre la funzione dell'apostolo, in confronto alla tradizione, a quella del Kyrios stesso che è il pneuma (*2 Cor.* 3,17) ».[42] Qui sta la radice della esclusiva normalità della Tradizione apostolica: la Tradizione, in quanto appunto apostolica, non appartiene al tempo periferico della Chiesa ma al tempo centrale di Cristo.

Ma allora la Chiesa di oggi non ha nulla da dirci quando ci accingiamo a leggere la Scrittura?

La Scrittura è Parola di Dio ma in linguaggio umano. La Chiesa deve illuminare coloro che la interpretano e cercano di far capire quel linguaggio passato agli uomini di oggi.[43] Una delle più gravi deficienze delle chiese protestanti di oggi è appunto di trascurare questa loro funzione di magistero. Ma è un magistero « provvisorio », disciplinare. Non è norma o criterio di lettura: è semplice guida e orientamento per il bene della comunità del tempo in cui quell'esegeta scrive o insegna. « Scriptura sui ipsius interpres »: il Kyrios stesso è presente nella tradizione apostolica, che è la Scrittura. La Chiesa è inferiore al Kyrios e alla Scrittura.

P. Benoit commenta: la Chiesa è ridotta alla funzione di professoressa di esegesi.[44] E questo proprio perché il tempo della Chiesa non è più, come il tempo degli apostoli, e quindi della fondazione della Chiesa, tempo di Cristo. Non è più il centro informatore della Storia della salvezza ma un'epoca periferica che riceve dal centro il suo significato salvifico e perciò gli è subordinato. Capiamo allora il rimprovero che il Cullmann fa alla teologia cattolica della Tradizione di « confondere i tempi ».[45] Tutti gli aspetti della teologia cullmanniana sono insomma ancorati alla sua teologia della storia della salvezza. Lo stesso criterio di lettura della

---

[42] *Op. cit.*, 27. Il Cullmann in *2 Cor.* 3,17 vede l'affermazione che il Cristo glorioso, il Kyrios, si identifica collo Spirito (*op. cit.*, 23). Questo spiega come Paolo concepisca il Kyrios elevato alla destra del Padre all'opera nella trasmissione della tradizione apostolica (*op. cit.*, 24). Per le interpretazioni cattoliche recenti cf. K. Prümm, *Die katholische Auslegung von 1 Kor. 3,17 in den letzten vier Jahrzehnten nach ihren Hauptrichtungen*: Biblica 31 (1950), 316-345 459-482; 82 (1951), 1-24.
[43] *Op. cit.*, 39
[44] *Art. cit.*, 259.
[45] *La Tradition*, 38; *ChZ*, 9.

Scrittura che ci deve condurre a comprendere il Messaggio come storia di salvezza è determinato in ultima analisi dalla natura specifica del tempo da cui emerge. Questo dice la coerenza interna del pensiero cullmanniano. Ma torneremo su queste constatazioni. Vedremo come ogni nostro tentativo critico si rivelerà efficace solo nella misura in cui toccherà il carattere specifico del tempo di Cristo e del tempo della Chiesa (presente).

4. *La condizione fondamentale di ogni teologia cristiana.*

Perché questa ricerca del nucleo centrale del Messaggio? Appena il teologo apre il NT si rende conto che, se vuole metterne in rilievo la struttura intima, deve arrivare a determinare un nucleo centrale ed essenziale, ben distinto da una serie di elementi secondari e dipendenti.

« Tutto il problema della spiegazione della Sacra Scrittura dipende da una tale distinzione ».[46]

E questa ricerca del nucleo dev'essere la via teologica che devono battere i cristiani delle varie chiese che hanno sincera preoccupazione ecumenica. Lascino da parte ogni preoccupazione aprioristica attinta fuori dal Libro sacro come pure l'esame unilaterale di elementi secondari e periferici. Concentrando la loro attenzione sul nucleo centrale, comprenderanno meglio il Messaggio e dialogheranno fruttuosamente.[47]

In questa luce comprendiamo allora l'ambiziosa prospettiva in cui il Cullmann vede il significato del suo « *Christus und die Zeit* »: « non esponiamo in modo esaustivo la teologia del Nuovo Testamento ma studiamo *le condizioni fondamentali di ogni teologia del Nuovo Testamento*, cioè la concezione neotestamentaria del tempo e della storia in tutta la sua ampiezza e con tutti i problemi che pone ».[48]

---

[46] « Tout le problème de l'explication de l'Ecriture dépend de cette distinction »: *Les origines...*, 80.

[47] *Op. cit.*, p. 5. Il Cullmann vede l'origine delle eresie nell'esame isolato di un aspetto del domma o di una serie di testi neo-testamentari senza curarsi di ricollegarli col nucleo centrale del Messaggio, solo modo per poter situare nella totalità della rivelazione una verità o un interrogativo particolare. Necessità della teologia per la Chiesa secondo il Nuovo Testamento: *Protestantesimo* 14 (1958), 2.

[48] « Wir haben in den folgenden Kapiteln nicht die « neutestamentliche Theologie » erschöpfend darzustellen. Wohl aber werden wir die *Grundvoraussetzungen aller neutestamentlichen Theologie*, nämlich die

In « *Christus und die Zeit* », egli vuole ritrovare, alla luce della Regola di Fede, lo scheletro fondamentale sul quale ogni teologia biblica e dommatica dovrà poi costruirsi sotto pena di non essere autenticamente cristiana.[49]

Se K. Barth invece di esporre la sua dommatica secondo lo schema trinitario, avesse seguito l'ossatura della storia della salvezza, non avrebbe forse impresso al suo cristocentrismo un ruolo ancor più convincente? [50]

La critica del Cullmann al Barth sarà perciò solo costruttiva: vuole contribuire a realizzare, in modo ancora più conseguente, il suo programma cristocentrico.[51]

Ma questa non è solo l'ambizione di « *Christus und die Zeit* ». E' il significato profondo dell'intera opera teologico-esegetica di Oscar Cullmann: giungere a mettere in rilievo, negli scritti neo-testamentari, la storia della salvezza.[52] Le pubblicazioni da lui dateci fino a « *Christus und die Zeit* » incluso, segneranno la scoperta di questa struttura essenziale della teologia cristiana. Poi cercherà di « applicare » questa scoperta colle sue concrete conseguenze al tempo della Chiesa (*La Tradition; Petrus*) e di approfondire la funzione del Cristo come centro della storia di salvezza (*Christologie*).

Oscar Cullmann può essere giustamente definito come il teologo della storia della salvezza. Legge la Scrittura alla luce di fede della storia della salvezza. La sua, possiamo chiamarla un'interpretazione storico-salvifica del Messaggio cristiano, proclamato dal Libro sacro.[53]

---

neutestamentliche Zeit- und Geschichtsauffassung in ihrer ganzen Problematik und Tragweite untersuchen »: *ChZ*, 22.

[49] *Op. cit.*, 19.

[50] *Op. cit.*, 21, n. 9. Il p. Bouillard ci sembra fornire utili precisazioni sullo « schema teologico » barthiano di cui il Cullmann critica qui l'articolazione: R. Bouillard, *Karl Barth. Genèse et évolution de la théologie dialectique*, t. I, p. 224 s.

[51] *Op. cit.*, 6-7.

[52] O. Cullmann, *The Early Church, Historical and Theological Studies*, London 1955, Author's Preface, p. xii.

[53] Quanto abbiamo esposto ci sembra giustificare l'adozione di questo termine per caratterizzare l'interpretazione definitiva e specifica del NT che il Cullmann ha formulato.

IV. Rifiuto della Filosofia

1. « Sola Scriptura ». Nessun « apriori ».

« ... rifiuto energicamente i preconcetti teologici di una interpretazione modernizzatrice che sono comunemente associati col metodo storico-filologico, preconcetti che, nell'interesse dell'una o dell'altra teoria filosofica, cercano o di strappare come semplice ornamento esterno o di reinterpretare ciò che costituisce proprio l'elemento *centrale* della fede dei primi cristiani. Questi metodi che oggi sono molto in voga li respingo proprio per motivi scientifici.

La ricerca critica deve avere in comune colla fede cristiana soprattutto la *docile disposizione ad ascoltare semplicemente ciò che gli autori del Nuovo Testamento hanno da dirci,* senza mettere a repentaglio troppo presto fin dal punto di partenza il risultato della ricerca coll'introdurre l'altro problema di sapere cioè se possiamo riconciliare la fede del cristianesimo primitivo colla filosofia moderna ».[54]

L'interpretazione del Cullmann è una riaffermazione del « Sola Scriptura ». Ma in un senso ben preciso e personale.

Per comprendere il Libro sacro dobbiamo avvicinarci ad esso senza preoccupazioni o categorie mentali che non siano quelle ispirate dalla Regola di fede.

Nessun altro criterio esterno alla Scrittura deve influenzarli:[55] non il sentimento o l'emozione religiosa,[56] non

---

[54] « ... resolutely I reject the theological preconceptions of a modernizing interpretation which are commonly associated with the historical-philological method-preconceptions which, in the interest of some philosophical theory or other, seek either to stripp off as a mere external garment or forcedly to reinterpret the very thing which is *central* to the faith of the first christians. These methods, much favoured at present, I reject precisely for scientific reasons.
Critical study ought to have in common with the christian faith above all *the obedient willingness simply to listen to what the authors of the new Testament have to say to us,* without too quickly from the very beginning, confusing the issue by introducing the other question whether we can reconcile their faith with modern philosophical theories »: O. Cullmann, *The Early Church,* Author's Preface, p. xi-xii.

[55] *ChZ,* 5. E' il rimprovero capitale che il Cullmann fa agli esegeti della scuola dell'escatologia « conseguente ». Sul piano esegetico riconoscono giustamente la funzione centrale dell'escatologia nel Messaggio cristiano. Ma, sul piano teologico, le sostituiscono un altro valore esterno

un sistema filosofico.⁵⁷ Non deve neppure turbarci l'interrogativo: un'affermazione neo-testamentaria può assumere nel Messaggio una funzione essenziale, anche se è in contrasto colla concezione filosofica che noi riteniamo vera?⁵⁸

2. Ellenismo.

Il Cullmann è convinto che l'ostacolo più comune ad una interpretazione oggettiva del Messaggio è una mentalità filosofica di ispirazione più o meno ellenistica. L'ellenismo sistematico è il più irriducibile avversario del Messaggio cristiano. Questo infatti è centrato sulla storia. E l'idea temporale ellenica è agli antipodi della cristiana.⁵⁹ E' infatti fondata su due elementi: la ciclicità del tempo, l'alterità qualitativa tra tempo ed eternità. Ora, il Messaggio cristiano annuncia una Salvezza che è un avvenimento iscritto sulla linea del tempo e quindi implica una concezione lineare della temporalità. Fin dalla fine del primo secolo, la temporalità ellenica ha tentato di contaminare la proclamazione del Messaggio. Questa infiltrazione è stata il segnale di una lotta accanita tra ellenismo e cristianesimo. Le battaglie vinte dall'ellenismo si chiamano: gnosticismo e docetismo.

L'intera storia del domma cristiano, pensa il Cullmann, potrebbe essere tratteggiata come un conflitto tra queste due forze. L'esito è variabile. Ma la vittoria arride più sovente all'ellenismo che al cristianesimo.⁶⁰ Questo conflitto divampa anche oggi.

Il Cullmann vede in ogni filosofia attuale una certa presenza dell'ellenismo.⁶¹ L'attacco al Bultmann è evidente. Ma il Barth stesso, a suo parere, pecca di ellenismo. La sua

---

alla Scrittura o secondario per la stessa. Per es. lo Schweitzer il rispetto della vita: *ChZ*, 25.
⁵⁶ *Op. cit.*, 5; *Immortalité...*, 7 s.
⁵⁷ *Ibidem*.
⁵⁸ *Op. cit.*, 6 e 52 ss; *Immortalité...*, 23 s.
⁵⁹ *ChZ*, 43 s. Torneremo ulteriormente sulla concezione cullmanniana della temporalità greca, quando cercheremo di studiare l'analisi esegetica del NT che Cullmann mette alla base della sua temporalità. Qui basta qualche accenno allo scopo di esporre con esauriente chiarezza il suo anti-filosofismo.
⁶⁰ *Op. cit.*, 44-59; *Le Christianisme primitif et la civilisation*, = *VbC* 5 (1951), 65 s.
⁶¹ *Op. cit.*, 48, n. 8.

concezione temporale è l'ultima, ma importante, presenza del nemico del cristianesimo nella sua dommatica.[62]

L'atteggiamento « anti-filosofico » fa del Cullmann un isolato nel protestantesimo attuale. Anzi, in un certo senso, ne fa un isolato anche rispetto all'intera tradizione teologica riformata. La disamina storica del Barth è eloquente: se i Padri greci respirarono il platonismo, la scolastica medievale e il protestantesimo ortodosso subirono l'influsso dell'aristotelismo, Lutero filosoficamente ha dovuto molto al neoplatonismo e Calvino al platonismo antico. Persino l'antihegeliano Kierkegaard ha letto la Scrittura cogli occhiali di una ben precisa Weltanschauung.[63]

L'opposizione Cullmann-Barth quindi oltrepassa il terreno della temporalità per investire la stessa concezione del rapporto teologia-filosofia.

Il Cullmann nega all'esegeta il diritto di chinarsi sul libro sacro con in mente una « pre-comprensione filosofica » (Vorverständnis) o anche solo uno « schema di pensiero » (Denkschematismus). Il Barth invece respinge ogni « pre-comprensione » della Parola: sarebbe preferire un sistema filosofico ad un altro, assolutizzarlo, farne dipendere la teologia stessa, dimenticare che la scelta di un pensiero umano a servizio della meditazione teologica è opera della grazia e non nostra.[64] Tuttavia, ritiene naturale che si legga la Scrittura con un certo « schema di pensiero »: come non possiamo ascoltare senza orecchie o leggere senza occhi così non possiamo capire la Scrittura senza pensare in un certo modo. Il nostro schema sarà solo tentativo, ipotesi... ma ci dev'essere. Il vero esegeta non deve fare nessun « sacrificium intellectus ».[65]

---

[62] *Op. cit.*, 7; 52, n. 13; 54, 57.
[63] K. BARTH, *Die kirchliche Dogmatik*, I/2, p. 815 s. Citazioni e commenti in H. BOUILLARD, *K. Barth*, t. 3, p. 46-47.
[64] BOUILLARD, *op. cit.*, 48; J. HAMER, « *Le Christ est ressuscité* ». *Un important débat dans le Protestantisme contemporain*, in: *L'Eglise et les Eglises*, Chevetogne 1955, t. II, p. 452 s. Dalla nostra esposizione si nota la differenza notevole che corre tra « Vorverständnis e « Denkschematismus ». La prima consiste nell'erigere, a norma assoluta di lettura, un sistema filosofico determinato. Il secondo consiste semplicemente nell'adottare, come mezzo e ipotesi di lettura, una certa visione di pensiero non necessariamente sistematica. Vedremo come in Bultmann la « Vorverständnis » assume una profondità particolare di significato.
[65] BOUILLARD, *op. cit.*, p. 46. Rimandiamo a questo autore (p. 46-53) per una presentazione critica della concezione barthiana delle relazioni tra

Il Cullmann invece questo « sacrificium » lo esige.[66]

Ci si può chiedere se questa intransigenza non è una presa di posizione filosofica: una forma di nominalismo o di positivismo inconscio. L'interrogativo si fà più stringente se pensiamo che il Cullmann ammette l'esistenza di una dommatica.[67]

Non sembra però avercene dato finora esempi. Spingerebbe il « sacrificium intellectus » fino nella riflessione dommatica?

Se si, quale differenza pone tra teologia biblica e teologia dommatica-

---

la filosofia e la teologia. Cf. anche H. BOUILLARD, *Théologie et philosophie d'après K. Barth et R. Bultmann*, = *Archives de philosophie* 20 (1957), 163-183.

[66] G. EBELING pensa che ciò che costituisce la differenza tipica tra esegeta cattolico e protestante consiste in questo: il cattolico ha come mezzo normativo di lettura l'interpretazione della Chiesa, il protestante ha come sola norma la Bibbia. Per questo la sua esegesi sarà più attuale ad ogni epoca. Infatti, egli accosterà il testo con una mentalità culturale sempre aggiornata alle posizioni filosofiche del suo tempo. La possibilità di adattazione del Messaggio è quindi molto più grande e naturale per la teologia protestante: *Die Bedeutung der historisch-kritischen Methode*, = *Zeitschrift für Theologie und Kirche* (1950), 41. Il Cullmann reagisce proprio contro questa conseguenza che l'assenza della normatività ecclesiale può avere sulla teologia biblica.

[67] *ChZ*, 8-9.

Capitolo Terzo

IL « DIALOGO »

I. L'Interpretazione esistenziale
secondo Oscar Cullmann

1. *Il problema di Rudolf Bultmann.*

R. Bultmann interpreta il Messaggio alla luce della filosofia di M. Heidegger. Questo preciso giudizio influenza tutto il modo con cui Oscar Cullmann comprende R. Bultmann: il suo problema, il suo metodo, le sue posizioni teologiche.

Vede in lui un esegeta e un teologo che mette il suo pensiero al servizio di un apriori filosofico. Lo sente quindi, quanto mai lontano dalla propria mentalità e, soprattutto, non può non considerarlo come infedele all'autentico messaggio cristiano.[1] I tratti espliciti che ci permettano di ricostruire l'idea che il Cullmann si fa del pensiero del Bultmann sono oltremodo parchi.

Qual'è il problema del Bultmann agli occhi del nostro autore?

Il problema fondamentale è comune ai due: cercare il nucleo centrale del Messaggio cristiano e cercarlo nelle pagine della Scrittura.[2]

Ma le loro conclusioni non si incontreranno. Il Bultmann si separerà dal Cullmann soprattutto su questi due punti fondamentali:

---

[1] *ChZ*, 26 83. Traduciamo il termine tedesco « Entmythologisierung » con « smitizzazione » piuttosto che « smitologizzazione » o « demitologizzazione » (Miegge, *Evangelo e Mito*). Questo perchè ci sembrano buone le ragioni di A. Vögtle (*Rivelazione e Mito*, in: *Problemi e orientamenti di teologia dommatica*, Milano 1957, t. I, p. 827): la brevità e « soprattutto perchè evita il richiamo alla mitologia, che qui sarebbe disorientante ».

[2] *Op. cit.*, 6 25 83.

— ritiene elemento secondario e mitologico, il carattere temporale del Messaggio. In altre parole: nega che il cristianesimo sia una storia della salvezza.³

— cerca il senso del mito della storia della salvezza nel Nuovo Testamento al di fuori del tempo e della storia (ib.).
Perché il Bultmann arriva a questa conclusioni?

Sono le due caratteristiche essenziali della sua interpretazione del NT quindi del suo metodo teologico a condurlo fatalmente a queste negazioni.

La prima: è un apriori che fa ritenere al Bultmann che la temporalità sia un elemento secondario e mitologico del Messaggio:

« ... questo apriori non risulta da uno studio storico del cristianesimo positivo. Bisogna allora chiedersi se la filosofia esistenziale di Heidegger con cui il nocciolo così ottenuto è in così perfetta armonia (BULTMANN, *Offenbarung und Heilsgeschehen*, p. 49) non è in realtà all'origine di tutta l'impresa ».⁴

La seconda: è la particolare concezione della FGM cui il Bultmann è giunto. L'ha definitivamente espressa nella prefazione della seconda edizione della sua opera « *Die Geschichte der synoptischen Tradition* » (1931). Era partito dal principio che i vangeli non sono biografie storiche ma testimonianze di fede. E' arrivato alla persuasione che il NT lascia in secondo ordine e considera accidentale ogni elemento storico e temporale.⁵

---

³ *Op. cit.*, 25.
⁴ Quando il Bultmann considera il tempo e la storia come mito cede a un apriori « so ist *dieses* Apriori nicht aus einer geschichtlichen Untersuchung der urchristlichen Einstellung gewonnen, und es muss dann doch gefragt werden, ob die Existenzphilosophie Heideggers, mit der sich der verbleibende Kern als ubereinstimmend herausstellt (BULTMANN, *Offenbarung und Heilsgeschehen*, S. 49), in Wirklichkeit nicht am Ausgangspunkt des ganzen Unternehmens steht »: *op. cit.*, 25.
⁵ *Op. cit.*, 26. L'ultimo sviluppo dell'interpretazione bultmanniana della FGSch « zeigt mir aber, dass von vornherein ein begrenzter Zusatz zu jener mit Recht bejahenden Wertung der FG nötig gewesen wäre, der auch in meinem damaligen Aufsatz fehlt, nämlich dass die Geschichte doch insofern auf jeden Fall ihr Recht behalten muss, als eben jenes Glaubenszeugnis, das in der Evangelientradition zum Ausdruck kommt, die *Geschichte selbst zum Gegenstand* hat; denn es besagt ja, dass Jesus von Nazareth der Christus Israels ist »: *op. cit.*, 26. Ma il dissidio storia-fede allora presente anche nel pensiero del Cullmann, come abbiamo visto nell'analisi dell'articolo cui accenna nel testo citato (*Les récentes études sur la formation de la tradition évangélique*, = RHPhR 5 [1925], 459-477; 564-579), ci lascia molto incerti sulla sua possibilità di emettere in quel

2. Il contrasto.

Il Cullmann, nella prima fase del suo dialogo, non si cura di descrivere l'interpretazione esistenziale bultmanniana. Anzi, questo termine non viene mai sotto la sua penna. Però la delinea indirettamente. Abbiamo visto sopra la sua caratterizzazione esegetico-filosofico. Per completare il concetto che egli se ne fa, occorre vedere che cosa intende egli per smitizzazione bultmanniana. La sua descrizione ne rispetta il carattere complesso.

« Nell'opera citata (*Offenbarung und Heilsgeschehen*, 1941) si accinge a "smitizzare" il NT cioè spoglia il messaggio cristiano del suo carattere temporale della storia della salvezza ».[6]

Sottolinea così il carattere negativo: spogliare il messaggio. E, notiamo, come per il Cullmann questa azione negativa si limita a spogliare il Messaggio di una sola cosa: la temporalità.

Però è anche interpretazione. Il Cullmann mette in luce anche l'aspetto positivo della smitizzazione, « e si sforza di mettere a nudo il nucleo centrale del NT, ricercando fuori del tempo e della storia, il senso del « mito » della storia della salvezza ».[7]

E' negare il messaggio come storia ma cercando nel frattempo il significato di questa storia fuori ed oltre la storia come temporalità.

---

tempo la precisazione che egli segnala. Il Cullmann tornerà di nuovo sulla sua approvazione « giovanile » all'interpretazione bultmanniana dei vangeli e la spiegherà così: « ... il (R.B.) n'avait pas encore défini, a priori, ce témoignage collectif (della comunità primitiva) dans les sens du mythe destiné à exprimer l'existence authentique de l'homme ». Tuttavia precisa: « Pourtant on peut se demander si, dès ce moment-là, Bultmann, n'avait pas méconnu quelque peu le fait que ce témoignage a pour *objet* même *l'histoire*: Jésus de Nazareth est le Christ. Qui dit « Jésus de Nazareth » dit Histoire »: *Le mythe dans les écrits du Nouveau Testament*, = Numen 1 (1954), 130, n. 16.

[6] « Er nimmt in seiner bereits erwähnten Schrift « Offenbarung und Heilsgeschehen » 1941, die « Entmythologisierung » des Neuen Testaments vor, d.h. er entkleidet die christliche Verkündigung ihres heilsgeschichtlichen, zeitlichen Rahmens... »: *op. cit.*, 25.

[7] « Bultmann bemüht sich also im Gegensatz zur « Konsequenten Eschatologie » insofern, den « zentralen » Kern im Zusammenhang mit dem Neuen Testament blosszulegen, als er nach dem — nichtzeitlichen und nichtgeschichtlichen — Sinn des « heilsgeschichtlichen « Mythus » selber fragt »: *op. cit.*, 25.

Il Cullmann considera questo pensiero agli antipodi del suo. I metodi si oppongono: O. Cullmann esige il « sacrificium intellectus » dell'esegeta. Sola luce, la Regola di fede. Il Bultmann adotta come necessaria una « Vorverständnis » costituita dal pensiero del primo Heidegger.

Il Cullmann vede negli scritti neo-testamentari una testimonianza di fede vissuta che è il proclama della storia della salvezza. La fede della comunità primitiva ha un solo oggetto: la storia della salvezza.[8] Il Bultmann vi vede semplici testimonianze di fede che vanno interpretate. Il nucleo centrale del Messaggio: la temporalità, il Bultmann la ripudia come mito.

Quale tattica di lotta il Cullmann ha deciso di adottare? La semplice analisi storica della Bibbia. « In questo libro, ci proponiamo semplicemente di dimostrare, rifacendoci alle fonti del cristianesimo primitivo, che questa storia non è, per riprendere i termini di R. Bultmann, un « mito » di cui la rivelazione neo-testamentaria possa essere spogliata... si identifica realmente colla storia della salvezza ».[9]

Tutto il suo libro « *Christus und die Zeit* » è una risposta alla « smitizzazione ». Non discute la validità della Vorverständnis heideggeriana? Sarebbe tempo perso per un teologo, pensa il Cullmann. La sua interpretazione storico-salvifica è la sola a poter giungere a una soluzione autenticamente cristiana. L'apriori filosofico non ha nessun diritto di parola nella lettura della Bibbia. Perché discuterlo allora? Per essere coerente alla sua concezione della teologia biblica deve ignorarlo.

---

[8] *Op. cit.*, 26.
[9] « Die vorliegende Arbeit will einfach auf Grund der urchristlichen Quellen zeigen, dass diese Geschichte nicht, um mit R. Bultmann zu reden, ein « Mythos » ist, dessen die neutestamentliche Offenbarung entkleidet werden kann,... wirklich mit dem Heilsgeschehen steht und fällt »: *op. cit.*, 24.

II. RUDOLF BULTMANN

1. *Una base di partenza comune?*

a) *L'ipotesi di H.-W. Bartsch.* Il giudizio critico di R. Bultmann su « *Christus un die Zeit* » causa in noi una prima impressione inattesa.[10] Non tanto perché non nasconde la sua ammirazione per la costruzione rigidamente architettonica che l'Autore ha saputo edificare.[11] Ma perché dice di essere d'accordo con lui nel riconoscere nella Storia della salvezza un'idea centrale per la comunità primitiva.[12] Questa idea, attorno a cui il Cullmann ha saputo armonizzare e sintetizzare con abilità (« mit kombinatorischer Kraft » dice il Bultmann, forse con una punta critica) anche gli elementi neo-testamentari apparentemente più eterogenei, non è dunque da lui respinta come mito?

Quindi la base comune ai nostri due autori non si limita, come leggevamo in « *Christus und die Zeit* »,[13] all'impegno di ricercare il nucleo del Messaggio nelle pagine del Libro sacro ma si estende anche all'affermazione di una centralità della storia?

Sarebbe allora esatto il rimprovero con cui Hans-Werner Bartsch, attivo discepolo di R. Bultmann,[14] inizia la sua analisi criica del pensiero del Cullmann?[15]

Il rimprovero che ci può suonare strano è precisamente questo: O. Cullmann non si accorge che R. Bultmann percorre, per almeno un buon tratto, la sua stessa strada. Non s'accorge di questo perché non comprende il vero significato del programma bultmanniano. Il Culmann pensa che il Bult-

---

[10] R. Bultmann, *Heilsgeschichte und Geschichte*, = *ThLZ* 73 (1948), 659-666.
[11] « Ist in seiner Architektonik und Geschlossenheit eine höchst eindrucksvolle Leistung »: *art. cit.*, 662.
[12] *Art. cit.*, 662.
[13] *ChZ*, 25 s.
[14] Hans-Kerner Bartsch è l'editore di « *Kerygma und Mythos* » in cui va raccogliendo i contributi alla discussione sul problema della « smitizzazione ». Sue opere principali: « *Christus ohne Mythos* », Stuttgart 1953, e « *Die Anrede Gottes* », Hamburg 1952. Quest'ultimo suo libro è particolarmente interessante. E' un tentativo di tradurre sul piano dell'omiletica ecclesiastica un Messaggio « smitizzato ». Risponde al seguente interrogativo: Kann man von Bultmanns Exegese her predigen?
[15] H.-W. Bartsch, *Anmerkungen zu O. Cullmann: Christus und die Zeit*, = *Kerygma und Mythos* II, p. 36-38.

mann si limiti a spogliare (Loslösung) l'elemento sopra-storico (Übergeschichtlich) del Messaggio dall'elemento storico (geschichtlich) per arrivare a metterne a nudo il nucleo.[16] R. Bultmann vuole interpretare non spogliare il Messaggio. La « smitizzazione » non è negazione, come pensa il Cullmann, ma interpretazione.

R. Bultmann, prosegue il Bartsch, potrebbe senz'altro sottoscrivere alle due affermazioni che formano il cardine del pensiero cullmanniano:

— non si deve separare la storia dal Messaggio
— dal momento che il Messaggio ha per oggetto proprio la storia.[17]

Quando i loro itinerari cominciano a divergere? In realtà, non è che divergano. Il Cullmann, a un certo punto, si ferma mentre il Bultmann continua. Prosegue appunto perché « smitizza » la storia, centro del Kerigma, cioè la interpreta.

In altre parole: O. Cullmann ci dà una descrizione esatta della concezione primitiva del Messaggio come imperniato sulla storia di salvezza. Giustamente dichiara che questa concezione è l'unica e definitiva norma di fede. Ma qui si ferma. R. Bultmann invece va oltre. Accetta questa concezione primitiva. Ma poi la fa oggetto della sua riflessione teologica. La interpreta.

Significativa la conclusione del Bartsch:

« Bultmann non fa altro che darci un'interpretazione esistenziale della concezione che la chiesa primitiva si faceva della storia e del tempo e che O. Cullmann ci ha esattamente descritta ».[18]

Quindi il movente della teologia bultmanniana non è l'esistenzialismo heideggeriano, come hanno scritto Cullmann e Barth. La preoccupazione, che è all'origine della sua

---

[16] Nell'analisi cui abbiamo sottoposto l'idea cullmaniana di « smitizzazione » crediamo di aver dimostrato l'infondatezza di questo rilievo. Il Cullmann comprende anche il carattere positivo di interpretazione dell'impresa bultmanniana: *ChZ*, 25; cf. supra, p. 55 s.

[17] « ...übersieht Cullmann, dass auch Bultmann das Kerygma in keiner Weise von der Geschichte löst, dass er im letzten Grunde der Formulierung Cullmanns, dass das Kerygma die Geschichte selbst zum Gegenstand hat, durchaus zustimmen würde »: *KM* II, p. 37.

[18] « Bultmanns Darstellung ist also nichts anderes als eine existentiale Interpretation der von Cullmann dargestellten urchristlichen Zeit- und Geschichtsauffassung »: *op. cit.*, 38.

riflessione teologica, è di andar « dietro » (hinter) la stessa concezione primitiva e di darcene una presentazione critica.[19] Questo lavoro ci svelerà il senso profondo del Messaggio e ci permetterà di esprimerlo agli uomini d'oggi. E' in fondo il lavoro che ogni teologo dovrebbe affrontare.

b) *Bultmann e Cullmann davanti alla scuola liberale.* Possiamo pensare che R. Bultmann sottoscriverebbe al giudizio di H.-W. Bartsch? Prima di rispondere, ci sembra utile sottolineare qualche aspetto della genesi storica dell'interpretazione bultmanniana del Nuovo Testamento. Ci limitiamo a uno sguardo sulla posizione che egli ha in comune col Cullmann. Le due esegesi sono in reazione alla scuola liberale. Vediamo come reagiscono per capire meglio se partono e camminano così a lungo insieme, come suppone il Bartsch.

Per R. Bultmann, anti-liberale, l'esperienza dialettica fu decisiva. Nelle conferenze teologiche di Eisenach del 1927, precisava il significato del fenomeno dialettico in una relazione significativa « Die Bedeutung der "dialektischen Theologie" für die neutestamentliche Wissenschaft ».[20] La teologia dialettica non è una scuola o un sistema di pensiero, diceva, ma una mentalità di fondo che detta un certo comportamento davanti alla realtà.

« Ciò che il motto "teologia dialettica" significa è in breve questo: l'intuizione della storicità dell'esistere umano.[21] Perciò, l'esegeta, teso all'esame della Parola, è nell'atteggiamento di chi si lascia interpellare e giudicare da essa. Questa interpellazione del resto, è il più genuino stimolo alla novità e al progresso della ricerca esegetica perché l'uomo-lettore vi è vitalmente interessato.[22] Non abbiamo nessun elemento

---

[19] « Hinter die Verkündigung der ersten Gemeinde zu rekurrieren... » « die Heilsgeschichte selbst kritisch darzustellen »: *op. cit.*, p. 37.

[20] Pubblicata in *ThBL* 7 (1928), 57-67, ora è ripresa in *GV* I, p. 114-133.

[21] « Was das Schlagwort « dialektische Theologie » meint, ist also kurz gesagt dieses: die Einsicht in die Geschichtlichkeit des menschlichen Seins » *GV*, I, p. 118. Traduciamo « Einsicht con « intuizione », seguendo A. Biraghi, *Dizionario di filosofia*, Milano 1957, p. 649. Sappiamo che è un termine difficilmente traducibile nella nostra lingua. Marlé (p. 15) lo traduce: « prise en considération de .. ».

[22] R. Bultmann sente il suo problema anzitutto come un problema di esegesi (Marlé, *R. Bultmann*, 41). Però il suo punto di arrivo è il trasferimento dell'ermeneutica di lettura sul piano della predicazione. Il predicatore, afferma ad esempio, dovrà saper suscitare nell'animo dell'uditore la coscienza riflessa della disperata condizione umana per renderlo disponi-

per affermare che il Cullmann abbia vissuto l'esperienza dialettica e che l'abbia vissuta con tanta profondità.

La protesta anti-liberale bultmanniana ha un suono ben diverso da quella cullmanniana. Il Cullmann rimane sul piano esegetico. Parte dalla costatazione del fallimento del tentativo liberale di scrivere una biografia di Gesù.[23] Il Bultmann prende atto del medesimo fallimento. Si dice grato all'educazione al culto della verità radicale e libera che la Scuola liberale gli ha istillato.[24] Ma si situa subito su un piano esegetico-teologico di impostazione diversa. L'errore fondamentale che egli segnalerà sarà infatti la pretesa di arrivare a scoprire l'oggetto stesso di fede mediante la semplice indagine storica cioè l'aver dimenticato che « Dio non è un oggetto ».[25] Non solo, ma che Egli è piuttosto la negazione dell'uomo, un giudizio pronunciato su di esso.[26]

---

bile all'interpellazione della Parola (MALEVEZ, *Exégèse biblique et philosophie*: *NRTh* 78 [1956], 909).

[23] Cf. sopra, p. 5 s.

[24] R. BULTMANN, *Die liberale Theologie und die jüngste theologische Bewegung*: *ThBL*, t. 3 (1924), 73-86; ora in *GV* I, p. 1-25. Vedi specie p. 2-3. Gli studiosi del Bultmann sono concordi nell'affermare che gli elementi positivi della scuola liberale rimangono vivi in lui: H. OTT, *Geschichte und Heilsgeschichte in der Theologie R. Bultmanns*, Tübingen 1955, p. 196; a cui rimandiamo anche per le citaz. di Barth, Jaspers e del « Tübinger Denkschrift » che egli porta come appoggio alla sua affermazione.

[25] « Gott ist nicht eine Gegebenheit »: *GV* I, p. 18. Vedi anche MARLÉ, p. 28 s. e J.-L. LEUBA, *La tâche actuelle de la théologie protestante*, = *VbC* (1958), 54. Anche il Cullmann ammetterà che l'oggetto di fede ci è dato dall'alto e che non può essere fornito dalla semplice indagine storica. Infatti, l'oggetto di fede a Cullmann è la Regola di fede a fornirlo. E questa è anzitutto la sintesi dell'annuncio apostolico. Però la differenza fondamentale ultima di atteggiamento teologico tra il Cullmann e i cosiddetti « dialettici » sta in questo: per i dialettici lo scacco del liberalismo costituiva il suo merito. Sintomo infatti dell'inefficacia dello sforzo storico era per loro un impulso a riprendere dalla base lo studio della nozione teologica di rivelazione, di fede, di teologia ecc... (LEUBA, *art. cit.*, 55). Il Cullmann invece non sembra porsi questi interrogativi sul piano di una riflessione teologica. Non si chiede se l'uomo può parlare di Dio o se gli è possibile con metodi rigorosamente storici dimostrare che il nucleo centrale dell'oggetto di fede quale traspare dalle pagine neo-testamentarie è la storia della salvezza. Per questo, quando egli in « *Christus und die Zeit* » si accinge a questa ricerca storica, dobbiamo lottare contro il dubbio che l'oggetto di fede, più che una certezza rivelata illuminante la sua indagine, sia un'ipotesi di lavoro che egli vuole arrivare a dimostrare nei soli testi. Non sarebbe allora un ritorno inconscio all'aspetto più sottile della mentalità liberale?

[26] « Gott aber bedeutet die totale Aufhebung des Menschen, seine Verneinung, seine Infragestellung, das Gericht für den Menschen »: *art. cit.*, 18.

Assicurava però che nel pensiero di parecchi teologi (ad esempio W. Herrmann e E. Troeltsch) erano già in fermento i motivi che avrebbero potuto condurli a superare se stessi.[27]

Il Bultmann caratterizzerà in questi termini la situazione storica del suo pensiero: « Tento di armonizzare l'eredità della cosiddetta teologia liberale colla decisiva presa di coscienza della cosiddetta teologia dialettica e perciò appare evidente che la mia è una presa di posizione critica sia verso l'una che verso l'altra corrente di pensiero ».[28]

Ora comprendiamo forse meglio la sua presa di posizione di fondo davanti al pensiero di O. Cullmann:

« ... io dovrei sicuramente oppormi a questa affermazione (storia centro del Messaggio). Perché quanto energicamente devo sottoscrivere all'affermazione che l'evento salvifico (Heilsgeschehen) è il tema proprio e specifico della teologia cristiana altrettanto poco io potrei riconoscere questo evento salvifico nell'evento (Geschehen) che l'autore chiama storia di salvezza (Heilsgeschichte). Quando si parla di evento salvifico (Heilsgeschehen) e di storia di salvezza (Heilsgeschichte) non si dovrebbe forse prima definire chiaramente in che senso si può, dal punto di vista teologico, parlare di evento (Geschehen) e di storia (Geschichte)? ».[29]

Bartsch ha dunque entro certi limiti visto giusto: R. Bultmann non vuole ammettere come definitiva la concezione cullmanniana della storia: è una storia di cui l'autore non si chiede il senso, non « interpreta ». Però ritiene con Oscar Cullmann che l'evento salvifico è il tema proprio della teologia cristiana.[30]

---

[27] *Art. cit.*, 1 2 18.

[28] « Ich versuche, die entscheidende Erkenntnis der sog. dialektischen Theologie mit dem Erbe der sog. liberalen Theologie zu vereinen, wobei es sich von selbst versteht, dass meine Stellung zu dieser wie zu jener zugleich eine kritische ist »: R. BULTMANN, *In eigener Sache*: *ThLZ* 82 (1957), 242. Questo articolo è particolarmente interessante: è una recensione del libro del Marlé.

[29] « so müsste ich freilich widersprechen. Denn so sehr ich dem Satze zustimmen würde, dass das Heilsgeschehen das eigentliche Thema der christlichen Theologie ist, so wenig könnte ich dieses Heilsgeschehen in dem Geschehen erblicken, das der Verf. Heilsgeschichte nennt. Müsste nicht, wenn von Heilsgeschehen und Heilsgeschichte geredet wird, klar bestimmt werden, in welchem Sinne von Geschehen und Geschichte theologisch legitim geredet werden kann? »: R. BULTMANN, *Heilsgeschichte*, c. 662.

[30] H. OTT afferma pure l'accettazione da parte del Bultmann del concetto di Heilsgeschichte, come « Geschichte zwischen Gott und dem

c) *Limiti di un accordo*. Questo significa forse, come pensa il Bartsch, che R. Bultmann ammette come base di partenza la presentazione esegetica che il Cullmann ci fornisce dell'evento salvifico? E' su questo punto che l'opinione del Bartsch è troppo categorica. Non osiamo parlare di una esegesi comune.

Non parliamo delle numerose e ben prevedibili divergenze di analisi di passi singoli della Scrittura.[31]

Ci sembra che sia lo stile stesso dell'esegesi cullmanniana che il Bultmann metta in causa. Il Cullmann ci presenta il Nuovo Testamento come un blocco unico permeato da una medesima linea di forza: la storia della salvezza. Invece, gli autori che insistono maggiormente su questo concetto sono Luca, Matteo, Paolo, oltre agli Atti e alla Lettera agli Ebrei. E tutti ne parlano con sfumature e accentuazioni diverse. Giovanni poi, a parere del Bultmann, non valorizza certo la storia. Può essere utile, anzi è necessario, costruire una teologia unitaria del Nuovo Testamento mettendo in luce il motivo di fondo che unifica il Messaggio. Ma questa sintesi non deve ottenersi colla forzata unificazione di elementi divergenti.

In questo modo, conchiude il teologo di Marburg, « si arriva a una falsa armonizzazione, e il risultato non è certo in ogni caso un'immagine della Teologia neo-testamentaria come di un fenomeno storico ma una dommatica biblica di vecchio stile. Dubito molto da parte mia che un lavoro di questo genere renda un miglior servizio alla Predicazione e alla Fede ».[32]

Menschen, sofern Gottes in der Heiligen Schrift bezeugte Offenbarung in Jesus Christus deren beherrschendes Zentrum ist ». *Geschichte und Heilsgeschichte in der Theologie R. Bultmann*, 3. Questa, nota sempre l'Ott, è una posizione preziosa. Costituisce un « Niemandsland » dal quale potremo con sicurezza inoltrarci nell'analisi della teologia bultmanniana. Il primo passo sarà evidentemente affrontare « die Frage nach deren Vor-Begriff von Geschichte » (*ibidem*).

[31] Nella sua recensione di « *Christus und die Zeit* », il Bultmann ne segnala parecchie. Limitiamoci a riferirne una. O. Cullmann attribuisce un'importanza notevole nella sua concezione etica cristiana dello stato e della storia profana (Weltgeschichte) all'interpretazione delle « exousiai » come le potenze angeliche di cui lo stato è strumento. *ChZ*, 175. R. Bultmann osserva: « Schmerzlich, dass die groteske Missdeutung der exousiai von *Rom.* 13,1 ff auf die Engelmächte wiederkehrt! » *Heilsgeschichte*, 663. Tono perentorio e ironico cui il Cullmann non lascerà di reagire: *Dieu et César*, 1956, p. 99.

[32] « Dann wird man zu falscher Harmonisierung verführt, und das

I limiti di una possibile convergenza esegetica ci sembreranno ancora più angusti se penseremo che il Bultmann si impegna in una interpretazione esistenziale del Nuovo Testamento. Ci sembra semplicistico concepire un « piano esegetico » sul quale R. Bultmann si accorderebbe con O. Cullmann e un altro distinto « piano teologico » sul quale continuerebbe l'esesegi cullmanniana contraddicendola.

L'interpretazione esistenziale è interpretazione esistenziale del Nuovo Testamento.

Quindi è perfettamente unitaria. E' intrinsecamente già esegesi: è una lettura esistenziale della Bibbia. Non è una riflessione esistenziale sui risultati di una lettura biblica fatta con altri criteri o senza criteri.

« L'interpretazione esistenziale è un'interpretazione che in un testo determinato va alla ricerca della comprensione dell'esistenza umana... ».[33]

2. La Formgeschichtliche Methode.

Siamo così, insensibilmente ma logicamente, giunti all'elemento che crea l'inconciliabilità tra i risultati delle due teologie in esame. L'interpretazione del Nuovo Testamento adottata dal Bultmann è esistenziale.

Non è nostro scopo studiare l'interpretazione esistenziale in se stessa.[34] La analizziamo in funzione interlocutoria rispetto all'interpretazione storico-salvifica. Vedremo quindi, come essa si situa di fronte alle critiche maggiori che le emergono contro dalla natura stessa dell'interpretazione storico-salvifica, e che furono ridotte dal Cullmann a questi due principali capi: una concezione estremista e unilaterale della FGM, una dipendenza incondizionata dell'interpretazione da una filosofia determinata.[35]

Ergebnis wird jedenfalls nicht das Bild der neutestamentlichen Theologie als eines historischen Phänomens sein, sondern eine biblische Dogmatik alten Stiles. Dass mir einer solchen der Verkündigung und dem Glauben besser gedient sei, bezweifle ich »: *Heilsgeschichte*, 664.

[33] « Existentiale Interpretation ist eine Auslegung, die nach dem Verständnis von menschlicher Existenz in einem Text fragt »: G. BORNKAMM, *Evangelium und Mythos, Die Zeichen der Zeit*, 1951. Citata ed adottata da R. PRENTER, *Mythos und Evangelium*, = KM, II, p. 70, n. 2.

[34] Rimandiamo per questo alle opere già citate di R. MARLÉ, 74-104; L. MALEVEZ, 25-62; G. MIEGGE, 73-100; J KÖRNER, 64-87; H. OTT, 58-109.

[35] Vedremo come l'ostacolo centrale tra i nostri due autori è la relazione ammessa dal Bultmann tra esegesi e filosofia esistenziale. La diffe-

Il Bultmann, nella sua presentazione critica di « *Christus und die Zeit* », non si ferma a raccogliere e a confutare questi rilievi critici. Forse perché non hanno molto di nuovo. Una risposta l'aveva già formulata, o, prevenendo interrogativi e dubbi che nel corso della sua riflessione teologica comprendeva sarebbero inevitabilmente sorti, oppure, rivolgendosi ad altri obbiettori anteriori al Cullmann.

Il tema della nostra ricerca ci invita ad indugiare nella ricerca di questa risposta: l'interpretazione esistenziale infatti non è solo il punto di partenza di una ricerca teologica; in un certo senso, è tutta la sua teologia. La stessa « smitizzazione » è nel pensiero del Bultmann essenzialmente interpretazione e interpretazione esistenziale.[36]

a) *Rudolf Bultmann e la FGM*. Se R. Bultmann non raccoglie la critica, rivoltagli su questo punto dal Cullmann, lo fa il Bartsch nel saggio critico presentato sopra.[37] Risponde, ritorcendo l'accusa di apriorismo. Perché presuppone che il metodo dovrà certamente condurci a una testimonianza sulla storia, intesa in un modo piuttosto che in un altro?

Questo condizionamento aprioristico della ricerca esegetica è, accanto a una concezione della « smitizzazione » che il Bartsch ritiene negativa, l'ostacolo profondo a una comprensione dell'autentico programma bultmanniano da parte del Cullmann.[38]

Questa ritorsione non viene forse a contraddire l'affermazione precedente del Bartsch secondo la quale la base esegetica era comune ai due autori?

Non ci sembra. Viene piuttosto a confermarla. Ci dà il motivo per il quale il Cullmann ferma la sua indagine alla soglia di una vera interpretazione teologica del dato biblico.

---

renza di concezione della FGM si riduce in fondo ancora a questo medesimo problema.

[36] Il programma della « smitizzazione » ha due aspetti: uno negativo, l'altro positivo. « Negativ ist die Entmythologisierung daher Kritik am Weltbild des Mythos, sofern dieses die eigentliche Intention des Mythos verbirgt. Positiv ist die Entmythologisierung existentiale Interpretation, indem sie die Intention des Mythos deutlich machen will, eben seine Absicht, von der Existenz des Menschen zu reden »: R. BULTMANN: *KM* II, p. 184. Cf. anche OTT, 58 s. Il MARLÉ avanza qualche riserva critica: 68 s.

[37] Cf. sopra, p. 57 s.

[38] BARTSCH: *KM* II, p. 36.

Il motivo è appunto un apriori dettatogli dalla Regola di fede: la testimonianza della espressione scritta della fede primitiva presenta la storia nucleo del Messaggio come temporalità (Zeit).[39] R. Bultmann invece continuerà la sua riflessione: arriverà a caratterizzarla come storicità (Geschichtlichkeit). E ritroverà poi negli scritti neo-testamentari (particolarmente Paolo e Giovanni) i fondamenti della sua interpretazione.[40]

b) *Il problema di fondo*. Evidentemente, questa risposta del Bartsch ci rimanda al vero problema di fondo, suscitato dall'obbiezione centrale del Cullmann. La legittimità della dipendenza dell'interpretazione neo-testamentaria da una filosofia.

Infatti, se è vero che la ricerca cullmanniana presuppone una certa interpretazione temporale (zeitlich) della storia-centro del Kerigma, dettatagli dalla Regola di fede, è altrettanto vero che l'interpretazione bultmanniana è influenzata dall'analisi esistenziale. Non si tratta di ricerche esegetiche che seguano ipotetici canoni della FGSch allo stato puro. Ma se il presupposto storico-salvifico sembra al Cullmann giustificato dal fatto che è dettato dalla Regola di fede, quello del Bultmann non gli sembra tale, derivato com'è da una filosofia profana.[41]

Cercheremo quindi di cogliere, sotto la guida di apprezzati interpreti del difficile pensiero bultmanniano, la soluzione che il Bultmann accenna a portare a questo rilievo critico mossogli, oltrecché dal Cullmann, da altri teologi protestanti, tra cui, K. Barth e F. K. Schumann.[42]

---

[39] *ChZ*, 31 s.

[40] Una sintesi suggestiva di questa base esegetica in KÖRNER, 30 s (Paolo), e 45 s (Giovanni).

[41] Che la stessa ricerca storico-morfologico (cioè condotta secondo i canoni della FGM) non si presenti mai allo stato puro ma sia già compenetrata di una ben determinata mentalità lo costatiamo nel «*Jesus*» (1926) del Bultmann, in cui giustamente il Cullmann affermerà essere già contenuto e portato ad avanzata attuazione il programma di «*Offenbarung und Heilsgeschehen*» (1941) *ChZ*, 23, n. 13; 45.

[42] K. BARTH, *R. Bultmann. Ein Versuch ihn zu verstehen*, 2 (1953), p. 37 s; F.K. SCHUMANN, *Die Entmythologisierung des Christusgeschehens*, = *KM* I, 2ª ed., p. 190-202. Nella risposta che il Bultmann da alle varie obbiezioni mosse al suo pensiero, in *KM* II (1952), 179 s «*Zum Problem der Entmythologisierung*», arrivato al paragrafo «Smitizzazione e filosofia dell'esistenza» il solo «critico» che cita è il Schumann e qualifica il suo rilievo, che considereremo sotto, di «scharfsinnig» (p. 193).

Per motivi di chiarezza articoleremo la nostra presentazione del pensiero bultmanniano sull'argomento, in tre momenti:
1. Necessità di « Vorverständnis (precomprensione);
2. Nozione dell'interpretazione esistenziale;
3. La conseguente dipendenza della teologia dalla filosofia.

3. *L'interpretazione esistenziale.*

A - *La « precomprensione » (Vorverständnis)*

a) *Necessità della precomprensione.* L'interpretazione esistenziale vuole condurci a una comprensione profonda del contenuto autentico del Messaggio, avvolto dal mito.[43] Aver scoperto il carattere mitico di questo involucro e averlo strappato era soltanto l'aspetto negativo del programma bultmanniano.

Quindi l'interpretazione esistenziale è tutta protesa a comprendere e rendere comprensibile l'« intenzione » del Messaggio.

Questa comprensione però, è subordinata a una comprensione delle categorie (Begrifflichkeit) nelle quali il Messaggio si esprime: infatti « non si dà Messaggio senza concetti e non si da atto di fede che non sia anche atto di pensiero ».[44]

Perché questa comprensione si realizzi, occorre si leghi una certa affinità tra testo e lettore. Diltey la chiamava

---

[43] R. BULTMANN: *KM* II, p. 184.
[44] R. BULTMANN, *op. cit.*, 188 scrive: « Es gibt keine Verkündigung ohne Begriffe, und es gibt keinen Glaubensakt, der nicht zugleich ein Denkakt wäre ».
Quindi giustamente H. OTT, che aveva definito l'ermeneutica come « Die Wissenschaft vom Verstehen und verständlichen Verdolmetschen » (*op. cit.*, 59), insisterà sul fatto che il « Verstehen » ha per oggetto la « Geschichte », intesa, in senso esistenzialistico, come l'insieme delle realtà, degli avvenimenti, degli influssi in mezzo a cui il Dasein è immerso e con cui questi è in relazione. E le categorie (Begrifflichkeit) in questione, sono già gli « existenzialia » che strutturano formalmente il Dasein. Solo la « Geschichte » può essere « compresa » e « interpretata ». La « Historie », intesa come il settore degli avvenimenti legati causalmente tra loro e non entranti in relazione determinante col Dasein, non viene qui in considerazione. Cf. H. OTT, 60 s e 8 s; R. BULTMANN, *Jesus*, 8 s; A. VÖGTLE, *Rivelazione e mito*, in: *Problemi e Orientamenti di Teologia dommatica*, Milano 1957, t. I, p. 838-844.

« hermeneutische Gemeinsamkeit des verstehenden mit dem verstandenen ». Ma la comunanza di natura umana, su cui egli insisteva, non è sufficiente a suscitare un dialogo profondo quale qui si richiede. Il Messaggio infatti, è invito a un determinato impegno e atteggiamento di vita. Solo una comunanza vitale può condurmi a comprendere e a dialogare in questa sfera intima.[45]

Questa comunanza vitale tra autore e lettore, tra interprete e realtà, espressa nel testo, è infatti qualcosa di assai intimo: un'affinità, una parentela quasi (Verwandtschaft):[46] è precisamente un rapporto « esistentivo » (existentiell).[47]

Il Bultmann vede la norma della propria interpretazione esegetica nell'ermeneutica fondamentale che costituisce l'analisi fenomenologica del Dasein.[48] Heidegger, d'altra parte, afferma che l'analisi esistenziale deve, in definitiva, radicarsi nell'esistentivo cioè nell'ontico.[49] Ebbene nell'interpretazione esistenziale la realtà esistentiva su cui questa si impernierà sarà il rapporto vitale tra interprete e « intenzione » profonda del testo.[50]

E' solamente sulla base di questo rapporto esistentivo che il testo può essere esaminato, « interrogato », interpretato.

Infatti ogni interpretazione di un testo è « orientata da un certo modo di interrogarlo (Fragestellung), da un certo senso e contenuto dell'interrogativo postogli (woraufhin) ».[51] « Senza "Fragestellung" i testi rimangono muti ».[52]

---

[45] R. BULTMANN, *Das Problem der Hermeneutik*: GV II, p. 217-219. Cf. anche OTT, 62 s.
[46] R. BULTMANN, *art. cit.*, 217.
[47] I due termini « existentiell » (esistentivo) e « existential » (esistenziale) vanno nettamente distinti. « Existentiell »: significa tutto ciò che concerne l'esistenza nel suo esistere concreto (in ihrem faktischen Existieren) e effettivo. « Existential »: tutto ciò che concerne la struttura di ogni esistenza umana possibile. Cf. OTT, 64, n. 4; O. LAFFOURRIÈRE, nell'introduzione a R. BULTMANN, *L'interprétation du Nouveau Testament*, Paris 1955, p. 6, n. 2; VÖGTLE, 845, n. 57.
[48] R. BULTMANN: GV II, p. 226 s. Cf. anche MARLÉ, 84; OTT, 60.
[49] *Sein und Zeit*, p. 13 citato in MARLÉ, 81.
[50] R. BULTMANN: GV II, p. 216 219.
[51] « Ein Verstehen, eine Interpretation, ist — das ergibt sich — stets an einer bestimmten Fragestellung, an einem bestimmten Woraufhin, orientiert »: R. BULTMANN, *op. cit.*, 216.
[52] « Ohne eine Fragestellung bleiben die Texte stumm » R. BULTMANN, *Zum Problem der Entmythologisierung*: KM II, p. 191.

Evidentemente il senso e il contenuto stesso dell'interrogazione presuppongono nell'interprete-interrogante una certa « precomprensione », cioè, una certa idea di ciò che si può trovare nel testo. Lo interrogo perché suppongo mi possa rispondere. Quindi ho una certa vaga conoscenza di ciò che mi può rispondere.[53]

b) *Il contenuto della precomprensione.* Un testo può essere interrogato in molti modi.[54] Il Bultmann vuole fare una « esegesi reale » (Sachexegese). La critica letteraria o storica davanti a un testo si domanda: che cosa questo testo dice (was ist gesagt). La critica esegetica « reale » invece distingue nettamente ciò che è detto da ciò che si intende dire (was ist gemeint). E va alla ricerca proprio di questo: di ciò che si vuol dire, di quello di cui in realtà si tratta (von was für Sache die Rede ist).[55]

Ma abbiamo un vero criterio per essere certi di aver raggiunto questo ultimo e profondo contenuto di un testo? No. Non abbiamo la sicurezza di raggiungere la realtà della storia stessa: il solo atteggiamento possibile davanti ad un testo è prendere coscienza del carattere problematico della nostra esistenza.

« Lo scopo della nostra riflessione non potrebbe mai essere... di conquistarci (mediante la nostra interpretazione) il diritto di disporre della storia ma solo di elucidarci la nostra situazione ».[56]

L'impegno dell'esegesi reale (Sachexegese) si fonda, in realtà, per il Dasein con quello della critica di se stesso (Selbstkritik).[57]

---

[53] R. BULTMANN: *GV* II, p. 216; Cf. OTT, 62. E l'OTT osserva: « Die hermeneutische Konzeption Bultmanns lässt sich somit zusammenfassen in den einfachen Satz: *Ohne eine Vorverständnis gibt es auch kein Verstehen* »: *op. cit.*, 63.

[54] R. BULTMANN, *op. cit.*, 215 s.

[55] MARLÉ, *op. cit.*, 88, cui rimandiamo per le citazioni delle opere del Bultmann cui non avemmo accesso.

[56] Citazione di: R. BULTMANN, *Das Problem einer theologischen Exegese*, in: *Zwischen den Zeiten* (1925), 348, tradotta e ripresa da MARLÉ, *op. cit.*, 89. La « Geschichte » non è qualcosa di cui noi possiamo disporre. Questo significa che come Dio e il Dasein anche la Geschichte non è « verfügbar » cioè oggettivabile. Cf. MARLÉ, *op. cit.*, 78. Ed aggiunge: in un certo senso, ci è altrettanto impossibile parlare di Dio che della nostra esistenza che si realizza nella Geschichte. Vedremo che appunto per questo dobbiamo ricorrere all'analisi esistenziale.

[57] MARLÉ, *op. cit.*, 89.

I nostri interrogativi (Fragestellung) convergeranno quindi sulle possibilità della nostra esistenza umana cioè sulla nostra « Geschichtlichkeit ».[58] Esistenza umana pervasa dalla ricerca angosciata di Dio.[59]

La precomprensione, che questa massa in questione presuppone, è già una sistematizzazione filosofica? [60]

No. E' una precomprensione pre-scientifica (Vorwissenschaftlich).[61]

E' un atteggiamento ingenuo, spontaneo, vissuto non riflesso che assumo naturalmente verso le realtà che entrano nell'orbita di influenza del mio Dasein.[62]

E' un'inquietudine non una risposta. Cerco una risposta. E' vero, è un'inquietudine rispetto alla mia esistenza: è già una filosofia ma implicita, vissuta come interrogativo.

---

[58] MARLÉ, 89. OTT, 63. La filosofia dell'esistenza ci dice che: « l'être de l'homme se réalise dans l'action, dans la « décision », dans l'acte de son existence. Cette existence est caractérisée par l'« historicité » (Geschichtlichkeit) qui souligne que l'être de l'homme est identiquement un « pouvoir-être » et se distingue ainsi radicalement de tous les êtres de la nature. C'est dès lors à l'intérieur de cette existence, dans le cadre de cette « historicité » que se recueillent tous les problèmes et que s'opèrent toutes les rencontres »: MARLÉ, 38. Il KÖRNER chiarirà ulteriormente che, se la « Geschichte ist das Geschehen des In-der-Welt-Seins », la Geschichtlichkeit è un esistenziale che caratterizza il Dasein e fa si che questo possa essere-nel-mondo, cioè, immerso nella Geschichte « die Geschichte beruht auf der Geschichtlichkeit des Daseins »: *Eschatologie und Geschichte*, 79.

[59] BULTMANN: *GV* II ,p. 232. « Das menschliche Leben ist — bewusst oder unbewusst — bewegt von der Frage nach Gott »: BULTMANN: *KM* II, p. 192. Vedi anche H. OTT, 71 s e soprattutto MARLÉ, *op. cit.*, 91 s e 116. R. Bultmann sottolineerà che la presentazione tratteggiata dal Marlé dell'interpretazione esistenziale è un « ausgezeichnetes, verständnisvolles Bild ». In particolare, aggiunge, insiste giustamente che a suo parere: « für die Interpretation der Bidel ist vorausgesetzt (ausserhalb des Glaubens) die die menschliche Existenz bewegende Frage nach Gott »: *In eigener Sache*: *ThLZ* 82 (1957), 244.

[60] E' la difficoltà mossa da K. BARTH, *Rudolf Bultmann. Ein Versuch ihn zu verstehen*, 37. Per comprendere meglio il significato della « Vorverständnis » è utile tener presente le precisazioni forniteci da un articolo del BULTMANN: *Ist voraussetzungslose Exegese möglich?*, = *ThZ* 13 (1957), 409-417. L'esegesi « *voraussetzungslos sein muss* in dem Sinne, dass sie *ihre Ergebnisse nicht voraussetzt*: wir können auch sagen, dass sie *vorurteilslos* sein muss »: *art. cit.*, p. 409.

La « Vorverständnis » non falsa, come il « Vorurteil », il « Geschichtsbild » fornito dal testo, proprio perchè lo storico è consapevole che essa è vaga e limitata (*ibid.*, 416) ed è conscio che la stessa « Verständnis » del testo cui giungerà, non è affatto definitiva o assoluta « weil der Text in die Existenz spricht, ist er nie endgültig verstanden »: *art. cit.*, 417.

[61] BULTMANN: *KM* II, p. 189. Cf. OTT, 63 s; VÖGTLE, 845.

[62] H. OTT, 64, e, soprattutto, L. MALEVEZ, 43.

Ragioni di ordine inviteranno l'esegeta a farla passare dallo stato implicito e prescientifico allo stato esplicito e scientifico prima di affrontare il testo. E' appunto l'opera dell'analisi esistenziale: mette in rilievo le categorie esistenziali (Begrifflichkeit) che animavano e ispiravano già segretamente il lettore.[63] Ma non arriviamo, in questo modo, a subordinare l'interpretazione neo-testamentaria a una determinata filosofia, esplicita come scientifica?

a) *Necessità della filosofia dell'esistenza.* L'analisi del contenuto e della funzione della precomprensione indispensabile all'interpretazione biblica ci porta alla costatazione che ci è altrettanto indispensabile la filosofia dell'esistenza.

Il Messaggio, a noi che lo interpretiamo, parlerà di Dio, parlandoci di noi stessi come « poter-essere » (Sein-Können) davanti a Lui.[64]

Interpretare ed esprimere il Messaggio, per noi vorrà quindi dire, « parlare » del nostro esistere.

Ma l'esistenza non può essere oggettivata.[65] Il linguaggio del mito, come quello della scienza, sono linguaggi oggettivanti cioè fanno del divino trascendente, non disponibile, acosmico qualcosa di terreno, disponibile, cosmico, comprensibile.

Non c'è una « scienza che permetta di analizzare in modo rigoroso l'intelligenza dell'esistenza (Existenzverständnis) data in ogni esistenza effettiva? [66] Mi fornirebbe lo strumento necessario per raggiungere, attraverso alle molteplici rappresentazioni nelle quali il pensiero può proiettarsi, l'« intenzione » esistenziale che in realtà cerca di esprimervisi. Così potrei esporre e formulare l'appello che è il Messaggio.

Sì questa « scienza » esiste risponde il Bultmann: è la filosofia e precisamente quel tipo di filosofia chiamato: analitica esistenziale.[67]

---

[63] MALEVEZ, *op. cit.*, 43.
[64] R. BULTMANN, *Welchen Sinn hat es, von Gott zu reden?*: GV I, p. 31 s. Cf. OTT, 74.
[65] Oggettiva l'esistenza secondo il teologo di Marburg, l'ontologia classica « essenzialista » precisamente perchè la trasforma in essenza: L. MALEVEZ, 36 e MARLÉ, 78.
[66] R. MARLÉ, *op. cit.*, 78.
[67] R. MARLÉ, *op. cit.*, 79-80.

Il Bultmann non nasconde affatto che la filosofia dell'esistenza del primo Heidegger è lo scheletro che sostiene la struttura profonda della sua teologia.[68]

b) *L'analisi esistenziale*.[69] Il « Dasein » non si pone nell'essere senza esercitare un'intelligenza vissuta (non riflessa, non filosofica) di se stesso. Questa intelligenza non è un sapere teorico (Logos) ma un'esperienza, uno stato d'animo elementare e fondamentale (Grunderfahrung, Grundbestimmung).[70]

L'analisi esistenziale cerca appunto di esplicitare sul piano della riflessione questa coscienza vissuta.

Non è una scienza astratta dell'uomo che deduca nozioni particolari da nozioni universali come la scolastica che dimostra l'immortalità dello spirito umano a partire dalla sua spiritualità.

Si sforza, certo, di discernere le strutture generali e formali che convergono al Dasein come modo di essere propriamente umano (Existenzialia, Esistenziali). Ma è una

---

[68] R. MARLÉ, 38 80; J. KÖRNER, 69 e n. 20; a p. 145. L. MALEVEZ, 33. Il BULTMANN loderà il Marlé di aver così bene sottolineato che il « leitender Begriff » della sua interpretazione è il concetto esistenziale di « Geschichtlichkeit » e che perciò la sua interpretazione è esistenziale nella linea dell'analitica esistenziale del primo Heidegger. *In eigener Sache*, 242.

Perchè scegliere proprio la filosofia dell'esistenza? Il Miegge, ispirandosi al Barth, sembra ancora pensare che il Bultmann ci invita a strizzarci in questa « corazza » (in diesen Panzer schlüpfen) perchè è la filosofia del giorno. (MIEGGE, 157; K. BARTH, *Ein Versuch*, 38). Rimandiamo per la risposta alle sapienti analisi di MALEVEZ (*op. cit.*, 33 s) e di MARLÉ (*op. cit.*, 37 s).

[69] Ci limitiamo a dare gli elementi indispensabili per una descrizione sommaria dell'analitica esistenziale che sia sufficiente a comprendere il significato della posizione bultmanniana nel problema della dipendenza della teologia dalla filosofia. Ci ispiriamo prevalentemente dalla chiara presentazione del MALEVEZ (*op. cit.*, 25 s).

[70] « Vorhandensein » significa « un quelconque être-là-présent, l'exister » de fait, au sens vulgaire, quelque chose donc affirmable de tout ce qui nous entoure, l'être des objets inanimés ou plus généralement des phénomènes saisissables par la pensée objectivante » MALEVEZ, *op. cit.*, 25.

Invece il « Dasein » designa: « l'être humain dans ce qu'il a de caractéristique, qui est la possibilité de se poser la question de l'être en général, l'intérêt à la totalité de l'être, à quoi s'ajoute le pouvoir de se comprendre soi-même et de disposer librement de soi » Ibidem. Il Marlé noterà: « L'existence, irréductible à tout objet de pensée, mais acte de l'être capable de se mettre en question, et avec soi tout l'être, est, en réalité, coextensive à la conscience. C'est dans le « comprendre » (Verstehen) lui-même que s'exprime et se développe l'existence. Le « Verstehen », nous rappelle Bultmann, est dans la philosophie de Heidegger, un des « existentiaux », c'est-à-dire une des formes fondamentales de l'existence (*GV* II, p. 227): *op. cit.*, 78.

analisi fenomenologica: applica la fenomenologia alla comprensione del Dasein. Ha sempre davanti a sé l'esistenza effettiva. E quasi attende che essa stessa, da se sola, metta in rilievo le sue strutture fondamentali. E questo l'esistenza lo fa, semplicemente esistendo. L'analisi fenomenologica esistenziale non fa che esplicitare l'intelligenza naturale e vissuta di se stesso che il Dasein ha esistendo.[71]

C - *Filosofia e Teologia.*

Il Bultmann ci ha così dimostrato che è impossibile interpretare il Nuovo Testamento senza una precomprensione del suo contenuto. E questa precomprensione sarà precisamente centrata su un discorso di noi stessi come « poter-essere ». Conseguentemente, abbiamo compreso la necessità dell'analisi esistenziale come del solo linguaggio che possa esprimere la nostra esistenza e le sue possibilità.

Insomma, siamo arrivati alla conclusione che, senza ispirarci alla filosofia dell'esistenza, siamo incapaci di « interpretare » il Nuovo Testamento.

Ma non è questo proprio un fare della teologia una « ancilla philosophiae »? Non è un condizionare l'esegesi alle premesse della filosofia esistenziale?

Ora, in un certo senso, ci è facile comprendere come e perché il Bultmann pensi che questa difficoltà non lo tocchi.

L'analisi esistenziale per lui non è un sistema che presenti una determinata concezione del mondo o dell'esistenza.

---

[71] MALEVEZ, p. 26; MARLÉ, p. 81. Il carattere fenomenologico dell'analisi esistenziale è studiato, con particolare attenzione, da H. OTT, *op. cit.*, 94 s. Il carattere di priorità ontologica del Dasein, come punto di partenza, di comprensione dell'essere, è analizzato specialmente dal KÖRNER, *op. cit.*, 69 s. F. BURI nel suo articolo dal titolo significativo *Entmythologisierung oder Entkerygmatisierung der Theologie?* (*KM* II, p. 85-101) propone al Bultmann di essere fedele alle sue premesse fino alle ultime conseguenze: liberare il suo pensiero anche dal Kerigma cioè dall'annuncio dell'evento salvifico operato da Dio in Cristo. E' un masso erratico e isolato, la persistenza di questo ultimo elemento « mitico » nella sua teologia. Praticamente è un invito a ridurre la religione a una filosofia. H. Ott dimostra l'infondatezza di questo invito del Buri. L'analisi esistenziale è essenzialmente fenomenologica. Quindi il punto di partenza della teologia esistenziale, dimentica il Buri, è precisamente l'avvenimento singolare dell'interpellazione rivolta da Dio in Cristo all'uomo: H. OTT, *op. cit.*, 90 s. La portata del carattere fenomenologico dell'analisi esistenziale è quindi altrettanto importante di quella del suo carattere formale e neutrale che esamineremo tra poco.

E' l'elaborazione puramente formale e esistenziale di concetti e strutture che dovranno servire ad inquadrare e a formulare quel determinato sistema o dottrina dell'essere che il Messaggio fornirà. E', in un certo senso, riassume Rudolf Bultmann, uno schema vuoto che attende il suo contenuto.[72]

Non è l'affermazione di un contenuto che funga da presupposto all'Interpretazione neo-testamentaria. Solo offre all'Interpretazione un metodo, una struttura di cui servirsi.[73]

E' uno schema *fomale*: l'analisi esistenziale è solo forma: ci mostra cioè solo la differenza che separa il Dasein dal Vorhandensein. Ci indica come il Dasein è lui stesso solo nella decisione (Entscheidung) esistenziale. Ma non ci dice né quale possa essere né debba essere il senso di tale decisione. Non fa che additarci le categorie che il Dasein esercita nella posizione di se stesso.[74]

E' uno schema *neutrale*: prescinde dal Dasein credente o meno, appunto perché non è un'analisi che imponga un contenuto. C'è, inoltre, una sola specie di Dasein e perciò una sola struttura possibile di esso.[75]

Ma se il Bultmann decide di presupporre all'Interpretazione neo-testamentaria l'analisi esistenziale e non un altro metodo questo significa che egli ritiene che l'analisi heideggeriana sia la vera. Questo non significa forse attribuirgli un contenuto che la distingua da altre analisi?[76]

R. Bultmann preciserà che l'analisi esistenziale è vera (richtige) non nel senso *che dice il vero* ma nel senso *che è nel vero* interrogandosi sul significato dell'esistenza.[77] Il

---

[72] R. Bultmann, *Zum Problem der Entmythologisierung*: KM II, p. 192 s. Cf. Marlé, 81.

[73] Cf. Ott, *op. cit.*, 95.

[74] Malevez, 43. Ott, 81 s, Marlé, 81. Il Körner invece, preferisce definire questo aspetto che gli altri commentatori in generale chiamano « formale » come « neutrale » volendo sottolineare che non è un « discorso sopra una realtà concreta e determinata » ma è una grammatica pronta a fornire gli elementi di discorso sopra qualunque realtà: *op. cit.*, 70 s. Notiamo però che alcuni teologi protestanti, come K. Löwith e E. Brunner, negano il carattere formale o neutrale dell'analisi esistenziale quale Heidegger la propone. Le strutture formali o ontologiche sarebbero necessariamente legate in M. Heidegger alle determinazioni concrete o ontiche. Cf. K. Löwith, *Phänomenologische Ontologie und Protestantische Theologie*: Zeitschrift für Theologie und Kirche 27 (1930), 365-399; E. Brunner, *Theologie und Ontologie*: ibid., 28 (1931), 113 s, e 119-121.

[75] Ott, 81.

[76] F.K. Schumann, *Die Entmythologisierbarkeit des Christusgeschehens*: KM I, p. 197 198.

[77] R. Bultmann: KM II, p. 192.

dialogo Bultmann-Schumann continua, appunto, su questa linea, sempre più sottile: i motivi veri e ultimi della « preferenza » data all'analisi esistenziale.

Non ci pare utile al nostro tema seguire ulteriormente questa discussione in tale direzione: il suo carattere dialettico la fa troppo lontana dai centri di interesse di O. Cullmann.[78]

III. Hegelismo di Oscar Cullmann

1. *La reazione di O. Cullmann.*

Il Cullmann non tiene conto della spiegazione bultmanniana da noi esaminata. Evidentemente essa suppone una certa comprensione della filosofia dell'esistenza. Anzi, situata com'è all'interno dell'esistenzialismo stesso (gravita in definitiva sul carattere formale dell'analisi heideggeriana), sembra supporre una certa accettazione dei postulati esistenziali. Questo non è certo il caso del Cullmann.

Il fatto che, nonostante le ulteriori spiegazioni date dal Bultmann nel secondo volume di Kerygma und Mythos, il Cullmann continui semplicemente ad accusare senza sfumature l'interpretazione bultmanniana di dipendenza stretta dalla filosofia dell'esistenza può voler dire che egli non comprende la filosofia dell'esistenza? Questo è il rimprovero che l'Ott, dopo F.J. Brecht, crede di poter muovere agli autori del « Tübinger Denkschrift », a K. Barth e allo stesso Jaspers.[79]

Abbiamo elementi per affermare, almeno come possibile, in Cullmann una certa non approfondita conoscenza del pensiero esistenziale? Ci sembra di sì.

Non possiamo anzitutto sottrarci all'impressione di una certa visione semplicistica del pensiero filosofico quando lo vediamo affermare che ogni filosofia sia antica che moderna finisce per appoggiarsi su criteri idealistici di marca ellenica.[80] Quando espone la problematica ellenica sul dualismo

---

[78] Rimandiamo all'analisi che ne fa il Malevez (*op. cit.*, 44 s). Cf. anche Ott, 84 s.
[79] Ott, 82-84.
[80] *ChZ*, 49, n. 8.

tempo-eternità non vediamo affiorare nessun sintomo dell'esistenza del concetto di partecipazione.⁸¹

Infine, per venire alla filosofia esistenziale, ci sembra trascurare la distinzione tra « existentiell » e « existential ».⁸² E il Marlé ha ben mostrato come, non solo non si tratti di una tautologia, ma che è uno degli elementi salienti dell'interpretazione esistenziale.⁸³

Comunque, pensiamo che il Cullmann non si preoccupi affatto di portare la sua attenzione su un piano filosofico. La sua interpretazione storico-salvifica gliela fa sembrare sterile. La sua vera reazione non può essere che cercare di convincere il Bultmann su un piano rigidamente storico e biblico.⁸⁴

2. *Cullmann hegeliano?*

R. Bultmann da il via a una critica, forse la più sensibile per la personalità teologica di O. Cullmann. O. Cullmann, egli osserva, ci parla di avvenimento (Geschehen) e di storia (Geschichte). Un autentico teologo deve comprendere e definire queste nozioni (Come del resto ogni altra nozione teologica), partendo dall'analisi del senso che esse assumono nel contenuto della sua fede. Non ci sembra che il Cullmann proceda così. Non sarebbe allora la sua, più una filosofia cristiana della storia, che una teologia? Non sarebbero sintomi di questa involuzione filosofica certi elementi della sua speculazione come l'idea di sviluppo (Entwicklung), la non esatta distinzione tra storia sacra (Heilsgeschichte) e storia profana (Weltgeschichte)?⁸⁵ Il Körner preciserà e svilupperà i termini di questa critica che è qualcosa di più di una semplice ritorsione dialettica.

E' errata, egli dice, la pretesa dei rappresentanti della teologia della storia della salvezza di rivolgersi alla teologia

---

⁸¹ *ChZ*, 52-59.
⁸² *Le mythe dans les écrits du Nouveau Testament*: *Numen* 1 (1954), 123, n. 10. La definisce « distinction spécieuse ».
⁸³ Marlé, *op. cit.*, 83. Il Barth non risparmia le sue ironie sulla presunta « importanza » di questa distinzione: « Viele Missverständnisse seiner Lehre sind verzeihlich, dieses auf keinen Fall! » *Ein Versuch*, p. 35, nota. Il Bultmann rimprovera anche al Buri di non aver compreso il valore di questi due concetti: *GV* II, p. 212, n. 4.
⁸⁴ *ChZ*, 24-26.
⁸⁵ *Heilsgeschichte*, 663.

bultmanniana in questo atteggiamento: la teologia della storia della salvezza rappresenta un'interpretazione puramente biblica del Messaggio cristiano, la teologia bultmanniana invece, è un'interpretazione influenzata, più o meno abusivamente, dalla filosofia di Heidegger. I veri termini dell'opposizione sono invece questi: si tratta di due interpretazioni del Messaggio, ambedue influenzate da due sistemi filosofici opposti: se Bultmann segue Heidegger, il teologo della storia della salvezza segue Hegel.[86]

E questa critica, continua il Körner, è valida soprattutto nei confronti del Cullmann. Nell'evoluzione della tradizionale teologia della storia della salvezza, la funzione del Cullmann si è essenzialmente limitata ad organizzare in un tutto logico il patrimonio delle concezioni storico-salvifiche del secolo scorso, dandogli, per la prima volta, un solido fondamento neo-testamentario.[87]

L'inserzione del Cullmann in questo filone teologico è evidente dall'analisi della sua opera. Non occorreva che egli stesso ce lo confermasse ripetutamente.[88]

Il rappresentante della scuola storico-salvifica cui il Cullmann si riferisce più spesso non è forse J.C.K. Hofmann?

Ebbene lo stesso Bultmann ne ha ampiamente dimostrato l'hegelismo di fondo! [89]

Il Körner riprende questa analisi bultmanniana dell'hegelismo del « caposcuola ». La estende anche ad altri teologi come: Auberlen, Beck, M. Kaehler, F. Delekat, P. Althaus, che, in qualche modo, gli sembrano rientrare in questa tradizione teologica.[90]

L'hegelismo del Cullmann è, per così dire, dimostrato indirettamente dall'ispirazione hegeliana del pensiero di cui si professa erede.

Ma il Körner poi, indugia a mostrarci l'hegelismo più o meno conscio (bewusst oder unbewusst)[91] del pensiero del

---

[86] KÖRNER, 64-65.
[87] *Op. cit.*, 66.
[88] *ChZ*, 22, n. 10; 49; 123, n. 4; 163.
[89] *Weissagung und Erfüllung: GV* II, p. 168-171. La dipendenza del pensiero di Johann Chr. Konr. Hofmann (1810-1877) da Hegel è sottolineata anche da EMANUEL HIRSCH, *Geschichte der neueren evangelischen Theologie*, Gütersloh 1954, t. V, p. 421. Però l'Hirsch segnala altri influssi tra cui predominante quello di Jakob Böhme (ibidem).
[90] KÖRNER, 65-66.
[91] *Op. cit.*, 67.

Cullmann, considerato in se stesso. Le concezioni fondamentali del pensiero hegeliano, per il Körner, sono:
— La storia come sviluppo e divenire (Entwicklungsgedanke).[92]
— L'essere che si realizza nella storia.[93]
Orbene i due elementi-base della teologia cullmanniana sono precisamente paralleli e corrispondenti ai due elementi-base dell'hegelismo:

1) La concezione della storia della salvezza come una linearità che si va realizzando man mano che progredisce, salendo (aufsteigende Heilslinie) verso la Fine che è anche Scopo (Ende - Ziel).[94]

2) L'uomo partecipa alla salvezza, solo mediatamente, in quanto cioè è inserito sulla linea del tempo: è precisamente la storia lineare la realtà, sulla quale e nella quale, Dio agisce e in cui l'uomo deve inserirsi per accedere alla salvezza. L'uomo è salvato mediante la storia.[95]

Il Cullmann non ha finora risposto a questa critica. Forse pensa che è tutta la sua teologia ad esprimere una risposta. Ha cercato solo di chiarire ulteriormente la differenza che egli mette tra Weltgeschichte e Heilsgeschichte come pure il senso dell'eschaton come Ziel.[96]

A noi sembra che il Körner semplifichi notevolmente le linee di forza della sua « dimostrazione indiretta ». L'inserimento del Cullmann nella tradizione della teologia storico-salvifica non significa che egli accetta incondizionatamente un sistema di pensiero ma piuttosto che egli ne accoglie la coscienza del carattere temporale del Messaggio.

Una prova non trascurabile di questo: il contenuto di fondo della teologia dell'Hofmann è l'idea di storia come « profezia ».[97] E' a partire di questa che il Bultmann dimostra l'hegelismo dell'Hofmann.[98] Ebbene O. Cullmann, do-

---

[92] *Op. cit.*, 65.
[93] *Op. cit.*, 67.
[94] *Op. cit.*, 66. Ricordiamo come già il Bultmann si era domandato se il teologo può sentirsi autorizzato a mettere il concetto di storia della salvezza (Heilsgeschichte) in relazione coll'idea di sviluppo (Entwicklung)
[95] Körner, 66-67.
[96] Ad esempio in *Le mythe...*, 129-131.
[97] *ChZ*, p. 123, n. 4, e p. 163. R. Bultmann: *GV* II, p. 168-170. R. Marlé, *Bultmann et l'ancien Testament*: *NRTh* t. 78 (1956), 475 s.
[98] R. Bultmann e R. Marlé *ibidem*.

dici anni prima che il Körner desse forma alla sua critica e quattro anni prima che il Bultmann ne dimostrasse il carattere hegeliano, rifiutava la legittimità della concezione hofmanniana.[99]

---

[99] *ChZ*, 163. Ricordiamo che « *Christus und die Zeit* » fu pubblicato nel 1945, il libro del Körner nel 1957 e l'articolo « *Weissagung und Erfüllung* » in cui il Bultmann esamina il pensiero dell'Hofmann, ora raccolto nel II tomo di *Glauben und Verstehen* (p. 162-186) edito nel 1952, apparve originariamente in: *Studia Theologica*, II (1949), 21-44. Torneremo ancora sulla differenza dell'idea di « Profezia » in O. Cullmann e in J.K.R Hofmann. Ci limitiamo qui a segnalare un altro elemento fondamentale per il pensiero del teologo del s. XIX che è agli antipodi delle concezioni cullmanniane: Hofmann considera l'esperienza attuale della ri-nascita in Cristo come punto di partenza della teologia sistematica! (Wiedergeburtserfahrung), E. Hirsch ,*op. cit.*, 421; art. V. *Hofmann*: *RGG*, t. 2, c. 1983 s (ediz. 1928).

CAPITOLO QUARTO

ULTIMI SVILUPPI DELL'INTERPRETAZIONE STORICO-SALVIFICA

I. L'INTERPRETAZIONE STORICO-SALVIFICA COME RICERCA CRITICA

In « *Christus und die Zeit* », Oscar Cullmann ci ha dato una formulazione definitiva della sua interpretazione del Nuovo Testamento. E, quello che più importa ancora, l'ha collaudata in una costruzione teologica coerente la cui influenza è considerevole.

Gli studi esplicitamente dedicati, dal 1945 (anno di edizione di « *Christus und die Zeit* ») ad oggi, al problema ermeneutico dal nostro Autore sono due.[1] Non vi troviamo traccie di ulteriori evoluzioni ma bensì di ulteriori approfondimenti. L'articolo del 1949 cercherà di fondare teologicamente l'interpretazione storico-salvifica, cioè la sua teologia biblica, come ricerca storico-critica. L'articolo seguente invece insisterà prevalentemente sul carattere di riflessione teologica della sua lettura storico-salvifica della Bibbia.

1. *L'esegesi di due dopoguerra.*

Il Cullmann rievoca, a tratti efficaci, il panorama teologico in cui si iscrisse l'intervento di K. Barth e, a una certa distanza, il suo articolo del 1928.[2]

L'ipercriticismo della scuola liberale riduceva allora l'esegesi a un'inchiesta storico-filologica. Ci si disinteressava

---

[1] 1. - *La nécessité et la fonction de l'exégèse philologique et historique de la Bible*: VbC 3 (1949), 2-13. Veniva contemporaneamente pubblicato anche in: *The Student World* 42 (1949), 117-133. Le nostre citazioni si riferiscono a VbC.

2. - *Necessità della teologia per la Chiesa secondo il Nuovo Testamento*: Protestantesimo 13 (1958), 1-14.

[2] Vedi sopra, p. 17 s.

dell'idea espressa dal testo. L'interesse per l'idea o l'emozione che forma il contenuto di qualunque opera d'arte è legge fondamentale di ogni tentativo di interpretazione anche profana. Ma per l'esegeta è la legge suprema. Trascurarla è tradire il Messaggio. Il contenuto della Scrittura non è forse precisamente l'appello di salvezza che Dio ci rivolge?

Non sono forse cose evidenti queste? Sì, osserva tristemente il Cullmann, ma l'esegesi biblica del primo dopoguerra era giunta a un tale grado di « deformazione professionale » (déformation professionnelle) che era necessario insistere su simili affermazioni elementari.³

Oggi, in questo secondo dopoguerra, siamo al polo opposto. Le nuove generazioni di teologi sorridono di Harnack. Hanno dimenticato ciò che noi dobbiamo al paziente lavoro di analisi testuali del Tischendorff, alla ricerca storica della RGSch, alla riflessione di A. Schweitzer, all'acume di Gunkel, Bousset, Loisy...

Questa misconoscenza del patrimonio dello storicismo liberale è il sintomo di una mentalità esegetica preoccupante.

« Prendono a pretesto l'esegesi teologica per passare il più presto possibile dall'austerità della ricerca filologica colle sue esigenze di abnegazione alla teologia sistematica ».⁴

Questo non dipende sempre dalla preoccupazione di evitare la fatica del lavoro serio imposto dalla filologia e dalla storia.

Spesso è un atteggiamento pietistico, più o meno conscio, che fa loro temere che il criticismo complichi o indebolisca la loro fede. Un certo numero poi, riconosce la necessità dell'analisi critica ma le riserva una funzione inadeguata: si accontenta di consultare i grandi dizionari e i commenti classici per passare, al più presto, alla meditazione teologica che il testo sembra loro ispirare.⁵

---

³ *La nécessité...*, 3-4.

⁴ « Ils prétextent la nécessité d'une éxégèse théologique pour s'autoriser à passer aussi vite que possible des disciplines philologiques, plus austères et réclamant plus d'abnégation, aux disciplines systématiques »: *art. cit.*, 4-5.

⁵ *Art. cit.*, p. 5. Anche il Bultmann si unisce al Cullmann nell'invocare un ritorno a un autentico senso critico. MARLÉ, 11-12. Lo stesso Barth, del resto, nella conferenza pronunciata all'Assemblea della società pastorale svizzera, il 25 settembre 1956, ad Aarau, sente la necessità di « rendre justice, historiquement, à cette théologie *ancienne* » che è la teologia

2. Il fondamento teologico della ricerca critica.[6]

Questa disistima della ricerca critica manifesta nel teologo cristiano la presenza di una concezione confusa e incompleta, del vero senso della Parola di Dio. O. Cullmann ritiene perciò necessario riflettere sul fondamento teologico della necessità della ricerca critica. Questo è duplice.

Il suo primo aspetto lo possiamo comprendere, riflettendo sull'essenza del Messaggio biblico, e il secondo esaminando il modo con cui esso ci viene trasmesso.

L'essenza del Messaggio, ogni libro del Nuovo Testamento ce lo rivela: Gesù di Nazareth è il Cristo Signore. Ma, parlare di Gesù di Nazareth, è parlare di storia e la storia di Gesù suppone una doppia relazione colla storia di Israele e colla storia della chiesa primitiva.[7]

Quindi ogni teologia biblica neotestamentaria non solo ha come oggetto la storia ma è, essenzialmente, anche ricerca storico-positiva.[8]

Il modo di trasmissione del Messaggio ci dimostra ancora più efficacemente la necessità teologica della ricerca critica.[9]

Il Verbo si è fatto carne. E' il grande scandalo che ha diviso, fin dall'inizio, i fedeli. Ebbene, anche nella Scrittura abbiamo una « Incarnazione ». La Parola si esprime in un linguaggio determinato. Si iscrive in un dato contesto storico culturale geografico. Riflette una precisa psicologia collettiva e individuale...

La fede nel Logos esige il superamento dello scandalo dell'Incarnazione. La fede nella Scrittura esige il superamento dello scandalo, suscitato dal testo centrale della Scrittura stessa: Il Vangelo. Esso si presenta in una quadruplice stesura i cui codici, del resto, divergono notevolmente.[10]

« plus ou moins libérale et positive qui régnait alors ». *L'humanité de Dieu*, Genève 1956, p. 8.

[6] Col termine ricerca critica o ricerca storica intendiamo qui con O. Cullmann l'analisi e lo studio positivo del testo scritturistico. Quindi esaminiamo solo un aspetto dell'interpretazione storico-salvifica che è ricerca critica ma è anche riflessione teologica sull'oggetto religioso (Sache). Cf. *Les problèmes posés...*: RHPhR 8 (1928), 72. Vedi sopra, p. 19-20.

[7] *La nécessité*, 5-6.
[8] *Art. cit.*, 6. Cf. anche *ChZ*, 19.
[9] *Art. cit.*, 7.
[10] *Art. cit.*, 7-8.

Questi elementi di scandalo non sono dovuti al caso. Sono elementi della storia della salvezza. Infatti sono la « croce » che rende la nostra fede nell'ispirazione, autentica. Lo Spirito ha scelto alla sua Parola un involucro storico determinato e ce la presenta in un « contesto scandaloso ».

Questo modo di trasmissione è elemento essenziale della storia della salvezza. Soltanto la ricerca critica può farci scoprire, oltre l'involucro, il senso della Parola, come pure soltanto essa può far sì che, attraverso a quell'involucro, la Parola giunga a noi e ci interpelli.

Quindi la ricerca critica stessa, conchiude Oscar Cullmann, è, in un certo senso, esatta dal piano della salvezza.[11] Rifiutare la ricerca critica è docetismo come rifiutare la realtà dell'Incarnazione.[12]

3. *Conseguenze del valore teologico della ricerca critica.*

a) *Interpretazione esistenziale e allegorica.* Ogni forma di allegoria, classica o moderna, pretende di scoprire e di mettere in rilievo il significato eterno che sta sotto i fatti storici, trascurando questi stessi fatti. La storia è ridotta a funzione di simbolo.

L'assurdità di simile esegesi è evidente, osserva il Cullmann. La storia annunciata dal Messaggio non è simbolo: è sulla sua linea di sviluppo che è situata la salvezza e la salvezza è realtà.[13] Ora il Cullmann si fa una domanda interessante: l'interpretazione esistenziale è un'interpretazione allegorica?

L'interpretazione esistenziale suppone una ricerca critica storico-filologica molto seria. Basterebbero le pubblicazioni del Bultmann a provarlo. Ma questo, osserva Cullmann, non impedisce affatto che essa sia meno lontana di quanto sembri a prima vista, dal metodo allegorico. Se studia seriamente l'aspetto storico del Messaggio, è proprio per poter-

---

[11] *Art. cit.*, 10.
[12] *Art. cit.*, 9. Interessante notare, osserva il teologo alsaziano, che sono proprio i doceti e gli gnostici, in generale, a scandalizzarsi del carattere quadriforme del vangelo e a tentare di redarre un vangelo unitario. Le successive redazioni canoniche invece, non suggeriscono la minima preoccupazione di unità ma solo di indipendente testimonianza comunitaria: *Die Pluralität der Evangelien als theologisches Problem im Altertum*: *Theologische Zeitschrift*, I (1945), 23-42.
[13] *Art. cit.*, 6.

sene liberare più facilmente. Almeno per quanto riguarda la storia della salvezza si comporta così.[14]

Il suo, non è un apriori semplicistico, come quello degli allegoristi, che si costruiscono un'idea, bell'e fatta, prima di aprire la Bibbia e poi la vogliono ad ogni costo ritrovare e ricostruire nelle pagine sacre. Però, rimane un apriori, cioè un criterio estraneo alla Bibbia: la storia della salvezza è il mito che va eliminato per giungere al nucleo del Messaggio.

Nonostante tutte le possibili differenze, questo apriori riavvicina assai R. Bultmann agli allegoristi.[15] Se la storia non è da lui ridotta a simbolo, è però ridotta a un involucro ugualmente caduco.[16]

b) *Una ritrattazione.* C'è una distinzione tra i libri didattici e i libri storici della Bibbia? E' solo una distinzione apparente. I libri didattici sono ad es. i Profeti, le Epistole ecc. In ultima analisi, ora siamo in grado di capirlo, mirano a mettere in luce la rivelazione di Dio nella storia biblica. D'altra parte, i libri storici descrivono un momento, un epi-

---

[14] *Art. cit.*, 6-7.
[15] Evidentemente il Bultmann rifiuta ogni valore di interpretazione del Messaggio all'allegoria: *KM* I, p. 24. E' un'evasione dai veri problemi. Non merita di essere presa in considerazione: « Jede Allegorese ist Spielerei oder Unfug »: *Die Bedeutung des A.T. für den christlichen Glauben*: *GV* I, p. 335.
[16] *Nécessité,* 67. R. Bultmann darà una nozione, fino ad un certo punto, simile dell'allegoria. L'allegoria consiste nel presupporre alla lettura del testo sacro un pre-giudizio (Vorurteil) invece di una pre-comprensione (Vorverständnis). Il pregiudizio è un giudizio apriori, definitivo, sul contenuto e, in un certo senso, pretende di comprendere il contenuto nella sua interezza. Le due nozioni di allegoria coincidono, nel senso che sono ambedue d'accordo nel segnalarne il carattere aprioristico. Notiamo infine, che l'allegoria è, per il Bultmann, solo uno dei casi in cui il presupposto (Voraussetzung) è invece che precomprensione (Vorverständnis) pregiudizio (Vorurteil) del testo.
Ist Voraussetzungslose Exegese möglich?: *ThZ* 13 (1957), 409-410. Notiamo un approfondimento nella nozione di allegoria che il Cullmann ci propone nel 1949, rispetto a quella che ci presentava nel 1928. Allora era essenzialmente caratterizzata come sostituzione dell'autentico contenuto (Sache) del testo con un altro contenuto arbitrario. Vedi sopra, p. 25 s. Ora, l'accento cade sulla riduzione della storia a simbolo. Questo ci suggerisce una duplice riflessione: 1) la preoccupazione della storia è decisamente in primo piano; 2) la Sache autentica, che è storia, non è dall'allegorista semplicemente negata e sostituita da una nuova inautentica idea, ma è piegata alla funzione di simboleggiare questa nuova, presunta « Sache ».

sodio della lunga storia dell'umanità in cammino verso la salvezza.

Quindi la distinzione è apparente. In realtà i due gruppi di libri convergono sulla storia di salvezza.

Perciò il fondamento teologico della ricerca critica è valido per gli uni come per gli altri.[17]

Il Cullmann riconosce di aver esagerato la differenza tra di loro.[18] Nel 1928 infatti, ammetteva l'esistenza di un certo numero di libri storici puramente storici. Andavano letti, secondo lui, come qualunque altro testo di storia profana.[19]

4. La funzione della ricerca critica.

a) *Ricerca critica e essenza del Messaggio.* Sappiamo come l'essenza del Messaggio è la storia della salvezza. La ricerca critica dovrà allora affrontare il Libro sacro col preciso intento di mettere in rilievo le linee maestre, secondo le quali questa storia si realizza. Dovrà ritrovare, sotto gli elementi parziali, l'ossatura del piano divino (Oikonomìa) che si sviluppa in una mirabile e unitaria continuità che armonizza passato, presente e futuro.

La ricerca critica dovrà esaminare la storia biblica non per indurla a simbolo o a mito, ma per individuare le leggi del suo dinamismo interiore. Riaffiora il senso della polemica anti-bultmanniana. E' ulteriormente affermato il fondamento teologico del programma di « Christus und die Zeit ». E questo programma diviene il programma di ogni lavoro esegetico.[20]

b) *Ricerca critica e trasmissione del Messaggio.* Il Messaggio è « incarnato » nella cultura di un'epoca e nelle espressioni della mentalità dell'uomo-agiografo.

Tutti pensano che il campo specifico della ricerca critica sia proprio l'esame di questo involucro storico.

---

[17] *Art. cit.*, 7.
[18] *Art. cit.*, 7, n. 2.
[19] *Les problèmes posés...*: *RHPhR* 8 (1928), 75. Vedi sopra, p. 21, e soprattutto la nota 74.
[20] *Art. cit.*, 8 s. Evidentemente la ricerca critica sola sarà inetta a questo impegno. Non deve mai essere isolata dalla fede e dall'attesa della parola interiore dello Spirito Santo: *La tradition*, 51-52.

Però non possiamo accettare, osserva l'Autore, un certo punto di vista liberale secondo il quale, conseguentemente a questa « incarnazione » della Parola, nella Scrittura ci sarebbero delle verità di valore universale e perenne, accanto a verità di valore limitato a un'epoca o a una razza.

Questo è un dividere la Verità cioè la Parola stessa. La Scrittura ha un involucro e un contenuto. L'involucro è caduco: riflette una ben precisa contingenza storica in cui la Parola ha risuonato. Ma il contenuto è la verità, la Parola. E la Parola è eterna e trascendente, nel suo valore, come il suo Autore.[21]

La ricerca critica quindi, dovrà ricorrere a tutte le armi della scienza (e insistere in modo particolare sulla psicologia attenta alla personalità dell'agiografo). Ma per darci quella « trasparenza » dell'involucro e del testo che ci faccia apparire chiara e intera la verità e la Parola, non per dividere la Parola.[22]

c) *Ricerca critica e controllo di lettura.* La ricerca critica non è una semplice fase preliminare alla riflessione teologica. Alcuni la concepiscono come una raccolta di materiale sul quale poi potrà esercitarsi la riflessione del teologo o la meditazione del credente.

Ricerca critica, riflessione teologica e meditazione spirituale devono svilupparsi parallelamente, sostiene il teologo alsaziano.[23]

La ricerca storica dovrà controllare l'autenticità della ispirazione del fedele come della speculazione del teologo sistematico.

Anzi, la ricerca critica dovrà essere il supremo controllo delle stesse intuizioni esegetiche del teologo biblico.

Dovrà umilmente sottomettersi alle sue ferree esigenze di oggettività e rinunciare ad armonizzare artificiosamente i gesti per valorizzare sintesi di insieme che gli sono magari care.[24]

---

[21] *Art. cit.*, 10.
[22] *Art. cit.*, 10-11.
[23] E' questo parallelismo che egli loda particolarmente ad es. nella attività esegetica di K.L. Schmidt. *Karl Ludwig Schmidt* (1891-1956). *Gedächtnisrede*: *ThZ* 12 (1956), p. 1-9.
[24] *Art. cit.*, 11-12. Questa precisazione del Cullmann coincide quasi ad litteram col rilievo critico fondamentale mosso da R. Bultmann all'esegesi cullmanniana. Vedi sopra, p. 62 s, e nota 32.

d) *K. Barth e le responsabilità dell'esegeta*. K. Barth non comprende questa funzione della ricerca critica. Il suo merito è fuori discussione. Se gli storici futuri potranno chiamare il nostro, il secolo dell'esegesi teologica, lo dobbiamo a lui. E' proprio il suo « Commento ai Romani » che ha rimesso in questione e rivoluzionato la tradizione liberale.[25]

Però nel suo pensiero è latente un pericolo grave: minimizzare la ricerca storica. Egli ha certo dato un solido fondamento esegetico alle sue più felici intuizioni teologiche. Ma il pericolo viene proprio dalla sua originalità e ricchezza di pensiero.

Questo pericolo è d'altronde già visibile nelle sue ripercussioni deleterie. Non solo considera l'esegesi come un semplice preliminare della teologia [26] ma, in quest'ultimo decennio, il Barth va assumendo verso gli esegeti un atteggiamento che non possiamo non sperare di veder corretto: può avere fatali conseguenze.

E' un rimprovero agli esegeti: si dedicano all'analisi storico-filologica della Scrittura senza opinioni dommatiche e senza rendersi conto delle loro responsabilità religiose.[27] La perentoria risposta del Cullmann è interessante: rimane fedele nell'escludere la legittimità di qualunque apriori nell'interpretazione della Scrittura. Qui, con un'esplicitazione ulteriore rispetto a « *Christus und die Zeit* », rifiuta qualunque apriori, non solo filosofico, ma *anche teologico*.

La grande ed unica responsabilità dell'esegeta, ribatte Oscar Cullmann, è la fedeltà indiscussa al testo. Sua sola responsabilità religiosa è di sapersi mantenere entro i limiti del suo campo di lavoro. Solo a questa condizione potrà rendere un vero servizio al dommatico.[28] E, aggiungerà tra

---

[25] *Art. cit.*, 12.
[26] E' uno dei punti sui quali il Cullmann si separava dal Barth fin dall'inizio. *Les problèmes posés...*: *RHPhR* 8 (1928), 80. Vedi sopra, p. 25 s.
[27] *Kirchliche Dogmatik*, III/2 (1948), p. VII s. Citato dal Cullmann, *Nécessité*, p. 12, n. 1, e p. 13, n. 1.
[28] *Art. cit.*, 12, n. 1, e p. 13. L'anno prima della pubblicazione di questo articolo, redigendo la prefazione per la seconda edizione tedesca di « *Christus und die Zeit* » (1948), il Cullmann invocava già energicamente questo dovere di limite dell'esegeta per rispondere alle numerose critiche sollevate da alcune sue pagine, ad esempio quelle riguardanti i problemi di tempo-eternità ecc...
« Ist es nicht der wertvollste Dienst, den der Neutestamentler dem Dogmatiker zu leisten hat, dass er Fragen, die im Neuen Testament selbst

qualche anno come vedremo tra poco, solo a questa condizione potrà rendere un vero servizio alla Chiesa.

II. L'INTERPRETAZIONE STORICO-SALVIFICA
E LA RIFLESSIONE TEOLOGICA

La lettura della conferenza che Oscar Cullmann pronunciò il 23 marzo 1957, a Roma, nel decennale di attività accademica della Facoltà Teologica Valdese, a prima vista, può sorprendere.[29]

Il Cullmann infatti scende in polemica con non meglio identificati avversari protestanti. Questi negano la legittimità della Teologia oltre alla sua utilità per la Chiesa. I motivi che adducono sembrano essere di due ordini: il primato indiscusso delle necessità immediate di evangelizzazione diretta e il concetto neotestamentario di sapienza che esige disponibilità ingenua alla luce dell'alto e condanna la ricerca e la riflessione.[30]

Questo articolo merita la nostra attenzione anzitutto perché è il solo scritto che conosciamo in cui il teologo alsaziano ci parli di riflessione teologica.[31]

---

nicht gelöst sind, als solche stehen lässt, und liegt nicht gerade in dieser Beschränkung die eigentliche Verantwortung, die der Exeget der Dogmatik gegenüber hat, sodass er diese Fragen so an sie weiterzugeben hat, wie sie sich vom objektiven neutestamentlichen Befund aus stellen?»: *ChZ*, 8.

[29] Questa conferenza è stata pubblicata sotto il titolo «*Necessità della teologia per la Chiesa secondo il Nuovo Testamento*»: *Protestantesimo*, 13 (1958), 1-14.

[30] *Art. cit.*, 1-2 4 11.

[31] Parla di teologia dommatica? Certamente non riflette sul carattere esegetico dell'interpretazione storico-salvifica. Questo ci apparirà chiaro, oltrechè dalla definizione di teologia che formulerà, dall'analisi, in cui si addentrerà, sulle relazioni tra Scrittura e teologia. Ma rimaniamo esitanti a vedere in questa «teologia» la teologia dommatica, infatti non fa nessun accenno al problema di sapere, se e in che limiti, la riflessione teologica si sviluppa nel quadro di una filosofia. Ricordiamo come, nella sua discussione dell'esegesi teologica barthiana, poneva la necessità di una riflessione teologica nella stessa interpretazione esegetica del Nuovo Testamento. Questa ha la funzione di criticare, armonizzare, giustificare il contenuto religioso del testo (Sache). Cf. *Les problèmes posés*: *RHPhR* 8 (1928), 72. Vedi sopra, p. 19 s. Incliniremmo per questo a vedere nella teologia di cui egli ci parla qui, più che una teologia sistematica, l'interpretazione storico-salvifica sotto il suo aspetto di riflessione teologica, distinto ma non separato anzi parallelo, all'aspetto di ricerca critica. Ci sembra di trovare una conferma di questa nostra opinione nell'esigenza,

1. Teologia e fede.

« Ecco, precisamente, che cosa dev'essere la vera teologia: una sapienza che ha Dio come oggetto, e che viene da Dio. Possiamo dunque applicare alla teologia intesa in questo senso, ciò che l'apostolo dice della sapienza di Dio ».[32]

Dio come oggetto? In che senso, la teologia è fondata sulla fede? Forse nel senso inteso da R. Bultmann, quando ricordava al Cullmann che il punto di partenza di ogni riflessione teologica è il contenuto sperimentato nella decisione esistenziale che è l'atto di fede?[33]

No. La fede è punto di partenza in un senso ben diverso per il Cullmann. Lo è in quanto convinzione che, colle sole nostre forze, non possiamo sapere nulla di Dio. E' una confessione di impotenza. Attendiamo che egli si riveli a noi.

Come non possiamo giustificarci colle nostre opere, ma solo nella fede, così non possiamo conoscere Dio se la fede non ce lo presenta. Il parallelo intelligenza-volontà di fronte a Dio è schiettamente paolino, insiste O. Cullmann.[34] « Opporre la fede alla teologia è altrettanto sbagliato quanto opporre la fede alla santificazione. Anzi la fede in Cristo conduce necessariamente alla conoscenza di Dio, come conduce necessariamente alla santificazione ».[35]

In che senso la Teologia ha Dio come oggetto?

Questa affermazione poteva lasciarci perplessi.

La croce, osserva l'Autore, redime anche il nostro pensiero: lo umilia. Col suo scandalo lo libera dal peccato originale che lo affligge: l'orgoglio. Noi non conosciamo Dio. E' lui che si fa conoscere da noi. Noi, più che conoscerlo, lo riconosciamo: è un ri-conoscere la sua azione di rivelatore e di salvatore che ci inizia a un dialogo personale con Lui, in cui tutta la nostra personalità è impegnata.

---

sulla quale il Cullmann insisterà, di riunire in una sola persona quello che egli chiama il « teologo » con quello che egli chiama « l'esegeta ». Senza dire poi che parecchie volte userà indifferentemente « teologo » e « esegeta » (*art. cit.*, p. 9 s) fino poi a non parlare più che di « esegeta », proprio descrivendo la funzione ecclesiale del dottore come quella di colui che « controlla » (*art. cit.*, 10-11; vedi sotto, p. 91 s).

[32] *Art. cit.*, 2.
[33] *Heilsgeschichte*, 662.
[34] *Necessità della teologia*, 3-4.
[35] *Art. cit.*, 4.

« Quando pretendiamo di conoscere Dio in modo puramente teorico, senza adorarlo (*Rom.* 1), cioè di conoscerlo come un oggetto di cui potremmo disporre, ci precludiamo l'accesso alla vera conoscenza ».[36]

Quindi il Cullmann, quando parla di Dio come oggetto della teologia, non ci permette di disporre di Lui (cioè di trattarlo come oggetto che si domina, che si limita). Tutt'altro. La teologia ha Dio come oggetto, nel senso che, nella fede, lo può « riconoscere », cioè può accettare la rivelazione che ci offre.

« Non basta tuttavia accettare solo all'inizio la fede come punto di partenza, come se in seguito ci fosse lecito di fare astrazione da essa per dedicarci alla speculazione pura, come fecero gli eretici chiamati gnostici. La riflessione deve essere illuminata *costantemente* dalla fede. Vi dev'essere scambio continuo tra fede e pensiero... ».[37] Il pensiero che rompe il contatto colla fede cade immediatamente nelle aberrazioni dell'eresia, del politeismo ecc. (*Rom.* 1,23).

2. *Teologia come manifestazione dello Spirito.*

Lo Spirito è già all'opera nel Presente, tempo della Chiesa. Vi è all'opera come « primizia » della Fine.[38]

Noi riconosciamo la Sua opera come Spirito Santo, cioè, come forza e vigore, che ci fa lottare contro il Male. Ignoriamo invece la sua attività di Spirito di Verità. Spirito cioè, che illumina e che rivela Dio.

E' un'azione silenziosa, quella dello Spirito di Verità, che si realizza in due modi: 1) agisce direttamente in forma di rivelazione o ispirazione spontanea sull'anima del fedele. Per una grazia eccezionale può agire così su qualunque cuore credente; 2) agisce indirettamente, cioè sulla ragione:

---

[36] *Art. cit.*, 4.
[37] *Art. cit.*, 5. Lo gnosticismo è frutto della speculazione pura. E' una tentazione, questa della speculazione, comprensibile, ci dice il Cullmann, se si rifletta alla somma di problemi che angosciano l'individuo e la società. Per questo, ogni cultura come ogni religione, ha i suoi « gnostici ». O. CULLMANN, *Le problème littéraire et historique du roman pseudo-clémentin*, 1930, p. 173. Ma il dramma dello gnostico cristiano consisterà appunto, nel vedere nel vuoto speculare la soluzione dei suoi problemi e la stessa salvezza. Lo gnosticismo pretende di essere « la rédemption par la connaissance »: *op. cit.*, 191.
[38] *Necessità della teologia*, 5.

la illumina. Per questo il teologo come anche il suo uditorio, deve riflettere. Riflette alla luce di uno speciale carisma. Chi è sprovvisto di questo carisma, non può fare un lavoro teologico. Ma ogni credente ha luce per comprendere il risultato della riflessione illuminata del teologo.[39]

La teologia potrà quindi definirsi anche come una riflessione sulla Parola, condotta alla luce dello Spirito. La teologia che volesse essere pura riflessione sulla Parola, indipendente dalla luce dello Spirito di Verità, è un presuntuoso brancolare nel buio. E' abbandonata dallo Spirito. Non è più teologia. Per questo cercherà di sostituirsi ad altre scienze: filosofia, etica, astrologia... Degenererà in una pseudo-scienza: creerà, accanto ai vangeli, degli apocrifi, si rifugerà nello gnosticismo... Il secondo secolo costituisce, per il Cullmann, la prova storica della verità di queste affermazioni, attinte nella Scrittura.[40]

3. *Riflessione teologica e ricerca critica.*

Nell'articolo del 1949 che abbiamo esaminato sopra, il Cullmann si preoccupava di trovare il fondamento teologico della ricerca critica.[41] Ora ha giustificato teologicamente la riflessione teologica.

Un nuovo problema: qual'è la relazione tra critico (filologo, storico...) e teologo? Qual'è la relazione tra ricerca critica e riflessione teologica? Può il teologo assumere i risultati delle ricerche del critico e rielaborarli speculativamente, senza essere lui stesso un critico; è valido il lavoro di ricerca storica, condotto da un critico non credente, come base di una riflessione teologica?

« Non possiamo affidare questo lavoro (ricerca positiva) agli storici e filologi profani: essi (storici profani) possono in una certa misura essere di aiuto al teologo: ma bisogna che il teologo stesso sia anche storico e filologo. Infatti nello studio della Bibbia i risultati degli studi storici e filologici influenzano sempre la comprensione teologica e viceversa. Per una retta comprensione della Sacra Scrittura

---

[39] *Art. cit.*, 8.
[40] O. CULLMANN, *Le christianisme primitif et la civilisation*: VbC 5 (1951), 65 s.
[41] Vedi sopra, p. 79 s.

occorre un costante dialogo tra lo storico e il teologo. Come la fede e l'assistenza dello Spirito Santo sono costantemente necessari per il lavoro teologico, così è costantemente necessario il lavoro storico-filologico: ed occorre che anche questo ultimo sia illuminato dallo Spirito Santo ».[42] Anche l'esegeta, preciserà, è dotato di un carisma. Questo agisce, illuminando lo spirito dell'esegeta, con un'intuizione nuova. Però l'esegeta dovrà controllare colla ricerca critica anche questa illustrazione carismatica. E anche questo laborioso impegno di ricerca egli lo adempie, mosso dal carisma ricevuto.[43]

4. *Il dottore nella Chiesa.*

Il teologo è investito di un carisma. Questo significa che ha dallo Spirito una funzione definita nella comunità ecclesiale. E' il « dottore » (*1 Cor.* 12,8 28). La missione del dottore è distinta da quella del pastore. Non le è superiore e nemmeno subordinata ma coordinata: « non si può infatti stabilire una gerarchia tra i vari carismi ».[44]

Il carisma di dottore è più raro del carisma pastorale. Ma la sua funzione ecclesiale è altrettanto importante. Tanti mali della chiesa di oggi non vengono forse dall'aver svalutato la funzione dottorale?

Il dottore serve la Chiesa. Ma in che modo?

Forma i pastori. Ma questo non è il suo compito essenziale. Il dottore è essenzialmente « interprete della Bibbia », scelto come tale dalla Chiesa e illuminato dal carisma dello Spirito.[45]

Come interprete, dovrà controllare le ispirazioni che i pastori e i fedeli provano al contatto del Libro sacro. Dichiara la loro autenticità. Così collabora all'opera dello Spirito di verità che illumina la sua Chiesa. Elimina illusioni. Previene eresie: sorgono sempre dall'assolutizzazione di una pagina sacra non situata rispetto al nucleo del Messaggio.[46]

Questo ci parrà tanto più necessario se considereremo che un medesimo testo sacro può suscitare le più disparate interpretazioni. Il teologo è colui che applica la raccomanda-

---

[42] *Necessità della teologia*, 10.
[43] *Art. cit.*, 10-11.
[44] *Art. cit.*, 12.
[45] *Art. cit.*, 10-11.
[46] *Art. cit.*, 2 11 12.

zione di « esaminare gli spiriti ». La applica al servizio dell'unità della Chiesa, cogli occhi sulla Scrittura.[47]

Qui non possiamo tacere una perplessità: il Cullmann suppone che l'unico Spirito, il quale mediante il carisma illumina i teologi, li conduca a un'identità, almeno sostanziale, di interpretazione della Bibbia. Ma la storia della teologia protestante sembra essere una confutazione abbastanza chiara di questa attesa. La frequente divergenza di letture che vi incontriamo si dovrà forse attribuire all'indocilità dei teologi, che si sono ribellati alla luce carismatica, o non, piuttosto, alla mancanza di una Chiesa, custode e norma ultima di interpretazione del Libro?

Il dottore è al servizio dell'unica Chiesa di Cristo. Ed è in questa totalità della sua funzione ecclesiale che oggi la sua responsabilità si trova impegnata in un compito nascosto ma della massima importanza: il compito ecumenico. « Talvolta si è rimproverato ai teologi di essere responsabili della divisione delle Chiese. Oggi siamo al punto opposto. Ci avviciniamo gli uni agli altri grazie alla teologia ben intesa. Ed il terreno teologico rappresenta oggi il maggiore punto di incontro con i nostri fratelli cattolici. Se i teologi si ispirano da un lato allo Spirito Santo che unisce i cristiani e se dall'altra parte hanno ricevuto nelle diverse chiese una funzione teologica adeguata alla funzione dei dottori, trovano una base comune e possono discutere sullo stesso piano ».[48]

---

[47] *Art. cit.*, 11.
[48] *Art. cit.*, 13 s. Il Cullmann insiste ampiamente, anche con esperienze pratiche, su questo medesimo concetto in: *Catholiques et Protestants. Un projet de solidarité chrétienne*, 1958, p. 34-37. Secondo lui, il problema ora è questo: « comment rendre visible et efficace à l'échelle des fidèles la solidarité qui existe entre théologiens depuis un certain nombre d'années? »: *op. cit.*, p. 38. Interessante accostare alla concezione che il nostro autore si fa della funzione ecumenica della teologia, il pensiero, sotto certi punti di vista, diametralmente opposto di P. HÄBERLIN. Nel suo libro recente « *Das Evangelium und die Theologie* », München-Basel, 1956, pp. 113, studia lo scandalo della divisione dei cristiani. La radice di questa sta nelle diverse teologie, interpretazioni divergenti del Messaggio di Cristo. Secondo l'Häberlin, l'essenza del Messaggio è costituita dall'affermazione della bontà assoluta di Dio. Ogni altro elemento (ad es. Il peccato, la storia ecc.) è « unchristlich », anche se è contenuto nella Scrittura. Il teologo sarà tale e lavorerà per l'unione, nella misura in cui sfronderà la fede e il pensiero della sua chiesa di tutto ciò che è « unchristlich ».
Questa distruzione condurrà all'unità. Tutti si incontreranno nella affermazione della bontà di Dio.
Questo radicalismo finisce non solo per negare ogni teologia ma la stessa funzione normativa della Scrittura.

CONCLUSIONE DELLA PRIMA PARTE

Il bilancio conclusivo di questa prima parte possiamo formularlo in ordine a due interrogativi:

— Oscar Cullmann imposta un dialogo valido con Rudolf Bultmann? O, per lo meno, gli oppone una polemica efficace?

— Quale atteggiamento deve assumere il teologo cattolico davanti all'interpretazione storico-salvifica?

1. *Oscar Cullmann imposta un dialogo valido con Rudolf Bultmann?*

Non esiste dialogo vero e proprio tra i due teologi. Un dialogo, autenticamente tale, suppone un linguaggio comune, almeno sui temi centrali della discussione.[1]

Qui, tale linguaggio comune manca totalmente. Infatti, terreno d'incontro, unico e normativo per i nostri due teologi protestanti, dovrebbe essere la Scrittura. Ma la Parola di Dio ha un suono diverso nelle due esegesi. I loro criteri di lettura sono opposti: la sola Regola di Fede primitiva, per O. Cullmann; le strutture dell'analitica esistenziale, per R. Bultmann. Ora i criteri di lettura, cioè i metodi di interpretazione, sono elementi formali che investono e determinano, nella sua totalità, il significato che il teologo attribuirà alla Parola di Dio. Anzi, sono già dipendenti in fondo da una certa opzione teologica.

Del resto, non pare che il Cullmann voglia veramente dialogare con R. Bultmann. Sembra volerlo piuttosto convincere unilateralmente, come si vuole convincere chi è nell'errore. Vuole infatti « dimostrare esegeticamente » al teologo di Marburg che il Messaggio è essenzialmente storia della salvezza.[2]

---

[1] Per questo nel nostro lavoro, riferendoci alla discussione polemica tra i due teologi, preferiamo parlare di « dialogo ». Le virgolette sottolineano che non si tratta di un autentico incontro.

[2] *ChZ*, 25-27.

Riesce questo tentativo? Ci pare di no. L'analisi esegetica cullmanniana non ha senso agli occhi di R. Bultmann proprio come quella bultmanniana non ha senso agli occhi di O. Cullmann. Ma sembra essere il Bultmann il primo ad accorgersene quando invita il prof. Cullmann a spostare la sua attenzione critica sui presupposti di lettura.[3]

Il Malevez riconoscerà l'esattezza di questa mossa del teologo di Marburg quando scriverà che il teologo alsaziano colpirà il vuoto finché non porterà la sua analisi critica sui presupposti filosofici dell'interpretazione esistenziale. Allora la sua sarà una critica efficace perché condotta dall'interno del pensiero del suo avversario.[4]

2. *Il teologo biblico cattolico ritrova nell'interpretazione storico-salvifica i lineamenti essenziali della sua concezione della teologia biblica?*

Anche nel campo cattolico sembra sussistere una certa esitazione nella precisazione della struttura e della presentazione della teologia biblica.[5] Tuttavia regna l'accordo nel difinirne le componenti essenziali.[6]

Di queste, due ci sembrano assenti nell'interpretazione cullmanniana: la funzione normativa della Tradizione vivente nella Chiesa; un certo apporto della ragione.

Oscar Cullmann nega alla Chiesa la funzione di interprete e di custode normativa della Scrittura. Separa e oppone la Scrittura alla Tradizione (da lui detta post-apostolica).[7]

---

[3] *Heilsgeschichte*, 663.

[4] L. MALEVEZ, *Exégèse biblique et philosophie*: NRTh 78 (1956), 914; 1039, n. 66. Così OTT, 1 s, e 201 s, ove delinea i tratti di una critica costruttiva del pensiero bultmanniano. Il Körner, pur rifiutando questa critica dell'Ott, ne ammette l'esattezza di impostazione: KÖRNER, 152. OTT, 1-2, cita a sostegno del suo metodo interessanti testi di K. Barth.

[5] C. SPICQ, *Nouvelles réflexions sur la théologie biblique*: RSPhTh 42 (1958), 211.

[6] Per una presentazione soddisfacente della concezione cattolica della teologia biblica, rimandiamo ai noti studi di F. M. BRAUN, *La théologie biblique*: RThom 53 (1953), 221-253; S. LYONNET, *De notione et momento theologiae biblicae*: Verbum Domini 34 (1956), 142-153; K. RAHNER, *Biblische Theologie*: art. in *Lexikon für Theologie und Kirche*. Inoltre nell'articolo già citato dello Spicq, sarà possibile trovare una scelta bibliografia di studi, sia cattolici che protestanti, sull'argomento.

[7] Vedi sopra, p. 44 s.

Il teologo biblico cattolico invece, scruta la Parola di Dio, ma situandola nell'ambito della fede viva della Chiesa e delle sue espressioni dottrinali.[8]

Non che egli debba imporre alla Parola categorie dommatiche moderne che le sono estranee.[9] Ma, poniamo, egli crede colla Chiesa all'unione ipostatica. Leggendo allora il prologo di Giovanni, pur non facendovi riferimento esplicito, dovrà lasciarsi guidare nella sua interpretazione dal contenuto profondo della dottrina di Calcedonia sul Verbo Incarnato.[10] Siccome ammette l'identità del contenuto di fede nella Scrittura e nella Tradizione vivente della Chiesa, le definizioni e precisazioni dommatiche posteriori lo illumineranno nell'interrogare e nel capire la Scrittura. Questa differenza tra la teologia cattolica e la concezione cullmanniana ha forse la sua radice ed espressione saliente nella diversa visione della fede come norma di lettura. Si accordano nell'ammettere che la Scrittura va letta « sub lumine fidei ».

Ma Regola di Fede per il Cullmann è la fede della prima comunità, in senso esclusivo. Il suo oggetto è rigidamente limitato a ciò che era conscio ed esplicito alla fede della comunità primitiva.[11]

Il cattolico ritiene un oggetto di fede così concepito come fossilizzato.

Infatti ne viene escluso tutto ciò che, presente allo stato implicito o inconscio nelle testimonianze scritte o orali della prima comunità, si è poi venuto sviluppando nella fede viva della Chiesa.

E' evidente poi che la Chiesa, come interprete normativa della Scrittura, può imporre anche una determinata interpretazione di un certo brano o passo della Bibbia. Raramente accade. Ma il teologo cattolico è pronto ad accogliere

---

[8] S. Lyonnet, *De peccato et redemptione*, Romae 1957, p. 24-25; Spicq, art. cit., p. 211; P. Grelot, *L'interprétation catholique de la Bible, Introduction à la Bible*, Paris 1957, t. I, p. 199; J. Levie, *La Bible Parole humaine et Message de Dieu*, Paris-Louvain 1958, p. 295-303.

[9] A. Feuillet, *Quelques thèmes majeurs du N.T. étudiés à la lumière de l'A.T. Introduction à la Bible*, Paris 1959, t. 2, p. 765.

[10] Lyonnet, ib.; Spicq, art. cit., 214, specie n. 17.

[11] Vedi sopra, p. 44 s. E' un merito indubbio per il protestante Cullmann, d'aver preso come norma di lettura un dato oggettivo ed ecclesiale. Però l'ha ristretto entro limiti, agli occhi di un cattolico, ben angusti.

una simile norma di lettura: la Chiesa è la sola custode e interprete della Parola.

Questo il Cullmann non lo può ammettere. La Chiesa potrà suggerire una lettura determinata. Ma non sarà mai una norma definitiva. Sarà solo una direttiva provvisoria.[12]

Un altro punto che lascia perplesso il teologo cattolico è l'atteggiamento così antifilosofico del Cullmann. Non si tratta di fare della teologia biblica una teologia speculativa. E' la dommatica che ha bisogno di adottare una coordinata intellettuale, costituita da una metafisica e da una logica. Questo naturalmente importa riferimento a un certo sistema di pensiero che possiamo chiamare, in senso lato, filosofico.[13]

La dommatica infatti, come « intellectus fidei », deve giustificare e, in un certo senso, unificare, per così dire « architettonicamente », davanti alla ragione, il complesso dei misteri divini.[14]

La teologia biblica invece, cerca di scoprire il valore di concetti e di strutture in funzione del contesto immediato, dell'epoca e della cultura in cui si inseriscono.[15] Non deve riferirsi a sistemi filosofici determinati. E tanto meno permettere che una certa visione filosofica gli imponga una corrispondente interpretazione della Scrittura. A ragione il Cullmann denuncia questo come il continuo pericolo che incombe sulla teologia bultmanniana. Deve adottare le categorie semitiche o elleniche, tipiche degli autori che studia. Cercherà di costruire una sintesi degli elementi biblici, mettendo in rilievo una struttura di fondo ricavata dall'interno stesso della Scrittura.[16]

Ma il teologo biblico non può fermarsi qui. Deve anche ripensare, rielaborare, interpretare significati e nozioni bibliche. Deve afferrarne l'intelligibilità profonda. Così riuscirà a spiegarli e a « tradurli » in un linguaggio che ce li

---

[12] Vedi sopra, p. 45 s.

[13] Cf. « *Humani generis* »: AAS 42 (1950), 566 1.

[14] Non pretendiamo affrontare qui un problema complesso come quello del metodo, natura e compiti della dommatica. Rimandiamo all'articolo e alla bibliografia critica di C. Colombo, *La metodologia e la sistemazione teologica*, in: *Problemi e Orientamenti di teologia dommatica*, Milano 1957, vol. I, p. 1-56.

[15] Non entriamo neppure nell'analisi delle relazioni tra teologia dommatica e teologia biblica. Cf. a questo proposito l'art. e la bibliografia di L. Alonso-Schökel, *Argument d'Ecriture et théologie biblique dans l'enseignement théologique*: NRTh 81 (1959), 337-354.

[16] Spicq, *art. cit.*, 214; Lyonnet, *De peccato et redemptione*, 24 s.

faccia accessibili.¹⁷ Quest'opera pure richiede un apporto concettuale, almeno una certa « filosofia del senso comune ».¹⁸

Come riuscire altrimenti a spiegare, ad esprimere e a « tradurre » nozioni e strutture da una mentalità all'altra?

Eppoi come accostare un testo senza interrogarlo? E se lo si interroga, lo si interroga in funzione di strutture mentali e di attese interiori ben precise e reali, anche se più implicitamente vissute che esplicitamente formulate.¹⁹

Oscar Cullmann ci ha voluto dare una sintesi biblica realizzata attorno all'idea centrale di storia della salvezza. La sua è teologia biblica ed è interpretazione storico-salvifica proprio perché si propone come scopo di costruire tale sintesi.²⁰

Non ci chiediamo adesso se questo nuoce o meno all'oggettività della sua esegesi.²¹ Dichiara che una vera lettura cristiana della Bibbia deve escludere ogni apporto concettuale e filosofico. Ma di fatto si mantiene fedele al suo proposito? Parecchi suoi problemi, interrogativi, soluzioni ci sembrano rispondere a una precisa struttura mentale moderna.²² Non può non essere così. Non gliene facciamo un

---

¹⁷ Spicq, *art. cit.*, 214 s.

¹⁸ Spicq, *art. cit.*, 214.

¹⁹ B.J.F. Lonergan, *Insight, A study of human Understanding*, London 1957, p. 562-594. Importanti, a questo proposito, le riflessioni di H.-I. Marrou sulla necessità di un apporto concettuale per una vera storia. *De la connaissance historique*, Paris 1953, p. 147.

²⁰ Il Cullmann non è solo esegeta. E' vero teologo biblico. J. Hamer, *Une théologie du dualisme chrétien*: NRTh 73 (1951), p. 278 s. La sua opera testimonia che egli realizza a fondo il compito del teologo biblico, così caratterizzato da J. Harvey, « Le théologien biblique n'est donc pas seulement un éxégète; sa tâche propre est de reprendre et de prolonger, sur le plan synthétique, les données plus analytiques de l'éxégèse »: J. Harvey, *Symbolique et théologie biblique*: Sciences Ecclésiastiques 9 (1957), 147.

²¹ Il Cullmann è bersaglio di molte critiche in questo senso: subordina i testi alla sintesi che ha in vista. Così oltre al Bultmann (vedi sopra, p. 90-91); X. Léon-Dufour, *Exégèse du NT*: Formgeschichte et Redaktionsgeschichte des Evangiles synoptiques: RSR 46 (1958), 243; A. Ambrosanio, *L'Eucaristia nell'esegesi di Oscar Cullmann*, Napoli 1956, p. 93, n. 39, p. 113 s; P. Boismard, recens. a « *Les sacrements...* »: RB 60 (1953), p. 117-119 ecc.; Körner, 66; J. Daniélou, recens. a « *Christus und die Zeit* »: Dieu Vivant, n. 11, p. 148, denuncia questo spirito di sistema che non rispetta i testi a proposito del problema dell'eternità; Ch. Masson, recens. a ChZ, in: RThPr 34 (1956), 83.

²² Pensiamo ad es. alle categorie di linearità, ciclicità, profezia, mito, sviluppo (Entwicklung), pienezza (Vollendung), storia come Historie e come Geschichte ecc.

7 — L. Bini, S. J.

rimprovero. Soltanto diciamo che la sua pratica smentisce spesso il suo teorico nominalismo biblico. Ad ogni modo, il teologo biblico cattolico non può giustificare questa preclusione, anche se sola teorica.

Ci pare ora di poter conchiudere, sottolineando come la divergenza che separa la nostra interpretazione del Libro Sacro da quello di Oscar Cullmann è notevole.

Questo, soprattutto per il suo rifiuto di leggerlo sotto la guida normativa del Magistero e nella luce della Tradizione vivente nella Chiesa.

Ridiamo ora la parola al Cullmann.

Nella seconda parte del nostro lavoro, lo seguiamo, nel tentativo di dimostrare esegeticamente a Rudolf Bultmann che il nucleo essenziale del Messaggio è costituito dalla storia di salvezza cristocentrica e che, in questo contesto, il problema del mito trova una soluzione definitiva.

PARTE SECONDA

IL CRISTIANESIMO COME STORIA DI SALVEZZA

Capitolo Primo

IL CRISTIANESIMO COME STORIA LINEARE DI SALVEZZA

La Regola di fede ci enuncia una prima duplice affermazione sul significato essenziale del fatto cristiano:
— la salvezza, annunciata dal Messaggio, è inserita nel tempo
— e questa temporalità si configura, in primo luogo, come linearità.

E la medesima norma di fede e di riflessione sulla Scrittura, continua Oscar Cullmann, ci fornisce anche la ragione di fondo di tale linearità temporale: sta nel fatto che il piano divino di salvezza è cristocentrico e Gesù Cristo è lo stesso ieri, oggi ed in eterno (*Hebr.* 3,8).[1]

E' alla luce di questa temporalità lineare, rivelatagli dalla Regola di fede, che il teologo alsaziano apre il Nuovo Testamento per ritrovarvi il senso della storia della salvezza. Ricostruirà così il nucleo essenziale del Messaggio.

Primo passo della sua lettura del libro sacro è un'analisi filologica delle espressioni temporali greche adottate dagli agiografi.

Analisi che non ha la pretesa di portare qualcosa di nuovo sul piano filologico.[2]

Di nuovo, il Cullmann vorrebbe metterci questo: dare rilievo alle linee teologiche comuni che gli sembrano sottendere le varie parole studiate. Il *Theologisches Wörterbuch*

---

[1] E' l'idea centrale della conclusione finale di «*Les premières confessions de foi chrétienne*», Paris 1948, p. 52-53. Questa conclusione manca nei due articoli della *RHPhR* ([1941], 77-110; [1942], 30-42) la cui riunione forma questo interessante libro.

[2] *ChZ*, 32. Dichiara esplicitamente che si ispirerà sostanzialmente alle conclusioni dei vecchi e nuovi dizionari del Nuovo Testamento e in primo luogo a quello edito dal G. Kittel: *Theologisches Wörterbuch zum Neuen Testament*, Stuttgart, iniziato nel 1949 è in corso di pubblicazione (= *ThWNT*).

zum N.T. cui attinge largamente, non poteva fornire questa visione d'insieme: autori di diverse tendenze studiano separatamente e indipendentemente singole parole e espressioni.

Naturalmente, il nostro autore fermerà la sua attenzione alle espressioni il cui carattere temporale assume, in un contesto determinato, un valore eminentemente teologico.[3] Le due nozioni che gli sembrano rivelare più nettamente la concezione temporale del Nuovo Testamento e verso le quali ritiene che la altre si polarizzono sono: Kairòs e Aiôn.[4] Il significato generico della prima è il tempo come momento puntuale, della seconda il tempo come durata.

Quindi le considera veramente come gli elementi-base su cui costruire la concezione biblica del tempo.

Esponiamo ora brevemente le conclusioni cui giunge l'indagine del nostro teologo, limitandoci a sottolineare l'interpretazione che egli da a qualcuno dei testi che giudica fondamentali.

I. La terminologia temporale del Nuovo Testamento

1. *Kairòs.*

Il significato estrabiblico principale, anche se non esclusivo, di Kairòs è: il momento, l'occasione propizia e decisiva per un'impresa.[5] Quell'istante di cui si parla molto tempo prima, senza conoscerne esattamente la data. In linguaggio moderno diremmo: « l'ora H », « il giorno X » e simili...

Il senso neotestamentario, nota il Cullmann, è in fondo identico. Però c'è una differenza capitale. Non è il progetto concepito da un uomo, che fa di una certa data una kairòs neotestamentario. E' la volontà divina. E questo in vista di un complesso e universale piano di salvezza da realizzare (Οἰκονομία).

La storia umana è l'intreccio dei Kairoi, fissati o subiti dall'uomo. La storia della salvezza invece, è composta esclusivamente dai Kairoi, previsti e voluti da Dio. Per questo, essa è un mistero insondabile agli occhi dello storico profano: l'unico motivo vero della qualità di Kairòs che riveste

---

[3] *ChZ*, 32, n. 4.
[4] *Op. cit.*, 32-33.
[5] *Op. cit.*, 33. Cf. G. Delling, art. Καιρός, in:*ThWNT*, III, 456-458.

un avvenimento, una data, è nel mistero della decisione sovrana di Dio (*Act.* 1,7).

Il Kairòs, osserva Oscar Cullmann, è un punto temporale, cioè, un momento o uno spazio molto breve di durata. Non è un punto, nel preciso senso geometrico: attimo indivisibile.[6]

Il testo centrale per la definizione del Kairòs è, secondo il teologo alsaziano, *Io.* 7,6. Gesù risponde a chi cerca di persuaderlo ad iniziare una campagna di predicazioni e di miracoli per impressionare la Giudea ostile:

« Tempus meum (ὁ καιρὸς ὁ ἐμὸς, cioè di salire in Giudea) nondum advenit; tempus autem vestrum (ὁ δὲ καιρὸς ὁ ὑμέτερος) semper est paratum ».

Il Cristo è il protagonista della storia della salvezza. E' il Padre che gli fissa i Kairoi, secondo le esigenze del Suo piano. Gli altri, gli estranei all'opera della salvezza, coloro che sono ancora immersi nel profano, hanno la libera disposizione del loro agire che è profano. Decidono e costruiscono il loro Kairòs.[7]

Ci sembra interessante notare che anche Rudolf Bultmann attribuisce un'importanza particolare a questo medesimo testo.[8]

Ne trae una conferma della sua caratterizzazione del Kairòs come decisione atemporale di fede che è liberazione dal mondo (Entweltlichung) e adesione a Dio. Gli apostoli hanno sempre a loro disposizione il Kairòs perché in realtà non esiste Kairòs per loro. Hanno deciso, senza aver deciso, appunto perché hanno deciso per il mondo e per la morte e perciò non hanno emesso la decisione autentica (che sola è Kairòs neotestamentario).[9] Varie altre espressioni temporali, continua il Cullmann, assumono un significato analogo a quello di Kairòs. Le principali sono: ἡμέρα (giorno), ὥρα (ora), νῦν (adesso).[10]

---

[6] *ChZ*, 33 38.
[7] *Op. cit.*, 35 s, e *Christologie*, 295 s.
[8] R. Bultmann, *Das Evangelium des Johannes*, II, 1950, p. 220 s, e art. in: *ThWNT*, VI, specie p. 225-227.
[9] Torneremo ampiamente nel capitolo quarto su questa problematica. Qui l'accenniamo solo per sottolineare che trova uno dei suoi fondamenti biblici nel medesimo testo che ispira l'interpretazione storico-salvifica.
[10] *ChZ*, p. 36-37.

Se l'espressione più frequente negli scritti paolini è Kairòs negli scritti giovannei è Ora.[11]

Oscar Cullmann identificava già, in scritti antecedenti a « *Christus und die Zeit* », nell'ora di Giovanni il Kairòs della morte e della risurrezione di Gesù.[12]

Dimostrerà poi, come l'Evangelista spirituale usa così frequentemente il termine « ora » per articolare la sua narrazione su uno schema cronologico. Questa è una costatazione importante, agli occhi del teologo alsaziano: è per lui una prova che anche Giovanni ha una visione storica dell'opera di Cristo.[13]

2. Aiôn.

Se Kairòs rappresenta agli occhi del Cullmann il significato particolare di ognuno dei momenti che compongono la linea della salvezza, Aiôn attira la sua riflessione sulle sue proprietà di continuità e di durata.

Infatti Aiôn nel NT, nella sua accezione temporale, indica una durata più o meno lunga che può essere:[14]

1) Il tempo nella totalità della sua dimensione infinita cioè illimitata nelle due dimensioni: l'eternità.

Es. « Si quis manducaverit ex hoc pane vivet in aeternum (εἰς τὸν αἰῶνα) » *Io.* 6,51.

Il senso dell'infinito è dato dal plurale come: « et regnabit in domo Jacob in aeternum (εἰς τοὺς αἰῶνας) » *Lc.* 1,33.

2) Il tempo limitato nelle due direzioni: inquadrato cioè dalla Creazione e dalla Fine. E' spesso designato come « αἰὼν οὗτος, ἐνεστώς ». E' l'Aiôn presente. Dal punto di vista temporale non differisce qualitativamente dal futuro.[15] Se il presente è detto « πονερός » (*Gal.* 1,4) è solo perché è funestato dalla caduta originale.

---

[11] Καιρὸς Giov. 9 volte; Sinottici 28; Paolo 31; ad Hebr. 4.
ὥρα Giov. 38 volte; Sinottici 53; Paolo 7; ad Hebr. 0.

[12] *Urchristentum*, 41 s. Non ci consta che abbia studiato Ora nei sinottici.

[13] Ο ΟΠΙΣΩ ΜΟΥ ΕΡΧΟΜΕΝΟΣ, edito in francese in « *Coniectanea Neo-testamentaria* » XI (Lund 1947), p. 26-32. Citiamo la versione inglese pubblicata in « *The Early Church* », London 1956, p. 182 s.

[14] O. Cullmann trascura l'esame dei rari casi in cui Aiôn diviene sinonimo di Kosmos: *ChZ*, 38-42. Cf. Sasse, art. Αἰών *ThWNT* I, p. 197-209.

[15] *ChZ*, 40.

3) Il tempo limitato in una direzione e illimitato in un'altra:

a) risalendo verso il passato: il periodo precedente la Creazione. La Creazione lo limita nella nostra direzione. Nella direzione opposta rimane illimitato e quindi, in quella direzione, si può dire eterno.

Espressioni caratteristiche: ἐκ τοῦ αἰῶνος (*Io.* 9,32), ἀπ'αἰῶνος (*Lc.* 1,70; *Act.* 15,18 ecc.) ἀπὸ τῶν αἰώνων (*Eph.* 3,9; *Col.* 1,26 ecc.);

b) andando verso il futuro: il limite è la Fine del mondo con cui l'Aiôn futuro (αἰῶν μέλλων) inizia: verso l'avvenire non ha limiti e perciò in tale direzione può anche essere detto eterno.

Es. Il Padre ha costituito Gesù Cristo « supra omnem principatum... et omne nomen quod nominatur non solum in hoc saeculo, sed etiam in futuro (οὐ μόνον ἐν τῷ αἰῶνι τούτῳ ἀλλὰ καὶ ἐν τῷ μέλλοντι) *Eph.* 1,21.

L'analisi filologica, di cui abbiamo dato solo le grandi linee, conduce il nostro teologo a due conclusioni ben precise:

— La salvezza è inserita nel tempo. Il Cristianesimo è una storia della salvezza. Dio agisce nel nostro tempo e mediante il nostro tempo di uomini. Il tempo, di cui il NT tratta, non ha nulla a che fare con concezioni astratte di temporalità. Non ci parla del tempo come di un problema metafisico ma come di un momento decisivo (Kairòs) o di un'epoca caratteristica (Aiôn) della salvezza dell'umanità.[16]

La conferma più probante della persuasione che la salvezza non è fuori del tempo ma nel tempo il Cullmann ce la mostra nel fatto che il Kairòs (o l'ora) centrale della salvezza è rappresentato proprio dalla passione e dalla morte temporale del Cristo.

— Questo tempo concreto si sviluppa secondo un moto continuo di linearità ascendente (aufsteigende Heilslinie). Questo è soprattutto la nozione di Aiôn a svelarcelo: il τελός (fine) e l'ἀρχή (inizio) vi appaiono nettamente distinti.

---

[16] La stessa nozione di χρόνος che nella filosofia greca è l'espressione tipica della temporalità metafisica, assume nel NT, secondo il Cullmann, un senso affine ad Aiôn e Kairòs: *ChZ*, 42. KARL LÖWITH sottoscrive totalmente il giudizio del nostro teologo sulla natura della temporalità greca e sul significato della sua opposizione alla cristiana: *Weltgeschichte und Geschichte*, Stuttgart 1954, p. 14 s e p. 168 s.

II. Linearità cristiana e ciclicità ellenica

Oscar Cullmann ha voluto mostrarci come il Nuovo Testamento ci presenti il cristianesimo come una storia di salvezza il cui sviluppo è lineare. Tale concezione temporale trova un'esatta rappresentazione grafica in una linea ascendente.

L'inizio della storia umana (arkè) è la creazione: il primo incontro tra Dio e l'uomo. Da quel momento l'umanità è in cammino verso la fine (telos): la salvezza definitiva.

Evidentemente la comunità primitiva non ha speculato attorno al carattere lineare della sua storia. L'ha vissuta come un movimento di credenti nel Risorto verso il trionfo finale.

Ma c'è di più. Il Cullmann vede nella linearità del tempo cristiano il simbolo della novità cristiana nei confronti della cultura e della sintesi religiosa ellenistica. Novità che è radice di incompatibilità.[17]

1. *La concezione temporale greca e la salvezza.*

La concezione temporale greca è il cerchio (Kreis). Cerchio, osserva il Cullmann, che simbolizza lo svolgersi di un eterno ciclo di corsi e ricorsi, in cui gli avvenimenti si ripetono ineluttabilmente ad intervalli prestabiliti.[18]

L'uomo si sente schiantare sotto il cerchio del tempo come un infelice, schiavo della fatalità. La salvezza allora la metterà nell'evasione dal tempo.[19]

---

[17] Anche R. Bultmann ritiene che è la temporalità a distinguere nettamente il cristiano da ogni altro sistema di pensiero in mezzo a cui sbocciò. Ma definisce la temporalità in modo ben diverso dal Cullmann. La caratterizza come storicità: l'uomo è compreso come un essere che diventa se stesso nelle sue decisioni concrete prese di fronte a colui che egli incontra: uomo, destino, Dio. Cf. Marlé, 94.

[18]. *ChZ*, p. 42-43. Per una prova precisa di questo, che egli ritiene il carattere fondamentale della temporalità greca, il Cullmann ci rimanda ad altri studi: *op. cit.*, p. 43, n. 25, e p. 44, n. 1 3. Quelli cui sembra maggiormente attingere sono: G. Schrenk, *Die Geschichtsanchanung des Paulus*, in: *Jahrbuch der theologischen Schule Bethel* (1932), pp. 59 s. G. Delling, *Das Zeitverständnis des neuen Testaments*, 1940.

[19] J. Körner ritiene che la concezione ciclica, colla spinta conseguente all'evasione dalle categorie temporali volgari, riducenti la temporalità a successione temporale, ha facilitato alla primitiva comunità cristiana elle-

Sarà una salvezza spaziale non temporale. La felicità sarà definita dall'opposizione spaziale: quaggiù — al di là e non dall'opposizione temporale: presente-avvenire. La salvezza sarà posta in un al di là, al di fuori dal tempo.[20]

Di qui appare evidente, conchiude il teologo alsaziano, l'incompatibilità radicale che oppone il cristianesimo all'ellenismo: la mentalità ellenica non può accettare che la liberazione gli possa venire da un atto divino, inserito nella nostra storia temporale.

Abbiamo già visto come questa contraddizione profonda illumini agli occhi del Cullmann lo sviluppo della storia del domma cristiano.[21]

Ogni tappa di questa storia è una fase del conflitto tra le due temporalità.[22] Ci limitiamo a tratteggiare l'interpretazione cullmanniana del pensiero e della funzione storica di Ireneo. E' significativa anche per il fatto che il nostro autore cerca di ritrovarvi un autorevole antesignano della teologia della storia della salvezza.

Il Cullmann pensa che Ireneo è il più efficace avversario delle prime vittime cristiane della temporalità greca: gli gnostici e i doceti.

---

nistica la comprensione della vera portata dell'escatologia. Non un dramma finale temporale ma una decisione attuale davanti alla salvezza presente. KÖRNER, 27.

[20] *ChZ*, p. 44-47. Sarà salvezza spaziale nel senso che sarà posta in una mistica atemporale che troverà in concetti spaziali la sua espressione più naturale. Interessante accostare queste riflessioni del Cullmann a quelle analoghe di H. de Lubac nel parallelo che traccia tra ciclicità temporale greca e ciclicità temporale delle filosofie religiose indiane colle relative conseguenze, singolarmente affini sul piano mistico. Cf. *Catholicisme*, Paris 1947 (4ª ediz.), p. 107-110. Così M. ELIADE, *Images et Symboles*, Paris 1952, p. 10 s; 80 s.

[21] Vedi sopra, p. 71-74. ALOYS GRILLMEIER, nel suo art. *Hellenisierung-Judaisierung des Christentums als Deuteprinzipien der Geschichte des kirchlichen Dogmas*: Scholastik 33 (1958), 321-355; 528-558, presenta un panorama quanto mai documentato delle varie interpretazioni possibili del medesimo domma cristiano, a seconda che il suo formularsi venga giudicato come effettuatosi sotto influsso ellenico o giudaico. E il Grillmeier nota giustamente: « Die christliche Offenbarung und Überlieferung hat eine « Geschichte ». Sie schwebt nicht als « revelatio pura » über uns und den Jahrhunderten. Sie geht ein in die menschliche Geistesgeschichte. Überall wird sie nach den je wechselnden Voraussetzungen menschlichen Daseins aufgenommen »: *art. cit.*, 354.

Questa relazione: rivelazione - umanità concreta, pone complessi problemi di equilibrio e di integrità della Parola cui il Cullmann non accenna.

[22] *ChZ*, 47-52.

Anzitutto perché scopre il loro vero volto. Varie sono le forme sotto cui quelle eresie si presentano. Ma l'elemento comune, cioè l'accettazione della temporalità greca, si esprime chiaramente nei presupposti di ogni loro sistema:

— rifiuto dell'Antico Testamento: pone all'inizio della vicenda temporale un atto creatore cioè un intervento di Dio nella nostra storia;

— rifiuto di attribuire valore salvifico all'Incarnazione e alla Morte di Cristo perché sono avvenimenti temporali. Per questo, osserva il Cullmann, ogni docetismo è gnosticismo e viceversa;

— l'attesa della Parusia come avvento di un Aiôn futuro è sostituita dall'aspirazione a un al di là spaziale.[23]

Ireneo oppone a questa eresia la prima teologia della storia che tracci con rigore la linea temporale della salvezza, dalla prima alla nuova creazione.

Ireneo afferma la linearità del tempo cristiano in un modo corì radicale, incalza Oscar Cullmann, che arriva all'eccesso di non tener più in debito conto la rottura causata dalla caduta originale. Il vescovo di Lione vede in ogni momento della storia della salvezza un « adempimento » (Erfüllung). E adempimento implica per il Cullmann linearità, continuità.[24]

Per questo, Ireneo non vedrebbe nel peccato di Adamo una vera rivolta positiva ma piuttosto una certa deficienza di maturità naturale, del resto, in un certo senso, prevista da Dio.[25]

Una cristianizzazione dell'ellenismo non si è mai verificata. Negli scritti di Giovanni c'è sì un abbozzo di incontro. Ma è in un contesto temporale rigorosamente cristiano, precisa il nostro teologo, che una nozione greca, come ad es. quella di Logos, viene ad essere inserita. Mai, egli protesta,

---

[23] *Op. cit.*, 47-49 e *Le retour*, 15, n. 1.
[24] J. Daniélou, *Sacramentum futuri*, Paris 1950, è d'accordo col Cullmann nella visione nuova di Ireneo sulla linearità temporale della salvezza (*op. cit.*, 22-22), ma mette l'accento, come su elemento veramente originale del vescovo di Lione, più che sulla nozione di « Erfüllung » su quella di « progresso » (Entwicklung): *art. cit.*, 24.
[25] *ChZ*, p. 49, n. 8; 128.
D. Th. Strotmann critica aspramente l'inintelligenza di Ireneo che questa interpretazione manifesterebbe. Incomprensione che lo Strotmann attribuisce, oltrechè all'oblio in cui il Cullmann lascia la teologia della ricapitolazione, a una concezione più matematica che ontologica del tempo. Recensione di *ChZ* in *Irénikon* 21 (1948), 398 s.

è la concezione temporale greca come tale, che è accolta in una sintesi cristiana che rimanga veramente cristiana.[56]

Tutto questo proclama e ripete l'incompatibilità tra le due temporalità.

2. Linearità semplificatrice?

a) *Linearità e smitizzazione*. Un interrogativo si affaccerà forse, ora, spontaneo alla nostra mente: che relazione c'è tra la soluzione del problema del mito, che è il tema del nostro lavoro, e la concezione temporale lineare che Oscar Cullmann attribuisce alla comunità primitiva? Che funzione può avere nella polemica anti-bultmanniana l'affermazione della linearità della storia della salvezza?

E' proprio nell'affermazione della linearità che G. Fessard vede il punto di partenza della risposta cullmanniana al problema di R. Bultmann.[27]

Crediamo che il Fessard abbia ragione. Non rientra però nelle nostre finalità seguirlo nell'analisi dei motivi su cui il gesuita francese fonda questo suo giudizio: sono di indole filosofica (ib.).

Preferiamo rifarci ai motivi prevalentemente teologici, propostici dal Cullmann stesso. La ciclicità è negazione della salvezza nel tempo. Abbiamo visto come la salvezza per lo spirito greco, oppresso dal ripetersi ciclico dei medesimi eventi, stava nell'evasione dal tempo.

Oseremmo, nella logica dell'interpretazione cullmanniana della temporalità greca, caratterizzare il motivo profondo di questa evasione dal tempo così:

la ciclicità importa un continuo ripetersi e ritornare dei medesimi eventi; lo spirito che è cosciente di non essere salvo ha perciò stesso anche la coscienza che nel ciclo non si è ancora verificato l'evento salvifico: se no, o si sentirebbe già salvo o vicino a salvezza.

D'altra parte, questa duplice coscienza importa una terza presa di coscienza: siccome nel ciclo sono sempre e solo i medesimi eventi a ripetersi, e, dato che l'evento di salvezza non è mai avvenuto, esso non avverrà mai.

---

[26] *ChZ*, 50, e *Christologie*, 264-275.
[27] G. FESSARD, *La dialectique des « exercices spirituels » de Saint Ignace de Loyola*, Paris 1956, p. 228.

Per questo, la salvezza è solo in qualcosa che è fuori dal ciclo del tempo: è evasione dal tempo.

Capiamo allora perché la ciclicità ha come conseguenza naturale la negazione del carattere temporale della salvezza.

Ebbene, ci dice il Cullmann, la negazione di fondo della smitizzazione bultmanniana non è forse la medesima? R. Bultmann rifiuta il carattere temporale della salvezza.[28] Il teologo alsaziano non attribuisce al teologo di Marburg una concezione temporale ciclica. Ma ripete che egli arriva alla medesima conseguenza della ciclicità ellenica. Per questo, comprende che, se la linearità non è ben stabilita e fondata, crolla il punto di partenza della sua soluzione anti-bultmanniana del problema del mito che fa pernio, precisamente, sul carattere temporale della salvezza.

Di qui, l'importanza e la necessità in cui ci siamo trovati di studiare a fondo, come stiamo facendo in questo primo capitolo, la prima tappa dell'indagine neotestamentaria cullmanniana che ci ha condotti ad ammettere il carattere temporale e lineare della storia storia della salvezza.

Dobbiamo allora interrogarci attorno alla validità di questa prima conclusione cui siamo giunti.

b) *Accettiamo la linearità?*

Ci pare opportuno articolare la nostra risposta in tre momenti:

A - *Le prove della linearità*:

Oscar Cullmann studia la temporalità biblica, mediante un'indagine sulla terminologia degli scritti del Nuovo Testamento. E questa linearità che egli ha trovato nel Nuovo Testamento, la attribuisce senza esitazioni anche all'Antico Testamento. E' infatti una delle sue tesi fondamentali che la concezione temporale giudaica coincide colla cristiana, appunto nel fatto di essere lineare.[29]

Ma questa estensione della linearità all'Antico Testamento il Cullmann non la appoggia su nessun esame diretto degli scritti e della mentalità vetero-testamentaria.

---

[28] *ChZ*, 25 s .
[29] *Op cit.*, 70 s.

Ora, gli specialisti di questo difficile campo sono ancora, si può dire, agli inizi della loro fatica.

Tra loro l'accordo sembra per il momento essere stato raggiunto soltanto su un punto: nell'ammettere cioè, la coesistenza, nelle pagine sacre dell'Antico Testamento, di parecchie concezioni temporali.[30]

G. Pidoux segnala infatti, accanto ad un'innegabile e diffusa concezione temporale lineare,[31] anche una concezione ciclica.[32].

Sarebbe presente inoltre, anche una visione cultica o concentrata del tempo.[33] Non rientra nell'indole del presente lavoro ricercare se e fino a che punto questo pluralismo di concezioni temporali sia esegeticamente fondato.[34]

Tuttavia non possiamo non segnalare questa lacuna, dannosa a una presentazione scientifica della temporalità biblica. Infatti la concezione temporale vetero-testamentaria non è meno importante della neotestamentaria per una costruzione rigorosamente positiva della teologia della salvezza, quale vuol essere quella che Oscar Cullmann edifica di fronte a R. Bultmann.[35]

Donde viene questa importanza dell'Antico Testamento? Dal fatto che il Cullmann sottolineerà spesso: la salvezza è unica. L'economia vetero-testamentaria rappresenta il passato della storia della salvezza. E' intimamente solidale coll'economia neotestamentaria: ha il medesimo centro (la azione terrena di Gesù) ed esercita una sua funzione salvifica anche sul presente.

---

[30] G. Pidoux nell'art. *A propos de la notion biblique du temps*: RThPr (1952), 120-125 traccia un panorama delle conclusioni di alcuni recenti studi in materia. Cf. anche: R. Pautrel art. *Jugement (dans l'A.T.)*: DBS, IV, 1330 e 1333; J. Daniélou, *Autour d'un problème d'éxégèse*: Etudes (1950), p. 359-368.

[31] G. Pidoux, *art. cit.*, 121.

[32] *Art. cit.*, 122. Sarebbe rappresentata dalla nozione « du grand tournant des choses » ad es. *Amos* 9,14; *Ex.* 16,53.

[33] *Art. cit.*, 122. « Le facteur temps sous les formes de passé, présent et avenir cesse d'exister ». Il tempo è come sospeso: l'avvenimento che si celebra rivive, si rinnova realmente. Cf. ad es. *Is.* 43,18.

[34] Importante in questa ricerca l'analisi filologica del significato del verbo ebraico: *art. cit.*, 121, e Driver, *A treatise of the use of the tenses in Hebrew*, 1874, p. 3 s. Cf. anche Johs. Pedersen, *Israel. Its life and culture*, vol. I, London-Copenhagen 1926; Th. Boman, *Das hebräische Denken in Vergleich mit dem Griechischen*, Göttingen 1954.

[35] *ChZ*, 25 s.

Forse il Cullmann potrebbe difendersi: è nel centro che possiamo conoscere il passato della storia della salvezza. E' nel Cristo che comprendiamo il significato salvifico dello Antico Testamento.[36] Quindi anche la sua temporalità.

D'accordo: nel centro comprendiamo il passato. Ma questo presuppone la linearità della salvezza. Ed è precisamente ciò che il teologo alsaziano si era impegnato a dimostrarci scientificamente.[37]

Un altro rilievo potrebbe essere mosso, non alla conclusione cui Cullmann arriva, ma alla via che percorre per giungervi. Si limita ad esaminare la terminologia temporale. Perchè non considerare, ad esempio, anche la nuova tipologia giudaico-cristiana? Tipologia che, appunto, rivela una temporalità, radicalmente diversa dall'ellenica. Nel cristianesimo, come ha ben dimostrato H.-C. Puech, il passato annuncia e prepara il futuro e il futuro conferma e realizza il passato.[38]

In altri termini, il passato è « tipo » e « prefigurazione ». Si trova quindi, rispetto al futuro, nella relazione ombra-realtà. Nel cristianesimo insomma, l'immagine precede il modello.

Nell'ellenismo invece, il modello era da tutta l'eternità anteriore e trascendente l'immagine. Questo rivela due temporalità, due storie opposte.[39]

L'opposizione tra la temporalità ellenica e la cristiana ha una funzione di primo piano nell'argomentazione cullmaniana per mettere in pieno risalto il carattere, proprio e nuovo, della concezione temporale della comunità primitiva. Qualche autore ha potuto trovare esagerata l'insistenza sulla ciclicità ellenica.[40]

---

[36] *ChZ*, 115 s.
[37] *ChZ*, 26.
[38] H.-C. Puech, *La gnose et le temps*: *Eranos-Jahrbuch* Bd. 20 (1951), 57-115. Cf. anche J. Daniélou, *Sacramentum futuri, Etudes sur les origines de la typologie biblique*, Paris 1950.
[39] H.-C. Puech, art. cit., 69. Cf. anche H. de Lubac, *A propos de l'allégorie chrétienne*: RSR 47 (1959), 5-43. L'opposizione tra simbolismo cristiano e greco che a noi qui interessa è delineata specie da p. 31 in poi. Un esempio convincente e rivelatore della natura del tipo è l'analisi tipologica di L. Cerfaux, *L'antithèse « typologique » Adam-Christ*, in: *Le Christ dans la théologie de S. Paul*, Paris 1954, 176-188.
[40] Ci riferiamo in modo speciale a J. Mouroux, *Structure spirituelle du présent chrétien*: RSR 44 (1956), 13. Scrive: « Ch. Muegler a montré (Deux Thèmes de la cosmologie grecque: Devenir cyclique et Pluralité

A noi parrebbe che una riserva sia giustificata, a proposito di un particolare aspetto della ciclicità che assume una funzione notevole nell'argomentazione del nostro autore. Si tratta di questo: lo spirito greco, affranto dalla fatalità del ripetersi ciclico degli eventi, cerca la salvezza nella evasione dal tempo. Questa considerazione è importante agli occhi del Cullmann per spiegare il carattere atemporale della salvezza ellenica. Ma il Cullmann ignora quella grande corrente religiosa greca che trova la sua esaltazione mistica (se si vuole, la sua salvezza) proprio nella ciclicità?

La ciclicità era ordine, determinismo, spiegazione razionale di tutto. Quindi, nessuna meraviglia se per molti spiriti, soddisfatti dell'atmosfera ellenica tutta chiarezza e simmetria, in cui vivevano e pensavano, la concezione ciclica della realtà e della storia non causasse affatto angoscia ma fosse, al contrario, oggetto di ammirazione e di culto.

E sembra proprio sia questa una delle origini delle religioni astrali.

Gli astri erano ritenuti elementi divini proprio per il loro corso ordinato, regolare, razionale, esatto. Le varie forme di « religione cosmica » erano, in fondo, culto della ciclicità.[41]

Il cristianesimo primitivo avrà, appunto, coscienza di « umiliare gli astri ». Cioè rifiuterà questo genere di salvezza temporale.[42]

Non era nostro scopo riesaminare analiticamente l'intero itinerario dell'argomentazione cullmaniana. Ne abbiamo segnalate solo alcune lacune flagranti.

Come teologi cattolici, accettiamo la conclusione del Cullmann: il contenuto del Messaggio è una storia della salvezza che procede con andamento lineare.

---

des mondes, Paris 1953) que Platon déjà, qui part d'un temps cyclique aboutit à une grande année qui marque le rythme d'un temps linéaire, d'un « temps monodrome infini » et que, « sauf en quelques survivances particulières (stoiciens, religions astrales), à la multiplicité du retour identique dans les temps, s'est substituée la multiplicité des mondes identiques dans l'espace ».

[41] H.-C. PUECH, art. cit., 65 s, e, soprattutto, A.-J. FESTUGIÈRE, La révélation d'Hermès Trimegiste, II: Le Dieu cosmique. Paris 1949.

[42] Interessanti i testi di Origene sull'umiliazione degli astri riportati in H. DE LUBAC, Le surnaturel, Paris 1946, 192, n. 6.

8 — L. BINI, S. J.

E, per fondare questa nostra accettazione, interroghiamo, oltre e prima, della validità delle prove, portateci dal teologo alsaziano, la voce della tradizione teologica cattolica.

B - *La voce della tradizione.*

Interprete significativo della sentenza della tradizione teologica cattolica è il giudizio portato da vari teologi cattolici che hanno esaminato « Christus und die Zeit ».

Hanno, si può dire, concordemente dichiarata accettabile la tesi cullmaniana del carattere storico della salvezza. Anche la linearità è stata ammessa in quello che ha di sostanziale.[43]

Ci pare che la voce dei teologi cattolici di oggi, non poteva avere un suono diverso. Che la rivelazione cristiana ci annunci, anzitutto, una storia della salvezza è una verità pacifica e sicura della più solida tradizione cattolica.[44]

Magari, la teologia sistematica non ha sempre dato a questo punto così importante il rilievo che meritava. Ma questo non ne mette in causa il carattere essenziale per il pensiero cattolico.[45]

---

[43] Cf. ad es. J. Daniélou, *Dieu Vivant*, n. 11, p. 145-148; Th. Strotmann: *Irénikon* 21 (1948), 395-410; R. Mols: *NRTh* 69 (1947), 973-975; P. Benoit: *RB* 55 (1948), 104-108; P. Gaechter: *ZKTh* 69 (1947), 119-121; Chifflot: *La Maison Dieu* (1948) 26-49; J. Guitton, *Jésus*, Paris 1956, p. 391 s.

[44] Su questo punto la bibliografia potrebbe essere considerevole. Ci limitiamo ad alcune opere recenti che abbiamo sotto mano: J. Daniélou, *Le mystère de l'Avent*, Paris 1948. Segnaliamo specialmente: Histoire et drame pp. 7-28 e le pp. 146-155. L. Bouyer, *La bible et l'évangile*, Paris 1953. Specie: l'intervention divine dans l'histoire, p. 39-56; A. Barucq, *La bible, l'histoire du salut*; *Lumière et Vie*, n. 6 (1952), 27-42: O. Rousseau, *Les Pères de l'Eglise et la théologie du temps*: *Maison-Dieu*, n. 30 (1952), p. 36-55; J. Guitton, *Le temps et l'éternité chez Plotin et saint Augustin*, 1953, p. 356-360. Notiamo che quest'ultima opera è l'unico libro cattolico cui il Cullmann afferma esplicitamente di ispirare il fondo del suo pensiero: *ChZ*, p. 44, n. 3; 50, n. 10. Il Guitton dichiara che il Cullmann è l'erede di Pascal, Newman, Agostino: *Jésus*, 391.

[45] Lo stesso S. Tommaso, quantunque non si sia posto il problema nei termini in cui la teologia attuale se lo ripone, rivela una concezione interessante della storia della salvezza. E' quanto M.-D. Chenu ha messo in rilievo nel suo esame critico di II^a II^{ae} I^a 2: l'affermazione tomistica di « varianti temporali » nel giudizio di fede suppone una concezione della salvezza come storia. Cf. M.-D. Chenu, *Contribution a l'histoire du traité de la foi. Commentaire historique de II^a II^{ae} q. 1 a. 2* in: *Mélanges Thomistes* (Bibliothèque thomiste, n. III) Le Saulchoir, Kain (Belgique) 1923, p. 123-140. Una rapida ed efficace sintesi della concezione neotestamentaria

E la tradizione teologica cattolica primitiva, da Ireneo ad Agostino, concepisce questa storia di salvezza precisamente come linearità.

« Circuitus illi jam explosi sunt ».[46] Sembra il grido di trionfo del cristiano cui Dio si rivela come creatore e salvatore.

Il teologo della salvezza come storia e linearità è senz'altro Agostino.[47]

Ma ora ci dobbiamo chiedere se la concezione della linearità, propria a Oscar Cullmann, coincida fedelmente con quella della tradizione cattolica.

Una risposta diretta a questo quesito, per essere esauriente, ci porterebbe molto lontano, oltre i limiti di questo lavoro. Daremo una risposa, per così dire, indiretta. Esamineremo, cioè, alcune delle critiche più serie, mosse alla linearità cullmaniana da pensatori cattolici. Questo ci permetterà di precisare ulteriormente il pensiero del nostro Autore e anche di segnalare i punti in cui ci sembrasse scostarsi dalla tradizione cattolica.

C - *Linearità semplificatrice?*

1. Qualcuno ha visto con poco favore il ricorso al *simbolo geometrico* della linea o del cerchio per rappresentare una determinata concezione temporale.[48]

G. Fessard risponde in questi termini a tale obbiezione:

« Si tratta di un'obbiezione, a nostro parere, meno forte di quanto sembri e che non esiste davanti ad un'osservazione un po' attenta. Perchè le metafore inerenti al linguaggio che parla del tempo e della storia si riferiscono sempre a queste figure semplici come la linea e il cerchio; e la loro influenza sul pensiero è tanto più grande e rischia

---

della storia della salvezza secondo il teologo biblico cattolico: O. Kuss, *Römerbrief*, 1. Lieferung, Regensburg 1957, p. 275.

[46] *De Civ. Dei* l. 12, c. 20, n. 4 (*PL* 41, 371).

[47] H.-C. Puech, *art. cit.*, p. 71; J. Guitton, *op. cit.* I passi più eloquenti di Agostino sembrano essere: *De Civ. Dei* l. 12, c. 10-20 e *Confess*. l. 11, c. 4 5 12. E' incerto, allo stato attuale delle discussioni, se Origene abbia ammesso una concezione ciclica. Cf. M. Werner, *Die Entstehung des christlichen Dogmas*, Bern-Leipzig 1941, p. 114, n. 37.

[48] E' il caso di D. Th. Strotmann: *Irénikon* 21 (1948), 408.

di essere tanto più dannosa quanto più la riflessione se ne ritiene affrancata e non si cura di oggettivarla ».⁴⁹

Non si pensa senza ricorrere ad immagini e l'immagine può illuminare il cammino verso la verità come può anche indurre in errore. Quindi, il confronto delle immagini coi loro diversi significati può essere atto a produrre un'elucidazione nell'interno stesso del concetto significativo. Così l'immagine, occasione di ambiguità, sarà trasformata dalla riflessione su di essa in mezzo di lucidità e di verità.

2. Una critica radicale è quella di *J. Mouroux*.⁵⁰ Ritiene che l'argomento fondamentale su cui il Cullmann si appoggia per affermare la linearità consiste in questo: dal momento che possiamo e dobbiamo distinguere un "inizio" ed una "fine" della storia, la rappresentazione adeguata di essa non può essere che una retta. Ora egli ribatte:

« Niente è meno sicuro: perchè insomma, questo è vero solo se l'inizio esiste *ancora*, e se la fine esiste *già*, in rapporto al momento presente. Ma se l'inizio come tale non esiste *più*, e se la fine non esiste *ancora*, non *c'è più linea*. C'è un'altra cosa, che è senza dubbio, il tempo stesso ».⁵¹

Ci sembra che, sul piano strettamente filosofico, la critica del Mouroux sia degna di considerazione e probabilmente anche valida: il passato e il futuro, appunto perchè passato e futuro, non esistono attualmente e nella loro totalità reale. Se così fosse, cesserebbero di essere passato e futuro: sarebbero presente.

---

⁴⁹ « Objection moins forte, croyons-nous, qu'il ne paraît et qui ne résiste pas à une observation un peu attentive. Car les métaphores inhérentes au langage qui parle du temps et de l'histoire se réfèrent toujours à ces figures simples telles que ligne et cercle; et leur action sur la pensée est d'autant plus grande et risque d'être autant plus pernicieuse que la réflexion s'en croit affranchie et néglige de les objectiver ». G. Fessard, *La dialectique des exercices spirituels de S. Ignace de Loyola*, Paris 1956, p. 227.

⁵⁰ J. Mouroux, *Structure spirituelle du temps chrétien*: RSR 44 (1956), 5-24.

⁵¹ « Rien n'est moins sûr: car enfin, cela n'est vrai que si le commencement existe *encore* et si la fin existe *déjà*, par rapport au moment présent. Mais si le commencement comme tel n'existe *plus*, et si la fin n'existe *pas encore, il n'y a plus de ligne*. Il y a autre chose, — qui est, sans doute, le temps lui même »: J. Mouroux, *art. cit.*, p. 12-13, n. 12.

Riserve analoghe, benché assai più vaghe, in J. Héring, *L'Epître aux Hébreux* (Commentaire du N.T., XII), Neuchatel-Paris 1954, p. 89-90, n. 5.

Ma non è questo il significato della linearità cullmaniana come pure, oseremmo aggiungere, della linearità cristiana tradizionale.

Il Cullmann, parlando della linearità della salvezza, non intende affermare che la linea sussista attualmente e in tutta la sua integrità: il passato della storia della salvezza è vero passato: non esiste più (Adamo non pecca oggi); il futuro è vero futuro: non esiste ancora (i corpi non risorgono oggi).

Quando egli parla di linearità dell'andamento della storia della salvezza, intende, evidentemente, affermare che, ricostruendo la vicenda attraverso la quale Dio ha agito e agirà per salvare l'uomo, si vede uno sviluppo graduale che, partendo dalla creazione, raggiunge il suo momento decisivo e centrale nella morte di Cristo per avviarsi poi, attraverso l'aiôn presente, verso la pienezza finale della Parusìa.

Per questo, egli nega decisamente ogni forma di contemporaneità kierkegaardiana all'avvenimento centrale della morte del Cristo.[52] Così pure nega, non meno decisamente, ogni forma cattolica di attualizzazione che gli sembri far di nuovo presente il sacrificio di Cristo nella realtà ontologica che solo nel periodo centrale aveva.[53] Il fatto centrale della opera di Cristo è passato come il Vecchio Testamento è passato: non esistono più. Così il futuro non esiste ancora. Proprio per questo il presente, lo vedremo, è animato dal senso di tensione (Spannung): è dilaniato tra l'attesa di quello che sarà e la certezza di quello che fu.[54]

Si tratta insomma, di una linearità dinamica: lungi dall'asserire la coesistenza attuale di passato presente e futuro, designa piuttosto il senso e la direzione irreversibile del movimento di sviluppo dell'azione salvifica divina (aufsteigende, fortlaufende Heilslinie).[55]

Saremmo tentati di chiederci se il Mouroux ha veramente capito il pensiero di Oscar Cullmann.

---

[52] *ChZ*, 66 128 148 s.
[53] *Ch*, 128 s.
[54] *Ch*, 126 s. Torneremo più attentamente su questi punti fondamentali della teologia della salvezza. Queste sono semplici allusioni che vogliono chiarire il concetto di linearità.
[55] *ChZ*, 31 s. Cf. C.-H. Puech, *art. cit.*, 67.

3. La principale delle varie critiche formulate da G. Fessard, alla linearità cullmaniana è perspicace. Oscar Cullmann, nota il Fessard, è caduto sul terreno dommatico ed esegetico in gravi incoerenze perchè non ha sfruttato la sua intuizione di base. L'ha inquadrata in uno schema fondamentale povero. Si è così resa impossibile una riflessione veramente filosofica sulla storia. Il suo punto di partenza: la linearità, pecca di povertà e di *eccessiva semplificazione*.

La linearità è impoverimento semplificatore della temporalità del Messaggio?

Lo schema lineare di O. Cullmann, come del resto anche i suoi rimanenti grafici simbolici che esamineremo in seguito, sono assai semplici e primitivi.

Non esprimono tutto ciò che potrebbero o dovrebbero esprimere: ad es. lo schema lineare non esprime il carattere ascensionale della linea.[56]

O. Cullmann avrebbe probabilmente saputo darci grafici simbolici più completi.

Se non si è curato di farlo, ci sembra sia perché non vuole costruire una filosofia cristiana del tempo. Si limita a rappresentazioni elementari degli elementi fondamentali della concezione cristiana primitiva. Per questo ci fornisce simboli semplici e rudimentali.

Ci sembra che il Fessard ha il torto di trattare i simboli temporali cullmanniani colla stessa serietà filosofica con cui tratta le rappresentazioni temporali di Hegel, Marx, Heidegger e Kierkegaard.[57]

Le rappresentazioni hegeliane, ad es., vogliono essere vere immagini dei concetti temporali hegeliani. Per questo sono immagini complete, almeno per quanto concerne gli elementi essenziali di quei concetti.

Quelle del teologo alsaziano invece, non sono vere immagini filosofiche complete che si preoccupino di rappresen-

---

[56] G. Fessard, *Dialectique des Exercices Spirituels de S. Ignace de Loyola*, Paris 1956, p. 228-231.
[57] Una riprova l'abbiamo nella critica di metodo filosofico che il Fessard fa al Cullmann e che non ci sembra utile riprendere per il nostro assunto: il Fessard analizza lo schema temporale cullmanniano per conchiudere che egli adotta una struttura Kierkegaardiana per combattere il Bultmann, discepolo di Kierkegaard. Il Körner definiva il Cullmann Hegeliano inconscio, ora il Fessard lo definisce un Kierkegaardiano inconscio: brandisce contro il Bultmann le medesime armi che il Kierkegaard brandiva contro Hegel: G. Fessard, *op. cit.*, 228 s, e anche 221 s.

tare la concezione temporale del cristianesimo primitivo. Sono soltanto simboli iniziali che vogliono solo introdurci a leggere e a capire un contesto più complesso che non riproducono se non parzialmente.[58]

Per questo, dobbiamo giudicare la concezione cullmanniana della temporalità cristiana non a partire dalla sua rappresentazione simbolica. Dobbiamo esaminarla in se stessa quale l'insieme della sua opera ce la presenta. Lo schema è un semplice aiuto subordinato.

Quindi, l'accusa di semplificazione va esaminata, non limitandoci agli elementi che il grafico lineare rappresenta, ma, riferendoci alla concezione lineare quale risulta dalla totalità della sua opera.

La linearità semplificherebbe e impoverirebbe il Messaggio se escludesse qualunque componente concettuale che potrebbe essere rappresentata come verticale o parallela alla linea.

Ci sembra innegabile che la teologia neotestamentaria comporta la presenza di un'altra dimensione: anche se la azione salvifica si inserisce nella linea del tempo, Dio rimane sopra e fuori della linea; il periodo passato della salvezza è passato ma è, in un certo senso, attuale: così il futuro. E il Cristo, Dio-uomo, è nel suo essere e nel suo agire contemporaneamente « nella » e « sopra » la linea temporale.[59]

Ebbene, O. Cullmann non ignora gli elementi neotestamentari che impongono una complessità alla linea.[60] Anzi, parecchi li inserisce a pieno nella sua teologia: pensiamo alla sua teologia sacramentaria che vede nei sacramenti una attualizzazione nel presente di un gesto salvifico unico, compiuto dal Cristo nel passato.[61]

---

[58] *ChZ*, Prefaz. 2 ed. e O Cullmann, *Parusieverzögerung und Urchristentum*: *ThLZ* 83 (1958), 1-11.

[59] Una illustrazione di questa esigenza di « complessità » della temporalità neotestamentaria ad es. in F.-M. Braun, *La vie d'en haut* (*Io.* 3, 1-15): *RSPhTh* 40 (1956), 3-24.

[60] V. ad es. il suo art. *Der johanneische Gebrauch doppeldeutiger Ausdrücke als Schlüssel zum Verständnis des vierten Evangelium*, *ThZ* 4 (1948), 360-372.

[61] Teologia sviluppata soprattutto in *Les sacrements dans l'Evangile Johannique*, 1951. Il fatto che questo libro sia posteriore a *ChZ* non ci autorizza a parlare di evoluzione possibile su questo punto. Infatti, non è che un rifacimento di una pubblicazione del 1944 (*Urchristentum und Gottesdienst*, Basel 1944). Cf. *Les sacrements*, 1.

Così il presente che egli, come vedremo, definirà come tensione importa « una presenza » del futuro e del passato...[62]

Sono « complessità » che non trovano posto nella rappresentazione lineare. Il Cullmann stesso lo sa tanto bene che ricorre esplicitamente al cerchio per rappresentare adeguatamente la funzione propria del passato della salvezza rispetto al presente.[63] Questa coscienza di complessità e questo ricorso alla ciclicità è la migliore conferma alla nostra interpretazione della portata limitata dei simboli grafici cullmanniani e anche la migliore confutazione che egli poteva offrire all'accusa di semplificazione abusiva del Messaggio, mediante la linearità.

Noi vi vediamo anche un utile chiarimento su ciò che la linearità vuole anzitutto significare: l'incontro e il dialogo di salvezza Dio-uomo è qualcosa di reale. E' costituito da una serie di avvenimenti, scaglionati nel tempo. Iniziato alla creazione, questo incontro sarà definitivo colla parusia. Il punto (Kairos) simboleggia precisamente la realtà storica di questo incontro e il suo carattere di dono (è Dio che fissa i Kairoi) e di intervento dall'alto.

La linea, come insieme di punti, simboleggia il fatto che la salvezza è un'economia unitaria e continua che si svolge secondo il piano di Dio.[64]

4. Ora l'ultima e, forse, la più grave difficoltà: O. Cullmann sostiene che il motivo profondo della linearità sta nel cristocentrismo della linea .Ma la migliore rappresentazione del *cristocentrismo non è forse il cerchio?*

Il cerchio sembra infatti la più esatta rappresentazione di una storia centrata su un unico punto (Cristo) da cui riceve valore salvifico e intelligibilità.

La difficoltà è pericolosa. Se fosse valida, il motivo stesso di fondo della linearità cadrebbe e proverebbe il contrario: la ciclicità.

Inoltre l'errore sarebbe tanto più grave, agli occhi del Cullmann, in quanto egli ritiene che sia la stessa Regola di Fede ad affermare la linearità non solo, ma anche che

---

[62] E' quanto esamineremo assiduamente nel prossimo capitolo.
[63] *ChZ*, 120-121.
[64] *ChZ*, 44 s.

il motivo della linearità è il carattere cristocentrico della salvezza.[65]

Purtroppo, è una difficoltà cui non possiamo dare per ora una soluzione esauriente. Potremo farlo solo, dopo aver studiato il carattere cristocentrico della linea. La riesamineremo allora.[66]

Di qui, vediamo come non possiamo capire a fondo la linearità della salvezza, indipendentemente dall'analisi della sua cristocentricità. Questo ci impone lo studio di questa seconda importante tappa della teologia della salvezza, anche in ordine al problema del mito.

Ma prima dobbiamo soffermarci sulla concezione cullmanniana dell'eternità. Sarà il collaudo certo della nostra interpretazione della linearità cullmanniana come anche del suo metodo teologico afilosofico e « funzionale ».

III. Linearità ed eternità

1. *Linearità ed eternità.*

Il dualismo tempo-eternità è rimasto un dilemma insolubile per la riflessione filosofica greca.[67] Questo perché, spiega Oscar Cullmann, il pensiero greco pone un'alterità qualitativa, irriducibile, tra tempo ed eternità. L'eternità per i greci, egli pensa, è assenza di tempo (Zeitlosigkeit). Il tempo è ridotto a semplice simbolo (Abbild) dell'eternità. Il dualismo diviene così un conflitto irrimediabile: il tempo rappresenta la durata successiva delle cose create; l'eternità, la durata di Dio (escludente successione). Viene allora coinvolto anche il problema finito-infinito.[68] Ed il tempo assume una funzione di limite, di ostacolo all'azione divina.[69]

Per i cristiani invece, continua il teologo alsaziano, tale dualismo non ha mai costituito un problema. Non è che

---

[65] V. sopra, p. 101.
[66] V. sotto, p. 164.
[67] *ChZ*, 44, 53.
[68] Körner, 81.
[69] *ChZ*, 53 s. Ci sembra inutile di sottolineare come il Cullmann semplifichi all'eccesso la concezione greca dell'eternità. Non è assenza ma totalità di durata. Durata tanto piena che esclude la passività, insita in ogni divenire e successione. Inoltre, alterità qualitativa non è separazione ma importa partecipazione.

concepiamo l'eternità come una vittoria sul tempo quindi come una sua conseguente eliminazione. Questo sarebbe risolvere il dualismo colla semplice soppressione di uno dei termini.[70]

Per capire perché questo problema del tempo è insussistente per i primi credenti, dobbiamo rivolgerci due domande:

— Qual'è la loro idea del tempo? Non solo, spiega il Cullmann, non è concepito come ostacolo all'azione di Dio ma anzi è considerato come il mezzo attraverso il quale Dio giunge a salvare l'uomo. Dio è « il Signore del tempo » (*Apoc.* 1,4) cioè usa del tempo per realizzare attraverso esso il suo piano di salvezza.[71]

— Qual'è la loro idea di eternità? Rientra, secondo il nostro Autore, nella loro concezione dell'Aiôn.[72] Questo ricopre sia le nozioni di tempo limitato che illimitato (cioè eternità). Perciò l'eternità è successione temporale illimitata. Quindi, in un certo senso, come successione temporale illimitata è temporalità per eccellenza: temporalità infatti è sinonimo di successione. Conseguentemente, tra tempo e eternità nessuna alterità qualitativa: si tratta solo di una diversità di quantità o di lunghezza di durata.[73] Il tempo non è

---

[70] *ChZ*, p. 43, n. 25. J. Körner loda l'interpretazione esistenziale del Messaggio per aver liberato la teologia dal problema dell'eternità. Anzitutto non può essere oggetto di analisi esistenziale perché dato transfenomenico (Körner, p. 80). Inoltre è un'insolubile « quadratura circuli »: la storia della filosofia lo dimostra. Il vero problema è un altro: la funzione del futuro nei confronti dell'esistenza (*op. cit.*, 81; cf. anche 72).

[71] *ChZ*, 53; *Le retour* 14; 5; 21 s.

[72] *ChZ*, 53-55. P. Althaus si chiede giustamente a proposito di questa unica base biblica proposta dal Cullmann per la sua ricostruzione della concezione cristiana primitiva dell'eternità: « darf man aus dem Gebrauche des einen und selben Wortes aiôn in beiden Fällen (Zeit-Ewigkeit) einfach schliessen, dass die urchristliche Theologie sich keine Gedanken ueber den qualitativen Unterschied der Ewigkeit und der Zeit hinsichtlich ihrer Zeitlichkeit gemacht habe? » *Die letzten Dinge*, Gütersloh 1956, p. 339. E questa perplessità, continua l'Althaus, è fondata: abbiamo traccie di riflessioni su una differenza qualitativa nella teologia del basso giudaismo (Henoch slv 65) e, dall'altra parte, nella letteratura neotestamentaria nessun indizio filologico vi si oppone: *op. cit.*, 339-340.

[73] Il Cullmann taccia di incoerente il concetto barthiano di eternità. Il fatto che non vuole considerarla come tempo prolungato all'infinito (II/1 [1940], 686), espressioni come l'eternità « von allen Seiten umschliesse (die Zeit) » (p. 698) o « begleite (die Zeit) » (p. 702) manifestano, a parere del teologo alsaziano, il riaffiorare di una certa concezione platonica di alterità qualitativa che il Barth si era sforzato di superare (p. 685) *ChZ*, 54. Per una presentazione della concezione barthiana dell'eternità e

che una porzione della successione, senza inizio e senza fine, che è l'eternità.

E questa eternità, definita come temporalità illimitata, continua Oscar Cullmann, non può essere concepita che come attributo di Dio.[74] Il cristianesimo primitivo non conosce un Dio che sarebbe fuori del tempo: il Dio eterno è il Dio che crea all'inizio, che è adesso e che sarà per sempre (*Apoc.* 1,4).

Inoltre il tempo non è creato: è infatti illimitato quindi non è mai cominciato.[75] Ma, si chiede il Cullmann, la sacra Scrittura non accenna forse a un inizio della storia: in principio erat Deus... e non parla pure di un termine estremo della vicenda temporale: « requies Dei » *Hebr.* 4,10? Questo non suppone la creazione del tempo.[76]

Infatti, egli precisa, la storia biblica descrive soltanto l'azione in cui Dio si rivela e ci salva. L'inizio e il riposo finale sono ai margini di questa attività divina. Perciò la Bibbia non ce li descrive in se stessi ma solo come preparazione e prolungamento dell'azione divina di salvezza. Quindi, ce li presenta, non come assenza del tempo in Dio, ma piuttosto come relazione di Dio al tempo.[77]

Tant'è vero, soggiunge, che se categorie greche riescono ad infiltrarsi presto nella mentalità cristiana, questo non è in seguito a un esame dei dati biblici di inizio e di riposo, ma di un'errata identificazione dell'aiôn presente col tempo e dell'aiôn futuro con un'eternità atemporale.[78]

---

una risposta a queste critiche rimandiamo a L. MALEVEZ, *La vision chrétienne de l'histoire*: *NRTh* 71 (1949), 131-134.

[74] *ChZ*, 53 60.

[75] Questa affermazione del Cullmann, in polemica con W. Künneth, ci lascia perplessi: *ChZ*, p. 55, n. 7. E' noto che la fede cattolica ci dice che la creazione è « in tempore » (DENZINGER, 428 706 1783 1801 1805). Quindi anche il tempo, oltre ad essere creato, ha avuto un inizio. Il Cullmann fonda la negazione della creazione del tempo sul fatto della sua illimitatezza. Ma illimitazione esclude creazione? Un pensatore cattolico può negarlo: creazione significa « causare l'essere » e « causare l'essere » non coincide con « far cominciare l'essere ». Cf. A. SERTILLANGES, *L'idée de création et ses retentissements en philosophie*, Paris 1945.

[76] *ChZ*, 55-56.

[77] *ChZ*, 56.

[78] *ChZ*, 56-57. Questo sarebbe precisamente l'errore che invalida l'escatologia barthiana: *op. cit.*, 57.

2. Ipostatizzazione del tempo?

La teologia cullmanniana dell'eternità, che abbiamo esposto nelle sue linee capitali, ha suscitato le critiche anche di teologi cattolici favorevoli alla sua opera teologica.[79]

La prima reazione del teologo cattolico davanti a quelle pagine di « *Christus und die Zeit* » è questa: mette in pericolo la trascendenza divina. Immerge Dio nel tempo. E a noi, che studiamo il suo pensiero per mettere in rilievo le linee di forza della sua soluzione del problema del mito, non può non sfuggire di primo acchito: R. Bultmann ha ragione: il Cullmann cade nel mito, oggettiva l'azione divina in modo tale da fare Dio temporale! In altre parole: considera il tempo come un ipostasi divina! [80]

Il Cullmann respinge energicamente questa accusa di lesa-trascendenza divina.[81] E invoca in sua difesa due considerazioni:

— egli non ha parlato da dommatico ma da esegeta. Ha presentato al dommatico la concezione dell'eternità che i testi sacri esprimevano. Questa pone un problema? Ebbene non tocca all'esegeta ma al dommatico risolverlo;

— non si è data la debita importanza alle sue riflessioni sulla sovranità di Dio sul tempo (ib.).

Esaminiamo brevemente questi due punti:

a. *L'esegeta e l'attributo divino dell'eternità.*

Oscar Cullmann ha definito ripetutamente l'eternità come tempo infinito che è attributo divino.[82] Che significa, sulla penna di Cullmann esegeta, l'espressione: attributo divino dell'eternità? [83]

---

[79] Così ad es. J. Daniélou: *Dieu vivant*, n. 11, p. 148; P. Gaechter: *ZKTh* 69 (1947), 120.

[80] L'espressione è di J.L. Leuba, *L'institution et l'évènement*, Neuchâtel 1950, p. 120, n. 1. Notiamo, tuttavia, che la critica del Leuba è formulata in modo molto cauto: « On pourrait croire parfois que le temps y est considéré comme une hypostase divine, et que l'inscription de l'oeuvre de Dieu dans le temps ne relève pas strictement de l'Incarnation du Christ » (ib.).

[81] *ChZ* (2 ed. prefaz.) p. 8 e Presentazione di *ChZ* fatta dall'Autore stesso in *RHPhR* 28 (1948), 86 90.

[82] *Ch*. 53 60.

[83] Premettiamo che siamo d'accordo col Leuba a rimproverare al Cullmann assenza di precisione e di precauzione nell'uso dei termini che adotta nella discussione sull'eternità. Cf. Leuba, *op. cit.*, p. 120, n. 1.

E' un'espressione « dommatica » ma usata in senso puramente esegetico e funzionale. Non definisce ciò che Dio è, in che cosa consiste la sua durata, la sua eternità. Parla di ciò che Dio fa. Vuol dire soltanto questo: Dio agisce per salvarci, lungo tutta la linea illimitata del tempo. Non c'è un attimo della successione illimitata della storia in cui l'azione salvatrice di Dio non sia presente.

Questo significato di fondo dell'eternità cullmanniana come azione divina estesa a tutti i tempi ci sembra intelligibile se lo collochiamo nel contesto storico-salvifico in cui il nostro Autore lo concepisce.

Tutti gli elementi biblici connessi all'idea di eternità, costatava, sono espressioni di un Dio che si rivela e agisce. Questo ci proibisce di formulare una nozione di eternità indipendente dalla storia della rivelazione.[84]

Questa interpretazione ci è assai utile e la riteniamo consona alla concezione generale della salvezza presentataci dal Cullmann. Ma rimane un punto buio: la polemica che Oscar Cullmann muove contro Karl Barth.

Il significato essenziale della concezione biblica della eternità è l'indefettibile azione salvifica di Dio esercitata lungo tutta la storia. Ebbene il Barth non nega e non compromette questo elemento base. Perché allora rimproverargli di nutrire la sua speculazione sull'eternità di un valore filosofico estraneo alla Bibbia?[85] K. Barth parla dell'eternità come dommatico. Il dommatico ha il diritto e il dovere di

---

Inoltre, notiamo che l'interpretazione, che noi ne diamo in queste pagine, l'abbiamo esposta all'Autore il quale l'ha dichiarata corrispondente al suo pensiero. Infine il Cullmann stesso tenta una precisazione terminologica: opina che « perennitas » o « sempiternitas » sarebbero più adatti a rendere il suo pensiero. « Aeternitas » sarebbe piuttosto il durare di Dio in sé? Cf. Presentazione di *ChZ* fatta dall'Autore stesso in *RHPhR* 28 (1948), 86.

[84] *ChZ*, p. 56. E' una spiegazione le cui grandi linee erano già state individuate da P. Benoit nella sua recensione di *ChZ* in *RB* 55 (1948), 103 s. Il Benoit rimprovera però al Cullmann di non aver cercato la ragione profonda di questa diversa impostazione e soluzione del problema del dualismo temporale nel mondo greco e giudeo-cristiano. Egli pensa che tale motivo profondo si riallaccia alla concezione della divinità in se stessa: astratta ed estranea al mondo per Platone; personale, concreta, in relazione continua col mondo per la rivelazione giudeo-cristiana: *art. cit.*, 104.

[85] *ChZ*, p. 57. Questa estraneità tra la riflessione barthiana e il dato biblico è vigorosamente negata da L. Malevez, *La vision chrétienne de l'histoire*: NRTh 71 (1949), 133, n. 62, e da P. Chifflot: *Maison Dieu* (1948), 44.

un approfondimento riflessivo.[86] Per questo si servirà di «una filosofia»? Purché questa non lo porti a rinnegare il dato biblico nulla di più normale. Come vediamo, ritornano le conseguenze dannose delle lacune, già segnalate, del metodo teologico cullmanniano.

b. *La sovranità di Dio sul tempo*.

L'eternità, «attributo» divino, non differisce qualitativamente dal tempo: questo «attributo» significa che Dio agisce lungo tutta la linea illimitata del tempo. Questo primo tentativo di salvare la trascendenza divina è seguito da un altro: l'affermazione della sovranità di Dio sul tempo.

«Dio è sopra il tempo, regna sul tempo».[87] Solo lui è capace di capire e di esaminare la durata infinita. L'uomo ne può vedere solo dei tratti e dei brani.

La sua sovranità sul tempo si manifesta allora, anzitutto in questo: Dio è il solo a conoscere i Kairoi della salvezza. E' il solo a conoscere il giorno e l'ora che sono nascosti agli angeli del cielo e persino al Figlio (*Mc.* 13,32). In questo senso è il solo «re degli aiônes» (*1 Tim.* 1,17).[88]

E' sovrano del tempo anche nel senso che è lui ad eleggerci ed a predestinarci alla salvezza.[89] Il momento decisivo della salvezza sta nella morte e nella risurrezione di Cristo. Ma, in un certo senso, la salvezza preesiste già fin dall'inizio, come elezione e predestinazione (*Rom.* 8,28; *2 Thess.* 2,10). E' Dio che decide e organizza la salvezza, che «costituisce» i Kairoi e gli aiônes che ne formano il tessuto.

Perciò Egli è simultaneamente sopra il tempo e nel tempo. E' sopra il tempo nel senso che egli «regna su di esso» (Überzeitlichkeit). E' nel tempo nel senso che egli ci

---

[86] Approfondimento che lo conduce naturalmente a una certa «Selbstständigkeit», determinata non tanto da influssi proibiti (unter unerlaubten Einflusse) della filosofia ma dalla stessa problematica interiore all'idea teologica in questione (innertheologisch, durch die Sache). P. ALTHAUS, *Die letzten Dinge*, Gütersloh 1956, p. 340. Là si troverà una difesa della posizione barthiana su questo punto di metodo teologico.

[87] «Wohl aber ist Gott erhaben über der Zeit, herrscht er über der Zeit»: *ChZ*, 61.

[88] *ChZ*, 60. H. SASSE (art. *Aiôn*:*ThWNT*, I, 201) pensa che il genitivo qui vada interpretato in modo corrispondente allo «status constructus» ebraico e perciò significherebbe «re eterno». Tuttavia non esclude che, in seguito, abbia assunto il senso di «dominatore» degli aiônes, attribuitogli appunto dal Cullmann.

[89] *ChZ*, 60-61.

salva agendo nel tempo.⁹⁰ In definitiva, è sovrano del tempo perché salva noi, immersi nel tempo, servendosi con assoluta libertà di avvenimenti temporali.⁹¹

Questa concezione della sovranità di Dio sul tempo salva la trascendenza divina? H.E.W. Turner pensa di si.⁹² Jean-Louis Leuba la giudica un chiarimento importante.⁹³

J. Hamer, OP, ha scritto che l'ammissione di una sovranità di Dio sul tempo equivale a riconoscere una differenza qualitativa tra tempo e eternità.⁹⁴

A noi sembra di poter dire che l'affermazione anche di questo aspetto della concezione biblica della salvezza offre al dommatico una base di riflessione che potrebbe portarlo a salvare la trascendenza divina come pure a sottolineare una differenza qualitativa. Non neghiamo che, agli occhi dello studioso cattolico, può, nonostante tutto, sussistere un equivoco e un disagio. E di questo il Cullmann è responsabile quando afferma ripetutamente che non c'è differenza qualitativa per la concezione cristiana primitiva tra tempo ed eternità. Essendo, a nostro parere, la considerazione della differenza qualitativa la principale via per riaffermare la trascendenza divina, il Cullmann in nome della Scrittura, sembra bloccarcene l'accesso.⁹⁵

---

⁹⁰ *ChZ*, 61.
⁹¹ Dispone assolutamente del tempo. Anticipa la fine: la salvezza operata da lui in Cristo è di efficacia definitiva. *ChZ*, 62 72 130 ecc...
⁹² Nella sua recensione di *ChZ* in *Church Quarterly Review* 152 (1951), 114.
⁹³ *Op. cit.*, p. 120, n. 1. Però ritiene che un chiarimento decisivo può aversi soltanto vedendo l'eternità come « avvenimento » (Evènement-Ereignis), cioè, intervento gratuito libero atemporale trascendente di Dio che si verifica lungo tutta la linea della vicenda umana. L'istituzione (Institution) è l'inserzione temporale della salvezza ed ha un passato, un presente, un futuro: *op. cit.*, 119-120. Interessante notare che il Cullmann, nella recensione di questo libro (*ThZ* 7 [1951], 446-450), benché affermi che un teologo protestante oggi non può non prendere posizione davanti alle tesi proposte dal Leuba (*art. cit.*, 446) e accetti come neotestamentari le due categorie di « avvenimento » e « istituzione » (p. 449), non fa nessun cenno alla proposta del Leuba di risolvere il problema dell'eternità sfruttando la linea di continuità che egli crede di vedere tra la considerazione cullmanniana della sovranità di Dio sul tempo e la categoria di avvenimento.
⁹⁴ J. Hamer, « Le Christ est ressuscité ». *Un important débat dans le protestantisme contemporain* (R. Bultmann et K. Barth) in: *L'Eglise et les Eglises*, Mél. L. Beauduin, t. II, p. 461.
⁹⁵ E questa via, ripetiamolo, non sembra proprio essere contraria al dato biblico e cristiano primitivo. Scrive ad es. H. Sasse: « Als Gottesprädikat enthält "aionios" nicht nur den Begriff der unbegrenzten, anfangs- und endlosen Zeit, sondern zugleich den der die Zeit trans-

E' vero: l'eternità, di cui il Cullmann parla, non è il durare divino considerato in sé stesso (ontologico) ma piuttosto il perdurare dell'azione divina di salvezza (funzionale). Ma il dover tener presente continuamente questa precisazione non contribuisce alla chiarezza e non favorisce un giudizio sereno e positivo.

R. Bultmann nota come la costatazione che, nel Nuovo Testamento l'eternità è considerata come tempo indefinito (fortlaufende Zeit), autorizza O. Cullmann a conchiudere che il Cristo è il centro della linea temporale ma non gli consente invece di trarne, come fa, che è il centro della storia (Geschichte) o della storia della salvezza (Heilsgeschichte).[96] Forse il Bultmann è uno di quelli cui il nostro Autore rimprovera di non aver dedicato sufficiente attenzione alla sovranità di Dio sul tempo. Avrebbe allora compreso che per il Cullmann eternità, in ultima analisi, significa Dio che ci salva sovranamente nel tempo. Quindi questa distinzione tra « fortlaufende Zeit » e « Heilsgeschichte » gli sarebbe semplicemente inapplicabile alla concezione cullmanniana della salvezza.

Ma questa critica ci introduce già nell'analisi del carattere cristocentrico della linea della salvezza.[97]

---

zendierenden Ewigkeit »: *ThWNT*, I, 208. Cf. anche K. Rahner, *Theos im Neuen Testament*, in: *Schriften zur Theologie*, t. I, 1954, p. 129.

[96] R. Bultmann, *Heilsgeschichte* 665.

[97] O. Cullmann vede un rapporto tanto stretto tra eternità e opera di Cristo che è persuaso che, giocando con un concetto di eternità che penetra nel tempo, si rischia di svuotare la storia della salvezza del suo significato: *ChZ*, p. 127; 148. Infatti, non solo l'azione divina che si svolge lungo la linea illimitata del tempo (= eternità) è azione di cui Mediatore è il Cristo ma il Cristo e il cristiano benché in modo diverso partecipano alla sovranità di Dio sul tempo. Ad es. il credente nella fede « conosce » i Kairoi: *ChZ*, 61 s. Non rientra però nello scopo del nostro lavoro una analisi particolareggiata anche di quest'ultimo aspetto del pensiero del teologo alsaziano.

Capitolo Secondo

IL CRISTIANESIMO COME STORIA LINEARE CRISTICA

I. La Centralità di Cristo

1. *Il Messia è venuto.*

Il cristianesimo si presenta davanti al giudaismo come realizzazione della sua attesa e anche come novità assoluta. Il cristianesimo e il giudaismo, afferma Oscar Cullmann, nella loro essenza ultima, sono storia: dialogo, incontro tra Dio e l'uomo iscritto nel tempo. Quindi gli elementi di continuità del cristianesimo-realizzazione del giudaismo come gli elementi di rottura del cristianesimo-novità si esprimeranno, principalmente, sul piano della storia e della temporalità.

E' una nuova economia di salvezza, il « mysterion », che la venuta del Messia ha inaugurato e che Paolo proclama.[1]

E', per dirla con espressione cara al Cullmann, una nuova divisione del tempo.[2] Egli ha formulato questa nuova divisione del tempo in una duplice verità, altrettanto semplice e comune per i credenti che essenziale per il cristianesimo:

1. Il centro del giudaismo è nel futuro. Ed è costituito dalla venuta del Messia (Parusìa) che inaugurerà una nuova epoca:

---

[1] O. Cullmann vede nel tanto discusso « mysterion » paolino, le tappe dell'economia di salvezza. *ChZ*, 67. Cf. Théodore Filthaut, *La Théologie des mystères. Exposé de la controverse.* Desclée 1954. Soprattutto cap. IV. *Le mystère du culte et le témoignage de la sainte Ecriture.*

[2] « Die neue Zeiteinteilung »: *ChZ*, 70. E insisterà contro K. Barth: « Nicht eine "neue Zeit" ist mit Christus geschaffen, sondern eine neue Zeiteinteilung »: *op. cit.*, 80. Egli vede infatti nel Barth la tendenza a sostituire concetti temporali con nozioni di « peccato » e « redenzione »: questo segnerebbe l'abolizione del tempo del calendario (ib.). Per una analisi della temporalità barthiana cf. Bouillard, *op. cit.*, I, p. 268 s. e specie 278 s.

```
         Creazione                    Parusia
                                    ─────x─────
1° Prima della   2° Tra la Creazione  CENTRO   3° Dopo la
   creazione       e la Parusia                   Parusia
```
grafico n. 1 - *L'economia giudaica*

Leggiamo facilmente questa rappresentazione grafica dell'economia giudaica (grafico n. 1). La linea della storia biblica si articola in tre momenti: l'Aiôn che precede la creazione (1°), Aiôn che corre tra la creazione e la Parusia (2°), l'Aiôn seguente la Parusia (3°). La visione di fondo del giudaismo, come religione di attesa, è chiaramente espressa.[3]

2. Il centro del cristianesimo è nel passato. Il Messia è già venuto: ha proclamato il suo messaggio, è morto per la nostra salvezza. Il nuovo Aiôn è già cominciato: siamo già salvi.[4]

```
      Creazione             Cristo              Parusia
                        (a) tempo della
                            Chiesa
    ──────────────────────────x──────────────────────────
   1° Prima della         CENTRO               3° Dopo la
      Creazione    2° Tra la Creazione e la Parusia  Parusia
```
grafico n. 2 - *L'economia cristiana*

Il grafico di O. Cullmann è chiaro: la divisione tripartita (prima della creazione — tra la creazione e la parusia — dopo la parusia) sussiste (grafico n. 2). Ma il centro è spostato: non coincide più colla Parusia. Spezza in due (divisione bipartita) l'Aiôn tra la creazione e la parusia. Il nuovo centro crea così un Aiôn completamente nuovo: l'Aiôn della chiesa (a).[5]

Lo spostamento del centro è il simbolo geometrico di uno sconvolgimento della storia. Siamo già salvi: il Cristo

---

[3] *ChZ*, 71.
[4] *ChZ*, 80. Il Cullmann conchiude la sua esegesi di « regnum Dei intra vos est » così: è il tipico annuncio di un nuovo Aiôn e quindi della nuova divisione del tempo e non l'annuncio della fine imminente: *op. cit.*, 75-76. R. Bultmann liquida questa interpretazione definendola una « tormentata cavatina » (eine gequälte Verlegenheitsaufkunft): *Heilsgeschichte* 665.
[5] *ChZ*, 71 s. Riproduciamo i grafici del Cullmann: *ChZ*, 71. Abbiamo aggiunto qualche indicazione secondaria per favorire la chiarezza.

Messia ha vinto la battaglia decisiva. Rimaniamo però ancora in attesa della Parusia: il trionfo finale.[6]

Il giudaismo è attesa. L'atteggiamento cristiano nel presente è complesso: è uno stato di tensione (Spannung) tra due « certezze »; la certezza che la battaglia decisiva è vinta e che la salvezza ci è già offerta coesiste coll'attesa del Ritorno in cui la salvezza sarà definitiva.[7]

La « buona novella », l'Evangelo, è proprio la proclamazione che la morte e la risurrezione di Cristo costituiscono la battaglia decisiva già vinta (schon geschlagene Entscheidungsschlacht).[8] Ora comprendiamo la portata dell'osservazione in cui il teologo alsaziano compendia tutta la sua critica all'escatologia conseguente:

« Chi non capisce che l'elemento assolutamente originale del Nuovo Testamento è lo spostamento del centro del tempo, di cui la chiesa primitiva fu ben consapevole, non può vedere nel cristianesimo che una setta giudaica ».[9]

Martin Werner, come già Albert Schweitzer, vedono nella Parusia il centro della storia della salvezza. L'attesa cristiana sarebbe così perfettamente identica colla giudaica.

Sorvoliamo sulla base esegetica su cui il Cullmann si fonda per dimostrare l'infondatezza dell'escatologia conseguente. Ci limitiamo a segnalare qualche aspetto atto ad illuminare il diverso atteggiamento dell'attesa giudaica e della cristiana.[10]

L'attesa cristiana sembra assumere un'intensità più ardente della stessa attesa giudaica... Il Werner vi scorge una riprova della sua tesi: il centro è la Parusia. Ha torto, risponde il Cullmann. Questa attesa è così impaziente proprio

---

[6] Trionfo finale paragonato al « Victory Day »: *ChZ*, 73.
[7] *ChZ*, 72 80, e *Le retour*, 18 s, e 21 s.
[8] *ChZ*, 73.
[9] « Wer in der urchristlichen Verschiebung des Zentrums der Zeit nicht das radikal Neue im Neuen Testament sieht, kann überhaupt das Christentum nur als eine jüdische Sekte verstehen », *ChZ*, 74.
[10] Per l'analisi esegetica cullmanniana dell'escatologia neotestamentaria rimandiamo a *ChZ* 76-78 e, con maggior ampiezza, a *Le retour*, 23 s. Giunge a conclusioni preziose anche per il teologo cattolico. Faremo delle riserve principalmente su un punto: Cullmann non esclude che *Mc.* 9,1 e *Mt.* 10,23 e *Mc.* 13,30 rivelino che Gesù stesso avesse una convinzione personale errata dell'imminenza della Parusia: *Le retour*, p. 22. Forse attenua poi questa interpretazione, notando come questi testi non sono né chiari né troppo importanti: *ChZ*, 76. Non esclude, del resto, nemmeno che Gesù volesse parlare unicamente della prima venuta del regno che doveva prodursi colla sua morte redentrice: *Le Retour*, 23.

perché il centro è nel passato: siccome la battaglia decisiva è già vinta si è persuasi che l'immancabile trionfo è imminente. Mentre la speranza giudaica è pura attesa di una Parusia avvolta di mistero e di incertezze, la speranza cristiana riposa su una fede che sperimenta già inizialmente ciò che sarà.[11]

I primi cristiani hanno commesso un errore di prospettiva quando credevano che la Parusia sarebbe venuta di lì a pochi decenni: errore, del resto, in parte corretto dallo stesso Nuovo Testamento (2 Petr. 3,8).[12] Ma non è questo errore e la conseguente delusione che ha costretto i fedeli a cercarsi un « Ersatz » nella fede in Gesù come centro e anticipazione del regno. E' il contrario:

« L'errore si spiega psicologicamente allo stesso modo dell'errore di chi fissa date premature per la fine di una guerra quando si è convinti che lo scontro decisivo è già stato vinto ».[13]

Notiamo come nel risolvere il problema delicato e difficile dell'errore dei primi cristiani nella lettura dei testi sembra voler far leva sulla nozione teologica di « prossimità » e dare un valore quasi decisivo alla psicologia di attesa dei primi cristiani.[14]

---

[11] *ChZ*, 75.

[12] *ChZ*, 76. Errore di prospettiva in questo senso: non si ingannavano insistendo con Gesù e Paolo sulla prossimità della fine: col Cristo infatti, è l'ultima tappa della salvezza che si apre. La loro illusione stava nel tentativo di « tradurre » questa realtà teologica della « prossimità » in un computo cronologico: *ChZ*, 75; *Le retour*, 7 22 26-27.

[13] « Der Irrtum erklärt sich psychologisch in der gleichen Weise wie voreilige Datumsbestimmungen des Kriegsendes, wenn einmal die Überzeugung da ist, dass die Entscheidungsschlacht schon stattgefunden hat »: *ChZ*, 76.

[14] G.V. Jones contesta la validità dell'applicazione della metafora: D-day - Victory-Day che caratterizza, secondo il Cullmann, la base di tale psicologia di attesa. Secondo il Jones: 1) il parallelo non quadra: il Victory-day segue il D-day dopo uno o due anni, cioè un periodo ben definito di tempo; il D-day della croce invece, è seguito dal Victory-day della parusìa dopo un intervallo lungo e indefinito. Quindi gli atteggiamenti che ne derivano non possono coincidere; 2) solo quando la guerra è finita si può decidere quale fu il D-Day. Anzi, probabilmente, non c'è una battaglia decisiva; una serie di battaglie, anche perdute, possono essere decisive alla vittoria... Il Jones non nasconde di vedere qui un compromesso con una mentalità mitizzatrice: G.V. JONES, *Christology and Myth in the New Testament*, London 1956, p. 221.

2. Il Cristo centro.

Il Cristo è centro dell'economia della salvezza. Questa è la « novità » cristiana. Per quali vie Oscar Cullmann arriva ad affermare che questa sia precisamente la funzione di Cristo?

Il soffermarci su questo interrogativo è utile. Non solo saremo così in grado di costatare la solidità dell'interpretazione cullmanniana della salvezza ma anche arriveremo a raccogliere elementi di spiegazione del significato profondo della centralità di Cristo. E questo sforzo di riflessione e di chiarezza sulla centralità di Cristo è vitale per la nostra ricerca: uno dei punti-base dell'impugnazione bultmanniana della teologia della salvezza è proprio questo: Cristo non è centro (Mitte) ma fine (Ende) della storia sacra.[15]

a) *Genesi della fede della comunità primitiva.* I primi credenti, scrive il nostro Autore, non hanno compreso e accettato di primo acchito il Mistero come una storia di salvezza di cui fossero subito in grado di ammirare tutta la complessa interezza come successione cronologica di Kairoi, immersi nei vari Aiônes.[16] Il primo oggetto chiaro e vivo della loro fede è stato l'avvenimento centrale: il Cristo sofferente e risorto. E' in lui e a partire da Lui che hanno preso coscienza del significato e delle dimensioni dell'intera linea della salvezza. Possiamo quasi delineare delle tappe progressive nell'ampliarsi dell'oggetto della fede primitiva: adesione a Cristo mediatore risorto, adesione al Cristo che ritornerà, adesione a Dio che ci ha creati « in Cristo »...

L'apparizione terrena del Cristo quindi, conchiude il Cullmann, è il centro della linea, in quanto è, aderendo ad esso, che il credente aderisce a tutta la linea, ed è in quanto fissa il suo sguardo su di esso, che scopre l'esistenza e il valore dei vari momenti della linea.

E' precisamente nelle prime confessioni di fede che il teologo alsaziano ha ritrovato le linee di forza di tale genesi.[17]

I più antichi simboli di fede variano per lunghezza.[18] Ma tutti si riducono a un solo articolo e questo è cristolo-

---

[15] Weissagung und Erfüllung. *GV* II, p. 162-186.
[16] *ChZ*, 93.
[17] *ChZ*, 97-99; *Les premières confessions de foi chrétienne*, Paris 1948.

gico: lo schema trinitario comincia a introdursi solo colla metà del secondo secolo.[19] Poche formule menzionano anche il Padre ma sempre in quanto interviene nell'opera di creazione e di salvezza mediante il Cristo, es. *1 Cor.* 8,6. Cristo è mediatore della creazione come della salvezza: la creazione stessa è opera di salvezza.[20]

Insomma affermano chiaramente, sottolinea il Cullmann, che ogni momento dell'attività divina è attività di salvezza « in Cristo ». E il nucleo ultimo della loro confessione è la proclamazione del Kyrios: il Risorto che regna.[21]

Questo, conchiude il nostro Autore, ci invita a vedere nel Cristo il centro della linea di salvezza, e inoltre ci fornisce i primi elementi per una caratterizzazione del significato della centralità di Cristo come mediazione.[22]

b) *Analisi del Nuovo Testamento.* Più o meno sottolineato, il carattere cristocentrico della linea della salvezza costituisce, secondo Oscar Cullmann, il fondo comune degli scritti neotestamentari. Dimenticarlo significa rendersi indecifrabili.[23] Evidentemente, nessuno di loro si propone

---

[18] *ChZ*, 99.

[19] La critica competente e severa cui J. de Ghellinck ha sottoposto « *Les premières confessions* » a cui rimandiamo non mette in dubbio la attendibilità delle grandi linee delle conclusioni cullmanniane ma colpisce soltanto aspetti storici particolari dell'evoluzione della formula da bipartita in tripartita. Cf. J. DE GHELLINCK, *A propos d'une préhistoire du symbole*: *RHE* 41 (1946), 407-416.

[20] Il Cullmann ritiene che la teologia di Ireneo ha come scopo di dimostrare agli gnostici l'unità di creazione e redenzione e quindi il carattere salvifico della creazione: *ChZ*, p. 99. Vedi anche: *L'essence de la foi chrétienne d'après les premières confessions*: *RHPhR* 22 (1942), 32 s. H. KÜNG ci offre abbondante materiale sulla concezione cattolica della creazione, come opera di salvezza: *Rechtfertigung. Die Lehre Karl Barths und seine katholische Besinnung*, Einsiedeln 1957. Zweiter Teil, n. 22: Schöpfung als Heilsgeschehen, p. 138-150.

[21] Alcuni autori cattolici arrivano a una conclusione analoga, partendo dall'analisi dell'evoluzione della predicazione primitiva di cui principalmente gli Atti ci hanno conservato testimonianza. Ad es. J. SCHMITT, *Les sources et les thèmes de la naissante foi apostolique au Christ sauveur*: *Lumière et vie* 15 (1954), 21-44 e *Jésus ressuscité dans la prédication apostolique*, Paris 1949, specie p. 3-30 e 175 s.

[22] *ChZ*, 99.

[23] *ChZ*, 95. Ci permettiamo una citazione lunga ma eloquente: « Au lieu de cela (di esaminare una possibile concordanza tra idee filosofiche e neotestamentarie), nous devrions commencer simplement à écouter ce qu'enseigne le Nouveau Testament. « Jésus-Christ le premier-né d'entre les morts! » Son corps, le premier corps de résurrection, le premier corps spirituel. Toute la vie et toute la pensée de ceux qui avaient cette conviction devaient être transformées radicalement sous cette influence

esplicitamente di ricostruire i particolari delle tappe successive della storia della salvezza. E' piuttosto un motivo profondo che da ispirazione e senso a tutte le pagine del Libro Sacro e, se talora affiora e si esplicita, è sempre in rapporto a un avvenimento concreto.[24]

E' questo motivo di fondo che il Cullmann si è sforzato di esplicitare.

Eccone i principali grandi rilievi:[25]

— L'Aiôn precedente la Creazione: è già concepito nel Cristo. Gesù infatti è predestinato, già « prima della fondazione del mondo », ad essere il salvatore (*Io.* 17,24).

— Creazione: E' atto di salvezza di cui Gesù, in quanto uomo, è il mediatore.[26]

— L'elezione di Israele: è fatta in vista del Cristo e si realizza pienamente nella sua opera di Servo sofferente di Jahvé.

— L'Aiôn attuale: il Cristo prolunga nella Chiesa « che rappresenta il suo corpo terrestre »[27] la sua missione di mediatore e la sua sovranità invisibile di Kyrios (*Mt.* 28,18; *Phil.* 2,10).

— Il Cristo, col suo ritorno, sarà infine il mediatore dell'adempimento finale e totale del piano di salvezza.

Questo risultato dell'analisi neotestamentaria, commenta il teologo alsaziano, ci invita a vedere la centralità di Cristo come mediazione da lui esercitata lungo tutta la linea della salvezza. Ma c'è un accento nuovo: Cristo è centro anche perché il suo Aiôn (dall'Incarnazione all'Ascensione) è elemento su cui convergono gli Aiônes che lo precedono e lo seguono.

(...) Le Nouveau Testament reste pour nous un livre scellé de sept sceaux, lorsque nous ne sousentendons pas, derrière chaque phrase que nous y lisons, cette autre: Christ est ressuscité... »: *Immortalité*, 55.

Notiamo come, dopo l'esegesi, anche la dommatica cattolica torna a dare alla risurrezione il suo pieno valore non solo apologetico ma anche soteriologico. Cf. ad es. W.A. Van Roo, *The Resurrection of Christ, Instrumental Cause of Grace,* in: *Christus Victor Mortis,* Roma 1958, p. 75-84.

[24] *ChZ*, 95.
[25] *ChZ*, 93 s.
[26] *ChZ*, 158; *Christologie*, 336. Secondo il Cullmann, i cristiani della fine del IV s. sentivano la festa del Natale come segno di solidarietà vivente nel Cristo tra creazione e redenzione: *Noël dans l'Eglise ancienne*, 35.
[27] *ChZ*, 96.

Quindi, se il cristiano aderendo al Cristo aderisce a tutta la linea, non è solo perché nel Cristo « vede » tutta la linea ma anche perché in Lui la « vive », in un certo senso, nella sua interezza.

II. Significato della centralità di Cristo

Mentre seguivamo il Cullmann nel suo sforzo di provare, attraverso le confessioni primitive e gli scritti neotestamentari, la centralità di Cristo, ne abbiamo già, almeno inizialmente, individuato il significato e la natura.

La centralità ci si è rivelata come la rappresentazione geometrica della realtà della Mediazione. Dire che il Cristo è il centro della linea della salvezza significa dire che Egli è il mediatore di ogni avvenimento di salvezza, il cui intreccio forma la linea. Cristo preesiste, è mediatore della creazione, ieri si è incarnato ed è morto e risorto, oggi regna invisibile, alla fine trionferà.[28] Questi non sono che momenti successivi nel tempo, di un'unica grande impresa di salvezza di cui Egli è l'unico protagonista.[29] E questi momenti successivi sono tutti orientati verso la sua attività terrestre (Christustat).[30] Per questo, spiega il nostro Autore, la linea della salvezza (Heilslinie) è linea cristica (Christuslinie).[31] Per questo, ancora, la linea di salvezza è una e continua (fortlaufende Heilslinie).[32]

L'opposizione cristianesimo-giudaismo ci si rivela così radicale. In un certo senso, per il credente la linea giudaica di salvezza non è mai esistita: il Cristo infatti era mediatore della stessa storia d'Israele.

Comprendiamo anche la portata della sovranità di Dio sul tempo e della partecipazione del Cristo a questa stessa sovranità. La storia è essenzialmente dialogo e incontro tra Dio e l'uomo.[33] Dio ne è il sovrano, nel senso che ha l'inizia-

---

[28] *ChZ*, 93 s; *Le retour*, 16-20.
[29] *ChZ*, 95.
[30] *ChZ*, 93 107 s. Caratteristica la terminologia spesso adottata dal Cullmann nelle pagine citate. Cristo è il « Mittler », il tempo della sua attività terrena (Christustat) è « die Mitte » della storia della salvezza.
[31] *ChZ*, 92-99.
[32] *ChZ*, 31-103 e, in modo speciale, 93 s.
[33] *ChZ*, 19.

tiva di questo dialogo. Cristo, appunto perché mediatore della Parola e della Azione divina, partecipa alla sovranità di Dio sul tempo.[34]

Proprio per questo, Cullmann insisteva nell'affermare contro Barth, che Cristo non distrugge il tempo ma lo trasforma.[35] Egli infatti, non viene ad interrompere il dialogo Dio-uomo ma a realizzarlo più profondamente.[36]

Questa visione della centralità ci fa, infine, meglio comprendere il vero contenuto, diremmo, « ontologico » della parola: storia. Il Cullmann lo caratterizza così:

« La storia dal punto di vista teologico rappresenta, nella sua intima essenza, i rapporti che esistono tra Dio e gli uomini ».[37]

Nei primi capitoli di « *Christus und die Zeit* », appare una certa distinzione tra storia e tempo. Tempo sarebbe lo sfondo, il luogo in cui questo dialogo si svolge in momenti successivi.[38] In seguito, il suo linguaggio si fa più fluido: usa indifferentemente tempo e storia. Questa osservazione deve però renderci attenti al concetto di fondo che dobbiamo leggere nelle analisi del tempo e della storia nel contesto cullmanniano: si tratta di dialogo o rapporto (Beziehung) tra Dio e l'uomo, dialogo, beninteso, che si svolge in una successione cronologica. Dialogo che è Parola che rivela e che salva.[39]

---

[34] *ChZ*, 79.
[35] *Op. cit.*, 65-66; v. sopra, p. 101 s.
[36] *Op. cit.*, 80.
[37] « Nirgends offenbart sich aber Gottes Handeln dem Menschen konkreter als in der Geschichte, die ja, theologisch gesprochen, ihrem innersten Wesen nach die Beziehung Gottes zu den Menschen darstellt »: *ChZ*, 19.
[38] Il tempo: sfondo inseparabile ma ben distinguibile dall'azione divina qual'è di fatto: *ChZ*, 26-27. Tale distinzione ad es. appare nell'osservazione seguente: « Unsere terminologische Untersuchung hat ergeben, dass die Zeit nach urchristlicher Auffassung nichts Widergöttliches, son dern das *Mittel* ist, dessen Gott sich bedient, um sein Gnadenwirken zu offenbaren », *op. cit.*, 43-44. La sottolineatura è nostra.
[39] Riflessioni che sono sfuggite a chi rimprovera al Cullmann geometrismi temporali. Il Cullmann stesso è però responsabile, almeno in parte, di tali malintesi: è troppo preoccupato forse della polemica anti-ellenica: per questo insiste talora eccessivamente su termini di sapore geometrico (linearità, ciclo, sviluppo ascensionale...) che favoriscono l'equivoco. Notiamo come la nozione di storia della salvezza formulata da J.C.K. Hofmann, il maestro della Offenbarungschule, e precursore della teologia della storia della salvezza, si avvicini a quella di O. Cullmann. La definisce infatti come: « die in Jesu Christo vermittelte persönliche Gemeinschaft Gottes und der Menscheit ». Cf. R.H. GRÜTZMACHER, *Textbuch zur deutschen systematischen Theologie und ihrer Geschichte vom 16. bis 20. Jahrhundert*,

Quindi la storia della salvezza risulta di due componenti inseparabili e essenziali:
— dialogo Dio-uomo in Cristo;
— ma dialogo che si snoda in una successione temporale.

O. Cullmann ci invita ora a riflettere su due aspetti capitali (wesentliche Aspekte) del dinamismo che animano questo dialogo e questo incontro: l'idea centrale (Hauptgedanke) dell'autocomunicazione di Dio (Selbstmitteilung Gottes) e il principio di sostituzione (Stellvertretung).[40]

E' questa riflessione che si condurrà al significato ultimo della storia e della mediazione.

1. Il principio di « sostituzione ».

a) *Descrizione del principio*. Lo scopre nelle pagine della Scrittura come un comportamento costante dell'opera divina.[41] Dio sceglie una minoranza (spesso anche un solo individuo) per la redenzione della totalità degli uomini. La libera elezione divina cade su un uomo o su un popolo (Erwählung). Questo individuo o questa comunità eletta assumono la funzione di rappresentare, sostituire (Stellvertretung) il resto dell'umanità.

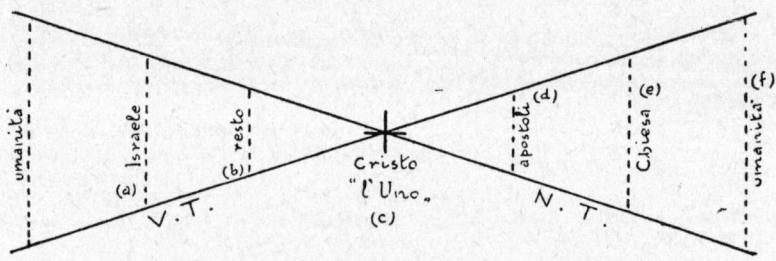

grafico n. 3 - *Il principio di sostituzione*

Gütersloh 1955. Bd. I, p. 120; E. Hirsch, *Geschichte der neuern evangelischen Theologie*, ibid. 1954, Bd. V, p. 421 s.

[40] *Christologie*, p. 334 s; *ChZ*, 99 s.

[41] *ChZ*, 99-103. Specie p. 102. Anche J.C.K. Hofmann formula un prin-

All'inizio, l'intera umanità, anzi l'intera creazione, cade sotto la maledizione per il peccato di un solo uomo.[42]

Antica Alleanza: la storia della salvezza di Israele diviene il fulcro decisivo della salvezza dell'umanità intera: (*grafico n. 3* - (a)). Al popolo eletto, infedele al « berith », si sostituisce un « resto » (b); il resto si ridurrà a uno, al solo che possa addossarsi la funzione del popolo di Dio: il servitore di Jahvé, il « figlio dell'uomo ». Questo individuo entra nella storia: Gesù Cristo (c).[43]

Il movimento dell'Antica alleanza è stata una diminuzione progressiva e costante (progressive Reduzierung) dei credenti: un movimento dalla pluralità all'unico (von der Vielheit zum Einen).[44]

La Nuova Alleanza, inaugurata da Cristo, nota il Cullmann, determina un movimento inverso: dall'unità alla molteplicità (von dem Einem progressiv zur Vielheit).[45] La linea di espansione parte dal Cristo, si allarga alla Chiesa (e), passando per gli apostoli (d), ed è destinata a giungere così all'umanità intera (f).

La Chiesa assume una doppia funzione: da una parte rappresenta il Cristo « di cui è il corpo »[46] e dall'altra rappresenta, sostituisce l'intera umanità, verso cui ha una funzione parallela a quella di Israele verso l'umanità, e del « resto » verso Israele.

Ma per capire meglio il principio, non c'è che da esaminarlo nelle due sue concretizzazioni, su cui il nostro Autore insiste maggiormente: la Chiesa e il Cristo.

b) *Il principio di sostituzione e l'ecclesiologia*. Oscar Cullmann vede nell'espressione paolina: corpo di Cristo la migliore definizione della natura e della funzione della

---

cipio di « Stellvertretung » però sembra ne limiti la portata all'attività redentrice di Cristo. GRÜTZMACHER, *op. cit.*, 124, e HIRSCH, *op. cit.*, 425 s. Per le vivaci accuse di anti-luteranesimo che l'Hofmann si suscitò contro colla sua teologia della sostituzione, v. HIRSCH, *op. cit.*, 427 s.

[42] La descrizione che stiamo per fare del principio si appoggia al grafico n. 3. Non lo troviamo in *ChZ*. L'abbiamo delineato noi stessi per rendere più chiara la rappresentazione.

[43] *ChZ*, 101.

[44] *ChZ*, 100.

[45] *Op. cit.*, 101 s.

[46] *ChZ*, 101, 103, 165 *Königsherrschaft*, 29 s; *Tradition*, 31; Il cristianesimo primitivo e il problema ecumenico: *Protestantesimo* 12 (1957), 53 s.

Chiesa nella storia della salvezza.[47] Come egli interpreta questa così difficile espressione? Non è una semplice metafora [48] o unicamente l'affermazione di una relazione indissolubile tra Cristo e la Chiesa.[49] Egli pensa che solo il principio di sostituzione ce ne può dare il senso profondo.[50]

La Chiesa è corpo di Cristo in quanto lo « rappresenta » (vorstellt).[51] Rende, cioè, visibile sulla terra il suo regno e la sua salvezza.[52] Rappresentazione che è anche sostituzione (Stellvertretung).[53] Sostituzione che appunto spiega e fonda l'opera della Chiesa: continuare l'azione di Cristo col proclamarne il Messaggio.[54] La Chiesa non rappresenta forse anche l'umanità? Sì. Ma mediante il Cristo. La pluralità (Chiesa) rappresenta immediatamente l'Unico (Cristo).[55] E questo unico, rappresenta tutti. Ed è, attraverso lui, che la Chiesa rappresenta tutti. [56] Questo ci conduce naturalmente a riflettere sulla funzione del medesimo principio nella cristologia. E' appunto in quanto « servo di Jahvé » e « Figlio dell'uomo », che il Cristo rappresenta il popolo dei santi.[57]

c) *Il principio di sostituzione e la cristologia*. Il titolo di « servo di Jahvé » è uno dei più antichi titoli che, secondo il Cullmann, hanno aiutato i cristiani a precisare la loro fede nell'opera e nella persona di Gesù. Ci conduce al centro stesso della cristologia neotestamentaria.[58]

---

[47] E' quanto nega decisamente R. Bultmann: « corpo di Cristo » non è nozione storico-salvifica ma paolina o deuteropaolina e di origine gnostica. E' fuori posto in una riflessione, come quella del Cullmann, che vuole ritrovare la concezione della comunità primitiva. Per essa una simile espressione è semplicemente « undenkbar »: *Heilsgeschichte*, 664.
[48] *Königsherrschaft*, 29, n. 32.
[49] *Op. cit.*, 29, n. 33.
[50] *ChZ*, 100-102; *Königsherrschaft*, 30 s.
[51] *ChZ*, 101 103 136.
[52] *Op. cit.*, 136.
[53] *Tradition*, 46; *Königsherrschaft*, 37.
[54] *ChZ*, 138 s; *Königsherrschaft*, 38 s.
[55] *ChZ*, 101.
[56] *Königsherrschaft*, 38.
[57] *Op. cit.*, 37.
[58] *Christologie*, 50-81. La « *Christologie* » di O. CULLMANN risponde a due domande complementari che cosa Gesù ha pensato di se stesso? Che cosa ne hanno pensato i primi Cristiani? Studierà i titoli che egli stesso e gli altri gli attribuiscono. Titoli funzionali: definiscono l'opera e, nell'opera, implicitamente, la Persona ma non le « nature ». Titoli unici (einzigartig): convengono solo a Lui. Il Cullmann esamina quindi i principali titoli cristologici (dieci) secondo i quattro momenti della sua attività salvifica: 1) vita terrestre; 2) avvenire escatologico; 3) presente dell'era

Ma questo titolo rimane incomprensibile, soggiunge, senza la luce dinamica del principio di sostituzione.[59] Anzi, « servo di Jahvé » è la concretizzazione tipica (exemplarische Verkoerperung) di tale principio.[60]

Nel « servo di Jahvé » si realizza la « sostituzione nella sofferenza ». Egli soffre al posto dei peccatori e anzitutto di Israele peccatore. Questo fonda la funzione di Mediatore della ricostituzione dell'Alleanza che è propria del Cristo.[61]

Insieme al titolo di Servo di Jahvé quello di Figlio dell'uomo è, scrive il teologo alsaziano, il più importante che ci sia dato di analizzare per capire il Cristo.[62] Anche questo è intimamente architettato secondo la dinamica del principio di sostituzione. Secondo il Cullmann, il senso più profondo del titolo « Figlio dell'uomo » è la funzione sostitutrice dell'umanità mentre invece quello di « Servo di Jahvé » era la funzione sostitutrice del popolo di Israele.[63]

Dove l'applicazione del principio sembra inattesa è nella interpretazione del titolo di « Figlio di Dio ». Questo, osserva il nostro Autore, è intimamente connesso con « servo di Jahvé ». Essere Figlio di Dio significa compiere la funzione di Servo di Jahvé: sarebbe proprio questo, il significato della teofania battesimale.[64] Essere Figlio di Dio significa proprio, sottolinea il Cullmann, ubbidire al Padre fino alla morte.[65]

L'aspetto teologico del principio, messo in rilievo ha questi titoli, è appunto l'elezione (Erwählung). Designa l'esperienza intima di Gesù: era conscio di « essere eletto », « mandato » dal Padre. Coscienza che si manifesta, appunto, nell'obbedienza sino alla morte, nel compiere « l'opera del Pa-

---

escatologica già iniziata; 4) passato della preesistenza. Torneremo più ampiamente su alcuni aspetti di quest'opera: metodo cristologico, divinità di Cristo, problema delle nature.

[59] *Gesù, servo di Dio*: *Protestantesimo* 3 (1948), 50.
[60] *Christologie*, 50.
[61] *Op. cit.*, 54. V. Subilia ci da una prova, abbondantemente documentata, della presenza del concetto di sostituzione nella mentalità giudaica del tempo di Gesù. E afferma che in questo contesto la passione di Gesù era agevolmente capita come sofferenza vicaria. Cf. *Gesù*, Roma 1954, p. 106-109.
[62] *Christologie*, 138-198.
[63] *Op. cit.*, 164. Il Cullmann ritiene inoltre che la più antica cristologia con cui la comunità ha spiegato la sua fede nell'opera e nella persona del Cristo è quella del Servo di Jahvé: *Gesù Servo di Dio*: *Protestantesimo* 3 (1948), 56.
[64] *Christologie*, 290.
[65] *Op. cit.*, 299.

dre » per la salvezza di tutti.⁶⁶ Proprio per questo, è Gesù stesso che ha adottato questo titolo. Non ha le sue origini nel mondo ellenico.⁶⁷

Dopo queste brevi riflessioni su applicazioni concrete del principio di sostituzione, diamo di nuovo uno sguardo al grafico n. 3. Comprendiamo allora facilmente i tre principali apporti chiarificatori di cui questo principio arricchisce la concezione cullmanniana della storia della salvezza.
 1) La storia della salvezza è linea cristica unica e continua. E' linea unica. Non sussistono accanto ad essa altre linee di salvezza. Non c'è una linea della creazione accanto alla linea della redenzione.
 E' linea continua. Il suo sviluppo è progressivo. Non ci sono tappe della storia della salvezza che non si inseriscono sulla linea e viceversa non ci sono momenti della linea che non siano salvifici.⁶⁸
 2) Il carattere cristocentrico della storia della salvezza appare in tutta la sua evidenza. L'avvenimento centrale segna la riduzione estrema dell'attività salvifica ad unica funzione, quella del Cristo, che però « sostituisce », rappresenta tutti ed ha perciò portata universale.⁶⁹
 3) E' un'ulteriore eloquente conferma del carattere essenzialmente temporale del Messaggio.⁷⁰ Il principio di sostituzione infatti, mette in rilievo elementi nettamente temporali di continuità, unicità, centralità, sviluppo... e li presenta come inseparabili dall'economia della salvezza: ne

---

⁶⁶ *Op. cit.*, 299-301.
⁶⁷ *Op. cit.*, 281 s.
⁶⁸ *ChZ*, 158. Siamo ben lontani dal rifiuto di R. Bultmann di vedere nel NT la rivelazione di Dio, la medesima, che continuerà e si approfondirà nel Nuovo: R. Marlé, *Bultmann et l'Ancien Testament*: *NRTh* 78 (1956), 473-486. Specie 479-480.
⁶⁹ *ChZ*, 158 s. Ch. Masson vede in questo principio l'espressione più chiara dello spirito geometrico di O. Cullmann e del suo amore della sintesi per la sintesi. Recensione a *ChZ* in *RThPh* 34 (1946), 83. Ci sembra che ora siamo in grado di sostenere che il Cullmann non consideri il principio come un apriori astratto *ChZ*, 99-100. Questo non esclude che talora abbiamo l'impressione che pieghi la lettura dei testi perché confermino il principio. Vogliamo piuttosto far notare come anche qui non faccia nessun cenno alle conclusioni della tipologia biblica. J. Daniélou ha ben mostrato come questa sia importante per mettere in rilievo la marcia unitaria e progressiva della storia della salvezza: cf. *Essai sur le mystère de l'histoire*, Paris 1953, p. 235 s.
⁷⁰ *ChZ*, 99-100.

costituiscono il dinamismo intimo. Tutto questo ha una funzione polemica anti-bultmanniana veramente notevole.

Senza questi elementi, il Cullmann non riuscirebbe neppure a definire il significato dell'opera di Cristo e della Chiesa nella salvezza. Comprendiamo allora di nuovo, come, per il teologo della salvezza, separare la temporalità dall'azione salvifica di Dio, come vorrebbe il Bultmann, sembri assurdo.

2. *L'idea fondamentale di Cristo come « autocomunicazione di Dio ».*

L'autocomunicazione di Dio è un'idea centrale (Hauptgedanke) che assume per la storia della salvezza e per la cristologia un'importanza uguale al principio di sostituzione.[71] La storia della salvezza può essere spiegata solo alla luce congiunta di queste due idee che non si escludono a vicenda ma anzi si completano. Questa idea centrale ci è presentata esplicitamente per la prima volta nella « *Christologie* ».

Caratterizza, in modo decisivo e preponderante, il significato di titoli come Logos, Dio, Figlio di Dio.[72] Tuttavia è elemento di comprensione anche degli altri titoli: specialmente di quelli che designano la vita terrena di Gesù (Servo di Jahvé, Figlio dell'uomo). Infatti, è nella sua vita terrena che la rivelazione e la comunicazione di Dio si è fatta « tangibile » (handgreiflich) (*Io.* 1,16; *1 Io.* 1,1s).[73]

Il Cullmann pensa che il punto d'incontro tra gli scritti giovannei e paolini sta proprio nel presentarci l'azione (e quindi la storia) di rivelazione e di salvezza come manifestazione e comunicazione di Dio in Cristo.

Conseguentemente « G. Cristo è Dio in quanto si rivela ». Per questo cristologia e storia della salvezza sono due termini inseparabili: ogni cristologia è storia di salvezza.[74]

---

[71] *Christologie*, 334 s. « Selbstmitteilung Gottes » è tradotto da P. BENOIT come « manifestation de Dieu par lui-même en Jésus » (recens. *Christologie*, in: *RB* 65 [1958], 276). E nell'edizione francese della *Christologie*, che sappiamo essere stata diligentemente rivista dall'autore « L'idée de Dieu se communiquant *lui-même* »: *Christologie du Nouveau Testament*, Neuchâtel-Paris 1959, p. 284.
[72] *Christologie*, 275 s 313 s 323 s.
[73] *Op. cit.*, 335.
[74] « Jesus Christus ist *Gott, insofern er sich offenbart* »: *op. cit.*, p. 335; « ... alle Christologie *Heilsgeschichte* ist »: *op. cit.*, 337.

Questa posizione di O. Cullmann ci invita a riflettere sulla sua cristologia. E' un problema sul quale torneremo presto.

Per ora, questa succinta presentazione dell'idea centrale del Cristo come autocomunicazione di Dio ci conduce all'osservazione conclusiva seguente:

E' un'ulteriore conferma della nozione di storia della salvezza, quale la descrivemmo sopra, come incontro-dialogo tra Dio e l'uomo, dialogo inserito nella successione temporale.

E' ribadito il carattere cristocentrico di essa, come pure il significato di Mediazione di tale centralità: il Cristo è la rivelazione e la salvezza unica di Dio.[75]

Così pure è riconfermato il carattere di unità e continuità della storia sacra.[76]

Ci sembra che tra le due opere maggiori di Oscar Cullmann (*ChZ* e la *Christologie*) più che un'evoluzione di contenuto ci sia un'esplicitazione di visioni teologiche, già presenti e affermate. Forse l'uso delle terminologie « geometriche » non le aveva lasciate trasparire con sufficiente chiarezza a più di un lettore.

III. Funzione della Centralità di Cristo

Il significato profondo del carattere cristocentrico della linea di salvezza, come abbiamo visto, è questo: Cristo è il Mediatore (Mittler) del dialogo temporale Dio-uomo che, secondo Oscar Cullmann, costituisce l'essenza della storia di salvezza in tutti i momenti del suo sviluppo, dalla creazione alla parusìa.

Ma il carattere cristocentrico della salvezza ha, come abbiamo pure già accennato, anche un altro significato strettamente connesso con questo: il tempo dell'attività terrena di Gesù (Christustat) è il centro (Mitte) dell'intera storia della salvezza. E il tempo di Cristo è il centro (Mitte o Zentrum) appunto perché il Cristo è mediatore (Mittler). E'

---

[75] « dann muss (...) *alle* Offenbarung Gottes auf die Christusmitte bezogen werden, auf diesen irdischen Jesus von Nazareth, den Gekreuzigten und Auferstandenen »: *Christologie*, 335.

[76] *Op. cit.*, 335 s.

infatti in esso che l'opera mediatrice di Cristo diviene visibile [77] e raggiunge la sua pienezza: si incarna, proclama il suo Messaggio, muore e risorge.[78]

La « centralità » non è quindi, protesta il Cullmann, una nozione puramente metafisica. E' una vera durata temporale in cui si sono realizzati gli eventi decisivi per la salvezza dell'umanità. E' un vero centro cronologico che divide la linea della salvezza in un « prima » e in un « poi ».[79]

Questi « prima » e « poi » prendono una configurazione precisa nei tre periodi in cui il nostro teologo vede organizzata la salvezza: (Heilsepoche).

— Passato (Vergangenheit): prima di Cristo.
— Presente (Gegenwart) dall'anno 30 o 70 fino alla Fine.
— Futuro (Zukunft) dalla Fine in poi.[80]

Per comprendere, in tutta la sua portata, il significato della teologia cullmanniana della centralità di Cristo, dobbiamo fermarci in un esame, sia pure sommario, del contenuto di questi tre periodi di salvezza. E' solo così infatti, che potremo esaminare la funzione della centralità di Cristo nel suo concreto esercizio.

Qual'è il metodo che il Cullmann ci invita a seguire per comprendere il valore dei tre aiônes fondamentali della salvezza?

Lo studio del loro carattere di « unicità » (Einmaligkeit). Nozione che corrisponde all'*efàpax* biblico.[81]

Il nostro Autore ne trova la definizione esatta in *Heb.* 10,10: « Siamo stati santificati mediante il sacrificio che Gesù Cristo ha offerto una volta per sempre (ἐφάπαξ) ».

Per avere il senso completo dell'efàpax neotestamentario, dobbiamo mettere l'efàpax di Heb. in relazione sia col sacrificio sia col fatto che ci ha santificati. Vediamo allora che contiene due elementi profondamente interdipendenti: unicità e decisività.[82]

---

[77] *ChZ*, 79-81.
[78] *Op. cit.*, 92 s; 107-115.
[79] *Op. cit.*, 79-80.
[80] *Op. cit.*, 107-153. Notiamo che in *ChZ* (p. 107) il Cullmann ci dice che il tempo centrale di Cristo va dall'1 al 30 in *Tradition* (p. 30 s) lo fa andare fino al 70.
[81] *Op. cit.*, 107 s; *Christologie*, 98 s.
[82] « *Ein* Mal bedeutet in diesem Falle: ein für alle Mal. Denn es handelt sich um Geschehnisse, die in ihrer Einmaligkeit für immer ent-

Un evento salvifico, verificatosi una sola volta, è, nella sua irrepetibilità, efficace per tutti e per sempre. In Heb. si parla del sacrificio. Ma questo vale, precisa il Cullmann, per tutti gli eventi della salvezza. Ogni momento (kairos) e periodo (Aiôn) della salvezza è efàpax: unico e decisivo.

Da che cosa è dato questo carattere di unicità irripetibile e di efficacia definitiva dell'evento salvifico?

Dipende dal fatto che è un gesto reale di Dio in Cristo. Appunto perché unico e definitivo, ogni Aiôn è questo e non un altro Aiôn. Perciò, per toccarne il contenuto profondo, bisogna sondarne l'unicità: il suo valore di efàpax.

Ma, ci avverte il Cullmann, bisogna tener presente che ogni Aiôn, come ogni Kairos, è parte dinamica di una linea di salvezza unitaria, centrata nel Cristo. Per questo, lo stesso carattere di « unicità », proprio ad ogni evento di salvezza, non gli appartiene che nella misura in cui è fondato sull'atto unico e centrale di Cristo.[83] Ogni Aiôn periferico è sostanzialmente mediazione dell'avvenimento centrale. Tutto il suo valore è di essere ordinato o derivato dall'evento centrale.

Conseguentemente, l'itinerario che il Cullmann ci fa battere per scoprire il valore profondo dei tre grandi Aiônes che costituiscono le tre epoche della salvezza, consiste nel riflettere sul carattere di efàpax di ciascuna epoca ma considerata in funzione di mediazione o di tensione verso il centro.

La nostra analisi delle tre epoche della salvezza sarà ristretta entro i limiti degli elementi indispensabili per darci un'idea abbastanza profonda del dinamismo salvifico in cui si esprime la funzione della centralità di Cristo e della sua opera terrena.[84]

1. *Il passato della storia della salvezza.*

Coll'espressione: passato della storia della salvezza, Oscar Cullmann designa quella parte della linea che va dalla Creazione alla Venuta di Cristo.[85]

---

scheidend sind »: *ChZ*, 107. Così il Cullmann spiega l'*Einmaligkeit* della salvezza.

[83] *ChZ*, 107-108.

[84] I tratti che ne evocheremo saranno le indispensabili linee di fondo su cui, come vedremo, ci sarà possibile edificare la soluzione cullmanniana del problema del mito e formulare la sua difesa contro le critiche di R. Bultmann.

[85] *ChZ*, 107 e 115-122.

Egli mette il suo carattere di «unicità» (efàpax) nel fatto che è preparazione e attesa dell'Incarnazione. Il passato differisce dal tempo della venuta di Cristo come la preparazione (Vorbereitung) dall'adempimento (Erfüllung). L'attesa e la venuta, la preparazione e l'adempimento sono tra loro in un rapporto strettamente temporale. E' infatti la medesima linea temporale che ha percorso il passato quella su cui si inserisce il Cristo ma si è andata amplificando in un progressivo realizzarsi ascensionale (aufsteigende Heilslinie).[86]

Quindi l'Antico testamento non è contemporaneo (gleichzeitig) del Nuovo. Non sono, cioè, nota il Cullmann, come avrebbe voluto dimostrare l'autore della lettera di Barnaba, una medesima storia.[87]

Il vero senso dell'Antico Testamento è nel passato, continua il nostro autore; è costituito dalla sua testimonianza di attesa del Cristo. Non ci è accessibile se non alla luce del Cristo Incarnato e Risorto.[88] E' solo analizzandolo in riferimento al Cristo che potremo scoprire il suo unico valore: preparare e attendere l'Incarnazione. Se lo studiamo in se stesso ci condanniamo a non comprenderlo.[89]

Abbiamo così visto il primo aspetto dell'efàpax del Passato: il suo carattere di unicità. Ma è tempo di salvezza. Quindi è pure decisività efficace, anche nei confronti della salvezza attuale di ogni cristiano.[90]

Nel caso del passato, questo pone un problema: l'unicità del passato stava nell'attendere e nel preparare l'Incarnazione. Questa si è verificata. In che senso allora questa unicità può essere fonte efficace e decisiva di salvezza per noi? Come può essere attuale l'attesa di un avvenimento già avvenuto?

O. Cullmann cerca di giungere a una risposta attraverso due vie interdipendenti.

— La prima via si situa sul piano della rivelazione: è la venuta di Cristo che illumina il passato e ce ne scopre l'autentico valore. Ma poi è il passato, capito così alla luce del centro come preparazione e attesa, che illumina agli occhi del credente di oggi lo stesso avvenimento centrale. Si tratta

---

[86] *Op. cit.*, 118 s.
[87] *Op. cit.*, 117 s.
[88] *Op. cit.*, 119.
[89] *Op. cit.*, 116.
[90] *Op. cit.*, 107 s.

di un cerchio. Ma è il cerchio che spiega, tra l'altro, anche in che senso l'Antico Testamento è adesso per la comunità presente, autentica e attuale rivelazione.[91]

— La seconda via vuole seguire le linee di forza della storia della salvezza. Il Cullmann attira la nostra attenzione su due di esse: la linea che parte da Adamo e quella che parte da Abramo. Ambedue si realizzano in Cristo.[92] La linea che parte da Adamo, egli osserva, si concretizza nella nozione biblica di Figlio dell'uomo. Quella di Abramo nella nozione di Servo di Jahvé. Gesù, in quanto Figlio dell'uomo, è il secondo Adamo. Realizza l'ideale dell'uomo che il Padre sognava nella creazione. Come Servo di Jahvé, realizza la storia del suo popolo. Ora, egli nota, la realizzazione non nega la preparazione. Anzi la valorizza pienamente. La rende attuale, appunto perché ciò che si attendeva ed era agli inizi, ora è attuato.

Il passato, egli conchiude, è quindi attuale per noi oggi, in Cristo. Egli, non solo non ha distrutto le linee del Figlio dell'uomo e del Servo di Jahvé, ma è anzi, in modo definitivo e perfetto, l'uno e l'altro.[93]

2. *Il futuro della storia della salvezza.*

a) *L'efàpax del futuro.* Oscar Cullmann è arrivato a questa conclusione: la fede cristiana primitiva non è escatologica « in modo conseguente » cioè « non è esclusivamente escatologica ».[94]

---

[91] *Op. cit.*, 120 s.
[92] *Op. cit.*, 121; *Christologie*, 50 s 138 s.
[93] *ChZ*, 122.
[94] *ChZ*, 124. Qual'è il senso della parola « escatologia, escatologico »? Sembra assumere oggi un duplice significato: (F. HOLMSTRÖM, *Das eschatologische Denken der Gegenwart. Drei Etappen der theologischen Entwicklung des 20. Jahrhunderts*, Gütersloh 1936, 8 s).
1) Un significato ristretto: la teologia della Fine dell'uomo e dell'universo (Cf. anche *Initiation Théologique*, Paris 1954, t. IV: *Petit dictionnaire théologique*, p. 902).
2) Un significato più vasto che va dall'attesa attuale della Fine (Cf. anche A. FEUILLET, *Le mystère pascal et la résurrection des chrétiens d'après les Epîtres pauliniennes*: NRTh 79 [1957], 338) a una « presenza » già attuale della Fine come salvezza.
Questi due significati, come vedremo, sono presenti e coordinati nel pensiero di O. Cullmann. Pensiamo che una definizione veramente adeguata di queste nozioni così fluttuanti possa venire data, solo tenendo conto

Però, egli stesso ci mette in guardia: non ha abolito ma solo detronizzato l'escatologia.[95] Il centro della linea di salvezza è nel passato: coincide colla azione terrena del Risorto. Ma il futuro conserva un suo carattere « unico e nuovo » (Efàpax). Negarlo significa sopprimere la storia della salvezza.[96]

Se infatti la salvezza è già decisa colla morte e la risurrezione di Cristo, solo nel futuro è posta la realizzazione definitiva e totale di tale decisione. Soppresso il futuro, tale decisione rimarrebbe inoperosa cioè, in altri termini, la salvezza non si verificherebbe.

In che cosa consiste l'efàpax del Futuro?

O. Cullmann comincia col farci notare che l'elemento originale, tipico e nuovo del Futuro è essenzialmente dipendente dal Centro. Per usare l'immagine espressiva che egli adotta, il « Victory Day » non sarebbe mai stato festeggiato se non fosse preceduto e causato dalla battaglia che segna la vittoria decisiva.[97] Per questo il Cullmann può dire che la dipendenza del Futuro dall'avvenimento centrale è ancora più evidente della dipendenza del Passato rispetto al centro.

Ma qual'è questo carattere nuovo del Futuro? In altri termini, che cosa aggiunge il « Victory Day » alla decisione già avvenuta nell'avvenimento centrale?

« Ciò che il Victory Day aggiunge di nuovo alla decisione già avvenuta è questo: lo Spirito Santo, il pneuma, prende possesso dell'intero mondo della sarx, della materia ».[98] Questa « presa di possesso » (Erfassung) Oscar Cullmann la definisce, nello spirito di Rom. 8,11, come risurrezione e nuova creazione.

Vediamo da vicino questa sua teologia della Fine che ha tanta importanza anche per le sue ripercussioni sulla concezione cullmanniana della giustificazione.

---

dell'evoluzione storica di cui sono oggetto. Cf. F.-M. BRAUN, *Où en est l'eschatologie du NT?*: RB 49 (1940), 35-54 .

Parusìa: etimologicamente: presenza, venuta, arrivo. Nel contesto neotestamentario e nostro: ritorno glorioso di Cristo alla Fine. (Cf. F. ZORELL, *Lexicon graecum N.T.*, c. 1011 s).

[95] *ChZ*, 122.
[96] *Op. cit.*, 124.
[97] *Op. cit.*, 73.
[98] « Das Neue, das der "Victory Day" zu der schon gefallenen Entscheidung hinzubringt, ist die Erfassung der ganzen Welt der sarx, *der Materie* duch den Heiligen Geist, das pneuma »: *ChZ*, 124 .

L'uomo, scrive il teologo alsaziano, è composto di anima e di corpo. Meglio, l'uomo risulta di due aspetti inseparabili: l'uomo esteriore e l'uomo interiore.[99]

La sarx (carne) è la potenza del peccato che lo insidia. Colla caduta di Adamo, la sarx è entrata come potenza di morte nell'umanità.[100] I suoi colpi feriscono tutto l'uomo: corpo e anima. Il corpo si decompone. L'anima cade in una esistenza che è pallida ombra della vita.[101] La sarx colpisce tutto l'uomo: è infatti potenza di morte, appunto perché potenza di peccato. Come, durante l'esistenza terrena dell'uomo, tiene incatenato tutto l'uomo al peccato, così al termine di questa esistenza tutto l'uomo, anima e corpo, rimane vittima, sia pure in modo diverso, della morte che è lo « stipendio » del peccato.

Ebbene, la Fine è liberazione totale di tutto l'uomo dal peccato e dalla morte.[102] La Fine sarà una ri-creazione di tutto l'uomo. Non solo ri-vitalizzazione del corpo ma anche ri-vitalizzazione dell'anima, mediante una sua giustificazione intima e definitiva. Ri-creazione di tutto l'uomo come anche di ogni altra realtà creata. Come la Creazione cadde con Adamo, così la creazione risorgerà colla liberazione definitiva dell'uomo dalla colpa.[103]

Questa nuova creazione che spiritualizza dall'intimo l'uomo e il creato, secondo Cullmann, avrà luogo sulla linea del nostro tempo e nel quadro di questa nostra terra:

« Come nel Cristo Gesù la decisione è già avvenuta sulla terra, così è sulla terra che la realizzazione finale avrà luogo ».[104]

---

[99] *Immortalité*, 43.

[100] *Op. cit.*, 45. O. Cullmann insiste su questa idea: non è la sarx che risorge ma il corpo. E la risurrezione consiste essenzialmente nella liberazione dell'uomo dalla potenza della sarx.

[101] *Op. cit.*, 44. E' uno « stato di sonno » (p. 65). Il Cullmann si rifà alla concezione ebraica dello sheol (p. 44).

[102] *Immortalité*, 48 s. Per un'analisi critica, da un punto di vista cattolico, dell'escatologia personale di O. Cullmann cf. S. GAROFALO, *Sulla « escatologia intermedia » in San Paolo*, in: « Christus Victor mortis », Roma 1958, p. 135-153.

[103] *Immortalité*, 48 s, *ChZ*, 205 s. « ... n'est-ce pas la grandeur de l'espérance chrétienne (...) de placer notre résurrection dans le cadre d'une rédemption cosmique, d'une création nouvelle de l'univers? »: *Immortalité*, 11-12.

[104] « So wie die Entscheidung in Jesus Christus schon auf Erden gefallen ist, so muss also die Vollendung erst recht auf Erden stattfinden »: *ChZ*, 125; *Le retour*, 18 s.

b) *Fondamento dell'efàpax del Futuro*. Possiamo ora definire l'efàpax del Futuro essenzialmente come « risurrezione »; « nuova creazione », « vittoria sulla sarx ».

Ma il Futuro sarà risurrezione soltanto perché il Cristo è già risorto, proclama il Cullmann. Il fondamento dell'efàpax del Futuro è la risurrezione di Cristo. Fondamento nel senso che è causa e prototipo della risurrezione finale. « Gesù Cristo è il primo nato tra i morti ».[105]

La Parusìa ci appare allora, nel pensiero nel nostro Autore, come l'intervento del Mediatore trionfante nell'atto finale della sua missione salvifica. Come egli è stato il mediatore della prima creazione così è il mediatore di questa ri-creazione.

Sarà mediazione trionfante. La sua regalità, ora invisibile, sarà allora visibile. Le descrizioni apocalittiche dei sinottici, osserva il Cullmann, non hanno altro scopo che di mettere in rilievo questa visibilità.[106]

Mediazione trionfante anche perché il Cristo scatenerà allora la lotta decisiva contro le potenze ἐξουσίαι di cui, la principale e la più irriducibile, sarà appunto la sarx.[107] Queste potenze colla sua risurrezione erano state solo assoggettare (Bindung); saranno ora distrutte (Vernichtung).[108] Questo sarà il trionfo.

Questo annientamento della potenza della sarx sarà una stessa cosa colla ri-creazione e la spiritualizzazione intima dell'uomo e del creato. La sua opera di mediatore sarà così compiuta (erfüllt).[109] E' allora che il Cristo consegnerà il regno al Padre (*1 Cor.* 15,28 s). Così avrà termine il regno di Cristo e inizierà il regno di Dio.[110] Allora la linea della salvezza sarà giunta al suo termine.[111]

Uno studio approfondito dell'escatologia cullmanniana a questo punto dovrebbe affrontare il problema della sua concezione del millenarismo verso il quale il suo atteggiamento è, per lo meno, indeciso. Cf. *ChZ*, p. 129 s; *Königsherrschaft*; *Le retour* ecc.; *Christologie*, 233, 137...
[105] *ChZ*, 124 s; *Immortalité*, 53 s.
[106] *Le retour*, 30 s.
[107] Per la posizione cullmanniana sul difficile problema delle exousiai, cf. *Zur neuesten Diskussion über die "Exousiai" in Röm.* 13,1 = *ThZ* 10 (1954), 321-336.
[108] *ChZ*, 135 s.
[109] *Op. cit.*, 94 s.
[110] *ChZ*, 159 s; *Le retour*, 16 s; O. Cullmann precisa: la sostanza del regno di Cristo è inseparabile da quella del regno di Dio come il Padre è inseparabile dal Figlio ma « cronologicamente è essenziale separarli »:

Chiusura che è adempimento perfetto e pienezza, non cessazione. La fine (Ende) era infatti anche lo scopo (Ziel) della linea.

La storia non sarà sospesa: sarà più intimamente storia: il dialogo Dio-uomo sarà profondo e indefettibile « non ci sarà più morte né peccato »[112] e continuerà a svilupparsi su una trama temporale: la liena dalla Fine in poi è illimitata.[113]

c) *Attualità del Futuro*. Ogni epoca di salvezza estende il suo influsso salvifico ad ogni momento della linea. Qual'è la decisiva efficacia salvifica che il Futuro esercita sul presente?

La risurrezione di Cristo è già efficace oggi. La morte è già assoggettata, la nuova creazione iniziata, l'era della risurrezione già inaugurata.[114]

Lo Spirito di vita fa già irruzioni momentanee nel mondo della carne: le risurrezioni e le guarigioni del vangelo ne sono una traccia e un simbolo.[115]

In questo senso, il Cullmann parla di un'anticipazione del Futuro. Ed è tale anticipazione che anima il nostro atteggiamento verso la Fine: la speranza.[116]

Speranza nella risurrezione della Fine che è fondata sulla fede nella risurrezione di Cristo: risorgeremo perché lui è risorto.

La nostra speranza nel suo ritorno trionfante è fondata sulla fede nell'avvenimento centrale della sua venuta: verrà perché è già venuto.

Non solo quindi l'efàpax del futuro è partecipazione dell'evento centrale ma lo stesso nostro atteggiamento verso il Futuro (speranza) è partecipazione del nostro atteggiamento verso il centro (fede).

Königsherrschaft, p. 18-19. Non è nostro scopo esaminare l'esattezza esegetica di queste affermazioni. Col Cullmann, ammette una certa differenza tra regno di Dio e regno di Cristo M.J. Lagrange, *Evangile selon S. Mathieu*, Paris 1927, p. CLXI s e nel commento di *Mt*. 13,41. Contrario invece, M. Meinertz, *Theologie des N.T.*, Bonn 1950, Bd. I, p. 38, e Bd. II, p. 228 s.

[111] *ChZ*, 94 s.
[112] *Op. cit.*, 93-95; 211-215.
[113] *Op. cit.*, 52 s.
[114] *Immortalité*, 55-63; *ChZ*, 127 s; 207 s; *Le retour*, 21-32.
[115] *ChZ*, 125.
[116] *ChZ*, 125 s; 205-215; *Le retour*, 16-21; 32-38; *Immortalité*, 76-79.

Abbandonare la speranza è rinunciare alla storia della salvezza ed ogni affievolirsi della fede ha come conseguenza un compromettersi della speranza.[117]

Forse, mai come in questa considerazione del Futuro, si verifica questa annotazione del nostro Autore:

« Così anche su questo punto troviamo una nuova conferma che ogni momento della linea della salvezza ha un suo proprio unico significato ma questo solo in quanto è determinato dall'avvenimento centrale ».[118]

3. Il presente della storia della salvezza.

Oscar Cullmann ci avverte che individuare il significato storico-salvifico tipico (heilsgeschichtliche Eigenbedeutung) del Presente è molto più complesso.[119]

Ci troviamo di fronte ai grandi capitoli teologici: ecclesiologia, sacramentalismo, tradizione ecc...

Il Presente poi è essenzialmente « tempo intermedio » (Zwischenzeit). E' posto tra il centro (Christustat) e la Fine. Importa quindi relazioni, non sempre facilmente definibili, con queste due epoche di salvezza.

a) *L'efàpax del Presente: la tensione*. Il teologo alsaziano definisce il valore proprio del Presente come tensione (Spannung). Infatti, spiega, il Presente è posto tra la data della battaglia che ha deciso definitivamente dell'esito della guerra e il « Victory Day ».[120] Il Presente è già nel nuovo Aiôn della salvezza ma non coincide ancora colla salvezza consumata e definitiva della Fine. E' l'ultima ora prima della Fine (*1 Io.* 2,18).[121]

La Fine è già iniziata ma solo iniziata. « Siamo già nell'ultimo tempo ma non è ancora la Fine ».[122]

« E' questa l'unica dialettica e l'unico dualismo che ci sia nel Nuovo Testamento. Non è una dialettica tra il quaggiù

---

[117] *Le retour*, 36.
[118] « So finden wir auch an diesem Punkte bestätigt, dass jeder Abschnitt der Heilslinie seine einmalige eigene Bedeutung hat und doch nur, weil er bestimmt ist durch das Geschehen der Mitte »: *ChZ*, 126.
[119] *ChZ*, 126. Il presente è specialmente studiato dal Cullmann in *ChZ*, 126-152 197-205; *Christologie*, 199-252.
[120] *ChZ*, 70 s; 126 s.
[121] *Op. cit.*, 127 77.
[122] « Es ist schon Ende, und doch noch nicht *das* Ende »: *op. cit.*, 127.

e l'al di là, né tra il tempo e l'eternità, ma tra il *presente e l'avvenire* ».[123]

Abbiamo visto come la Fine, cioè il « ritorno di Cristo », è affermazione definitiva della sovranità universale, conquistata dal Cristo sulla croce. E' ri-creazione concreta del mondo nuovo da lui partorito misticamente in promessa. Ri-creazione già iniziata oggi. Quindi il concetto di « tensione » non è un semplice coesistere di una certezza riflessa sul passato e di un'attesa proiettata sul futuro. E' l'inserimento vitale in un'escatologia, cioè in una ri-creazione, già iniziata. Questo inizio fa sì che il Presente sia essenzialmente moto verso il suo termine temporale che sarà appunto la consumazione della Fine ora solo anticipata.

Si tratta, in altre parole, di una dialettica vitale che il credente e la Chiesa, corpo dei credenti, vive.

Il credente, insiste il Cullmann, sperimenta questa tensione. Lo Spirito agisce già in lui. Ma si sente ancora vittima del peccato: la potenza del peccato (sarx) è solo incatenata.[124]

Anche la Chiesa la sperimenta e la manifesta.

« E' certamente il corpo di Cristo, corpo di risurrezione ma essendo composta di noi, uomini peccatori, ancora peccatori, non è semplicemente il corpo della risurrezione. Rimane nel medesimo tempo corpo terrestre che non solo può essere crocifisso, ma che partecipa anche alle imperfezioni di ogni corpo terrestre ».[125]

b) *Il fondamento dell'efàpax del Presente*. Il presente è tensione, cioè, è salvezza già iniziata ma non ancora né definitiva, né totale. Che questa « salvezza » costitutiva del Presente, si fondi sull'avvenimento centrale della morte e della risurrezione di Criso, per il Cullmann è qualcosa di evidente. E' perché il Cristo ha patito ed è risorto che nel Presente la salvezza ci è assicurata e la Fine iniziata. Il Kyrios risorto

---

[123] « Das ist die einzige Dialektik und der einzige Dualismus, die es im Neuen Testament gibt. Es ist nicht die Dialektik von Diesseits und Jenseits, aber auch nicht die von Zeit und Ewigkeit, sondern von *Gegenwart und Zukunft* »: *op. cit.*, 128.

[124] *Op. cit.*, 80 134-136; *Le retour*, p. 18; anche i morti, coloro che « dormono » sono in uno stato intermediario: *Immortalité*, 69 s.

[125] « Elle (la Chiesa) est certes le corps du Christ, corps de résurrection, mais étant composé de nous, hommes pécheurs, encore pécheurs, ce n'est pas simplement le corps de la résurrection. Il reste en même temps corps terrestre qui non seulement peut-être crucifié, mais qui participe aussi aux imperfections de tout corps terrestre »: *Tradition*, 31.

è il vincitore della potenza di peccato e di morte. E' lui che fin d'ora ci salva.[126] I primi cristiani hanno tradotto, secondo il nostro Autore, questa salvezza del Presente in termini di regalità. Per questo il Presente è tempo del regno di Cristo.[127] Dire: il Presente è regno di Cristo, significa dire: il Presente è tempo di salvezza: siamo già iniziati alla salvezza. Di grande interesse è, a questo proposito, l'analisi cui il Cullmann sottopone quella che egli considera la formula di fede più antica e essenziale. Quella da cui, come un germe primordiale, si sono venute enucleando le confessioni posteriori, mediante aggiunte e precisazioni ed esplicitazioni dovute a varie cause: approfondimenti ulteriori, polemiche anti-ereticali ecc... E' la formula Kyrios Christos.[128]

Ci limitiamo a segnalare due osservazioni del nostro Autore che ci sembrano particolarmente significative:

— La fede che animava i primi cristiani, quale questa formula ce la rivela, consisteva, in primo luogo, nella certezza: Cristo, oggi, regna su di noi. Gli altri due elementi: Cristo regna oggi perché ha vinto la morte, Cristo ritornerà, sono presenti ma passano quasi in secondo piano. Domina la grande attuale « esperienza » della salvezza in cui consiste il Regno attuale del risorto ».[129]

— Il Cristo attualmente è il Kyrios glorificato perché ha vinto la potenza di peccato e di morte. E tra le gesta di questa vittoria che sono la causa e l'inizio della sua glorificazione, la prima e la centrale è la risurrezione. E' proprio nella Sua risurrezione il momento culminante della sua trionfale affermazione sul peccato, germe di morte.[130]

Questa seconda osservazione è una risposta ben convincente al rimprovero che il Barth muove al teologo della salvezza di relegare la risurrezione al livello di un'appendice della sua costruzione teologica, non riconoscendole nessuna portata centrale.[131]

c) *Il presente tempo della Chiesa*. Il Presente è quindi il tempo del regno di Cristo. Ma, precisa Oscar Cullmann,

---

[126] *ChZ*, 128 s; *Christologie*, 209 s 240.
[127] *ChZ*, 132 s 164 s; *Le retour*, 16 s.
[128] *ChZ*, 134 s; *L'essence de la foi chrétienne*: RHPhR 22 (1942), 37 s.
[129] *L'essence de la foi chrétienne*, 40 s.
[130] *Art. cit.*, 37; *Christologie*, 209 s.
[131] K. BARTH, *Kirchliche Dogmatik*, III/2, p. 531 s.

non è più il tempo centrale del Cristo Incarnato e degli apostoli, suoi testimoni oculari. Il regno di Cristo *prolunga* il tempo centrale dell'attività terrena del Verbo Incarnato *ma non lo è più*.[132]

Il Presente è anche equivalentemente il tempo della Chiesa.[133]

Qual'è il rapporto esistente tra la Chiesa e il regno di Cristo? Il Cullmann lo caratterizza così:

« Il Cristo regna su tutte le cose nei cieli e sulla terra. Il centro spaziale di questa sovranità è la Chiesa che rappresenta il suo corpo sulla terra ».[134]

E chiarirà quell'espressione « centro spaziale »:

« La Chiesa è il centro terrestre da cui diviene visibile tutta la sovranità di Cristo ».[135]

Questa definizione, secondo il nostro Autore, chiarisce la natura e la funzione della Chiesa.

Ma non indugia molto nell'esame della natura della Chiesa. Si richiama alla nozione di « corpo » di Cristo. Nozione che si traduce in termini di « rappresentazione » e che trova nel principio di sostituzione la sua migliore chiarificazione.[136]

Insiste piuttosto su un altro aspetto della « natura » della Chiesa e del suo « tempo »: esso, come il regno di Cristo di cui è rappresentante, e, appunto perché ne è il rappresentante, è essenzialmente subordinato e dipendente dal centro. Suo afàpax è la tensione. L'errore radicale dell'ecclesiologia cattolica sta appunto, afferma il teologo alsaziano, nell'aver dimenticato che il tempo della Chiesa è « Zwischenzeit ». Per questo lo « assolutizza », confonden-

---

[132] *Tradition*, 31. Cullmann respinge ripetutamente (*ChZ*, 148 s 128 66 46) uno dei motivi centrali della concezione kierkegaardiana della fede: la fede ci fa contemporanei (gleichzeitig) di Cristo e degli Apostoli. Credere per il Kierkegaard è « fare un salto indietro » (Überspringen). Il Cullmann osserva: « (Kierk.) zerstört damit implicite die Heilslinie, indem er die Gegenwart eigentlich aus ihr herausnimmt »: *ChZ*, p. 148. E giunge a questa negazione del Presente, egli continua, perché dimentica che il Cristo regna attualmente, benché invisibile, nel presente e agisce visibilmente nella Chiesa (ib.).
[133] *ChZ*, 132 s; *Tradition*, 29 s; *Petrus*, 24 s.
[134] « Christus herrscht über alle Dinge im Himmel und auf Erden. Das räumliche Zentrum dieser Herrschaft ist die Kirche, die seinen Leib auf Erden darstellt »: *ChZ*, 132.
[135] « Die Kirche ist das irdische Zentrum, von dem aus die ganze Herrschaft Christi sichtbar wird »: *op. cit.*, 136.
[136] Cf. sopra, p. 138 s.

dolo così col Centro o col Futuro e negando la « tensione ».[137]
Scopo della funzione della Chiesa è appunto di rendere il regno, la salvezza visibili, accessibili all'umanità redenta.

E' una funzione duplice: cultuale e missionaria.

La Chiesa esplica questa sua mansione di rendere « visibile » (sichtbar) il regno e la salvezza in modo tipico per ogni sua attività:

nel culto eucaristico la visibilità consisterà nella presenza escatologica del Risorto nella comunità;[138]

nel culto battesimale significherà invece un « inserirsi nella fede » del nuovo credente nella comunità che è il corpo di Cristo;[139]

la predicazione rende il Cristo visibile nel senso che l'uomo riconosce nella fede, al suono della proclamazione del Messaggio, di essere già un suddito di Cristo cioè un suo salvato.[140]

d) *Tradizione e primato*. Il Cullmann ci ha ora condotti ad un punto di vista da cui siamo in grado di afferrare il motivo di fondo che anima la sua teologia della Tradizione e del Primato. Vedremo perché sia così irriducibilmente inconciliabile colla teologia cattolica.

Il principio direttivo della riflessione cullmanniana sulla Tradizione e sull'Apostolato è questo: Il tempo della Chiesa è tempo intermedio. Non è più il tempo centrale del Cristo Incarnato.

Ora, la tradizione apostolica, codificata nella Scrittura, è normativa appunto perché appartiene al tempo centrale: ha il Kyrios come protagonista.[141]

---

[137] *ChZ*, 128 s.
[138] *ChZ*, 136 s; *Les sacrements*, 9-13 36-40 84 s. Torneremo poi con un'attenzione maggiore sull'attualizzazione della salvezza operata nei sacramenti.
[139] *ChZ*, 136; *Tauflehre*, 24 s.
[140] *ChZ*, 139 s 166 s. Il carattere escatologico della funzione missionaria della Chiesa è stato studiato con diligenza da J.S. Arrieta, *La Iglesia del Intervalo: aspecto escatologico del tiempo de la Iglesia en O. Cullmann*, in: Miscellanea Comillas 31 (1959), 191-297, specialmente 270-277.
[141] *Tradition*, 11-28 31 s; *ChZ*, 148 s. C'è proprio coestensione tra Scrittura e testimonianza degli apostoli? Il Cullmann lo pensa: la Scrittura, che egli definisce come « les écrits des apôtres » (*Tradition*, 34) o « le témoignage écrit des apôtres » (*op. cit.*, 35), secondo lui, contiene tutto e solo il kerigma apostolico. Non è una petitio principii? Ammette questa identità per mantenere tra gli apostoli defunti e i fedeli di tutti i tempi

E la tradizione postapostolica, cioè ecclesiastica, non è forse la tradizione del Presente cioè del tempo della Chiesa? Ebbene questo è tempo intermedio perciò subordinato. Il Kyrios non ne è più il protagonista. Solo nel tempo centrale egli era il protagonista della rivelazione.

Quindi è assurdo volerle riconoscere un valore normativo e assoluto.

Questo ragionamento ha meritato al Cullmann da parte di J. Daniélou l'accusa di incoerenza. Il Cullmann afferma che il protagonista della funzione cultuale della Chiesa è il Kyrios. E' Cristo che è presente e che agisce nei sacramenti, la chiesa non è che il « luogo » in cui questa azione si svolge.[142] Ora, mentre egli ammette che il Kyrios è all'opera nei sacramenti della Chiesa, nega che è all'opera nella tradizione della Chiesa!

Non è forse un'incoerenza? Il Presente sarebbe allora tempo, centrale sul piano sacramentale e subordinato sul piano della rivelazione.[143]

---

un contatto vivo (*op. cit.*, 36). Perché allora escludere a priori anche il mezzo di una tradizione orale affidata a un magistero? Di queste tradizioni apostoliche non scritte abbiamo testimonianze neotestamentarie che non lasciano dubbi (*Io.* 21,25; *1 Thess.* 4,16; *Act.* 20,35). Il Cullmann stesso ne ammette l'esistenza. Ma dal momento che non sono codificate per iscritto, il Magistero, fissando il canone, rinuncerebbe a farne uso! (*op. cit.*, 45). Inoltre, su che cosa si fonda la normatività del Vecchio Testamento? Non appartiene al Centro. Egli spiega al Daniélou: « l'A.T. a été reçu dans le Canon en tant que témoignage de cette partie de l'histoire du salut qui a préparé l'Incarnation » (*op. cit.*, 47). Troppo poco! Alla pari, si potrebbe dire: le encicliche ecc... vanno ammesse nel Canone perché testimonianza della parte della storia della salvezza che continua l'Incarnazione...

[142] Il Cullmann ritiene che uno degli elementi fondamentali della concezione neotestamentaria del culto e dei sacramenti consiste nel fatto che l'azione è compiuta da Dio in Cristo: *Urchristentum*, p. 11, n. 1; *Les Sacrements*, 84-85.

[143] J. Daniélou, *Réponse à M. Cullmann*: *Dieu Vivant*, n. 24, p. 114. Un altro punto delicato e fragile su cui il Cullmann fonda la sua teologia della Tradizione è la fissazione del canone (II secolo). La Chiesa vi esprime umile subordinazione davanti alla Scrittura di cui proclama la esclusiva normatività (*Tradition*, 29 s). Henry Duméry ha sottolineato che il teologo alsaziano dimentica che la fissazione del canone è anzitutto esercizio di una « puissance judicatoire ». La Chiesa giudica e stabilisce il canone. Questa potenza le rimane. Non la userà rinnegando il canone: sarebbe rinnegare se stessa. Ma la potrà usare in altro modo, conservando, interpretando normativamente gli scritti... Cf. *Critique et religion, Problèmes de méthode en philosophie de la religion*, Paris 1957, p. 245 s, n. 3.

Veramente il Cullmann si dichiara « absolument d'accord avec la théologie catholique lorsqu'elle insiste sur le fait que l'Eglise elle-même a fait le canon » (*Tradition*, 43). Solo che poi questa « potenza di giu-

La risposta del teologo alsaziano può essere articolata in tre momenti:

— Dio parla anche oggi alla Chiesa, solo però mediante la testimonianza degli apostoli conservata nella Scrittura.[144]

— Mentre nella Tradizione apostolica è all'opera il Kyrios; la tradizione postapostolica che la Chiesa può oggi formulare leggendo e predicando la Scrittura, rimane al livello di un puro dato umano, anche se lo Spirito può manifestarsi attraverso essa.[145]

— Le categorie di infallibilità e di errore possono essere applicate alla tradizione ma non ai sacramenti. Questo ci dice che l'incoerenza denunciata non è che apparente: si tratta solo di rendersi conto che parlando dei sacramenti siamo su un piano diverso che parlando della Tradizione.[146]

Questa risposta non può soddisfare il teologo cattolico. Gli fa anzi sospettare che ogni ulteriore dialogo su questo punto sia condannato alla sterilità. Infatti il nostro Autore ci lascia capire, ancora una volta, che ha un'idea inesatta della concezione cattolica della Tradizione.

Sembra supporre che la Tradizione per il cattolico sia qualcosa che il Magistero o la Comunità « inventa » adesso. Non arriva forse ad identificare la tradizione cattolica colle favole degli apocrifi e di Papia?[147] Quando la Chiesa formula nuove definizioni dommatiche, osserva il nostro Teologo, la Chiesa mette accanto (juxtapose) alle Scritture, tradizioni ulteriori cui conferisce poi, abusivamente, pari autorità normativa.[148] Anzi, nelle definizioni, il riferimento del Magistero alla Scrittura si riduce, a suo parere, a una finzione che tende poco a poco ad abbandonare.[149] E precisa: « Parliamo qui della realtà, non della teoria. Che *in teoria*

---

dizio » cessa. Il Cullmann come pure il Duméry non semplificano forse l'atteggiamento della Chiesa sulla fissazione del Canone? Il Concilio Vaticano (sess. III, cap. II: Denz., *Ench. Symb.*, nr. 787) ha dichiarato: « Eos [V. et N. Testamenti libros] vero Ecclesia pro sacris et canonicis habet, non ideo, quod sola humana industria concinnati, sua deinde auctoritate sint approbati; nec ideo dumtaxat, quod revelationem sine errore contineant; sed *propterea, quod Spiritu Sancto inspirante conscripti Deum habent auctorem, atque ut tales ipsi Ecclesiae traditi sunt* ».

[144] *Tradition*, 37.
[145] *Op. cit.*, 33.
[146] *Op. cit.*, 36-37.
[147] *Op. cit.*, 43.
[148] *Op. cit.*, 46.
[149] *Op. cit.*, 38.

non si pretenda di promulgare una rivelazione nuova, lo concederemo volentieri a J. Daniélou ».[150]

La pratica della Chiesa insomma smentirebbe quanto essa in teoria afferma cioè che la rivelazione è chiusa. Questi spunti non bastano forse a farci pensare che il Cullmann non conosce sufficientemente l'idea cattolica di Tradizione.[151]

La Tradizione, per il cattolico, è colla Scrittura espressione della Tradizione apostolica, espressione orale e vivente.

L'una e l'altra espressione, Scrittura e Tradizione, sono state elaborate fin dall'inizio dalla Chiesa stessa in quanto fondata dal Cristo e incaricata di conservare il deposito di fede.

La Chiesa non si attribuisce l'onere di creare ma di conservare il deposito. Ma è un vivente che conserva un deposito di vita. Perciò l'approfondisce, la comprende sempre meglio.

La Tradizione è quindi per la Chiesa soltanto apostolica. Ci è trasmessa, come la Scrittura, da un Magistero infallibile e normativo. E questo è infallibile perché agiva già negli apostoli. Ed è esso che ha ricevuto e ci ha ritrasmesso la testimonianza di Parola e di vita del Cristo. Ce l'ha ritrasmesso in una duplice espressione, scritta e non scritta.

Quindi, il Kyrios, all'opera nel centro, rimane all'opera anche nel presente, nel sacramento come nel magistero.

---

[150] « Nous parlons ici de la réalité, non de la théorie. Qu'en *théorie* on ne prétende pas promulger une révélation nouvelle, nous le concéderons volontiers à Jean Daniélou: *op. cit.*, p. 38, n. 2.

[151] Questo equivoco non è sfuggito ai recensori cattolici più attenti di *La Tradition*. Segnaliamo quelli che ci sembrano più significativi: P. Benoit: *RB* 62 (1955), 258-264; H. Bacht: *Scholastik* (1955), 1-32; G. Tavard: *Downside Review* 72 (1954), 232-244; S. Cipriani: *Scuola Cattolica* 83 (1955), 355-390. Estremamente interessanti i due articoli di G. Dejaifve che situano, per così dire, l'equivoco cullmanniano nel flusso continuo del pensiero luterano: *Bible et tradition dans le luthéranisme contemporain*: NRTh 78 (1956), 33-49, e *Bible, Tradition, Magistère dans la théologie catholique*: ibid., p .135-151, e, per lo stesso motivo, notevoli anche quelli di A.M. Dubarle, *Ecriture et Tradition à propos de publications protestantes récentes*: Istina 3 (1956), 399-416; 4 (1957), 113-128. Tra le molte e valide presentazioni della concezione cattolica della Tradizione, ci limitiamo a citarne due: G. Filograssi, *Tradizione Divino-Apostolica e Magistero della Chiesa*: Gregorianum 33 (1952), 135-167, e R. Latourelle, *Notion de révélation et magistère de l'Eglise*: Sciences Ecclésiastiques 9 (1957), 201-261. Interessante questo secondo articolo perché è una sintesi storica delle espressioni del Magistero sulla natura della Rivelazione e sulla funzione propria al magistero stesso nei confronti della Rivelazione.

Quando poi la Chiesa definisce un domma, lo fa proprio perché lo crede un dato della Tradizione apostolica. Se non è contenuto esplicitamente nella Scrittura è almeno conforme ad essa. Ed è certamente implicitamente presente nella fede viva, ricevuta dal Cristo e che precede, comprende e va oltre (déborde) gli stessi scritti sacri.[152]

e) *Il Primato*. La medesima teologia del Presente, come « Zwischenzeit », è alla base della teologia cullmanniana della successione apostolica e del primato.[153]

L'apostolo, egli afferma, è il testimone: colui che ha visto il Cristo. Quindi appartiene al tempo centrale di Cristo.

I vescovi sono nel Presente. Non sono i veri successori degli apostoli: la testimonianza di chi « ha visto » il Cristo non è trasmissibile. Sono « successori » in senso cronologico, se si vuole: vengono dopo. Ma la loro funzione è radicalmente diversa. « Non hanno visto il Cristo! ».[154]

Il teologo cattolico potrà obbiettare: gli apostoli sono i fondatori della Chiesa quindi se sono nel tempo di Cristo sono anche nel tempo della Chiesa: non si può separare l'edificio dalle sue fondamenta. Crollerebbe.[155]

Oscar Cullmann aveva già risposto a questo rilievo otto anni prima che il Dejaifve lo formulasse. La fondazione della Chiesa è, per lui, come la morte e la risurrezione di Gesù e gli altri eventi di salvezza, « efàpax ». E' un avvenimento unico e irripetibile. La Chiesa, fondata una volta sugli apostoli nel tempo centrale, rimane fondata per sempre.[156] Quindi gli apostoli, come fondatori, non hanno nessuna necessità di essere parte del Presente, tempo della Chiesa.

---

[152] G. DEJAIFVE, *Bible, Tradition, Magistère dans la théologie catholique*: NRTh 78 (1956), 146 s.

[153] *ChZ*, 153. E' quello che una critica cattolica delle posizioni cullmanniane sul problema di Pietro non deve dimenticare se vuole essere veramente efficace. Se no si riduce a una serie di contestazioni polemiche di punti particolari. Queste possono essere anche storicamente e dommaticamente valide, ma non riescono a toccare il fondo della teologia del primato del nostro Autore. Ci sembra di riscontrare un esempio tipico di questa « critica frammentaria » negli articoli dedicati al « *Petrus* » da S. FRUSCIONE: *Significato e visuale storica del* « *Petrus* » *di O. Cullmann*: Civ. Catt. (1953 III), 275-289; *Per un genuino concetto di primato pontificio*: ibid. 595-611.

[154] *Tradition*, 31 s; *Petrus*, 239-250; *ChZ*, 151-153.

[155] G. DEJAIFVE, *O. Cullmann et la question de Pierre*: NRTh 75 (1953), 379.

[156] *ChZ*, 152 s.

11 — L. BINI, S. J.

Questo è il tempo della Chiesa, fondata di fatto, e non di una Chiesa, in corso di fondazione.

Anche il primato pontificale è senza vera base neotestamentaria, continua il Cullmann. Pietro è stato il capo degli apostoli. Questo perché è stato un testimone privilegiato del Risorto.[157] Questo « primato » l'ha esercitato per poco tempo nella chiesa di Gerusalemme.[158] Poi si ritira: si consacra all'opera missionaria come subordinato di Giacomo.[159]

Ma, anche se Pietro avesse avuto un vero potere sugli apostoli, e, questo potere lo avesse esercitato durante tutta la sua vita, nella logica cullmanniana, il primato pontificale rimarrebbe assurdo. Infatti qual'è la base del « primato »? Pietro « ha visto in modo privilegiato il Risorto ». Tale esperienza non è trasmissibile. Come i vescovi non sono i successori degli apostoli in senso vero e proprio, così il vescovo di Roma non sarebbe il successore di Pietro nel primato in senso vero e proprio, dato e non concesso che Pietro lo abbia esercitato in tutta l'estensione che i cattolici gli attribuiscono.[160]

Insomma Oscar Cullmann pensa che è la Chiesa intera che succede agli apostoli.[161] Ma è proprio questa l'origine di tanti nostri interrogativi. Se nessuno succede veramente a Pietro e ai dodici la chiesa dei credenti può veramente succedere alla chiesa degli apostoli? E' la stessa chiesa che continua?

Chiudendo, ripetiamo come tutta la teologia cullmanniana della successione e del primato si fondi sulla sua concezione dell'efàpax temporale, nel senso che rappresenta il fondamento efficace e unico (unicità) sul quale l'edificio

---

[157] *Petrus*, 245. Precisiamo tuttavia che l'apostolo, secondo il Cullmann, deve essere testimone oltrecché della risurrezione anche della vita terrena di Cristo. Solo così potranno adempiere tutto il loro incarico: garantire la continuità tra il risorto e l'incarnato (*Petrus*, p. 243). Mette però l'accento sulla testimonianza della Risurrezione: è questa la sublimazione del Kurios che regna attualmente.

[158] *Op. cit.*, 251 s.

[159] *Op. cit.*, 259 s. Non rientra nell'indole di questo lavoro l'esame critico particolareggiato della teologia del primato di O. Cullmann e tanto meno delle sue posizioni sui problemi storici della venuta e del martirio di Pietro a Roma ecc... Rimandiamo a CH. JOURNET, *Primauté de Pierre dans la perspective protestante et dans la perspective catholique*, Paris 1953, p. 153; L. CERFAUX: *RSR* 41 (1953) ,188-192; P. BENOIT: *RB* 60 (1953), 565-579; G. CORTI: *Scuola Cattolica* 84 (1956), 321-335, ecc...

[160] *Op. cit.*, 246 s.

[161] *Op. cit.*, 247 s.

posteriore riposa definitivamente (decisività). Non è fondamento nel senso che ciò che è avvenuto all'inizio debba ripetersi, senza tregua e in modo analogo, durante tutto il tempo della Chiesa.[162]

E' solo partendo da una critica costruttiva e interna di questa base teologica che, a nostro avviso, si può sperare di aprire un dialogo utile col Cullmann sul problema della chiesa, della successione e del primato.

Gli sviluppi di teologia cultuale e soprattutto ecclesiale hanno forse rallentata la nostra esposizione. Ma erano necessari: hanno contribuito a mostrarci come la centralità dell'opera terrena di Cristo è alla base di tutta la teologia della salvezza.

E' una centralità operante su tutta la linea della salvezza.

Gli dà un senso (sinngebender Mittelpunkt) non solo perché ci orienta a capirla ma anche perché le sue varie tappe non sono che realizzazioni successive e progressive del contenuto salvifico del Centro.[163]

---

[162] *Op. cit.*, 239 s; *ChZ*, 153.
[163] *ChZ*, 74. H. Gonzelmann rimprovera al Cullmann di aver omesso un altro importante aspetto della funzione centrale del tempo di Cristo. E' un aspetto originale e nuovo di Luca. Il Cullmann non l'ha visto perché considera in blocco i sinottici senza accorgersi che tra loro esiste un progressivo perfezionarsi della presentazione della storia della salvezza. Il centro, il tempo di Cristo, per Luca è anche realizzazione anticipata del regno. E' tempo senza tentazioni: figura del cielo. Gesù non proclama solo l'imminenza del regno ma lo addita, come già realizzato, nel suo tempo ,in cui la sua presenza difende i suoi dal nemico: *Die Mitte der Zeit*, Tübingen 1957, p. 27-31.
Se non tocca a noi pronunciarci su questo rilievo esegetico del Gonzelmann, non possiamo non rifiutarci di accogliere incondizionatamente la critica di K. Barth: « Man darf sich also — das ist ein weiterer Vorbehalt, der der Darstellung von O. Cullmann gegenueber anzumelden ist — das neutestamentliche Zeitdenken jedenfalls nicht so verstellen, als hätte die urchristliche Gemeinde zunächst einen bestimmten Zeitbegriff — die aufsteigende Linie mit ihrer Folge von Äonen — im Sinn gehabt und dann in diese geometrische Figur das Christusgeschehen als die wahre Mitte dieser Linie gewissermassen eingetragen »: *Kirchl. Dogmatik*, III/2, p. 53 s.
E continua, insistendo che ciò che la Comunità guardava anzitutto, era il Cristo e che solo da quel punto di vista guardava agli Aiôni come tali. Il Barth fa dire al Cullmann l'opposto del suo pensiero (v. sopra, p. 133 s). Questo ci sembra strano per il fatto che il Barth mostra di conoscere e di accettare almeno nella sostanza la tesi presentata dal Cullmann nel suo studio sulle prime confessioni di fede (*Kirchliche Dogmatik*, III/4, p. 92). Ora abbiamo visto come l'essenza della fede espressa dal « Kyrios Christos » è ben lontano dall'ingenuo geometrismo che il

Inoltre, comprendiamo come il Cullmann possa vedere nella tensione, efàpax del Presente, la prova più eloquente della temporalità lineare del contenuto del Messaggio: la salvezza infatti vi appare non come fuori dal tempo ma come realizzazione piena di un avvenimento già iniziato e decisivo.[164]

La complessità dinamica costituita dalla « tensione » è un'ulteriore conferma del carattere per nulla rigidamente e semplicisticamente unidimensionale della concezione cullmanniana della linearità. Il Presente di cui Oscar Cullmann ci ha rivelato il significato è un vero nodo di relazioni unificate e vissute nella fede.

A questo punto, ci sembra di poter facilmente rispondere a quella che ritenevamo la più grave obbiezione contro la concezione lineare del tempo della salvezza: la cristocentricità importa ciclicità.[165]

Il Cristo è centro della storia della salvezza, nel senso che egli è il Mediatore della salvezza. Ora la linea della salvezza è in continuo progressivo sviluppo verso la Fine (aufsteigende Heilslinie).

Quindi, anche la sua opera di Mediatore è in sviluppo. Non è identica e repetibile in nessun modo della linea. Questo è chiaro: abbiamo visto quanto differisca il senso cristico (efàpax) del Passato, del Presente e del Futuro.

Per questo la cristocentricità, come il Cullmann la intende, è negazione di ciclicità. La ciclicità ignora lo sviluppo della salvezza. Implica una presenza mediatrice, allo stesso modo, in ogni avvenimento salvifico.

Forse l'origine dell'obbiezione stava in una rappresentazione geometrica ed elementare del cristocentrismo. Ma possiamo mostrarne l'infondatezza con una rappresentazione altrettanto geometrica ed elementare:

nel cerchio, il centro è presente ad ogni punto della circonferenza allo stesso modo (cioè c'è la medesima distanza) invece nella storia della salvezza, il centro (Cristo) è presente ai vari punti della « linea periferica » in modo

---

teologo di Basilea affibbia ingiustamente al nostro Autore. Tuttavia ammettiamo che il carattere funzionale della sua cristologia indebolisca, almeno in parte, la posizione cullmanniana di fronte a questa critica (v. sotto, p. 166 s).

[164] *Königsherrschaft*, 16-19.
[165] V. sotto, p. 183 s.

diverso (distanza variabile dal centro: Cristo nel Passato è atteso, nel centro è presente, nel presente come già venuto ed atteso ancora...).

E' per questo che il cerchio esplode. La salvezza non è ciclica.

Infine questa analisi del significato del carattere cristocentrico della storia della salvezza ci ha ormai condotti alle soglie della soluzione cullmanniana del problema posto da Rudolf Bultmann.

Qual'è l'essenza del Messaggio cristiano?

Oscar Cullmann ha dato la sua risposta. Ha cercato di dimostrarne il ben fondato colla Scrittura alla mano, Scrittura letta alla luce della Regola di fede:

Il Messaggio annuncia una storia di salvezza cristocentrica. Ora che conosciamo il senso profondo che il teologo alsaziano mette sotto ognuna di queste espressioni, la sua conclusione possiamo parafrasarla così:

Il Messaggio proclama che Dio agisce nella nostra storia mediante il Cristo per salvarci. L'intervento divino, iniziato colla Creazione, avrà nel trionfo finale della Parusia il suo coronamento.

Siamo pronti ad affrontare col Cullmann il problema del mito? Sì. Ma qui sorge inevitabile nella coscienza del teologo cattolico un ultimo interrogativo: Chi è il Cristo, mediatore della salvezza? Crede Oscar Cullmann nella divinità di Cristo?

Domanda capitale: non possiamo non rivolgercela e non possiamo non cercarvi nelle opere del nostro Autore una risposta.

Se Cristo non è Dio, la storia cristocentrica non ci salva. Se non è Dio, non è vero mediatore. Sarebbe magari un « intermediario »: un « quid tertium » tra Dio e l'uomo. Il Cristo Mediatore invece è unione vivente e personale: Dio assume natura umana. Mette in comunicazione i due, unendosi in sé.[166]

Ecco posto il problema della divinità di Cristo come anche il problema delle due nature.

---

[166] Yves de Montcheuil, *Leçons sur le Christ*, Paris 1949, p. 99 s.

IV. Il Mediatore è Dio?

a) *Cristologia funzionale*. Ponendo all'opera di Oscar Cullmann il quesito della divinità di Cristo, urtiamo subito in un primo ostacolo: la sua opzione decisa per una « cristologia funzionale ».

Gli scritti del Nuovo Testamento e le prime confessioni di fede, egli sostiene, non divagano in speculazioni sulla costituzione ontologica di Gesù Cristo. Sono una testimonianza della sua funzione centrale nell'opera di salvezza.[167]

E' la sua azione che essi ci descrivono in primo piano ed è solo nella sua azione che trapela una certa luce sul mistero sublime della sua Persona, nel senso che la sua azione rivela la relazione unica ed esclusiva che lo lega a Dio.[168] Invece, soggiunge il Cullmann, il « problema delle nature » è completamente estraneo alla mentalità dei primi cristiani. E' un problema tipicamente ellenico.[169]

E' soltanto la polemica antieretica, aperta da Atanasio, che lo inserisce nella riflessione cristiana col triste risultato di farne il centro della cristologia e di subordinargli la stessa considerazione dell'opera e della persona di Cristo.[170]

Questo giudizio storico ci sembra il contesto adatto per capire un'affermazione frequente sulla penna del teologo alsaziano e che qualche critico dichiara incomprensibile: ogni cristologia è storia della salvezza e ogni storia della salvezza è cristologia.[171] Le premesse di questo principio veramente importante per la cristologia cullmanniana sono queste:

— Il Nuovo Testamento ci presenta la storia della salvezza come essenzialmente cristocentrica.

— e d'altra parte ci da anche una cristologia in cui, in primo piano, pone l'opera di salvezza di Cristo e non una riflessione sulla sua costituzione ontologica. Egli conchiude così a un'identificazione nella teologia neotestamentaria tra

---

[167] *Christologie*, 4 s 243 335 s; *ChZ*, 113 s.
[168] *Christologie*, 335.
[169] *Op. cit.*, 243.
[170] *Op. cit.*, 198 243.
[171] Costituisce uno dei motivi di fondo ricorrenti nella « *Christologie* ». E' analizzato attentamente p. 325-338. Il critico che menzioniamo è R. Marlé nella sua recensione della v*Christologie* » in: *RSR* 47 (1959), 300.

cristologia e storia della salvezza, tra cristologia e soteriologia.[172]

E' noto che anche R. Bultmann identifica cristologia e soteriologia e respinge ogni « cristologia delle nature ».[173]

Ma il Cullmann ci ha tenuto a separare esplicitamente il suo « funzionalismo » da quello del teologo di Marburg.

Il Bultmann, spiega il nostro Autore, parla di funzionalismo nel senso che adotta come punto di partenza del suo studio del Messaggio e dell'opera di Cristo la considerazione dell'esistenza umana. Il suo « pro me » della salvezza significa che egli parte da se stesso e dai suoi problemi e che vede in funzione di sé il fatto cristiano. Lo subordina a sé.

Il « funzionalismo » che il Cullmann definisce come suo, e che è poi quello della comunità primitiva, ha un percorso esattamente contrario.

Suo punto di partenza è lo sviluppo temporale della salvezza. E' in questo sviluppo storico che l'uomo, prima in quanto membro della comunità e poi in quanto individuo, è chiamato a inserirsi.[174]

---

[172] Per comprendere il senso profondo di questa conclusione e la sua logica giustificazione nell'interno della teologia cullmanniana non si può leggere la « Christologie » senza tener presente il resto della sua opera e specialmente ChZ. In un colloquio privato esprimemmo al Cullmann questa nostra convinzione in forma forse paradossale: la « Christologie » è l'ultimo capitolo della II Parte di ChZ (quella che tratta del carattere cristocentrico della linea). Egli approvò senza riserve.
R. WEIJENBORG (recens. Christologie, in: Antonianum 33 [1958], 141 s) ha giustamente sottolineato la necessità di integrare la « Christologie » nel contesto storico-salvifico. La trama stessa del libro che coordina i titoli cristologici alle epoche della salvezza ci invita a farlo. E' ciò che salva l'opera dal pericolo segnalato da M. MEINERTZ (Recens. Christologie, in: Theologische Revue, 54 [1958], 2) di ridursi a una serie contigua di monografie.
[173] R. BULTMANN, Das christologische Bekenntnis des Ökumenisschen Rates: GV II, p. 246-261. Specie p. 248-252; Jesus, p. 89-90; 11-14; 115. Theologie des N.T., 187 s. Rimandiamo per un'ampia presentazione critica della cristologia bultmanniana a MIEGGE, 41 100-107; MARLÉ, 25 77 177; OTT, 48 s. Segnaliamo l'interessante tentativo di Ott di costruire, pur rimanendo nella linea dell'interpretazione esistenziale, una teologia e una cristologia che superi la funzionalità, fondandola sull'analisi dell'azione divina di salvezza considerata nel suo « pro-se-sein »: Objektivierendes und existentielles Denken: ThZ (1954), 264 s. J. Körner ritiene fallito questo tentativo pur definendolo nuovo e utile. H. Ott non uscirebbe dai limiti di una teologia funzionale; non riflette infatti tanto sulla costituzione ontologica di G. Cristo quanto sulla sua esistenza terrena. Cf. KÖRNER, 145 s, n. 23.
[174] Le Mythe, 131. Cf. Christologie, 4, n. 1.

Riassumendo: per il Bultmann il punto di partenza sarebbe l'individuo; per il Cullmann è la salvezza di Cristo offerta all'individuo. Perciò l'individuo è il punto di arrivo.[175] Il funzionalismo di O. Cullmann assume poi una caratterizzazione nettamente distinta da quello bultmanniano anche per la sua ammissione che nella funzione c'è una certa manifestazione della Persona. E' già una traccia di elementi « ontologici » presenti nella cristologia del teologo di Basilea.

b) *Fondamenti della cristologia « funzionale »*. Quali sono le ragioni che spingono il Cullmann ad accettare una concezione « funzionale » della cristologia? Ci sembra che si possano coordinare attorno a due punti centrali:

1. *La sua interpretazione della Scrittura*. I due Testamenti hanno come scopo di parlarci dell'azione di Dio sul mondo, di Dio che si comunica all'umanità. Ci annunciano, egli ritiene una storia di salvezza che va dalla prima creazione alla nuova creazione della Fine. Insomma Oscar Cullmann sostiene fermamente che l'oggetto della Bibbia non è il problema di Dio affrontato indipendentemente dalla sua azione nei confronti dell'umanità. E precisa:

« In fondo l'opposizione non è tra « agire » ed « essere »; perché Dio « è » anche agendo. In realtà la distinzione che mi interessa è tra « l'essere » di Dio che si comunica al mondo e « l'essere » di Dio « in sè », cioè al di fuori della sua relazione col mondo. Lo scopo della Bibbia è di parlarci del primo, ed è solamente marginalmente che noi vediamo al massimo spuntare il secondo, senza che il problema filosofico vi sia veramente trattato ».[176]

---

[175] Non nascondiamo un certo disagio davanti a questa argomentazione. Dal fatto che il Dasein sia il punto di partenza della considerazione esistenziale del Messaggio il Cullmann sembra inferire che il Bultmann ritenga che lo stesso Dasein sia anche un dato primo cui il Messaggio e quindi l'azione di Dio in Cristo debba conformarsi e subordinarsi. Agli studiosi della teologia bultmanniana il giudizio.

[176] « L'opposition n'est pas au fond entre « agir » et « être »; car Dieu « est » aussi en agissant En réalité, la distinction qui m'importe est entre l'« être » de Dieu qui se communique au monde et l'« être » de Dieu « en soi », c'est-à-dire en dehors de sa relation avec le monde. Le but de la Bible c'est de nous parler du premier, et c'est seulement à la limite extrême que nous voyons tout au plus surgir le second, sans que le problème philosophique y soit vraiment traité »: *Dialogue sur le Christ: la Christologie de O. Cullmann du point de vue catholique. La réponse du Prof. Cullmann*: *Choisir* 1 (1960), n. 9-10, p. 20.

Questa distinzione tra essere che si comunica e essere in sé, egli insiste, si applica a maggior ragione ancora al Cristo incarnato e preesistente soprattutto poi se lo consideriamo nell'ottica giovannea (ib.). Chi dice « Verbo » dice « Rivelazione divina »: La prima frase del vangelo di Giovanni ce lo ricorda: « In principio era il Verbo » è un richiamo alla Creazione. L'evangelista pensa alla Creazione, pensa al Cristo mediatore della Creazione. L'espressione « Verbo » designa dunque per lui, per definizione, una funzione. Così gli altri titoli cristologici e specialmente Kyrios, Figlio.

Ma il Cullmann è persuaso che il suo non è funzionalismo cristologico che venga a negare o a compromettere l'« essere » o il carattere « personale » del Cristo.

« (...) il fatto che la cristologia del Nuovo Testamento sia una cristologia "funzionale" e che i titoli cristologici "Verbo", "Kyrios", "Figlio" designino una funzione divina, non significa che il Verbo, il Figlio, il Kyrios, sia una funzione impersonale, ma che al contrario la funzione è personificata nel Cristo incarnato e nel Cristo preesistente. Porta la luce perché nella sua persona egli è la luce. Porta la verità perché è la verità (Cf. Christologie p. 225 dove questo passo è perfino sottolineato) e col canonico Bavaud dico: può rivelare il Padre, perché è il Verbo (Cf. Christologie, p. 225: porta la Parola perché è la Parola) ».[177]

In definitiva, come quando egli ci dice che la Bibbia ci parla di Dio che agisce non nega l'essere personale di Dio così quando afferma che il Nuovo Testamento ci parla di Cristo che ci salva non intende diminuire il carattere personale del Cristo.[178] A più forte ragione ancora, il suo funzionalismo non gli sembra escludere l'« essere » et quidem l'essere divino di Gesù Cristo.[179]

---

[177] « (...) le fait que la cristologie du Nouveau Testament soit une christologie « fonctionnelle » et que les titres christologiques « Verbe », « Kyrios », « Fils » désignent une fonction divine, ne signifie pas que le Verbe, le Fils, le Kyrios, soit une fonction impersonnelle, mais qu'au contraire la fonction est personnifiée dans la lumière, parce qu'en sa personne il *est* la lumière. Il apposte la cérité parce qu'il *est* la vérité (v. *Christologie*, p. 225, où ce passage est même souligné), et avec le chanoine Bavaud je dis: il peut révéler le Père, parce qu'il est le Verbe (v. *Christologie*, 225: il apporte la Parole, parce qu'il est la Parole) »: *art. cit.*, 21.

[178] *Art. cit.*, 20.
[179] *Art. cit.*, 21.

Gli pare ovvio che, persino nel linguaggio corrente, un titolo che designa una funzione, poniamo: re, capo, implica l'essere di colui che ne è investito. L'azione di Dio egli la definisce come essere divino che si comunica. Analogamente va caratterizzata l'azione di Cristo (ib.). Oscar Cullmann riconosce che vari passi del Nuovo Testamento pongono esplicitamente il problema dell'essere di Cristo.[180] Ma affermano l'essere divino e la personalità divina del Verbo non soffermandosi sulla sua origine o sulla sua natura ma sottolineando la funzione divina assolutamente unica attraverso cui il suo essere e la sua personalità si manifestano e che i titoli cristologici esprimono.[181] Il pensiero del teologo alsaziano giunge al massimo di chiarezza a proposito della sua concezione della cristologia funzionale nell'interpretazione che egli ci dà di due passi neotestamentari in cui egli riconosce una menzione esplicita dell'essere del Cristo anteriore alla creazione e posteriore alla Fine della storia della salvezza. Quindi ci troviamo di fronte a una affermazione dell'essere del Cristo non della sua azione: siamo infatti portati da quei brani della Scrittura (si tratta di *Io.* 1,1 e *1 Cor.* 15,28) fuori della storia della salvezza di cui il Cristo è il protagonista.

Giov. 1,1 ci dice che il Logos « era » all'inizio e *1 Cor*. 15,28 ci parla del Cristo che « dopo aver sottomesso ogni cosa al Padre, si sottometterà lui stesso al Padre affinché Dio sia tutto in tutti ». Il Cullmann osserva che questi due passi si riferiscono certamente al Verbo visto ai margini della storia della salvezza: Giovanni parla del Verbo nel suo stato antecedente alla sua azione di salvatore, Paolo ci descrive il Verbo che ha concluso definitivamente la sua funzione di salvatore. Tuttavia il nostro teologo sottolinea fortemente come anche qui i due scrittori sacri non si soffermano ad analizzare e a riflettere sul modo di essere del Verbo prima e dopo la storia della salvezza. Parlano del Verbo in fondo ancora riferendosi alla sua funzione di salvatore che

---

[180] Ad es. *Mt.* 8,27; 11,3 s; *Io.* 5,17.
[181] *Art. cit.*, 21. Cf. *Christologie*, p. 294 s, a proposito di *Mt.* 11,25 in cui è affermata l'unicità della conoscenza del Padre da parte del Figlio. Il Cullmann spiega che tale unicità di conoscenza è messa anzitutto in rapporto coll'unicità della sua funzione di Rivelatore del Padre (*Io.* 10,37).

sta per iniziare nella Creazione (*Io.* 1,1) che si è appena conclusa nel trionfo della Fine (*1 Cor.* 15,28).[182]

2. *La sua fedeltà luterana.* Oscar Cullmann vi si richiama esplicitamente.[183] Così pure, del resto, anche R. Bultmann.[184]

Che la Cristologia di Lutero sia tale da meritare l'attributo di « funzionale » non sembra dubbio.[185]

Qual'è l'atteggiamento del teologo cattolico davanti a una concezione « funzionale » della cristologia?

Oscar Cullmann crede di poter segnalare nella sua analisi del titolo « Logos » come alcuni esegeti cattolici prendano « con soddisfacente chiarezza » le sue medesime posizioni.[186]

Anzitutto notiamo come ci sia una forma di « funzionalismo » radicale che è inaccettabile per il teologo cattolico.

---

[182] *Art. cit.*, 21-22. Oscar Cullmann fa notare che i racconti della nascita di Cristo gli sembrano accostarsi notevolmente a una problematica sulla natura. Tuttavia secondo lui rimangono saldamente inquadrati nelle strutture della storia della salvezza: *art. cit.*, 22. Inoltre sottolinea come il celebre passo sulla « forma » di Dio di cui era investito il Verbo nella sua preesistenza (*Phil.* 2,6) è anch'esso nettamente orientato in senso funzionale cioè allo « spogliamento » compiuto dal Cristo nell'obbedienza per riparare la disobbedienza di Adamo: *Christologie*, 222 s; *Dialogue sur le Christ... La réponse du Prof. Cullmann*: *Choisir* 1 (1960), n. 9-10, n. 22.

[183] *Christologie*, 336.

[184] *KM* II, p. 184 s; 179-208. Ma il Bultmann cerca di spingere il famoso assioma di Melantone (Hoc est Christum cognoscere, beneficia eius cognoscere...) fino a mostrare come la stessa smitizzazione sia nella sua logica interna. Pretesa vivacemente contestata da H. Ott, 77-78. Il Miegge sembra poi voler attenuare la stessa portata « funzionale » della ormai proverbiale sentenza: Miegge, 150-151.
Notiamo però con K. Barth che il carattere esistenziale dell'interpretazione del Messaggio ha un influsso decisivo nel far trovare al Bultmann nel testo sacro una presentazione funzionale del Cristo. *Ein Versuch*, 18. Cf. *Jesus*, 127 s; 164 s; 173 s.

[185] Yves M.-J. Congar, *Le Christ, Marie et l'Eglise*, Bruges 1952, p. 32 s. Ma rimandiamo soprattutto all'articolo del medesimo Congar, *La christologie de Luther in Chalkedon* (edito da A. Grillmeier e H. Bacht) t. III, p. 457-486 (Würzburg 1954). Egli vi ricerca i motivi di questo atteggiamento teologico di Lutero. Il principale sarebbe la theologia crucis: Lutero considera il Messaggio sotto l'angolo drammatico e come salvezza (*art. cit.*, 459 s) e tende a vedere l'umanità di Cristo non come causa di salvezza ma come luogo o situazione in cui « Dio solo » (Alleinwirsamkeit Gottes) opera la salvezza (p. 467 s).
Cf. anche W. Elert, *Morphologie des Luthertums*, München 1952, t. I, p. 195-223.

[186] *Christologie*, 273, n. 2. Si tratta di: J. Dupont, *Essais sur la Christologie de S. Jean*, 1951, e M.E. Boismard, *Le prologue de S. Jean*, 1953.

E' quella che consiste nel vedere nella Scrittura una presentazione così esclusiva dell'azione di Dio, della funzione di Cristo da far ritenere qualunque ulteriore considerazione ontologica della natura e dell'essere di Dio e di Cristo come una corruzione, una falsificazione del genuino senso della Bibbia. La cristologia di Calcedonia sarebbe infatti in questa ipotesi in contrasto colle autentiche implicazioni ed esigenze bibliche.

Il rifiuto opposto a simile concezione è motivato oltrecchè da ragioni esegetiche cui accenneremo in seguito anche e soprattutto dalla visione nettamente protestante della relazione Scrittura-Tradizione che essa manifesta.[187] Inoltre non verrebbe forse ad associare talmente il Verbo alla sua opera di rivelazione da proibirci di pensare che egli abbia un'esistenza propria indipendentemente dalla sua funzione?

Il funzionalismo della cristologia cullmanniana è caratterizzato da questa negazione radicale che lo condurrebbe a vedere in pratica nella Scrittura una condanna anticipata dello stesso omoousios niceno e delle definizioni calcedonensi?

Un certo numero di espressioni della sua riflessione cristologica sembrano indubbiamente andare in questo senso. Il Cullmann scrive ad esempio che l'autore del quarto vangelo sa che « il Logos non possiede l'essere che in vista della sua azione » e che, in ultima analisi, « l'essere del Logos è essenzialmente la sua azione ».[188]

Sosterrà che non ha senso parlare del Verbo o anche della distinzione del Padre dal Figlio indipendentemente o al di fuori dell'opera di rivelazione e di salvezza.[189]

---

[187] Cf. J. FRISQUE, *Oscar Cullmann*, 1960, p. 242.

[188] « Wenn auch der Evangelist im Anfang des Prologs über den Zeitpunkt der Schöpfung hinausgeht, d.h. sogar vom *Sein* des Wortes bei Gott spricht, so denkt er doch schon an die *Funktion* dieses Wortes, an sein *Handeln*. Das Wesen des Logos ist Handeln; Gottes Selbstmitteilung besteht im Handeln. Auch wenn hier gleichsam als Randbemerkungen einige Aussagen über das *Sein* des Logos gemacht werden, so gibt es doch für den Verfasser ein Sein des Logos überhaupt nur in Hinblick auf sein Handeln, ja letzten Endes ist für ihn das Sein des Logos eben naturgemäss sein Handeln »: *Christologie*, 271.

[189] « Nur in der Zeit des Offenbarungsgeschehens, d.h. in der Zeit, die mit der Weltschöpfung beginnt und fortdauert bis zum Ende, oder vielmehr noch hineinragt in die Zeit nach dem Endgeschehen, hat es einen Sinn, den Vater vom Sohne zu unterscheiden. Wo keine Offenbarung ist, da wird das Reden vom Offenbarungswort Gottes, von seinem Logos,

Parecchi autori cattolici hanno attribuito al teologo alsaziano questo funzionalismo estremista.[190] Questo ha spinto il Cullmann a chiarire la sua posizione.[191] Già nella « *Cristologie* » aveva affermato che era assolutamente necessario che la Chiesa sollevasse il problema delle due nature per far fronte ai movimenti eretical che accostavano la cristologia con categorie greche.[192] Ma i malintesi suscitati dalla sua interpretazione lo spingono a un passo avanti:

« Anche indipendentemente da questa necessità storica, dirò che pur ponendo un problema che certamente non esiste nel Nuovo Testamento, e pur spostando così, dal punto di vista cristologico, il centro di gravità del Nuovo Testamento, la Chiesa non si è lasciata trascinare in un'impresa *contraria* al Nuovo Testamento ».[193]

Come mai questo « passo avanti »? Oscar Cullmann si affretta ad avvertirci che non è un falso irenismo a farglielo fare. Semplicemente osserva che la sua divergenza dal pensiero teologico cattolico non è sul piano del dogma cristologico o trinitario. Sente quindi il dovere di chiarire dei

---

gegenstandslos »: *op. cit.*, 337. Espressioni simili ritornano frequenti nelle opere di Cullmann: la storia della salvezza assume un senso solo se Gesù di Nazareth è riconosciuto « als absolute göttliche Offenbarung an den Menschen »: *ChZ*, 18; « Jesus Christus ist Gott insofern er sich offenbart »: *Christologie*, 335-336; parlare del Figlio ha senso « nur in Hinblick auf das Offenbarungshandeln Gottes, nicht auf das Sein Gottes »: *op. cit.*, 300. E quest'ultima espressione il teologo alsaziano la definisce la chiave di ogni cristologia neotestamentaria. M. Meinertz commenta amaramente: « zu wenig als Schlüssel für alle neutestamentliche Christologie »: *Theologische Revue* 54 (1958), 9. Altri testi in questo senso sono segnalati accuratamente da L. Malevez, *Nouveau Testament et Théologie fonctionnelle*: *RSR* 48 (1960), p. 261 265 266, n. 8.

[190] Così A. Grillmeier, recens. della « *Christologie* », in: *Scholastik* 34 (1959), 278 s; L. Malevez, *art. cit.*: *RSR* 48 (1960), 266 s; G. Bavaud, *Dialogue sur le Christ: la Christologie de O. Cullmann du point de vue catholique*: *Choisir*, 1 (1960), n. 9-10, p. 18-19.

[191] E' quanto si propone di fare nella sua risposta al can. Bavaud, in: *Choisir* 1 (1960), n. 9-10, p. 20-23.

[192] *Art. cit.*, p. 22; *Christologie*, p. 4. La necessità delle definizioni calcedonensi era già stata affermata dal Cullmann in *Les récentes études sur la formation de la tradition évangélique*: *RHPhR* 5 (1925), 576.

[193] « Indépendamment même de cette nécessité historique, je dirai que tout en posant un problème qui certes n'existe pas dans le Nouveau Testament, et tout en déplaçant ainsi, au point de vue christologique, le centre de gravité du Nouveau Testament, l'Eglise ne s'est pas laissé entraîner à une entreprise dogmatique *contraire* au Nouveau Testament: La réponse du prof. Cullmann*: *Choisir* 1 (1960), n. 9-10, p. 22.

punti sui quali non è stato ben compreso sia che la colpa fosse sua, dei suoi critici cattolici o di tutti insieme.[194]

Insomma, non è che egli voglia correggersi per sfuggire alle accuse di eresia che gli sono state mosse da qualche parte, vuole semplicemente formulare in modo più felice e chiaro certe sue affermazioni che possono aver dato luogo ad incresciosi malintesi.[195]

E definisce la sua posizione sulle relazioni Nuovo Testamento-Calcedonia in questi precisi termini:

« Dal momento che il problema delle nature, che non si trova ancora nel Nuovo Testamento, è posto, il dogma formulato da questo Concilio (Calcedonia) corrisponde a ciò che la Cristologia del Nuovo Testamento presuppone ».[196]
Quali sono gli elementi neotestamentari che autorizzano Oscar Cullmann a parlare così?

Anzitutto i due « passi-limite », come li chiama *Io.* 1,1; *1 Cor.* 15,28. Riguardano il Figlio nella sua situazione « prima » e « dopo » la sua attività di salvezza. E' vero che non si soffermano ad analizzare il suo modo di esistere, la sua natura, in quei due momenti posti al di fuori della storia della salvezza: Giovanni passa subito a parlare della creazione, Paolo è in un contesto di conclusione dell'opera rivelatrice. Tuttavia ricordano che il Verbo è già esistito prima della creazione e che non sparirà ma continuerà ad esistere anche dopo il coronamento della sua funzione salvifica. Questo non innuisce forse un esistere indipendente dalla sua azione di salvatore dell'umanità e non giustifica quindi un

---

[194] *Art. cit.*, 20.

[195] *Art. cit.*, 23. Interessante notare una « correzione » che egli ammette. Nella Christologie aveva talora scritto che non ha senso parlare del modo di essere del Verbo al di fuori della storia di salvezza: Ad es. *Christologie*, p. 335-337. Ora invece precisa: « Parler de la manière d'être du Verbe avant la création et après la fin de l'histoire du salut n'a en effet, pas de sens *dans le Nouveau Testament*. (J'ai eu tort de ne pas ajouter dans mon livre les mots: dans le Nouveau Testament, leur absence devant effectivement prêter à malentendu) »: *art. cit.*, 22.

[196] « Du moment que la question des natures, qui ne se trouve pas encore dans le Nouveau Testament, est posée, le dogme formulé par ce Concile correspond à ce que présuppose la Christologie du Nouveau Testament »: *art. cit.*, 23. Questa, ci assicura l'Autore, è l'affermazione con cui nel suo corso di storia ecclesiastica antica nell'Università di Basel egli conchiude la sua analisi del Concilio di Calcedonia.

eventuale interrogarci sulla modalità e sulla natura di questo esistere?[197]

Un altro presupposto della cristologia neotestamentaria che secondo il Cullmann fa sì che il dogma di Calcedonia non contrasti col dato biblico è costituito dal fatto che la divinità « funzionale » del Figlio di cui ci parla il Nuovo Testamento implica in ogni caso l'essere della sua persona divina (ib.).

Già nella « *Christologie* » egli sottolineava come l'azione è inseparabile dalla Persona e che perciò il Nuovo Testamento presentandoci il carattere divino dell'azione del Cristo ci illuminava anche il volto divino della sua persona.[198]

Come abbiamo visto, il nostro teologo è tornato recentemente e con maggior insistenza su questo punto: il carattere funzionale della cristologia neotestamentaria non viene affatto a farci ritenere che il Nuovo Testamento ignori o leda l'« essere » e la « personalità » del Verbo.[199]

Ebbene è proprio riflettendo su queste caratteristiche per lo meno implicite nella concezione neotestamentaria del Cristo, che Calcedonia è giunta alle sue formulazioni. Il fatto che abbia condotto la sua analisi sotto l'influsso di una problematica estranea al Nuovo Testamento non ha avuto come risultato una sistemazione dogmatica in contrasto colla Scrittura per il semplice motivo, osserva il Cullmann, che i Concili del III e IV secolo, benchè ponendosi su un terreno diverso da quello strettamente esegetico, hanno sempre tenuto presente la cristologia neo-testamentaria. Non sempre invece, si affretta a notare, certi sviluppi posteriori della tradizione dogmatica cattolica hanno tenuto così in conto il dato biblico.[200]

Ci sembra di poter dire che allo stato attuale della sua elaborazione teologica il Cullmann non condivide una concezione funzionale della cristologia così radicale da negare la legittimità biblica delle formulazioni di fede posteriori.

---

[197] *Art. cit.*, 22. Notiamo, il Cullmann parla di « Verbo » e non di « Verbo Incarnato » che continua ad esistere dopo la Fine. Questo trascurare l'umanità non viene forse dal fatto che non le sa assegnare una funzione salvifica determinata una volta conchiusa la storia di salvezza?
[198] *Christologie*, 335 s.
[199] *La réponse du prof. Cullmann*: Choisir 1 (1960), n. 9-10, p. 21.
[200] *Art. cit.*, 22. Il prof. Cullmann non ci dà esempi concreti di queste contraddizioni tra formulazioni dogmatiche cattoliche e Scrittura.

Il suo articolo del 1960 sul problema anche se non è stato forse una ritrattazione o una correzione certamente è stato una chiarificazione necessaria ed importante.[201]

Il suo funzionalismo è frutto di un metodo di indagine dell'autentico contenuto della Scrittura. Dichiara esplicitamente che si è astenuto dal porre ai testi del Nuovo Testamento degli interrogativi che i problemi, la mentalità e la dogmatica dei secoli seguenti avrebbero potuto suscitare. Non l'ha fatto, soggiunge, anche se egli sottoscrive quei dogmi e anche se constata che non sono contrari al Nuovo Testamento. Questo per non accostare la Scrittura con delle categorie e degli interrogativi che rischiano di spostare gli accenti e i valori dai punti sui quali gli autori del Nuovo Testamento li hanno voluti porre.[202]

Ci tiene però a precisare che dichiara la soluzione di continuità esistente tra la Scrittura e il dogma cristologico dei primi secoli non partendo da un apriori di tipo cattolico che gli imporrebbe un accordo necessario tra esegesi e dogma. E' una costatazione storica a posteriori che egli fa e che lo assicura scientificamente che il dogma prolunga effettivamente le linee del Nuovo Testamento in un modo legittimo ponendo e risolvendo problemi che, pur non esistendo nel Nuovo Testamento, vi hanno però degli elementi di inserzione. E che egli arrivi a questa conclusione di convergenza Scrittura-Dogma "a posteriori", per analisi storica, gli pare un dato di fatto molto più valido che se vi fosse giunto per una aprioristica persuasione.[203]

E non manca di soggiungere che la divergenza di metodo che lo oppone ai cattolici in definitiva si radica nel modo diverso con cui è presa in considerazione da una parte e dall'altra la relazione tra Scrittura e Tradizione (ib.).

Il teologo cattolico sarà lieto di dare atto al teologo alsaziano della giustificazione biblica che egli riconosce alle

---

[201] Non si può forse parlare di vera e propria ritrattazione perché gli elementi fondamentali della sua chiarificazione sono già in certo modo presenti nella « *Christologie* ». Tuttavia rimane una chiarificazione radicale di molte espressioni ambigue e poco calibrate. D'altra parte una certa fluidità e imprecisione espressiva è inevitabile sulla penna di un teologo biblico protestante che si vuole tener estraneo a categorie filosofiche determinate.
[202] *Art. cit.*, 22.
[203] *Art. cit.*, 23.

formulazioni dogmatiche di Nicea e di Calcedonia. Riconosce anche che tutta l'impostazione metodologica cullmaniana diverge a fondo dalla cattolica proprio per l'opposto ruolo assegnato alla Tradizione nei confronti della Scrittura.[204]

A questo proposito non possiamo non ritenere pertinente l'osservazione di Jean Frisque: per il cattolico non esiste propriamente una cristologia neo-testamentaria in senso stretto ed esclusivo. Appunto perchè non c'è lettura della Scrittura possibile al di fuori della tradizione di lettura della Chiesa. Il Nuovo Testamento ci rivela l'asse definitivo di ogni cristologia; ma questo stesso asse non può essere compreso che all'interno dell'interpretazione ecclesiale.[205] Questo tuttavia non ci costringe ad aprioristiche affermazioni di concordanza tra la Scrittura e le affermazioni dogmatiche. Infatti noi crediamo di poter trovare nella Scrittura stessa elementi ben più profondi e numerosi di quelli segnalati dal Cullmann che ci autorizzano di formulare una teologia e una cristologia bibliche che accanto a una dimensione funzionale assumono una configurazione prettamente ontologica.

Abbiamo visto come Oscar Cullmann ritiene che, tra gli esegeti cattolici, Dupont e Boismard sono quelli che si avvicinano più sostanzialmente alle sue posizioni funzionalistiche. Anzitutto notiamo come nessun critico cattolico ha osato sollevare nei loro confronti l'accusa di quel funzionalismo estremista negante la legittimità delle formulazioni conciliari che invece fu sollevata contro il suo funzionalismo.

Inoltre il loro funzionalismo è assai più limitato di quello di Cullmann: il Dupont ammette chiaramente che Giovanni conosce una Filiazione divina indipendente dalla missione; per il P. Boismard poi è già in forza della sola « processio ad intra » che il Cristo merita di essere chiamato il Verbo.[206]

---

[204] Vedi sopra, p. 155 s.
[205] J. Frisque, *Oscar Cullmann*, 1960, p. 242 e 229.
[206] Un'analisi particolareggiata ed attenta dei « funzionalismi » di questi due autori si potrà trovare in L. Malevez, *Nouveau Testament et Théologie fonctionnelle*: *RSR* 49 (1960), 269-276; 285-290. Utile anche tener presente la decisa reazione di J. Levie alle tesi di J. Dupont che egli accusa di semplificazione eccessiva del pensiero di Giovanni, in: *NRTh* 75 (1953), 428. Altrettanto ferma è la critica del Levie al funzionalismo di Oscar Cullmann, in: *NRTh* 81 (1959), 750 s.

Una visione puramente funzionale della Scrittura finisce per ridurre il libro sacro ad una antropologia. Invece è una teologia cioè « contemplazione id Dio ».[207] Contemplazione di un Dio che agisce salvando. Ma l'opera e la parola di Dio in Cristo sono anche rivelazione della Persona e della Natura di colui che parla e agisce. Azione e Messaggio sono inseparabili dalla Persona da cui emanano. Non si può accogliere la rivelazione della « funzione salvifica » di Cristo senza per ciò stesso giungere a una certa comprensione della totalità della « costituzione ontologica » di Cristo.[208] Abbiamo visto come entro certi limiti anche Oscar Cullmann ammette questo nostro punto di vista e precisamente per quanto concerne il carattere personale di Dio e del Verbo. Ma non ci sembra coerente quando lo nega a proposito delle nature: se l'esistenza di una certa azione manifesta l'esistenza di un certo io che agisce, il contenuto di quella medesima azione deve manifestare almeno entro certi limiti la struttura intima dell'io in questione.

Analizzati così i limiti e il senso della « Cristologia funzionale » di Oscar Cullmann possiamo chiederci se egli ammette la divinità di Cristo.

c) *La divinità di Cristo.*

Pensiamo che nel complesso dell'opera teologica di Oscar Cullmann noi troviamo configurata nettamente la cre-

---

[207] MALEVEZ, 155.
[208] Y.M.-J. CONGAR, *Le Christ, Marie et l'Eglise*, 38. Il Marlé insiste giustamente sul carattere di segno rivelatore della Persona e della natura insito in ogni parola e azione: MARLÉ, 179. In questa stessa linea di pensiero K. RAHNER si sofferma sul fatto che la Scrittura non ignora le proprietà metafisiche di Dio, proprio perché la storia della salvezza, frutto di libertà e di amore, le manifesta. THEOS IM N.T., in: *Schriften zur Theologie*, 1954, I, p. 91-169. L. MALEVEZ pur basandosi sui medesimi testi biblici del Rahner sposta la sua attenzione dal carattere esistenziale della conoscenza biblica di Dio al suo carattere ontologico: *RSR* 48 (1960), 276-285. E. SCHLINK poi, vede nelle dossologie bibliche (ad es. *Rom.* 9,5; *Apoc.* 4,8; 7,12) affermazioni di nozioni di essenza e di esistenza e non di azione divina: E. SCHLINK, *La christologie de Chalcédoine dans le dialogue oecuménique*: *VbC* 12 (1958), 23-30. Specie 25-28. Infine ci pare difficile ammettere, come vorrebbe il Cullmann (*Christologie*, 297 s), il carattere puramente funzionale del titolo di « Figlio ». Davanti a taluni testi ci pare proprio impossibile negare che « Figlio » vi affermi una relazione specifica e unica del Figlio verso il Padre e perciò sia una presa di posizione « ontologica ». Cf. E. DHANIS, *Testimonium Jesu de seipso*, Romae 1958, p. 112 s.

denza e l'affermazione della divinità di Cristo.[209] Le prese di posizione abbastanza chiare in questo senso abbondano. E' una convinzione che cogliamo presente fin nei suoi primi lavori teologici. Uno dei principali contributi positivi della FGSch a un rinnovamento religioso cristiano, scriveva proprio nel suo primo articolo, era dato dal fatto che essa forniva una prova molto più valida e convincente della divinità di Cristo di quelle che la scuola tradizionale avanzava.[210]

Già nel suo studio sulle prime confessioni di fede cristiana, in cui uno degli elementi fondamentali è l'esame della teologia del Kyrios, arriva alla costatazione conclusiva della divinità.[211]

Nella « *Christologie* », poi, attraverso al riesame vasto e approfondito del titolo di « Kyrios » e all'analisi dei titoli di « Logos » « Figlio », giunge a riaffermare esplicitamente il carattere divino della funzione da essi rappresentata e, per riflesso, della Persona e dell'essere di Cristo.[212] In una

---

[209] Questo nostro parere è confortato dal giudizio di vari autori cattolici, sia pure colle rispettive riserve. Ad es. E. DHANIS, *Testimonium Jesu de seipso*, Romae 1958 (ad usum auditorium), p. 15; G. OGGIONI, *Il mistero della redenzione*, in: *Problemi e Orientamenti di teologia dommatica*, Milano 1957, t. II, p. 290; P. BENOIT nella sua recens. della « *Christologie* » in: *RB* 65 (1958), 274 s; D.M. STANLEY, *Cullmann's New Testament Christology: an appraisal*: Theological Studies 20 (1959), 409-421; J. LEVIE, recens. della « *Christologie* » in: *NRTh* 81 (1959), 751 s. Nettamente contrario invece R. WEIJENBORG: « ... addendum videtur quod Cullmann personam historicam Jesu actualistice consideret, ita ut neque ex operibus neque ex dictis eius credat, Jesum esse revera Deum, metaphysice Deo Patri aequalem »: *Antonianum* 33 (1958), 153.

[210] *Les récentes études sur la formation de la tradition évangelique*: *RHPhR* 5 (1925), 575 s.

[211] Infatti nel suo studio sulle prime confessioni di fede una delle sue affermazioni fondamentali è che: Kyrios = Theos. E', afferma, il più alto attributo possibile. Appartiene a Dio solo: corrisponde all'ebraico Adonai. La sintesi ultima della fede primitiva, secondo il Cullmann, è proprio questa: il Cristo è Kyrios! *Les origines des premières confessions de foi*: *RHPhR* 21 (1941), 93 s; *L'essence de la foi chrétienne*: *RHPhR* 22 (1942), 36 s.

[212] *Christologie*, principalmente: p. 241-274; 271-275; 281-313. Notiamo come il Cullmann accetta anche i testi in cui è attribuito al Cristo il titolo di « Theos » e spiega il fatto che il Nuovo Testamento non applichi più frequentemente quest'ultimo titolo a Gesù coll'opinione che è solo perché di solito il Nuovo Testamento lo riserva al Padre di cui Gesù è il Figlio e il Rivelatore: *Christologie*, p. 314 s. Questa accettazione della divinità manifestata nei titoli cristologici, di per sé essenzialmente funzionali, è ribadita ancora in: *Dialogue sur le Christ: la réponse du prof. Cullmann*: *Choisir* 1 (1960), n. 9-10, p. 21 s.

sua conferenza tenuta a Roma il Cullmann caratterizzerà così il valore di fondo della fede nel Cristo:

« Credere nella divinità di Gesù, malgrado il suo carattere banalmente storico: ecco in che cosa consiste la fede in Gesù Cristo ».[213]

Tuttavia non ci nascondiamo che questa adesione del teologo alsaziano alla confessione della divinità di Cristo non riesce a dissipare in parecchi studiosi cattolici del suo pensiero una certa dose di incertezza. Questa titubanza ci pare motivata da due aspetti non del tutto chiari e definiti della sua riflessione cristologica:

1. Alcune conclusioni esegetiche su cui insiste particolarmente nella sua « *Christologie* » e che, almeno entro certi limiti, sembrano compromettere una coerente accettazione della divinità di Cristo. Ci limitiamo a segnalarne una, quella concernente l'origine e la natura del titolo Figlio dell'uomo, che ci sembra incidere più gravemente e profondamente sulla cristologia cullmanniana.[214]

Tracciamo un breve schizzo delle conclusioni esegetiche che animano la sua teologia del « Figlio dell'Uomo ».[215] Il tema « Figlio dell'uomo » risale, secondo lui, ben oltre il giudaismo (Daniele, Parabole di Enoch, IV libro di Esdra), fino al mito dell'« Urmensch » così diffuso nell'antico Oriente: Uomo primitivo che doveva ritornare investito di un certo carattere di « salvatore ». Certi ambienti giudaici avrebbero assimilato, ma in modo molto vario, questa credenza. Ma c'era a questo un forte ostacolo: la Bibbia non

---

[213] *Necessità della Teologia per la Chiesa secondo il Nuovo Testamento*: *Protestantesimo* 13 (1958), 10. « Il carattere banalmente storico » di cui parla, come il contesto dimostra (p. 9-11), designa l'apparenza semplice umile di Gesù di Nazareth.
Ritroviamo gli stessi motivi nelle pagine parallele di *ChZ*, 107-115, anche se non sfociano fino all'esplicita confessione che il teologo cattolico attende.
[214] R. Weljenborg, nella sua recensione ci da un lungo elenco di contestazioni esegetiche. Cf. *Antonianum* 33 (1958), 149-153. E conchiude: « Christologiam N.T. ab A. propositam exegetice et historice incertam, immo falsam reiciamus... »: *art. cit.*, 153. Se accostiamo questo giudizio alle accurate analisi di P. Benoit e di M. Meinertz non può non sembrarci severo e eccessivo. Però sta di fatto che tutti i critici cattolici avanzano importanti riserve esegetiche. Così anche recentemente P. Gaechter, recens. della « *Christologie* », in: *ZKTh* 82 (1960), 88-100.
[215] *Christologie*, 138 s.

presentava forse il primo uomo come origine del peccato e del male? Per superare una simile antinomia si aprivano due vie: la prima si limitava a considerare l'Uuomo celeste sotto il suo aspetto escatologico. Di una sua eventuale colpa originale o non si parlava (e questo silenzio è per il Cullmann un probabile indice che l'Autore del libro di Enoch avesse una certa coscienza di una identità dell'Uomo celeste mitico con Adamo) oppure veniva negata come una calunnia (Pseudo-Clementine). L'altra via, segnata principalmente da Filone, distingueva nettamente tra un uomo primitivo peccatore (*Gen.* 2,7) e un Uomo primitivo celeste, anteriore, Immagine perfetta e ideale di Dio (*Gen.* 1,27).[216]

Paolo (*1 Cor.* 15,45-47) sembra ammettere un unico Adamo, terrestre e peccatore, e gli oppone Gesù come nuovo Adamo, Uomo celeste preesistente venuto per riparare la colpa del primo Adamo e restituire all'umanità l'immagine di Dio che egli porta. In *Rom.* 5,12 s. armonizza questo tema il Figlio dell'uomo con quello di Servitore e in *Phil.* 2,5-11, aggiunge ancora a questi due titoli quello di Kyrios: delinea così l'opera di Gesù come opposizione della sua obbedienza alla disobbedienza superba di Adamo e riconosce a lui preesistenza una dignità divina che egli esercita sovranamente.[217]

E questi tratti di « Figlio dell'Uomo » è Gesù stesso che se li è applicati per primo. Nella maggioranza dei testi neotestamentari, osserva il Cullmann, l'appellativo in questione designa certamente l'Uomo celeste di cui si attendeva la venuta e al quale Gesù stesso si identifica e gli si identifica non soltanto come giudice escatologico, secondo la tematica tradizionale di Daniele, Enoch, IV Esdra, ma come già attualmente presente nell'umiliazione del Servitore. Questa implicanza reciproca tra « Servitore » e « Figlio dell'uomo » è, secondo il Cullmann, proprio una affermazione originale di Gesù (e Paolo che l'ha captata mostra quanto profondamente avesse capito il Cristo). Ha il grande vantaggio di sottolineare come il Figlio dell'uomo abbia condotto un'esistenza terrestre, incarnata, sofferente ben lontana dalla mentalità e dall'attesa giudaica.[218]

---

[216] *Christologie*, 139-154.
[217] *Op. cit.*, 169-186.
[218] *Op. cit.*, 164-167.

Espressioni come « Il Figlio dell'uomo è venuto... » e la convinzione in cui Gesù mostra di essere che la sua opera sia uno sforzo di ristabilire l'ordine voluto dalla creazione sembrano persuadere Cullmann che Gesù si sia attribuita la stessa preesistenza dell'Uomo celeste.[219] Queste le grandi linee della teologia cullmanniana del Figlio dell'uomo sopra le quali il nostro Autore si auspica venga finalmente costruita una dommatica cristologica.[220]
Non è nostra intenzione esaminare criticamente la validità esegetica e storica di questa concezione.[221]

Vogliamo soltanto segnalare le incertezze che derivano da questa interpretazione sulla affermazione della divinità di Cristo.

Gesù sarebbe dunque, secondo la Scrittura, l'Uomo celeste preesistente. Come può questo conciliarsi colla sua divinità? Come si può ancora parlare di Incarnazione vera e propria come ne parla il Concilio di Calcedonia cioè il Verbo che diviene uomo, assume la natura umana, se è uomo da sempre, anzi se è l'Uomo-tipo?

E' vero che Oscar Cullmann asserisce che non bisogna semplicemente identificare questa nozione di Uomo celeste con quella di natura umana come la intendiamo noi.[222]

Sembra che espressioni a suo parere illustranti la nozione di Figlio dell'uomo applicata al Cristo possano essere che egli è « Immagine di Dio » (Ebenbild Gottes), « Prototipo dell'umanità » (Urbild der Menschheit): causa esemplare, direbbe un teologo scolastico, « Uomo Divino » (Göttlicher Mensch).[223] Ma non crediamo che nella « Christologie » Oscar Cullmann ci abbia fornito una caratterizzazione sufficientemente precisa di quello che egli ritiene sia il contenuto biblico della denominazione « Figlio dell'uomo ». Quindi le incertezze e le oscurità che da questa sua concezione dice-

---

[219] *Op. cit.*, 166 s.
[220] *Op. cit.*, 197.
[221] E' messa in dubbio, sotto diversi punti di vista, da vari Autori. Ad es. A. Richardson non sembra accettare la derivazione della nozione di « Figlio dell'Uomo » dalla speculazione orientale-ellenistica sull'uomo celeste: *New Testament Studies* 6 (1960), 266. Lo stesso P. Benoit quanto mai benevole per il pensiero cristologico di Oscar Cullmann formula delle riserve: *RB* 65 (1958), 271 s. Più ancora P. Gaechter: *ZKTh* 82 (1960), 90-95.
[222] *Christologie*, 165 197.
[223] *Op. cit.*, 197 s.

vamo rifluire sulla divinità di Cristo rimangono tanto più che egli a conclusione del suo studio su « Gesù il Figlio dell'uomo » per motivare l'invito che egli rivolge ai teologi a centrare proprio su questa nozione la loro riflessione cristologica scrive:

« Questo non avrebbe soltanto il vantaggio che una tale cristologia sarebbe interamente orientata secondo il Nuovo Testamento e ritornerebbe alla definizione che Gesù stesso dava di sé ma inoltre il problema della relazione delle nature in Cristo, radicalmente insolubile sul piano logico, verrebbe spostato su un piano in cui la soluzione è visibile: il Figlio dell'Uomo preesistente, che è vicino a Dio fin dal principio, che è con lui come sua Immagine, è già uomo divino *secondo il suo essere*, cosicché tutta la faticosa discussione così come dominava le prime lotte cristologiche diventa propriamente superflua ».[224]

Oscar Cullmann ci ha recentemente promesso di voler riprendere in considerazione, in modo ancora più attento e dettagliato, il problema cristologico in una sua prossima pubblicazione.[225] Osiamo manifestare la speranza che sia proprio questo uno dei punti prevalenti su cui riprenda un discorso che ci aiuti a chiarire e ad approfondire il suo pensiero cristologico: solo allora potremo avere dati decisivi per salvare la sua affermazione, peraltro indubbia e sincera, della divinità di Cristo dall'insinuazione di incoerenza con uno degli elementi fondamentali della sua concezione biblica della Cristologia.

2. Prima di conchiudere questa nostra breve indagine sulla presenza dell'affermazione della divinità di Cristo nella cristologia cullmanniana non possiamo non segnalare di nuovo un secondo fattore di perplessità che il teologo cattolico può trovare nel suo pensiero.

---

[224] « Dies hätte nicht nur den Vorteil, dass eine solche Christologie ganz am Neuen Testament orientiert wäre und auf Jesus' Selbstbezeichnung zurückginge, sondern darüber hinaus würde das im Grunde logisch unlösbare Problem des Verhältnisses der beiden Naturen in Christus auf eine Ebene verlagert, wo die Lösung sichtbar wird: der präexistente Menschensohn, der im Uranfang schon bei Gott ist, mit ihm als sein Ebenbild gegeben ist, ist *seinem Wesen nach* schon göttlicher Mensch, so dass die ganze mühsame Diskussion, wie sie die frühen christologischen Kämpfe beherrschte, eigentlich überflüssig wird »: *Christologie*, 197 s.

[225] *Dialogue sur le Christ: réponse du prof. Cullmann: Choisir* 1 (1960), n. 9-10, p. 20.

Ritorniamo sul « punctum dolens » del funzionalismo di Oscar Cullmann. Una prima obbiezione che ci si può porre la possiamo formulare press'a poco così: Parlare di divinità di Cristo è già entrare in campo « ontologico » infatti è già un discorso su ciò che « egli è », il Cullmann può al massimo parlare di attività divina di Cristo, di ciò che « egli fa ». Questo è vero. Ma, come abbiamo visto, di fatto il Cullmann ammette che l'azione divina di Cristo manifesta l'essere divino di Cristo benché solo nei limiti della sua Persona.[226] Non è allora funzionalismo integrale? E' probabilmente vero. Ma dobbiamo prendere il pensiero del nostro teologo com'è. L'incoerenza però non abbiamo mancato di segnalarla nel fatto che egli ammetta che l'azione divina del Cristo ci apre un adito sulla divinità della Persona ma non sul dualismo delle Nature. Insomma il problema delle due nature visto nel suo contenuto profondo non è, a nostro parere, un problema impostato in semplice funzione polemica o sotto la pressione di una mentalità filosofica ellenica. E' un problema e una fede che l'azione salvifica stessa del Cristo, azione divino-umano al contempo « in e sopra » la linea temporale, avrebbe a un certo momento imposto necessariamente alla coscienza cristiana. E' insito nella realtà stessa del fatto dell'Incarnazione.[227] Quindi diremo che il funzionalismo della cristologia cullmanniana non contradice alla sua affermazione della divinità di Cristo: il suo è un funzionalismo specifico che, entro certi limiti, ammette nella « funzione » una rivelazione dell'essere ».[228]

Tuttavia, almeno in un certo senso, la oscura: ci farebbe supporre che la cristologia neotestamentaria ci blocca sulla soglia del mistero del Cristo e non ci fornisca nemmeno elementi iniziali di comprensione del significato e della portata

---

[226] *Christologie*, 243.
[227] Y.M.-J. CONGAR, *Le Christ, Marie et l'Eglise*, Bruges 1952, p. 37-38. Il Congar sottolinea acutamente il carattere profondamente luterano di questo accento sulla Persona e silenzio sulle Nature. Il MARLÉ denuncia invece in questo fatto una ripugnanza generale del protestantesimo a vedere in tutta la sua portata la realtà dell'Incarnazione. Cioè non riesce ad ammettere che anche il corpo e l'umanità di Cristo non solo la sua parola e la sua azione sono principio di salvezza: *Bultmann et l'Ancien Testament*: NRTh 78 (1956), 486.
[228] *Christologie*, 243; *Dialogue sur le Christ: réponse du prof. Cullmann*: Choisir 1 (1960), n. 9-10, p. 21. Siamo comunque ben lontani dal funzionalismo bultmanniano che sembra negare la stessa divinità personale di Cristo. Cf. MARLÉ, 148 s 178 183.

della sua Incarnazione redentrice e di ciò che di divino e di umano c'è in lui e di come tutto questo si unisca e si equilibri.

Per finire, poi, sottolineiamo che questo trascurare il domma delle due Nature indebolisce la chiarezza e la coesione della concezione cullmanniana della storia della salvezza. La visione della storia della salvezza come azione di Dio inserita nel tempo è strettamente dipendente dalla concezione che noi ci facciamo dell'unione in Cristo delle due Nature e della funzione della santa umanità.[229]

Si può dire che il domma di Calcedonia valorizza e salvaguarda un'autentica visione cristiana della Salvezza come azione di Dio nella storia. Infatti è solo la solida comprensione dell'unione delle due Nature in una sola Persona che permette di dare tutto il suo valore all'affermazione che il Cristo, Verbo di Dio incarnato, è il centro della storia della salvezza.[230] E se qualcuno ha potuto accusare il Cullmann di mettere nella sua teologia della salvezza al primo piano non tanto il Cristo quanto la temporalità del suo agire non dipende forse almeno in parte dal carattere funzionale della cristologica neotestamentaria?[231]

Solo la teologia delle due Nature riconosce tutto il significato e la portata dell'Incarnazione redentrice. E la storia della salvezza è, nella sua interezza, preparazione e prolungamento dell'Incarnazione.

---

[229] Y.M.-J. CONGAR, op. cit., 38.
[230] Questa tesi è ampiamente provata da E. LAMPERT, *The Apocalypse of History*, London 1948, p. 117 s. Cf. anche H. URS VON BALTHASAR, *La Théologie de l'histoire*, Paris 1955, p. 27 63 67 e tutto il capitolo III.
[231] Vedi sopra, p. 163, n. 163.

CAPITOLO TERZO

IL CRISTIANESIMO COME STORIA PROFETICA

I. IL PROBLEMA DEL MITO

Oscar Cullmann affronta il problema del mito senza eccessivo entusiasmo. Si sente sì solidale col Bultmann nella ricerca dell'essenza del Messaggio,[1] ma è a malincuore che segue il collega di Marburg nelle complicazioni della smitizzazione che questi ritiene indispensabile, appunto per scoprire il nucleo del Messaggio.[2]

Questo, non solo perché il teologo alsaziano è convinto che la smitizzazione bultmanniana è costruita su una serie di equivoci, determinati dall'influsso della filosofia esistenziale.[3]

Ma abbiamo l'impressione che è la sua sensibilità di ricercatore serio che si sente ferita. La teologia bultmanniana non è forse una di quelle teologie che ogni vent'anni diventano di moda nella Germania protestante? Attirano su di sé attenzione ed energie di studiosi per poi ricadere nell'oblio.[4]

Forse, incalza il Cullmann, nessuna teologia non è mai stata così alla moda come quella di R. Bultmann. Si rifà alla filosofia del giorno: l'esistenzialismo. Sfrutta il tema che oggi ha successo tra filosofi, etnologi, psicologi, storici delle religioni: il mito. Infine, come tutte le cose alla moda, ha pure il suo slogan: Entmythologisierung! Smitizzazione![5]

Il Cullmann è persuaso della stagnazione attuale dell'esegesi protestante tedesca: la ricerca scientifica sulle ori-

---

[1] Vedi sopra, p. 57 s.
[2] *Le Mythe*, 121 s.
[3] Vedi sopra, p. 66 s.
[4] *Le Mythe*, 121.
[5] *Art. cit.* 121, n. 2.

gini del cristianesimo è stazionaria. Il Barthismo ha la sua parte di responsabilità in questa crisi: ha voluto ridurre la ricerca storica a un semplice preliminare della riflessione teologica.[6] Ma il Bultmann è corresponsabile. Se non proprio il Bultmann in persona, almeno « l'entusiasmo eccessivo e il fanatismo polemico un po' gregario di certi suoi discepoli ed avversari ».[7]

Perché allora il nostro teologo si decide ad affrontare direttamente questo problema ed, in certo senso, a scendere sul terreno dell'avversario?

Si è deciso a questo passo « dopo una certa esitazione ».[8] Ma, infine, si è deciso e per due motivi:

— Fuori di Germania, questa discussione non è ancora ben conosciuta. Ritiene utile presentarla in un'ottica vera cioè non bultmanniana.

— In realtà, non scende sul terreno del Bultmann. Rifiuta infatti di darsi ad analisi filosofiche o teologico-sistematiche. Rimane nell'ambito della storia e del pensiero del cristianesimo primitivo.[9]

Questo secondo motivo precisa il piano su cui si svolge la discussione cullmanniana. I termini di soluzione li ricercherà nella fede e nella riflessione dei primi cristiani. Ritroverà questa testimonianza nella tradizione apostolica scritta (Nuovo Testamento) e orale (regola di fede).

Oscar Cullmann, insomma, rimane fedele al suo metodo. Non sottopone ad analisi critica interna la teologia bultmanniana, discutendone l'ispirazione esistenziale. Vuole dimostrare storicamente a Rudolf Bultmann l'infondatezza del suo pensiero, mettendo in luce la risposta della Scrittura e della Regola di Fede.[10]

1. *Il concetto di mito secondo Oscar Cullmann.*

« Sulla medesima linea di salvezza si situano ad un tempo avvenimenti storicamente controllabili (historisch

---

[6] Vedi sopra, p. 79 s.
[7] Oscar Cullmann, sempre così misurato nelle sue espressioni, si domanda se la causa della stagnazione segnalata non sia proprio nell'« enthousiasme excessif et le fanatisme polémique quelque peu grégaires de certains de ses disciples et de ses adversaires »: *Le Mythe*: 121.
[8] *Art. cit.*, 122.
[9] *Art. cit.*, 123.
[10] Vedi sopra, p. 55-56.

feststellbares Geschehen) e avvenimenti storicamente non controllabili (unkontrollierbare Tatsachen), come le saghe (Sagen) che si svolgono in un quadro storico, o i miti (Mythen) che hanno per oggetto la storia della creazione e della natura ».[11]

Una prima e fondamentale osservazione: Oscar Cullmann definisce il mito, distinguendo gli avvenimenti della linea della salvezza dal punto di vista dell'Historie.

Che cosa intende Oscar Cullmann per « Historie »?

E' la scienza storica che riferisce gli avvenimenti che essa ha potuto ricostruire sulla base oggettiva di osservazioni e di documenti positivi e sicuri. « Historisch » sarà allora l'avvenimento così provato e « controllato ».

Infine « Historie » potrà essere chiamato anche, l'intreccio e lo sviluppo degli avvenimenti in tal modo scientificamente vagliati e provati.

Questa è la definizione che noi possiamo dedurre dal contesto in cui il nostro teologo usa i termini in questione.[12]

---

[11] « Die *gleiche* Heilslinie begreift zugleich historisch feststellbares Geschehen und historisch unkontrollierbare Tatsachen wie Sagen, die in einem historischen Rahmen spielen, oder Mythen, die Schöpfungs- und Naturgeschehen zum Gegenstand haben »: *ChZ*, 81. L'oggetto del mito qui è designato entro limiti angusti: « Schöpfungs, und Naturgeschehen ». Tale è il mito delle Origini e della Fine. Il Cullmann stesso ci dirà che il mito può essere presente anche in altri momenti della storia della salvezza. L'Autore qui ha un fuggitivo accenno alle « Saghe ». Il traduttore francese di *ChZ* rende « Sagen » con « Légendes ». *Christ et le temps*, 66. Non ci pare esatto. La saga ha per tema un mito anche se si riferisce a luoghi o persone storiche del resto variabili. La leggenda invece ha per oggetto iniziale e primario un fatto storico anche se non esclude totalmente l'apporto di miti. Cf. G. VAN DER LEEUW, *La religion dans son essence et ses manifestations*, Paris 1948, p. 407 s.

[12] Ci limitiamo ad alcune segnalazioni. Nella definizione di mito, già riferita sopra, distingue tra « historisch feststellbares Geschehen » e « historisch unkontrollierbare Tatsachen ». Una conferma: la traduzione francese, suona: « des faits contrôlables *par la science historique* et des faits incontrôlables »: *Christ et le temps*, p. 66. Affermerà, come vedremo, che gli scrittori della comunità primitiva erano sprovvisti di ciò che noi oggi chiamiamo senso storico (historischen Sinn). Questo non può essere che la mentalità critica positiva caratteristica della storiografia moderna. Infatti il Cullmann accosta questa loro deficienza alla cosmologia antiquata che li ispira... (*ChZ*, 81-83). Infine: lo storico profano moderno (Historiker) non può accedere coi suoi mezzi di indagine a tutta una sezione della Storia della Salvezza (Origini e Fine): *ChZ*, 82-83. Ma anche nella parte di cui l'esame gli è relativamente agevole ci sono elementi che gli sfuggono (anche ad es. nel periodo centrale ci sono dei miti): *ChZ*, 84-86. Anzi la stessa funzione del tempo di Cristo come centro della Storia si sottrae ai suoi mezzi di indagine: *ChZ*, 17-18 84-85.

Qual'è allora il significato cullmanniano di « Geschichte »?

Non è un significato determinato ed esclusivo. Qualche rara volta, si differenzia nettamente da « Historie » per identificarsi con « Heilsgeschichte ».[13] Più spesso però si confonde con « Historie ». Il Cullmann userà, colla massima disinvoltura, l'uno o l'altro termine indifferentemente, per designare la medesima realtà, da noi definita sopra come contenuto della parola « Historie ».[14]

Questa fluidità di linguaggio è spiegabile: il Cullmann non si preoccupa di dare un fondo o una struttura filosofica alla sua teologia neotestamentaria.

D'altra parte, questa assenza di tecnicità di linguaggio non ci sembra causare gravi equivoci. Il contesto rivela, senza bisogno di eccessive analisi, il significato che assumono, di volta in volta, le parole in questione.[15]

Eppoi tale libertà di linguaggio ha dei limiti. Secondo i casi, « Geschichte » può significare « Historie » o « Heilsgeschichte ». Ma « Historie » non significherà mai « Heilsgeschichte ». Chiudendo questo excursus sommario nel campo della terminologia cullmanniana, osserviamo:

1) Per Oscar Cullmann hanno un senso ben definito ed esclusivo « Historie » ed « Heilsgeschichte ».

---

[13] Ma in questi casi è seguito da una chiara specificazione. Ad es. « nun ist diese Mitte (il tempo di Cristo) selbst *prophetisch gedeutete* Geschichte »: *ChZ*, 87-91. Anche il diavolo ha una storia, osserva, ma « sie ist ganz und gar der Geschichte des Heils unterworfen »: *op. cit.*, 91.

[14] Gli esempi sono frequenti. La mancanza di senso storico (historischer Sinn) spiega, secondo il Cullmann, come i primi cristiani mettessero sullo stesso piano « Geschichte, Sagen und Mythen »: *ChZ*, 81. Qui Geschichte coincide evidentemente con Historie: qualche riga prima, nell'affermazione parallela scriveva: gli scrittori cristiani primitivi mancano di senso storico « und deshalb liegt ihnen eine Unterscheidung zwischen Historie und Mythus a priori fern » (ib.). Cf. anche *op. cit.*, 82 85 92... e specialmente nelle pag. 15-18 dove studia le relazioni tra storia profana (quindi Historie) e storia biblica. Il titolo del paragrafo è già di per sè significativo: « Biblische Geschichte und Geschichte ».

[15] Notiamo pure che il Cullmann usa indifferentemente « Ereignis » (avvenimento), « Tatsache » (fatto), « Geschehen » (evento) e simili: *ChZ*, 15-18; 81 s. Sappiamo invece come ognuno di questi termini abbia un contenuto ben preciso per R. Bultmann. Cf. MIEGGE, 15 45 54 168; OTT, 10 11. Ott analizza acutamente la giustificazione filosofica di tale precisione, propria di Heidegger e passata anche nelle pubblicazioni bultmanniane di carattere riflessivo, prendendo come punto di partenza questo significativo assioma heideggeriano: « Die Sprache ist das Haus des Seins. In ihrer Behausung wohnt der Mensch »: *Brief über den Humanismus*, Bern 1947, p. 53. Cf. OTT, 173 s.

2) « Geschichte » può significare l'uno o l'altro contenuto.

3) Infine aggiungiamo che termini come « Weltgeschichte », « Gesamtegeschichte », « Allgemeine Geschichte »... si oppongono tutti ad « Heilsgeschichte ». « Profane Geschichte » e « Gesamtgeschichte » li usa indifferentemente al posto di « Historie ».[16]

« Weltgeschichte » indica di preferenza le attività, le istituzioni, i valori del mondo (Welt) in quanto sono pure parte del regno di Cristo benché distinti dalla Chiesa.[17]

4) Dal confronto delle nozioni, cullmanniana e bultmanniana, di « Geschichte », si annuncia già il dissidio di fondo: per O. Cullmann « Geschichte » include temporalità, per R. Bultmann prescinde dalla temporalità e afferma anzitutto interpellazione e decisione esistenziale ».[18]

Ora comprendiamo il significato fondamentale del concetto di mito secondo il Cullmann: è un avvenimento della « Heilsgeschichte » che però sfugge al controllo dell'« Historie ». E' in altre parole, *un avvenimento « heilsgeschichtlich » ma non « historisch »*.

Quindi il mito che il Cullmann considera non è il « mito puro ». Non è, cioè, quella categoria di miti che forma l'oggetto delle ricerche dell'etnologo, dello storico delle religioni, dello psicologo o del metafisico.[19]

Cullmann studia il « mito storico-salvifico ».

Dove sta la differenza, tra « mito puro » e « mito storico-salvifico »?

---

[16] Vedi sopra, n. 14.
[17] *ChZ*, 157 s.
[18] Per rendere più palmare il contrasto riportiamo testualmente le caratterizzazioni di Malevez. Coincidono quanto al contenuto con quelle degli altri studiosi del Bultmann. Cf. MARLÉ, 159; MIEGGE, 31-51; OTT, 8 s. Ed hanno in più il merito della chiarezza:
« L'analytique heideggerienne distingue une double histoire et une double réalité: l'histoire (Historie) qui expose et raconte des objets (Gegenstände) exactement comme le fait la nature, objets liés entre eux dans la causalité phénoménale et constatables par l'observation neutre et scientifique, qu'ils précèdent, à laquelle ils sont donnés. Toute différente est l'autre histoire, la Geschichte: ici, nous avons à faire au Dasein, à l'être humain dont nous savons déjà qu'il n'est pas à ranger parmi les « étants », les « objets », et dont nous voulons dire en le déclarant essentiellement « geschichtlich » que n'ayant rien d'une nature, d'une chose donnée et toute faite, il n'existe qu'en se faisant lui-même dans une libre décision »: L. MALEVEZ, *Exégèse biblique et philosophie*: NRTh 78 (1956), 912. Cf. anche MALEVEZ, *Le Message chrétien et le Mythe*, 70.
[19] *Le Mythe*, 134.

La caratterizza così: il mito puro è atemporale, antistorico, al di fuori del tempo concreto della storia. Suo elemento essenziale è la ripetizione.[20]

Il mito storico-salvifico invece, è inserito nella storia della salvezza.

« Costatare che esso non é 'historisch' non implica che l'avvenimento che esso contiene non ha avuto luogo nel tempo ».[21]

La giustificazione esaustiva di queste definizioni cullmanniane l'avremo, esponendo la sua soluzione del problema del mito.

2. Il problema del mito secondo Oscar Cullmann.

La presenza dell'elemento mitico nella storia della salvezza pone al teologo un vero problema. Bisognerebbe prenderlo in considerazione anche se non ci fosse la smitizzazione bultmanniana contro cui polemizzare.

In che termini il Cullmann pone il problema del mito? Premettiamo due considerazioni:

1) Il cristianesimo primitivo non ha nessuna nozione di mito, sostiene il teologo alsaziano. Il suo senso critico è così scarso che non sospetta nemmeno una coesistenza sulla medesima linea della salvezza di avvenimenti « historisch » accanto ad avvenimenti « non historisch ».[22]

2) Questa coesistenza è un fatto essenziale, continua il Cullmann.[23] Infatti il cristianesimo primitivo non solo concepisce il mito delle Origini e della Fine come fatti essenziali della storia della salvezza, ma anzi, pone elementi mitici persino nel periodo centrale dell'attività terrena di Gesù (ad es. la nascita verginale).[24] L'inserzione del mito delle Origini e della Fine nella Storia della Salvezza non dipende

---

[20] *Art. cit.*, 129. Cf. G. VAN DER LEEUW, *La religion dans son essence et ses manifestations*, p. 377, 404 s che conferma sostanzialmente questo punto di vista del nostro Autore. Così M. ELIADE, *Traité d'histoire des religions*, Paris 1953, p. 350-372. Il Malevez ci presenta invece una nozione più larga e varia di mito: MALEVEZ, 163-167.

[21] « Die Feststellung, dass ein Mythus nicht « historisch » ist, impliziert nicht, dass von ihm festgehaltene Geschehen nicht « zeitlich » ist »: *ChZ*, 82. Cf. *Le Mythe*, 132 s.

[22] *ChZ*, 81 s. *Le Mythe*, 132.

[23] *ChZ*, 81.

[24] *ChZ*, 81-82; *Le Mythe*, 131 s.

forse dall'assenza delle categorie di « mythisch » e di « historisch » nella mentalità acritica della comunità primitiva? No.

Se infatti la loro presenza nella Linea della Salvezza dipendesse da questo, oggi noi, che abbiamo senso critico, dovremmo radiarli dalla storia sacra.[25]

Insomma li dovremmo smitizzare. E non ne rimarrebbe più che un « sostrato sopratemporale » (die überzeitliche Substanz).

Ma questo, sostiene il Cullmann, significherebbe distruggere la stessa Linea della Salvezza. Infatti essa è « aufsteigende Heilslinie » proprio perché, partendo dalle Origini, tende, in una realizzazione progressiva, verso la Fine come verso l'evento storico-salvifico conclusivo che le dà direzione, dinamismo e che costituisce la pienezza della salvezza. Questa distruzione della Linea ci pare ancora più fatale se ricordiamo che elementi mitici sono presenti persino nel suo stesso tratto centrale. Inoltre ricordiamo che la Linea della Salvezza è unità. Il suo carattere cristocentrico è la prova più forte di tale unità. E' il medesimo Mediatore Cristo che agisce nel Centro come alle Origini e alla Fine. Non si può allora negare il carattere storico-salvifico dell'Inizio e della Fine e affermarlo contemporaneamente del tempo centrale.[26]

O la linea della Salvezza è tutta storico-salvifica o non lo è in nessuno dei suoi punti.

Qualcuno potrebbe però conchiudere da queste riflessioni: è proprio così: La presenza del mito sulla linea della Salvezza è appunto una prova dell'inconsistenza della ricostruzione che il Cullmann ha tentato di fare della concezione primitiva del Kerigma come Storia della Salvezza.

E' un'obbiezione cui risponde l'intera opera di Oscar Cullmann. Come abbiamo visto nei due precedenti capitoli, il nostro Autore ritiene che la Scrittura, studiata alla luce della Regola di Fede, ci presenti l'essenza del Messaggio come Storia lineare cristica. Questo per lui è un punto definitivo e primo. Tutti gli altri problemi vanno visti e risolti alla luce di questo dato fondamentale.

Quindi la presenza del mito non può mettere in causa il carattere storico-salvifico del Messaggio. Deve anzi essere

---

[25] *ChZ*, 82.
[26] *Op. cit.*, 81-83.

spiegata e giustificata, partendo da questo carattere fondamentale.

Un'osservazione ulteriore di Oscar Cullmann. Rudolf Bultmann, egli pensa, è più consapevole degli « smitizzatori parziali » dell'unità della Storia della Salvezza. Studia infatti, la Storia della Salvezza come un tutto. Applica il medesimo criterio smitizzatore a tutta la linea, sia nei suoi tratti mitici che in quelli storici.[27] Con questo, egli riafferma il carattere unitario della Storia lineare cristica. E' un tutto unico che non si può smembrare, spogliando, ad esempio, del loro quadro temporale solo le Origini e la Fine, lasciando invece questo involucro alla parte centrale storica della Linea.[28]

E, dopo aver precisato che, beninteso, non è d'accordo colle conclusioni bultmanniane, continua:

« Ma, indirettamente e implicitamente, R. Bultmann riconosce, con una chiarezza rara in teologia, che, nel pensiero dei primi cristiani, gli avvenimenti storici che hanno circondato Gesù sono così strettamente legati ai racconti non storici delle origini e della fine del mondo che la distinzione tra storia e mito è senza importanza. E questo non perché il cristianesimo primitivo è sprovvisto di senso storico, ma perché noi ci troviamo qui in presenza di una *visione d'insieme* teologica e positiva, che si situa al di là dell'opposizione tra storia e mito ».[29]

E' a questo punto che la formulazione tipicamente storico-salvifica del problema del mito ci torna ben comprensibile:

Qual'è l'elemento che fa l'unità della Linea della Salvezza al di là della reale distinzione tra gli avvenimenti che la compongono in avvenimenti storici e mitici?

In altre parole, qual'è il termine comune (das gemeinsame Band) che unisce storia e mito dal punto di vista teologico?[30]

---

[27] *ChZ*, 25 82.
[28] *Le Mythe*, 124.
[29] « Indirekt aber gibt R. Bultmann implicite mit einer Klarheit, die sonst in der Theologie selten zutage tritt, zu, dass im Urchristentum die Verknüpfung der geschichtlichen Ereignisse um Jesus von Nazareth mit nichthistorischer Ur- und Endgeschichte so eng ist, dass der Unterschied zwischen Historie und Mythus nicht deshalb belanglos ist, weil das Urchristentum keinen historischen Sinn besitzt, sondern weil hier eine positive theologische *Zusammenschau* vorliegt, die jenseits des Gegensatzes von Historie und Mythus liegt »: *ChZ*, 83.
[30] *ChZ*, 84.

II. Il cristianesimo come storia lineare profetica

Oscar Cullmann ci espone, a due riprese, i termini della soluzione da lui proposta al problema del mito.[31]

La prima presentazione è una riflessione serena in cui le preoccupazioni polemiche sono quasi sottaciute. La seconda invece, è in netta polemica antibultmanniana. Vi propone la sua soluzione ma difendendola ad ogni passo contro le insinuazioni e le contraddizioni del teologo di Marburg.

In questo Capitolo seguiremo da vicino la prima formulazione. I termini polemici dell'articolo di « *Numen* », li prenderemo in considerazione nel Capitolo seguente in cui « l'incontro », o meglio, « lo scontro » tra Oscar Cullmann e Rudolf Bultmann sarà l'oggetto principale della nostra analisi.[32]

1. *La storia della Salvezza come Profezia.*

Abbiamo visto come Oscar Cullmann imposta il problema del mito. Si tratta di ritrovare l'elemento comune di fondo che forma l'unità della Linea della Salvezza, al di là della distinzione tra avvenimenti mitici e storici (historisch).

La soluzione cullmanniana è articolata in due momenti:

— Questo elemento unificatore supremo è la « Profezia ».

— L'Inizio e la Fine (avvenimenti, secondo il Cullmann, essenzialmente mitici, come abbiamo visto), i primi cristiani non li considerano come miti atemporali (zeitlose Mythologie), cioè miti « puri ». Li ritengono invece miti storico-salvifici. Li situano sulla Linea temporale della Salvezza.[33]

La Storia della Salvezza è nella sua totalità « Profezia ». Questo è l'elemento che si situa al di là (jenseits) dell'opposizione tra Historie e Mythus.[34]

---

[31] *ChZ*, 81-92 e *Le Mythe dans les écrits du Nouveau Testament*: *Numen* 1 (1954), 120-135.

[32] Rimandiamo ad allora anche la risposta all'interrogativo, che forse si presenta spontaneo a questo punto del nostro lavoro: la concezione del mito di Oscar Cullmann coincide con quella di Rudolf Bultmann? Impostano il problema nei medesimi termini?

[33] *ChZ*, 84 s.

[34] *ChZ*, 84.

Rimane certo una reale differenza, osserva il teologo alsaziano, tra gli avvenimenti storici (historisch), riferiti ad es. dai Libri dei Re o dagli Atti degli Apostoli, e gli avvenimenti mitici, di cui sono intessuti i Libri del Genesi o dell'Apocalissi.

Ma questa differenza va giudicata differentemente a seconda che la si consideri da un punto di vista cristiano primitivo (cioè quello profetico) o da un punto di vista storico-critico moderno (cioè mitico).

Evidentemente, il punto di vista definitivo e normativo del credente e del teologo è quello profetico. Ed è il criterio risolutivo anche nei confronti dei problemi posti dalla coscienza critica moderna. Infatti, rimane fermo e fondamentale che la Scrittura va letta cogli occhi della fede e della mentalità della comunità primitiva.

Per questo il Cullmann è intransigente nel respingere uno degli apriori metodologici bultmanniani che egli ritiene di poter così formulare:

« Gli elementi del NT che egli (R. Bultmann) considera inaccettabili per il pensiero moderno (« al secolo della corrente elettrica e della radio ») non saprebbero aver formato l'essenza stessa del pensiero dei primi cristiani ».[35]

Il principio fondamentale della soluzione cullmanniana del problema del mito è quindi posto: tutti gli avvenimenti della Storia della Salvezza, siano essi storici o mitici, sono essenzialmente e prima di tutto Profezia.

Anzi, egli precisa, gli avvenimenti mitici dell'Inizio e della Fine sono puramente Profezia (nur Prophetie). Gli avvenimenti storici della parte centrale invece, non sono puramente Profezia. Infatti, appunto perché storici, sono Profezia che si riferisce a fatti che si possono storicamente controllare.[36]

Invece, i racconti mitici dell'Inizio e della Fine rilevano unicamente della Profezia nella misura in cui, oggettivamente, sono puramente oggetto di rivelazione e, soggettivamente, puramente oggetto di fede.[37]

---

[35] « D'abord il y a chez lui la conviction a priori suivante: les éléments du N.T. qu'il considère comme inacceptables pour la pensée moderne (« au siècle du courant électrique et de la radio ») ne sauraient avoir été l'essence même de la pensée des premiers chrétiens. C'est cette conviction que nous croyons devoir ébranler précisément »: *Le Mythe*, 123.
[36] *ChZ*, 84.
[37] *Op. cit.*, 85.

E questa loro situazione privilegiata dipende proprio dal fatto che sono mito. Nessuna costatazione storica o umana li può confermare.

Gli avvenimenti storici invece, possono, almeno in parte, essere controllati dalla scienza storica, indipendentemente dalla fede (unabhaengig von allen Glauben). Per questo non sono pura Profezia.

Però, soggiunge subito, anche questi avvenimenti storici non sono presentati dagli scrittori sacri e compresi dai primi cristiani come « storia » (Historie) ma come « rivelazione profetica sulla storia » (offenbarte Prophetie über Geschichte) (ib.).

Il carattere profetico poi di tali avvenimenti storici non differisce dal carattere profetico degli avvenimenti mitici se non nel fatto che propongono come oggetto di fede, fatti storicamente controllabili.

Ma in che cosa consiste la « Profezia »? Come Oscar Cullmann prova che essa costituisce l'elemento unificatore e il valore di fondo della Storia della Salvezza? Egli risponde a questi nostri interrogativi invitandoci ad esaminare la Scrittura.

a) *Profezia come valore di fondo della Storia della Salvezza*. Le vicende storiche che costituiscono la storia del popolo di Israele ci sono descritte dai libri storici e profetici. E' certamente un intreccio di avvenimenti storici (historisch). Ma il contenuto profondo di quei libri sacri è questo: la storia di Israele è la storia del popolo *eletto da Dio*. Certo, le vicende storiche di questa nazione sono controllabili dalla scienza storica. Anzi, costituiscono il suo campo specifico. Ma l'elemento essenziale è la sua elezione divina. E questo sfugge alla storia. E' profezia: solo la rivelazione la schiude alla fede.

Così, lo storico può controllare tutta una serie di fatti della vita di Gesù, quale i vangeli ce la presentano. Ma l'affermazione essenziale del vangelo e dell'intero Nuovo Testamento è che Gesù è il *Figlio di Dio*. E questo pure sfugge allo storico. Anche qui il valore di fondo è Profezia.

Gli Atti degli Apostoli ci riferiscono fatti dell'attività apostolica che sono controllabili storicamente. Ma il contenuto ultimo degli Atti è ben più profondo: sono una storia dell'*opera dello Spirito Santo* nel seno della chiesa primitiva. E anche questo è Profezia.

L'analisi di queste « tre storie » (Israele, Gesù, Chiesa primitiva), conchiude il Cullmann, ci conduce a una medesima costatazione: il loro valore di fondo, quello che la Scrittura vuole dirci veramente, sfugge all'Historie. Senza la rivelazione, queste tre storie non assumono il loro vero senso e ci rimangono incomprensibili.

E' una rivelazione profetica che dobbiamo accogliere nella fede. Ci guiderà poi ad interpretare e comprendere il vero significato della storia. Ci illuminerà perché abbiamo a scorgere nelle vicende storiche il riflesso o l'espressione dei valori profetici di fondo: elezione, figliazione divina, opera dello Spirito (ib.).

Questo significato di fondo, rivelatoci nella fede, è precisamente l'elemento che fa della trama storica, storicamente controllabile (Historie), non una pura « Historie » ma una « Heilsgeschichte ». E' precisamente « rivelazione profetica sulla storia » (ib.).

Il Cullmann ci ha così illustrato l'elemento profetico come valore di fondo della Linea della Salvezza. Vediamo ora, in che senso, la Profezia è l'elemento che, al di là delle categorie di mito e di storia, unifica tutti gli avvenimenti della Linea in un'unica storia della Salvezza.

b) *Profezia come valore unificatore della Storia della Salvezza*. Oscar Cullmann riassume così il punto d'arrivo dell'analisi da noi esposta sopra:

« Costatiamo dunque che è questa intenzione generale che sta sotto ai racconti detti storici, relativi alla Storia della Salvezza, che fa di questi una profezia e così *li assimila, quanto al contenuto, all'essenza della storia delle origini e della fine del mondo* ».[38]

Questa perfetta ed evidente assimilazione, di cui ci parla l'Autore, ci mostra un primo modo secondo cui la Profezia è l'elemento unificatore della Storia della Salvezza. Infatti, sia gli avvenimenti dell'Inizio e della Fine (mitici quindi puramente Profezia) che gli avvenimenti delle altre sezioni

---

[38] « Wir stellen also fest, dass die Gesamtintention, die hinter den sogenanten historischen auf die Heilsgeschichte bezüglichen Erzählungen steht, diese zur Prophetie macht und *auf diese Weise innerlich dem Wesen der Ur- und Endgeschichte angleicht* »: *ChZ*, 86.

della Linea (storico-salvifici quindi il loro valore di fondo è Profezia), confluiscono nella Profezia come nel loro valore vero. Valore che li accomuna e li unifica.

Ma la Profezia è valore unificatore anche in un altro senso.

Abbiamo già visto come il Cullmann ritenga che siano presenti elementi mitici anche nei periodi di salvezza la cui vicenda è rigidamente storica (historisch).

E questa presenza ha proprio una funzione unificatrice:
« Sono destinati a mettere in rilievo il carattere profetico della stessa storia (Historie). Il loro concatenamento è così stretto che, ad es. nei vangeli, è impossibile distinguere tra questi tratti che rivelano della storia interpretata profeticamente e quelli che sono puramente profezia. E' dal loro insieme che nasce l'immagine di Gesù, figlio di Dio ».[39]

Logicamente allora il nostro Teologo chiuderà queste riflessioni sottolineando come, da un punto di vista teologico, la differenza tra avvenimenti mitici e storici si rivela secondaria. Negli uni e negli altri infatti, il valore profondo in azione è unico: la Profezia. E questa è rivelazione accolta nella fede. In questo incontro poi, rivelazione-fede, la scienza storica non ha nulla da dire o da controllare.[40]

c) *Profezia ed efàpax*. Siamo andati così determinando ulteriormente il contenuto stesso del concetto cullmanniano di Profezia.

Lasciamo da parte per un istante la nostra mentalità di storici moderni. Questa ci persuade ad es. che Adamo non è stato un personaggio storico al medesimo titolo di Gesù, osserva il Cullmann.

Entriamo a fondo nella concezione del cristianesimo primitivo.

Vediamo allora la storia della Salvezza nelle sue parti storiche (historisch) come in quelle mitiche, come una grandiosa unità dinamica: una serie di avvenimenti che si sviluppano progressivamente su una medesima linea temporale.

---

[39] « Sie sind gerade dazu bestimmt, den prophetischen Charakter auch der Historie besonders hervortreten zu lassen. Dabei ist die Verkettung so eng, dass etwa in den Evangelien eine Unterscheidung zwischen solchen Einzelzügen, die prophetisch gedeutete Historie und solchen die nur Prophetie sind, nicht möglich ist. In ihrer Gesamtheit ergeben sie das Bild von Jesus dem Gottessohn »: *ChZ*, 86.

[40] *ChZ*, 87.

Per i primi cristiani, è una coesione indissolubile. Tale unità senza incrinature è dovuta alla sua cristocentricità. Cioè, ogni tratto della Linea riceve luce e salvificità dalla azione centrale di Cristo (Christustat). Il periodo centrale, prosegue il Cullmann, non è mito cioè pura Profezia: è storia interpretata profeticamente (prophetisch gedeutete Geschichte). Nel centro storia e profezia si compenetrano, si permeano intimamente.[41] Allora, siccome ogni punto della Linea riceve dal centro anche il carattere profetico, in ogni punto della Linea (anche in quelli mitici dell'Inizio e della Fine) storia e profezia si compenetrano. Vedremo sotto, in che senso questa compenetrazione si verifica per i momenti mitici dell'Inizio e della Fine.

Per ora, limitiamoci a mostrare come il Cullmann veda proprio nel carattere di « efàpax », tipico per ogni momento della Salvezza,[42] la migliore rappresentazione e la più forte esigenza di tale unità indissolubile di profezia e storia.

Agli occhi del teologo alsaziano è un'analisi semplice. Lo mostrano e lo esigono i due sensi del termine efàpax. Significa « una volta per sempre ». « Una volta », egli osserva, designa il fatto storico, l'elemento temporale. « Una volta per sempre » puntualizza il carattere decisivo e definitivo dell'evento per la salvezza di tutti gli uomini e di tutti i tempi. E' l'elemento profetico.[43]

Questo modo di argomentare del nostro Autore getta nuova luce sulla sua concezione del valore ultimo della « Profezia ». Coincide col carattere salvifico che investe ogni punto della Linea della Salvezza. Valore profetico = Portata salvifica.

Però, accanto all'aspetto « una volta per sempre », sussiste anche l'altro aspetto « una volta ». In altre termini, è Profezia e Salvezza ordinata a una temporalità.

Oscar Cullmann parla di Storia della Salvezza, di Storia profetica; non di Profezia o Salvezza astratte dal tempo.

Siamo in una direzione opposta alla smitizzazione bultmanniana che è negazione di temporalità.

Continuiamo la nostra ricerca, studiando ora da vicino il carattere « storico, temporale » del mito storico-salvifico.

---

[41] *Op. cit.*, 87 s.
[42] *Op. cit.*, 107-153.
[43] *Op. cit.*, 108 s.

Affrontiamo così il secondo punto della soluzione cullmanniana del problema del mito: l'Inizio e la Fine (elementi mitici) sono valori temporali.

2. *Profezia e temporalità.*

Il carattere temporale della Profezia appare evidente se noi consideriamo i tratti della Storia della Salvezza che sono « rivelazione profetica sulla storia ». Sono un seguito di avvenimenti storici (historisch). La loro temporalità non lascia dubbi: lo storico può controllarla.

Però quando si tratta dei momenti mitici della Linea della Salvezza, il carattere temporale della Profezia non è più così chiaro. Là lo storico non arriva: siamo nel campo del mito. E' su questo aspetto che dobbiamo soffermarci. Ed è importante agli occhi del Cullmann stabilirne in modo inequivocabile la temporalità. Infatti se il mito storico-salvifico non è temporale, è il carattere temporale dell'intera storia della Salvezza che è messo in questione. Ricordiamo come il mito è profezia pura e che il valore di un avvenimento profetico coincide in definitiva, secondo la teologia cullmanniana, colla portata salvifica del medesimo. Questa analisi ci condurrà a una duplice conclusione:

— scoperta del carattere temporale della Profezia pura, quindi della Profezia come tale;

— ulteriore messa in rilievo della differenza fondamentale che corre tra il mito puro (zeitlos) e il mito storico-salvifico (zeitlich).

Oscar Cullmann arriva a dimostrare la temporalità dell'Inizio e della Fine per due vie.

a) *Cristocentrismo della Storia della Salvezza.* L'intera storia della salvezza è illuminata dall'avvenimento centrale dell'attività terrena di Gesù. Ora questo periodo centrale, ci dice il Cullmann, è storia interpretata profeticamente. Quindi la Linea dovrà rivestire in tutti i suoi tratti, e perciò anche all'Inizio e alla Fine, un carattere temporale.

In realtà, la Scrittura vede gli avvenimenti dell'Inizio e della Fine soltanto sotto questo aspetto: la storia delle Origini *tende* verso il Centro e quella della Fine *ne procede.*[44]

---

[44] Vedi sopra, p. 144 s.

Tendenza e processione « verso e da » un centro temporale che perciò conferisce all'Inizio e alla Fine un impulso di dinamica temporale.[45]

Per questo, osserva il Cullmann, è pericoloso parlare di « Urgeschichte », se, con questo termine poco chiaro, si vuol designare insieme la storia dell'Inizio e della Fine. Li si contrappone così all'era storica come se si trovassero, per così dire, « al di là » di ogni storia, in un'era atemporale (« hinter » aller Geschichte, in einer zeitlosen Sphäre).[46]

Questa prima via riprende sostanzialmente il percorso che ci aveva dimostrato l'esigenza di temporalità per il mito storico-salvifico. Ma ci offre in più, una prima spiegazione sul significato di tale temporalità: l'Inizio e la Fine sono temporali nel senso che sono dinamicamente ordinati al Centro delle Storia della Salvezza.

b) *Elementi « cosmici » del Nuovo Testamento*. Gli avvenimenti dell'Inizio e della Fine (Ur - und Endgeschehen), pensa il Cullmann, sono per lo più avvenimenti cosmici (Schöpfungs, und Naturgeschehen). Tali avvenimenti hanno una funzione e un influsso di primo piano anche sul periodo centrale e presente della Storia della Salvezza. Questo ci rivela la solidarietà che, secondo il cristianesimo primitivo, legava l'uomo e la creazione e poneva una soluzione di continuità tra Inizio e Fine da una parte e l'avvenimento centrale dall'altra.

Tale concezione è già presente nella letteratura veterotestamentaria.[47] Ma è nel Nuovo Testamento che appare in tutta la sua forza. E' solo la rivelazione cristiana infatti che la fonda e la spiega. La esprime come una linea temporale il cui centro è costituito da un fatto storico (eine historische Tatsache).[48]

Nell'Antico Testamento, questa solidarietà appariva soprattutto nel mito primitivo (Urmythus) della sottommissione della creazione all'uomo. La creazione era trascinata così dall'uomo nella sua stessa vicenda: maledetta nel suo peccato, ri-creata alla fine nella sua liberazione redentrice.

---

[45] *ChZ*, 87-88.
[46] *Op. cit.*, 87.
[47] *Gen.* 3,17; 5,29; *Is.* 11,6...
[48] *ChZ*, 88.

Nell'avvenimento centrale, afferma il Cullmann, questa solidarietà si sintetizza in un atto storico (historisch).[49]

E', secondo il nostro teologo, il senso di *Col.* 1,19.

« Giacché in lui (Cristo) piacque (al Padre) che abitasse ogni pienezza, e per lui fossero a sé riconciliate tutte le cose, avendole pacificate per il sangue della croce di lui, sia le cose della terra sia quelle dei cieli ».

Paolo ci svela così il significato vero del fenomeno segnalato da Matteo e Luca nel momento decisivo e centrale della salvezza, quando Gesù spirava crocifisso, il sole si oscurava e la terra tremava (*Mt.* 27,51; *Luc.* 23,45) (ib.).

Queste riflessioni ci conducono a comprendere quanto sia reale, agli occhi del Cullmann, il carattere temporale degli avvenimenti mitici dell'Inizio e della Fine.

E' una temporalità così veramente temporale nella sua dinamica, che da elemento « mitico » (quindi escludente ogni « Historizität ») giunta al Centro della Linea si « istoricizza »: diviene cioè « historisch ». E' solidarietà tra avvenimento cosmico e avvenimento salvifico che giunge al punto di sintetizzarsi in un atto storico (historisch). I fenomeni cosmici che accompagnano la morte di Cristo sono infatti ben controllabili.

Questa solidarietà, continua il Cullmann, sussiste anche adesso nel tempo intermedio. Il presente è, per il salvato, tempo di attesa della Fine.[50] Ebbene anche la creazione « attende ». E' il sospiro di cui ci parla Rom. 8.[51] Ma, agli occhi del nostro Autore, l'elemento più convincente della presenza dell'Inizio e della Fine al nostro tempo è dato dalla funzione che il Nuovo Testamento attribuisce agli angeli.[52]

Sono le potenze cosmiche dell'Inizio e della Fine. Rappresentano l'operosità della Profezia, del mito. Ebbene, sempre secondo l'interpretazione neotestamentaria di Oscar Cullmann, sono gli angeli che reggono le fila che mettono in movimento tutta la vicenda storica del presente. La storia del presente è un dramma grandioso che si svolge su due piani coordinati. Il primo piano, visibile, è il campo dell'azione degli uomini. Nel secondo piano di fondo, invisibile,

---

[49] *Op. cit.*, 89.
[50] Vedi sopra, p. 153 s.
[51] Il Cullmann interpreta qui « ktisis » come creazione, escluso l'uomo. E questo polemizzando con E. Brunner e A. Schlatter: *ChZ*, 89.
[52] *ChZ*, 31, n. 1; 49, n. 2; 90-91; 171-186; *Dieu et César*, 55-120.

agiscono le potenze cosmiche: gli angeli. E la loro azione consiste nel muovere e nel dirigere i protagonisti umani della scena del primo piano.[53]

Non è possibile immaginare allora una presenza più reale e vera al nostro tempo delle forze e dei valori di quei tratti della Linea che noi chiamiamo mitici. Ci appare ora ben chiaro come per il Cullmann sono momenti mitici proprio unicamente perché sfuggono al controllo della nostra indagine. Il fatto che siano mitici non diminuisce in nulla la loro realtà e il loro influsso.[54]

Crediamo di poter ora chiudere questa nostra analisi sul carattere temporale che il Cullmann attribuisce alla profezia e al mito con questa osservazione riassuntiva:

L'Autore è giunto alla conclusione che il mito storico-salvifico è temporale (Zeitlich). L'ha fatto, mostrandoci come i periodi mitici dell'Inizio e della Fine sono iscritti sulla Linea temporale della Salvezza. Ma non ci ha condotti molto avanti nella comprensione della *natura* del carattere temporale del mito e della Profezia.[55]

3. *Profezia e Incarnazione.*

Arrivati a questo punto, ormai così inoltrato, dell'esposizione della soluzione cullmanniana del problema del mito, possiamo dire di poterla riassumere in questa espressione: la storia della salvezza è storia profetica. E crediamo di poter spiegare questa affermazione, dicendo che, per il teologo

---

[53] Il testo fondamentale per il Cullmann è *Rom.* 13,1 s. Ma l'interpretazione che ne da, come del resto la sua angelologia, è assai controversa. Cf. *Dieu et César*, 97-120.

[54] *ChZ*, 90 s.

[55] Ci pare interessante segnalare quanto la concezione cullmanniana della Profezia sia lontana da quella di J.C.K. von Hofmann che egli riconosce come precursore della teologia della storia della salvezza. Hofmann vede nella Profezia la soluzione del problema delle relazioni tra la storia profana e la storia della salvezza. In questo senso: ogni avvenimento profano, precedente l'Incarnazione, è Profezia cioè annuncio, preparazione, « tipo » (Vorbild) dell'avvenimento della salvezza: *ChZ*, 123, n. 4; 163. Cf. E. HIRSCH, *Geschichte der neueren evangelischen Theologie*, Gütersloh 1954, t. V, p. 424 s; Hofmann poi considera che l'Incarnazione è l'ultima profezia appunto perché tipo e annuncio della Parusia. Tuttavia l'Incarnazione costituisce l'avvenimento centrale della storia: *ChZ*, 123, n. 4. Il Bultmann sottolinea l'influsso hegeliano che anima questo teologia. Infatti, egli osserva, se tutta la storia è profezia, è perché il Cristo è concepito come il fine in cui essa giunge a realizzazione: *GV* II, p. 170-171.

della storia della salvezza, ogni punto della Linea di salvezza ha portata salvifica ed è perciò profetico.

Ogni Kairos, (e Aiôn) in quanto tale; cioè in quanto azione di Dio verso l'uomo iscritta nel tempo; ha portata salvifica. Questo carattere salvifico è profezia in quanto è *solo nella fede* che ci si rivela nel suo contenuto e nel suo valore di salvezza divina.

La profezia insomma è la *salvezza in quanto conosciuta e accettata* da colui che crede. In quanto poi questa stessa salvezza rimane inafferrabile allo storico puro (Historiker) è mito.

Gli avvenimenti dell'Inizio e della Fine non dicono assolutamente nulla allo storico. Sono mito. Al credente parlano come inaugurazione e conclusione dell'impresa divina di salvezza: sono per lui Profezia. E sono « puramente Profezia » per lui, appunto perché non presentano nessun elemento che possa prestarsi ad un'indagine storica che potrebbe in qualche modo confermare o consolidare la sua adesione di fede.

Vediamo allora come il problema del mito non pone agli occhi del Cullmann nessun angoscioso impegno di rifiuto, spogliazione, purificazione, negazione (smitizzazione) di ipotetici elementi secondari o contraddittori del Messaggio. E' piuttosto un invito a prendere coscienza del carattere trascendente, e perciò reale ed efficace, dell'azione divina di salvezza. Carattere trascendente per cui è solo la fede che ci fa ri-conoscere e accettare la salvezza.

Inoltre costatiamo come la sua soluzione è interamente appoggiata alla sua teologia della storia della salvezza. Prescinderne è renderci la sua posizione incomprensibile.

Ricordiamo che il Cullmann è persuaso di avere in comune col Bultmann la preoccupazione **fondamentale che** anima la loro ricerca teologica: ritrovare il nucleo essenziale del Messaggio? [56]

Ebbene il Bultmann vede nella smitizzazione un'arma indispensabile per arrivare a stabilire questo nucleo.[57] Il nostro autore invece, relega il problema del mito su un piano secondario. E' un problema che risolve dopo aver ritrovato

---

[56] Vedi sopra, p. 38 s; 53 s.
[57] Questo appare dal fatto che la smitizzazione non è, in fondo, che un aspetto della interpretazione esistenziale.

il nucleo. E lo risolve precisamente in funzione del nucleo, rivelatogli dalla lettura della Scrittura fatta alla luce della Regola di fede primitiva.[58]

Un ultimo interrogativo: qual'è l'elemento di fondo da cui dipende in ultima analisi la validità della soluzione cullmanniana?

A noi sembra sia la sua concezione della costituzione ontologica del Cristo e, in primo luogo, la sua concezione della divinità di Cristo.

Le riflessioni che Oscar Cullmann stesso ci esprime sulle relazioni tra Incarnazione e Profezia, oltrecché un'ultima originale sintesi della soluzione che siamo andati faticosamente esponendo, sono anche una conferma di questa nostra ultima affermazione. Abbiamo visto come il nostro teologo ritenga che la Scrittura ci presenta l'Inizio e la Fine come periodi « puramente profetici » della Storia della Salvezza e il periodo centrale presente e passato come « rivelazione profetica sulla storia ».

Ora, egli osserva: il periodo centrale deve necessariamente essere storia (Historie). Perché? Perché è centrale appunto in quanto l'Incarnazione vi ha avuto luogo. E l'Incarnazione per essere veramente tale deve costituire un'inserzione di Dio nel tempo controllabile, costatabile (Historie).

La Scrittura conferma questa esigenza. Ci dice che è realtà.

Il Centro e i periodi vicini al Centro (verso il passato: la storia di Israele; verso il futuro: la storia della Chiesa) ce li presenta come rivelazione profetica sulla Storia (Historie). Ed è logico: la storia della Chiesa e quella di Israele appartengono all'Incarnazione di Cristo. La prima come sviluppo (Entfaltung), la seconda come preparazione (Vorbereitung). L'Inizio e la Fine sono più lontani dall'Incarnazione. Perciò più lontani, anzi estranei, alla costatabilità storica (Historizität). Sono mito, pura Profezia.[59]

Tuttavia anche questi periodi « lontani » sono tesi e orientati verso il Centro.[60] Ed è precisamente in questo Centro che si celebra il mistero dell'Incarnazione. In esso la Profezia si sintetizza colla Storia (Historie) anzi diviene

---

[58] Vedi sopra, p. 192.
[59] *ChZ*, 91-92.
[60] *ChZ*, 92-99 107-153.

Storia, il trascendente diviene costatabile, visibile, la salvezza si realizza nel tempo del calendario.

Sopra il Cullmann ci diceva che tale « sintesi » è propria della morte di Cristo.[61] Ma ricordiamo che il fatto storico della morte di Gesù non è per lui che la piena realizzazione dell'Incarnazione.[62] Tale sintesi rifulge in tutto il suo valore nella morte, a causa dello scatenarsi dei fenomeni cosmici. Ma era realtà fin dall'inizio dell'esistenza terrena di Gesù. Anzi già allora intervengono elementi cosmici a sottolinearla.

L'importanza del parallelo Profezia-Storia e Incarnazione la capiamo ancora meglio esaminando il parallelo corrispondente cui il Cullmann accenna: docetismo-smitizzazione (negatrice).

Docetismo e smitizzazione si richiamano.

Il docetismo infatti, pensa il nostro teologo, non si limita a dire che il corpo di Gesù è corpo apparente. Questa è l'affermazione iniziale e quella che fa più colpo sulla fantasia. Il docetismo è essenzialmente negazione dell'Incarnazione e conseguentemente anche del carattere temporale della salvezza.[63]

Dicevamo che la soluzione cullmanniana del problema del mito dipende nella sua validità dalla sua concezione della costituzione ontologica di Cristo.

Ora questa nostra affermazione ci pare motivata.

Oscar Cullmann parte dall'Incarnazione per affermare il carattere temporale della salvezza, quindi anche il carattere temporale della Profezia.

Ma Incarnazione dice due elementi: Verbo e carne, Dio e storia. La concezione cristiana della salvezza è tradita da chi nega la componente: carne, storia. Distrugge l'Incarnazione, centro e senso della Linea.

---

[61] *ChZ*, 88-89.
[62] *ChZ*, 91.
[63] *ChZ*, 110-111. *Le Mythe*, 125 s. Anche K. BARTH muove al Bultmann questa accusa: *Ein Versuch*, 34. I motivi: il Bultmann minimizza e degrada il valore di Parola dell'Antico Testamento e trascura i sinottici (ib.). Il MARLÉ ci ha data una analisi accurata dell'interpretazione bultmanniana dell'Antico Testamento e ha fissato i limiti entro cui si può parlare di un suo « marcionismo ». Cf. *Bultmann et l'Ancien Testament*: NRTh 78 (1956), 473-486. Specie da p. 477 in poi.

Però anche chi nega l'altra componente dell'incontro: Verbo, Dio, distrugge la storia della salvezza. Annulla l'Incarnazione. Quella cristiana è storia apportatrice di salvezza perché Incarnazione di Qualcuno, del Verbo, di Dio.

Tale negazione viene non solo a svuotare di senso la rivelazione, la profezia ma anche a rendere inesistente l'Incarnazione e la salvezza.

Sulla cristologia cullmanniana persistono, a nostro avviso, oscurità.[64]

Queste oscurità si riflettono anche sulla sua soluzione del problema del mito. Certo la sua adesione alla divinità di Cristo ci pare fuori di dubbio (ib.). Questo salva la validità sostanziale del suo laborioso tentativo di risolvere il problema del mito che abbiamo esaminato in questo capitolo.

Quali sono le dimensioni delle oscurità che persistono sulla sua soluzione?

Le incertezze della sua cristologia si riassumono sostanzialmente nel rifiuto di affrontare il problema delle due nature.[65] Le incertezze della sua teologia della Profezia sono, in un certo senso, parallele. E' l'assenza di un approfondimento delle relazioni tra fede e ragione, profezia e ricerca storica, rivelazione e intelligenza critica.

L'Inizio e la Fine sono mito proprio perché l'uomo deve accettarle semplicemente. Sono interamente oggetto di rivelazione e di fede. La ragione non ha nulla da dirvi. Gli altri periodi della Linea sono rivelazione profetica sulla storia. La ragione attinge l'aspetto storico (historisch) dell'evento salvifico. Ma la « rivelazione profetica » dell'aspetto che è formale e determinante, quello salvifico, è, di nuovo, puro dono di fede. Anche qui la ragione è impotente.

C'è un pericolo di dicotomia su cui un teologo, preoccupato di una soluzione integrale, non poteva non riflettere. Il Cullmann non l'ha fatto.

Dicevamo, queste oscurità della teologia della Profezia sono parallele alle oscurità della sua cristologia.

Infatti è in fondo la medesima metodologia « funzionale » che rientra in questione.

E qui l'insufficienza è più stridente. Ci pare infatti che la stessa terminologia della sua riflessione sul mito (Profezia,

---

[64] Vedi sopra, p. 173 s.
[65] Vedi sopra, p. 178 s.

mito, storia (*Historie*), rivelazione profetica, ecc...) mostri che qui, malgrado tutto, il Cullmann è già oltre una teologia biblica, comunque intesa. E' già su un piano di riflessione sistematica. E su questo piano affrontare gli approfondimenti; ragione-fede, profezia-mito, da noi accennati, si imponeva.

4. *Profezia e Storia (Historie).*

La grave lacuna della riflessione cullmanniana consiste nel fatto che non affronta la relazione ragione-fede, profezia-storia, profezia-mito quale essa è vissuta esistenzialmente nella coscienza del ricercatore e del credente.

Ma su un piano che potremmo definire esterno all'uomo, egli affronta il dilemma Profezia-Historie.

E possiamo dire che la soluzione che egli trova possa essere compendiata nell'affermazione che la Profezia è la misura dell'Historie. Vediamo in che senso.

a) *Profezia come giudizio sull'Historie.* Che cosa può dire lo storico (Historiker) davanti al fenomeno Gesù? Potrà parlare di trasformazioni sociali, economiche, filosofiche, morali... Ma non potrà affatto coglierne il vero valore: inviato di Dio per la salvezza dell'umanità. Questo, risponde Oscar Cullmann, solo il credente lo può proclamare. Lo storico che lo facesse, uscirebbe dal suo campo di competenze.[66]

Ma il credente dice di più. Per lui la storia di Gesù costituisce, oltrecché il centro, anche il senso ultimo e il criterio di giudizio (der letzte Sinn und das Kriterium) dell'intera storia dell'umanità anche profana. E' solo a partire da Cristo che la vicenda umana può essere capita.[67]

Che cosa deve pensare lo storico davanti a tale pretesa del credente?

« A buon diritto, penserà che questo giudizio inappellabile fondato su una norma considerata come assoluta non è di sua competenza. Veramente riguardo a questo impegno dovrebbe rispettare la medesima neutralità che nei confronti di qualunque 'filosofia della storia' che, mettendosi anch'essa dal punto di vista della filosofia o della filosofia delle reli-

---

[66] *ChZ*, 85.
[67] *Op. cit.*, 15 s.

gioni, porta in giudizio senza appello sugli avvenimenti sottoposti alla sua ricerca di storico ».[68]

Ma il Cullmann è il primo a confessare che difficilmente lo storico può conservare davanti al giudizio cristiano la medesima neutralità che davanti al giudizio filosofico.

Il filosofo infatti sentenzia sul valore della storia in nome di un elemento speculativo che, in un certo senso, trascende la storia che giudica. Il criterio di valore è rappresentato da un'ideologia.

Ma il cristiano giudica la storia in nome di una storia! E di una storia che può sembrare ben modesta e che, ad ogni modo, è quanto mai limitata nel tempo e nello spazio.[69] E quello che è più grave è che gli avvenimenti che ne formano l'intreccio, ricchi di tratti comuni ad ogni vicenda di grande riformatore morale-religioso, possono essere sottoposti ad indagine storica come tutti gli altri eventi umani.[70]

Non si può essere giudice ed accusato ad un tempo. La storia di Gesù non può essere norma della scienza di cui, nel medesimo tempo, è oggetto.

Questa ribellione dello storico moderno ripete lo stesso disagio che ha creato il docetismo, osserva il Cullmann.[71]

E' una cristologia sorta tra i giudeo-cristiani, tra i « testimoni » della vita di Gesù di Nazareth, prima che tra gli ellenisti.[72]

---

[68] « Mit Recht sieht er eine derartige letzte Beurteilung von einer so absolut angesehenen Norm aus nicht als seine eigene Aufgabe an. Freilich sollte er aber einem solchen Unternehmen gegenüber eigentlich die gleiche neutrale Haltung beobachten, wie gegenüber irgend einer « Geschichtsphilosophie », die ja auch von einem philosophischen oder religionsphilosophischen Standort aus ein letztes Urteil über die vom Historiker erforschten Geschichtsereignisse fällt »: *ChZ*, 17.

[69] *ChZ*, 17-18 108-109. Il Cullmann si dilunga nella descrizione del carattere qualunque e banale della vita del Figlio del fabbro. Secondo lui, la difficoltà dello storico è simile a quella che avevano i giudei contemporanei di Gesù di vedere in lui il Messia. Anch'essi erano allontanati da lui dalla sua apparenza esterna comune.

[70] « Die Norm, egli conchiude, gehört also in diesem Falle dem eigenen Gebiet des Historikers an. Gerade ist es schwer für ihn, sie als absolutes Kriterium anzuerkennen »: *ChZ*, 17.

[71] Osservazione storica assai interessante di cui però non è nostro compito definire i limiti d'esattezza.

[72] *ChZ*, 111-113 41-42. In queste pagine (specie p. 112-113) O. Cullmann caratterizza il docetismo come una cristologia eretica che permea anche oggi molte cristologie e che consiste essenzialmente nel crearsi una concezione a priori di come debba essere costituita la personalità del Cristo. Per questo, si occuperà più della natura ontologica del Cristo che della sua opera, opererà una scelta a priori tra i libri sacri e gli avvenimenti da essi riferiti (preoccupato com'è, di ritrovarvi la sua concezione aprioristica) e ridurrà conseguentemente la redenzione a una forma di

Tentano di eliminare lo scandalo di una storia, in fondo banale, che si eriga a giudice definitivo dell'umanità. Come? Definiscono il fatto cristiano non come storia del Cristo, che redime morendo, ma come dottrina nuova del Logos, che salva insegnando.

E', insomma, commenta il Cullmann, fare del cristianesimo una filosofia che sentenzia sulla vicenda umana.

Ma Paolo e Giovanni non ci permettono di svuotare così lo scandalo della croce e dell'incarnazione.[73]

Ma allora non c'è soluzione? Lo storico dovrà necessariamente rimanere nel suo scandalo? Non potrà portarsi su un piano di ragionevole neutralità?

Il Cullmann sembra pensarlo. L'elemento che fa accettare al credente la storia di Cristo come norma della storia umana è il suo carattere unico di « salvezza ». E questo è un valore che solo la fede può svelare.[74]

Ma la riflessione cullmanniana prosegue. Che cosa significa la storia di Cristo è la « norma di giudizio » della storia umana anche profana? In che cosa consiste il « senso della storia profana che solo il credente, immerso nella Profezia, può scoprire? Non si tratta evidentemente di rivendicare al credente l'esclusiva di una sintesi profana (storica o filosofica) degli avvenimenti e delle idee che hanno costruito la storia dell'uomo.

Il Cullmann pensa a ben altro. Solo la storia di Cristo è norma di giudizio della storia profana perché la storia profana non è mai, nella sua realtà concreta, puramente umana e profana. Il Cristo ne è il centro perché vi agisce già: la coordina intimamente verso la salvezza, la rende, entro certi limiti, sacra.[75]

E' la riflessione in cui ci inoltriamo nelle pagine seguenti. Ci condurrà a una più profonda comprensione della soluzione cullmanniana del problema del mito:

---

sapienza. Cf. anche *Le problème littéraire et historique du roman pseudoclémentin* (1930), p. 201 s.

[73] *ChZ*, 110.

[74] *ChZ*, 18.

[75] Come vediamo, qui siamo passati da « Historie », intesa come scienza storica positiva, a « Historie », intesa come intreccio degli avvenimenti umani profani, che ne costituisce l'oggetto. In questa seconda accezione, il Cullmann usa indifferentemente al posto di Historie i termini di Weltgeschichte, allgemeine Geschichte, Gesamtgeschichte, profane Geschichte... Vedi sopra, p. 188 s.

— avremo una conferma del carattere secondario della distinzione tra le categorie di « mito » e « storia » (Historie), nell'ambito della Storia della Salvezza;

— la profezia, che ci è apparsa come valore di fondo e elemento unificatore della Storia della Salvezza, al di là delle categorie di « mito » e « storia », ci apparirà ora anche come l'elemento unificatore tra la stessa Storia della Salvezza (Heilsgeschichte) e la Storia profana (Weltgeschichte).

b) *Il carattere profetico dell'Historie*. In che cosa consiste il carattere profetico o sacrale, inciso nella storia profana?

Non si tratta di affermare, osserva il Cullmann, che le istituzioni o le strutture della « Weltgeschichte » siano o debbano essere cristianizzate.

L'atteggiamento della comunità dei primi secoli cristiani ci rivela una posizione di fede da assumere e una direttiva di marcia da seguire.

Nel primo secolo, l'assenza di ogni tentativo di « cristianizzazione » delle strutture profane è evidente. L'unica istituzione profana che incontrano è lo stato. E questo è loro ostile. Le altre forme di cultura lasciano i cristiani indifferenti. Il Cullmann pensa addirittura che non si accorgono nemmeno della loro esistenza: non provenivano forse dagli strati più umili e arretrati della popolazione?[76]

Solo col secondo secolo, cominciano ad affermarsi istituzioni cristiane di vario genere, alcune delle quali si erano già timidamente affacciate alla luce durante il secolo precedente: è un'organizzazione sociale nuova che si va strutturando in modo sempre più preciso e rigido, è una corrente letteraria e filosofico-teologica, è un movimento artistico imperniato sulle esigenze cultuali...[77]

Ma non è questo a costituire il valore profetico della storia profana.

Queste forme, la Chiesa non le ha volute. Sono sorte spontaneamente.[78] Il cristianesimo non è teocrazia cioè abolizione e sostituzione delle strutture profane colle sacre. Tanto è vero, nota il teologo alsaziano, che la prima forma di teocrazia fu un'eresia: lo gnosticismo. Teocrazia nel campo

---

[76] *Le Cristianisme primitif et la civilisation*: VbC 5 (1951), 57-68. Specie p. 57-58.
[77] *Art. cit.*, 65-66.

della scienza. Voleva sostituire la teologia alla filosofia e alle scienze creando una specie di nuova universale sintesi tra religione e scienza profana.[79]

Il carattere profetico, « sacrale », della storia profana ne costituisce un valore intimo. L'intera storia dell'umanità è « sacrale » perché l'intera umanità è redenta e salvata. Il Golgotha è un Battesimo universale (Generaltaufe), ama ripetere il nostro Autore.[80] Questo perché è un'offerta e una chiamata alla salvezza di tutti gli uomini e, mediante questi, di tutte le loro istituzioni e dell'intera creazione. Non esiste più nulla che sia totalmente e unicamente profano. Ogni realtà, ogni valore, è, in qualche modo, oggettivamente « salvato » « sacralizzato ». In questo senso, il Cullmann affermerà che la storia profana è il campo del « regnum Christi ».[81]

E' regno di Cristo cioè è già sottomessa, benché inconsciamente, al Cristo. E' già oggetto dell'azione salvifica di Cristo: è già inizialmente salva. Qui, come abbiamo visto, si innesta l'azione della Chiesa nel mondo: predicare la Parola affinché gli uomini prendano coscienza di quello che sono già: cioè salvi, sudditi di Cristo.[82]

E' questo carattere di « già salvata » che costituisce, secondo il nostro teologo, il valore profetico della storia profana.

Ed è valore profetico nel senso vero e proprio della parola. Infatti sfugge al controllo di ogni indagine storica. Come l'elezione di Israele, la missione divina di Gesù, l'opera dello Spirito nella Chiesa, è oggettivamente soltanto oggetto di rivelazione e soggettivamente soltanto dato di fede.

Inoltre, questo è il solo vero autentico e profondo valore della storia profana. Come il valore profondo e vero della storia di Israele era la sua elezione divina.

Ecco allora l'assurdo: lo storico (Historiker) non riesce ad afferrare il valore profondo che informa la vicenda che è l'oggetto proprio e formale della sua indagine: la storia profana. E' in questo senso che solo il credente può vera-

---

[78] *Art. cit.*, 64-65.
[79] *Art. cit.*, 66-68.
[80] *Die Tauflehre*, specie p. 3-17.
[81] Cf. sopra, 154 s; *ChZ*, 157-163.
[82] Vedi sopra, 156.

mente « giudicare » e « capire » la storia profana e che solo riferendosi al Cristo-Centro la storia può essere compresa.[83]

Ma, dicevamo, la Profezia è anche l'elemento di unità tra Storia della Salvezza (Heilsgeschichte) e Storia Profana (Weltgeschichte). Infatti le due storie non sono tra loro separate ma distinte e integrate.[84]

Oscar Cullmann ci invita qui a riflettere sulle due « comunità » che rendono, in un certo senso, visibili le due storie: la Chiesa e il mondo.

Dalla costatazione della loro « integrazione » arriveremo a capire l'« integrazione » delle Storie che rappresentano e concretizzano.

La Chiesa è la comunità della salvezza. Rappresenta la fase presente della Storia della Salvezza.[85]

Il mondo (Welt) è la comunità degli uomini (colle loro relative istituzioni, culture...). E' fuori della Chiesa: non è conscio, nella fede, di essere salvato. E' il teatro di azione della storia profana.[86]

In che senso il mondo (cioè la storia profana) è integrato nella chiesa (cioè nella storia della salvezza)?

La risposta del Cullmann è semplice: il mondo è presente nella Chiesa « per sostituzione ». La Chiesa è la comunità della salvezza. Quindi abbraccia tutti i salvati, consci e inconsci. La Chiesa non si sostituisce al mondo nel senso che lo sopprime. Ma lo rappresenta, lo sintetizza, lo concentra in sé (universalistische Konzentration).[87] La Chiesa assume verso il mondo una funzione di primato: ogni vero valore mondano è già precontenuto in essa, essa ha la missione di

---

[83] Agostino arriva a una conclusione analoga: è impossibile costruire una vera storia dell'umanità se si dimentica che essa è corpo di Cristo: H.I. MARROU, *L'ambivalence du temps de l'histoire chez S. Augustin*, Paris-Montréal 1950, p. 29. Nello spirito agostiniano è viva la coscienza del peccato e del male che regnano nel presente e nel passato. Ed è proprio davanti agli interrogativi del male che le varie filosofie della storia dovrebbero rendersi conto della loro incapacità di capire tutto il significato della vicenda umana: *op. cit.*, 77. Questo aspetto è assente nella teologia cullmanniana.
[84] *ChZ*, 164 s.
[85] Vedi sopra, p. 155 s.
[86] *ChZ*, 157 s.
[87] *Op. cit.*, 158 s. Il Cullmann ritrova qui la dinamica di sviluppo, rappresentata dal principio di sostituzione, che egli ritiene tipica della salvezza dalla venuta di Cristo in poi: il movimento cioè dall'Uno al molteplice cosicché il molteplice sia precontenuto nell'Uno. Vedi sopra, p. 138 s.

risvegliare nell'uomo, artefice del mondo, la coscienza che è già « in Cristo ».[88]

Questa presenza del mondo nella Chiesa è la rappresentazione visibile della presenza della storia profana nella storia della salvezza. Ed è un vero valore profetico.

Come allo storico sfugge il carattere di « già salvato » che è inciso sul corso della storia, così sfugge questa « integrazione » e « appartenenza » della storia profana alla storia sacra. Di nuovo, è un elemento unificatore che solo il credente può percepire nella fede. Arriviamo così a un ultimo importante interrogativo: quale atteggiamento dovrà assumere il cristiano davanti ai valori della storia profana? Potrà accettarli incondizionatamente perché « già salvati »?

c) *Il valore profetico come norma di costruzione della storia profana*. Per rispondere a tale interrogativo Oscar Cullmann ci invita a sorvolare sulle prese di posizione teoriche che si delinearono solo dal secondo secolo in poi. Furono contrastanti: Tertulliano scomunicava il mondo profano, Clemente di Alessandria lo accoglieva.[89]

Osserviamo piuttosto il comportamento pratico della comunità primitiva. Questo costituisce una professione, se si vuole sperimentale, della sua fede.

Il Cullmann vede nella pratica di primi cristiani anzitutto la preoccupazione viva di distinguere tra le strutture cui erano invitati ad aderire. Distinguevano istituzioni e valori profani neutri e istituzioni e valori empi.

Istituzioni empie erano quelle che assumevano un carattere religioso spiccato: il servizio militare, il teatro, certi generi letterari...[90] Empi erano pure gli organismi che si ricollegavano allo stato, nei momenti in cui esso era in fase di ribellione al Cristo e quindi assumeva posizioni dittatoriali e si ergeva davanti ai sudditi come un idolo da adorare e servire.[91]

---

[88] *ChZ*, 165-167. Una simile visione della funzione « profetica » della Chiesa nei confronti del mondo si può trovare nell'interessante studio di un teologo vicino al pensiero cullmanniano J.J. VON ALLMEN, *Pour un prophétisme sacramentel*, in: *L'Eglise et les Eglises, Miscell. Beauduin*, Chevetogne 1954, t. II, p. 309-347. Segnaliamo specie da p. 320 in poi.

[89] *Le christianisme primitif*, 57-58.

[90] *Art. cit.*, 63-64.

[91] *Art. cit.*, 60 s. Questo avviene quando le « exousiai », le potenze invisibili che animano e dirigono le autorità dello stato, cercano di scuo-

Istituzioni profane erano le altre. Neutre: non cristiane ma nemmeno pagane e anti-cristiane. Appunto perché profane neutre, il loro carattere « sacrale » di sudditanza al regnum Christi era intatto.[92]

Qual'era l'atteggiamento dei credenti davanti a queste due categorie di strutture? Le strutture e le istituzioni empie non potevano suscitare che un rifiuto incondizionato.

Ma davanti alla realtà profana neutra?
il credente vi vedeva presente e operante il valore profetico;

Il Cullmann qualifica la prima reazione come positiva: sapeva quei valori « già salvati »; vi vedeva l'espressione della continuazione della Creazione divina, primo gesto salvifico della storia della salvezza.[93]

Ma nel suo animo era viva un'altra persuasione: la Fine è vicina. Non c'è tempo da perdere coll'ombra delle realtà terrene. Urge preparare gli uomini alla sua scomparsa: annunciare il vangelo.[94]

Insomma è un atteggiamento complesso. Tale complessità è la conseguenza della complessità stessa del Presente che è appunto « tensione ».[95]

L'atteggiamento del credente davanti al valore profano è una concretizzazione dell'efàpax del presente che è « tensione ».

La Fine non è ancora giunta. Quindi il credente non potrà porsi sulle posizioni di assoluto rifiuto del profano. Paolo condanna i cristiani che rifiutano di lavorare perché il ritorno di Gesù è imminente (*2 Thess.* 3,10). La Chiesa dei primi secoli confermerà questa condanna, osserva il nostro teologo, quando respinge ogni forma di montanismo.[96] La Fine è d'altra parte già presente. La coscienza cristiana deve allora, alla luce di questa convinzione, ridimensionare nel suo giusto valore la realtà profana: è ombra e figura che

---

tere il giogo dell'obbedienza a Cristo cui sono sottomesse dalla morte del Figlio di Dio. Cf. *Dieu et César*, p. 77 s; *ChZ*, 169 s.

[92] Esempio tipico è lo stato che rimane nei limiti della sua autorità, cioè soggetto a Cristo. Lo stato allora possiede la giustizia: il discernimento tra il bene e il male, anche senza saperlo, e, sempre senza saperlo, mosso da potenze sottomesse al Cristo: *Dieu et César*, 94-95.

[93] *Le christianisme primitif*, 59-61.
[94] *Art. cit.*, 58.
[95] Vedi sopra, p. 154 s.
[96] *Le christianisme primitif*, p. 68. Questo stesso rifiuto del profano lo ritroviamo nell'apocalittica del tardo giudaismo: *ChZ*, 186.

passa (*1 Cor.* 7,30 s). Per questo, il cristiano non si potrà mai impegnare totalmente e senza riserve nella costruzione profana. La reazione della chiesa primitiva contro ogni forma di gnosticismo è una testimonianza vissuta di questa coscienza.[97]

Il teologo alsaziano riassume in questi termini la norma del comportamento cristiano davanti alle strutture profane neutre quale gli sembra scaturisca dall'atteggiamento pratico della comunità primitiva:

« Il credente sa che il mondo nel quale vive, passerà, ma sa che questo mondo è, ancora adesso, voluto da Dio nel quadro della Storia della Salvezza e che è posto sotto la sovranità di Cristo. Nella misura in cui questo mondo passerà egli vi rinuncia, nella misura in cui sa che questo mondo forma il quadro, voluto da Dio, nel periodo presente della storia della salvezza egli opta per lui ».[98]

Un atteggiamento complesso, dicevamo. Non può essere diversamente, osserva il nostro Autore. Non tocca a noi semplificare il Messaggio. Dobbiamo accettarlo com'è.

Vivere il Presente cristianamente significa vivere la tensione. Ed è vivendo questo atteggiamento complesso, così ben caratterizzato da Paolo colla sua teologia dell'os me (als ob nicht), che viviamo la tensione.

Conchiudendo, sottolineiamo:

— La norma della costruzione cristiana della realtà profana neutra non è costituita dalla realtà profana in se stessa ma dall'elemento profetico che integra la storia profana nella storia della salvezza. E' elemento profetico: solo il credente è in grado di adottarlo come solo il credente è in grado di accogliere la rivelazione dell'efàpax del Presente (tensione) di cui l'atteggiamento, indicatogli dalla fede, è concretizzazione.

— Tale norma profetica è la sola norma per una costruzione autentica e valida, anche sul piano puramente pro-

---

[97] Lo gnosticismo rappresenta infatti, secondo il nostro autore, una accettazione incondizionata di una certa mentalità filosofica cui, nell'illusione di operare una sintesi cristiana teologica, si finirà per piegare il contenuto del Messaggio: *art. cit.*, 66 s.

[98] « Der Gläubige lebt in einer Welt, von der er weiss, dass sie vergehen wird, aber dass sie jetzt noch im Rahmen der Heilsgeschichte gottgewollt und von Christus beherrscht ist. Insofern er weiss, dass sie vergehen wird, verneint er sie; insofern er weiss, sie ist der gottgewollte Rahmen der heilsgeschichtlichen Gegenwart, bejaht er sie »: *ChZ*, 188.

fano. Infatti essa sola tiene conto del vero valore profondo della realtà profana: il carattere di « già salvata » di « regno di Cristo ».

Quindi, in ultima analisi, Oscar Cullmann ritiene che solo il credente è un vero costruttore della storia profana. Ma è un costruttore diffidente che guarda più alla Fine che alla sua opera.

Ma questa dipendenza della storia profana dalla storia della salvezza è una subordinazione così integrale che ci chiederemo se per il teologo alsaziano esiste ancora una storia profana.

CONCLUSIONE
DELLA SECONDA PARTE

In questa seconda parte abbiamo seguito Oscar Cullmann nella sua ricerca dell'elemento centrale del Messaggio cristiano.

Ha creduto di trovarlo nelle pagine della Scrittura che ha esaminate alla luce della Regola di fede: il « nucleo » (Kern), « l'essenza » (Wesen) del Messaggio è costituito dall'annuncio di una salvezza che è storia lineare cristocentrica.

Pensammo di poter determinare il contenuto profondo di questa caratterizzazione cullmanniana del fatto cristiano, delineandola come azione di Dio che si salva, scendendo in un contatto così reale con noi, da immergersi nella nostra stessa vicenda temporale.[1]

Il Cristo è centro di questa storia, nel senso che è il Mediatore dell'azione divina dalla sua inaugurazione, Creazione, alla sua conclusione, Parusia.[2]

Rudolf Bultmann vede nella smitizzazione, negazione in funzione di una re-interpretazione, il mezzo per giungere a scoprire e a valorizzare il nucleo del Messaggio.[3] Oscar Cullmann invece, afferma che la sola via di comprensione dell'essenza del Messaggio è la lettura della Scrittura alla luce della Regola di Fede.

Il problema del mito, lo relega così in secondo piano. Sorge dall'incontro della coscienza critica moderna con avvenimenti della storia di salvezza che sfuggono ad ogni controllo storico (Historie). Come possono allora essere storico-salvifici (heilsgeschichtlich) se non sono storici (historisch)? Il teologo alsaziano risponde a questo interrogativo, situandolo nel contesto della sua teologia storico-salvifica. La categoria che unifica avvenimenti storici (historisch) e non sto-

---

[1] Vedi sopra, p. 136 s.
[2] Vedi sopra, p. 136-138.
[3] Vedi sopra, p. 204 s.

rici sulla linea della salvezza, presentandoceli tutti come storico-salvifici (heilsgeschichtlich) è la Profezia. Cioè in altre parole, la rivelazione. Solo la fede coglie il valore storico-salvifico.[4]

Quale sarà l'atteggiamento del teologo cattolico davanti a questa presentazione del nucleo del Messaggio?

La concezione del cristianesimo come storia di salvezza possiamo dirla tradizionale nella teologia cattolica.[5] Anche l'andamento lineare di tale storia ci pare accettabile, purché sia compresa come linearità dinamica, e signifchi anzitutto che nell'opera di salvezza Dio entra in dialogo reale coll'uomo. Dialogo, costituito da una serie di incontri, distribuiti nel tempo, aperto colla Creazione e che trova il suo coronamento di pienezza nella Fine.[6]

La centralità di Cristo, che fa della linea di salvezza una linea cristocentrica o cristica, il Cullmann ci invitava a definirla in termini di mediazione.

L'azione mediatrice giunge al suo vertice nella morte e nella risurrezione. Per questo tali avvenimenti costituiscono il centro della linea di salvezza. Il teologo cattolico ritrova qui, almeno nelle grandi linee, temi familiari.[7]

Tuttavia la teologia della storia di salvezza quale il Cullmann la costruisce ci pare soffrire di gravi carenze. Ci limitiamo a segnalarne due: la cristologia funzionale e la concezione del tempo della Chiesa.[8]

Il rifiuto del teologo alsaziano di prendere in considerazione il problema delle nature non deve portarci ad attribuirgli la negazione della divinità di Cristo.[9]

Ma ciò non toglie che questo indebolisce sensibilmente la coerenza interiore di tutta la sua costruzione teologica, che vorrebbe essere una difesa e una valorizzazione della realtà dell'Incarnazione.[10] Come può infatti tale valorizza-

---

[4] Vedi sopra, p. 194 s.
[5] Vedi sopra, p. 114 s. Cf. anche Otto Kuss, *Die Briefe an die Römer, Korinther und Galater*, (Regensburger Neues Testament, n. 6) Regensburg 1940, p. 55-56; Idem, *Der Römerbrief*, Lieferung: Rö. 1,1-6,11 (1957), p. 275 s.
[6] La nostra posizione su questo punto è sfumata. Cf. sopra, p. 110 s.
[7] Cf. O. Kuss, *Der Römerbrief*, 1. Lieferung, p. 161.
[8] Segnaliamo cioè soltanto quei rilievi critici che ci paiono aver ripercussioni più rilevanti sulla totalità della sua teologia. Le altre note critiche sono sparse nel corso dell'analisi.
[9] Vedi sopra, p. 166 s.
[10] Marlé ritiene che quello di Incarnazione sia un concetto estraneo alla teologia di R. Bultmann: è fortemente impregnato di mito. L'identi-

zione essere definitiva e reale se non vuole tener conto della valorizzazione finale fattane dalla comunità credente a Calcedonia a conclusione di un processo di approfondimento e di ricerca durato per lo meno tre secoli? [11]

E' perché il Cullmann definisce il presente della salvezza come tempo *subordinato*, nel senso di *diminuito*, rispetto al tempo centrale di Cristo che egli rifiuta di riconoscere il carattere normativo della Tradizione e che assume le note posizioni sulla successione apostolica e sul primato.[12]

Anche noi possiamo parlare di subordinazione del presente rispetto al tempo centrale: la rivelazione è chiusa, il Cristo non vive e non soffre più visibilmente tra noi. Parliamo di subordinazione ma non di diminuzione. Questa finisce per far dimenticare al Cullmann che il Cristo incarnato agisce ancora nella sua Chiesa, nei sacramenti come nella Tradizione.

Il prof. Cullmann accusa l'ecclesiologia cattolica di indebolire assai la concezione del presente come tensione.[13]

E' un fatto che la visione complessa dell'escatologia espostaci dal nostro autore, coincide nelle sue linee maestre colla soluzione di parecchi teologi cattolici.[14]

La sua definizione del presente come tensione è anche esplicitamente accolta da taluni e con ragione.[15] Ma diremo

---

ficazione tra il divino e l'umano vi si verifica sul piano oggettivabile del fenomeno. Cf. R. MARLÉ, art. *Mythe. Dans le Nouveau Testament*: DBS c. 264, dove si potrà trovare un elenco di autori che rivolgono al Bultmann la medesima accusa.

[11] Vedi sopra, p. 184 s.
[12] Vedi sopra, p. 158 s.
[13] *ChZ*, 129, *Tradition*, 38.
[14] Ad es. L. CERFAUX, *L'Eglise et le règne de Dieu selon S. Paul*, EThL 2 (1925), 197, scriveva: « La Parousie ne fera que révéler ce qui existe déjà en partie; elle sera l'affirmation puissante et la manifestation publique que le Christ est le Souverain. Alors se produira « l'achèvement », et vainqueur de ses ennemis, de tout ce qui s'oppose à Dieu de la mort elle-même, le Christ remettra le Règne à Dieu, dont il a été le lieutenant dans l'oeuvre du salut ». Un testo che potrebbe essere firmato da O. Cullmann. Il Cerfaux amplierà e approfondirà questa visione in « *Le Christ dans la théologie de S. Paul* », Paris 1951, p. 29-56 65 75 119 267 ecc. A. FEUILLET, *Le mystère pascal et la résurrection des chrétiens d'après les epitres pauliniennes*: NRTh 79 (1957), 337-354; IDEM, *Quelques thèmes majeurs du N.T.* (Introduction à la Bible) Paris 1959, t. II, p. 776; M. SCHMAUS, *Il problema escatologico del cristianesimo*, in: *Problemi e orientamenti di teologia dommatica*, Milano 1957, t. II, p. 940-959.
[15] Cf. *Le Christ, l'Eglise et la grâce dans l'économie de l'espérance chrétienne (Vues catholiques sur le thème d'Evanston)*: Istina 1 (1954), 132-158. Specie p. 134-139; A. FEUILLET, art. cit., 338.

di più. La nostra ecclesiologia, contrariamente a quanto scrive il Cullmann, non indebolisce ma conferma il carattere di « tensione » del presente. Consideriamo il problema sotto il punto di vista che Oscar Cullmann stesso ci prospetta: la Tradizione e il Magistero normativo della Chiesa. La « tensione » sul piano della rivelazione quindi.[16]

La rivelazione è chiusa: cioè ci è già data.[17] Ma « conosciamo solo parzialmente ».[18]

Non possediamo ancora il rivelato nella sua chiarezza integra, com'è.

Il magistero della Chiesa in quanto normativo ha la funzione di renderci presente, in modo certo, il contenuto di ciò che ci è già stato rivelato. Rende così la nostra fede sicura e incrollabile. Conseguentemente offre alla nostra speranza, attesa della visione totale della Fine, un fondamento definitivo e certo. La fa più viva.[19]

Questo non significa forse rendere la tensione più intimamente vissuta?[20]

Un magistero solo direttivo e non normativo, come lo vorrebbe il Cullmann, non suppone forse in fondo che noi dubitiamo che la Chiesa sia veramente in possesso sicuro della verità rivelata?

Come conciliare questo voto di sfiducia implicito nella Chiesa colla missione riconosciutagli dal teologo alsaziano di proclamare la Parola se proprio nello stesso atto in cui annuncia la Parola è lasciata in balìa alla fallibilità.[21]

Inoltre quale certezza di adesione può importare una fede, come quella che egli ci chiede, motivata e nata da una lettura puramente individuale della Scrittura?

---

[16] Ci riserviamo in seguito, nel corso del « dialogo » Oscar Cullmann - Rudolf Bultmann e dopo tale dialogo per molti versi chiarificatore dello stesso pensiero cullmanniano, di tornare su questo problema, considerandolo anche sotto altri angoli critici.

[17] « Omnia, quaecumque audivi a Patre meo, nota feci vobis »: *Io*. 15,15.

[18] *1 Cor*. 13,9.

[19] Cullmann stesso ci insegna che la speranza è l'atteggiamento tipico del Presente come tensione e che la sua vivacità è proporzionale alla profondità della fede: *ChZ*, p. 205-215. Vedi sopra, p. 152.

[20] Anche H. Stirnimann vuole dimostrare, percorrendo una via leggermente diversa dalla nostra, che la « tensione » di cui parla il Cullmann è più viva in un contesto cattolico che protestante. Cf. H. STIRNIMANN, *Zu Cullmanns Vorschlag einer « ökumenischen Kollekte »*, Freiburger Zeitschrift für Philosophie und Theologie 6 (1959), 123-133. Specie p. 130-131.

[21] Vedi sopra, p. 155 s.

E' vero egli si rifà alla Regola di Fede primitiva come a un criterio normativo.

Ma quale garanzia abbiamo che egli ha potuto realmente individuare il contenuto di tale regola? La sua onestà scientifica e la validità del suo metodo di indagine. E' un criterio umano ben inadeguato per poterci guidare ad un'opzione che decida della nostra esistenza e che di più ci immette nel flusso dell'impresa salvifica di Dio in Cristo.

Eppoi perché fermarsi alla Regola di fede della comunità primitiva? La Chiesa dei credenti di oggi è forse una comunità qualitativamente diversa da quella del primo secolo?

Non è più, come quella, « corpo di Cristo »?

Perché allora limitarsi a riconoscere alla sua interpretazione della Bibbia solo e sempre una portata provvisoria e direttiva?

Sappiamo che la ricerca del nucleo del Messaggio è un'impresa in cui il Cullmann è convinto di lavorare attorno al problema che è anche quello di R. Bultmann.

Nella parte seguente del nostro lavoro analizziamo le reazioni del Bultmann davanti alla soluzione storico-salvifica e le contro-reazioni corrispondenti del Cullmann sia davanti alla soluzione che alla critica bultmanniana.

PARTE TERZA

IL DIALOGO

Capitolo Primo

L'ATTEGGIAMENTO POLEMICO DI OSCAR CULLMANN

Nel « dialogo », che costituiva il fulcro della prima parte del nostro lavoro, abbiamo chiesto all'opera centrale di Oscar Cullmann, « *Christus und die Zeit* », quale fosse il problema di Rudolf Bultmann e quale metodo egli adottasse per risolverlo.

La risposta sottolineava un'irriducibile opposizione di metodi e di risultati, accanto al fatto che il problema del teologo di Marburg coincideva con quello del nostro Autore.[1]

Ora ritroviamo il Cullmann, a una decina di anni dalla pubblicazione di « Christus und die Zeit ».[2] Il manifesto bultmanniano del 1941 ha avuto, anche fuori del mondo protestante germanico, quella larga eco che probabilmente il teologo alsaziano non si aspettava nel 1945.

Nel frattempo, il Bultmann ha detto con franchezza il suo parere anche sulla teologia della storia della salvezza.[3]

Nel suo articolo del 1954, Oscar Cullmann riaffronta il problema del mito. Non è una risposta alle critiche di Rudolf Bultmann: non può esserlo. La risposta è il secondo termine di un dialogo. Ora il Cullmann è persuaso che troppo stridente è la divergenza di metodo e di linguaggio che lo separa dal Bultmann per poter veramente dialogare con lui.[4]

Egli ripete la soluzione già da lui prospettata in *ChZ*. La riespone in funzione polemica. Incidentalmente, tiene

---

[1] Vedi sopra, p. 38 s; 57 s.
[2] Questa nostra analisi si basa anzitutto sull'art. *Le mythe dans les écrits du Nouveau Testament*: *Numen* 1 (1954), 120-135. Ricordiamo che la prima edizione di *ChZ* era del dicembre 1945.
[3] *Heilsgeschichte und Geschichte. Zu Oscar Cullmanns « Christus und die Zeit »*: *ThLZ* 73 (1948), 659-666.
[4] Vedi sopra, p. 55 s. Nel « *Le mythe* » (p. 122 s) ripete in tono più aspro le critiche di metodo semplicemente abbozzate in *ChZ*, 25.

conto e confuta alcune delle severe critiche, rivoltegli dal teologo della smitizzazione.[5]

I. Oscar Cullmann espone la soluzione bultmanniana del problema del mito

1. *Il nucleo della soluzione bultmanniana.*

Prima di passare a una critica, Oscar Cullmann si preoccupa di esporre in brevi tratti quello che, ai suoi occhi, costituisce l'essenziale della teologia di Rudolf Bultmann.

E' doveroso seguirlo in questa presentazione se vogliamo essere in grado di capire i termini e la portata della sua analisi critica.

La prima domanda che il Cullmann si pone è diretta a sapere che cosa sia il mito per il Bultmann.

Lo definisce come la rappresentazione, secondo la quale ciò che è trascendente, divino, appare come immanente, umano e l'invisibile appare come visibile.[6] E' una definizione che il teologo di Marburg probabilmente potrebbe sottoscrivere.[7]

Notiamo che la parola « mito » ha sotto la penna del Bultmann un valore diverso da quello che assume nella teologia della storia della salvezza. Questa definisce il mito come avvenimento temporale (zeitlich) che appartiene alla storia della salvezza (heilsgeschichtlich) ma che non è controllabile dalla scienza storica (nicht historisch).[8]

Il teologo di Marburg invece, considera mito, proprio ogni manifestazione del trascendente presentata come inserita nella storia (historisch, datierbar) e come controllabile

---

[5] Il carattere di questo studio del Cullmann che definiremo appendice polemica a *ChZ* e non vera risposta ci ha suggerito il titolo del capitolo il « dialogo ». Per sottolineare che non si tratta di vero discorso tra i nostri due teologi. Siamo noi che, per motivi di analisi, accostiamo il loro pensiero.

[6] *Le mythe*, 123.

[7] Il Cullmann infatti non fa che riprendere alla lettera gli elementi essenziali della definizione stilata dal Bultmann stesso in *KM* I, 22. Cf. anche *KM* II, p. 184. Questo non ci fa dimenticare la complessità della nozione bultmanniana di « mito ». Cf. R. Marlé, *Mythe dans le N.T.*, *DBS* art. c. 263 s e J.L. McKenzie, *Myth and the Old Testament: Catholic Biblical Quarterly* 21 (1959), 269-270.

[8] Vedi sopra, p. 187 s.

(Kontrollierbar) e quindi dimostrabile ed oggettivabile (verfügbar).[9]

Potremmo dire che il carattere « historisch » di un avvenimento trascendente costituisce la discriminante tra le due concezioni del mito: per il nostro teologo la sua assenza qualifica quell'evento come mito; al contrario è precisamente la sua presenza che lo rende mito.

Principale conseguenza:

« Inteso così, negli scritti neotestamentari non ci sono *dei* miti. Non vi è in essi che un mito unico, o piuttosto tutto non è in essi che espressione mitica, più precisamente espressione mitica della nostra 'esistenza autentica' ».[10]

L'intero Nuovo Testamento è mitico. Infatti ci presenta il Trascendente impegnato alla salvezza dell'umanità e inserito nella vicenda storica umana, cioè, ci presenta una storia della salvezza. E questo significa fare il trascendente databile, controllabile, disponibile, oggettivabile... insomma mitizzarlo!

Ma il Messaggio si presenta all'uomo, gettato dal mondo cui aveva prima aderito nella delusione e nell'angoscia, come un appello di liberazione e di salvezza.

E' questo appello che l'esegeta cercherà nelle pagine neotestamentarie latrici del Messaggio. La storia della salvezza, la temporalità del Messaggio non interessano più. Sono miti. Si cercherà il contributo che gli avvenimenti mitici in questione potranno dare alla comprensione e alla costruzione della nostra esistenza autentica.[11]

« In altre parole, Bultmann rifiuta da una parte la totalità della storia della salvezza in quanto pretende di

---

[9] Cf. MIEGGE, 117-120; MALEVEZ, 64-66; OTT, 23-39, specie p. 26-28; MARLÉ, 48 s. Questi commenti più o meno ampi della def. bultmanniana di *KM* I, p. 22, ci sembrano esprimere sostanzialmente una medesima definizione del mito come oggettivazione del trascendente e della sua azione, quale fu felicemente formulata da P. LENGSFELD, *Rudolf Bultmann: Das Anliegen seiner Theologie und der Eine Glaube: Una Sancta* 13 (1958), 113 s.

[10] « Compris ainsi (il mito) il n'y a pas *des* mythes dans les écrits du Nouveau Testament. Il n'y a qu'un mythe unique, ou plutôt tout n'y est qu'expression mythique, plus précisément: expression mythique de notre 'existence authentique' »: *Le Mythe*, 124.

[11] Crediamo di poter definire l'esistenza autentica (Eigentliche Existenz) come l'accesso del Dasein alla condizione di vero « io ». Questo si verifica quando prende riflessivamente coscienza di sé e si realizza, impegnandosi per una certa possibilità concreta dell'esistenza, in una decisione personale. Cf. MALEVEZ, 27-28; KÖRNER, 32; MIEGGE, 74-75.

essere una storia e d'altra parte accetta la totalità di questa storia a condizione che la si consideri come un mito suscettibile a questo titolo di essere *interpretato* in virtù della sua intenzione profonda, secondo le categorie dell'esistenzialismo ».[12]

L'elemento storico che per i primi cristiani (e perciò anche per Oscar Cullmann) costituiva l'essenza del Messaggio, il Bultmann lo riduce a un semplice mezzo espressivo mitico di una verità a-storica (ahistorique), a-temporale (atemporelle). Ed è proprio questa verità situata al di là del tempo e della storia a costituire, secondo il teologo di Marburg, l'essenza del Messaggio.[13]

2. *La teologia della croce.*

Il Bultmann non rischia forse di essere il rieditore di uno gnosticismo di nuovo conio, non molto lontano dal « mitologismo » moderno di Couchoud o Drews?

Questo interrogativo sembra giustificato ad Oscar Cullmann: se il Messaggio cristiano è nella sua essenza, verità disincarnata da storia e tempo, la stessa esistenza storica del suo portatore, Gesù, è messa in pericolo.

Il Cullmann osserva, non senza una punta di ironia, che Rudolf Bultmann ha troppo senso storico per cadere in queste teorie.

Difatti, c'è un elemento base nel suo pensiero che lo dovrebbe separare radicalmente da ogni contaminazione del genere.

E' la sua teologia della croce imperniata sull'affermazione insistente che la morte di Cristo costituisce l'avvenimento fondamentale per la salvezza dell'uomo.

Il Golgotha è per il Bultmann il solo avvenimento storico, nel senso vero e pieno della parola, nella serie di fatti presentatici dal Nuovo Testamento che abbia un'autentica funzione salvifica. Anzi è l'avvenimento-base e centrale della salvezza.[14]

---

[12] « Autrement dit, Bultmann rejette d'une part la totalité de l'histoire du salut en tant qu'elle prétend être une histoire, et il accepte d'autre part la totalité de cette histoire à condition qu'on la considère comme un mythe susceptible à ce titre d'être *interprété*, en vertu de son intention profonde, selon les catégories de l'existentialisme »: *Le mythe*, 124.

[13] *Art. cit.*, 125.

[14] *Art. cit.*, 25. Notiamo che il Bultmann distingue radicalmente l'avve-

In che senso è l'avvenimento base della salvezza?

La sapienza umana, la filosofia, spiega il Cullmann, si illude di portare l'uomo alla comprensione dell'esistenza autentica per la sola via dell'intelligenza.[15]

La croce scuote tale falsa sicurezza. La morte di Cristo è un atto divino che sempre di nuovo ci interpella e ci pone di fronte alla decisione che è la fede. Il cristiano sa che è solo decidendo per Dio che la sua esistenza autentica si realizza.

Questo appello incessante rivoltoci dalla croce è, secondo il Bultmann, il Messaggio vero e proprio.[16] Ora siccome la risposta a questo appello, la decisione di fede, è il punto di partenza di ogni esistenza cristiana, di ogni liberazione salvifica, l'avvenimento storico, la croce, da cui questo appello emana è l'evento centrale e primo della salvezza.

Anzi, incalza il Cullmann, nella logica bultmanniana la croce è alla radice dello stesso processo di smitizzazione. Non è forse infatti nell'intelligenza di fede che prende corpo l'interpretazione esistenziale della portata profonda del mito

---

nimento di Cristo dai miti cultuali relativi agli dei dell'ellenismo e delle religioni orientali. Ritiene che se come Figlio di Dio preesistente il Cristo è una figura mitica, come Gesù di Nazareth però è figura storica. Nella sua vicenda i fatti storici (genitori, morte, azione evangelizzatrice...) si alternano coi caratteri mitici (nascita verginale, trasfigurazione, resurrezione, ascensione...): *KM* I, p. 41-42. Cf. MARLÉ, 142. Per questo il Cullmann dice chiaramente: la croce è il *solo fatto storico* della vita di Gesù *che abbia valore salvifico*. Non afferma che sia l'unico fatto storico simpliciter.

[15] Questa incapacità della filosofia è determinata dal fatto che la « padronanza di sé » (Eigenmächtigkeit) che costituisce come il vertice della sapienza naturale nella valutazione cristiana è peccato e ribellione a Dio: *KM* I, p. 38; *GV* II, p. 47-48. E' peccato perché sforzo di realizzare una giustizia propria indipendentemente da Dio: è anzi il peccato fondamentale: vuole mostrarsi giusto davanti a Dio e senza Dio: *GV* II, p. 48. Cf. la lunga analisi di MIEGGE, 73-88.

[16] Se ci domandiamo se l'interpretazione cullmanniana della funzione della teologia della croce nell'insieme del pensiero di Rudolf Bultmann corrisponda all'autentica intenzione del teologo di Marburg, ci pare di poter rispondere di sì. Segue in certi punti testualmente Bultmann stesso (*KM* I, p. 15-48). La sua presentazione coincide con quella che ne fanno vari studiosi come MARLÉ (150 s), MIEGGE (48 s), KÖRNER (101 s), VÖGTLE (880 s), MALEVEZ (69 s). Tuttavia qui il Cullmann ci sembra peccare di eccessiva rapidità di esposizione. Sarebbe stato interessante seguire da vicino e nelle sue varie tappe l'opera smitizzatrice compiuta dal Bultmann del fatto della croce. Ce ne offre ampi particolari. Ed è il caso di smitizzazione che ha più approfondito e che gli è meglio riuscito. Così MALEVEZ, p. 74. Per questa analisi più completa rimandiamo a MALEVEZ, 69 s; MIEGGE, 48 s; MARLÉ, 150 s... E naturalmente a *KM* I, p. 42 s.

per la comprensione dell'esistenza autentica? Ebbene, la fede è anzitutto risposta all'appello della croce.[17]

II. Oscar Cullmann critica la soluzione bultmanniana del problema del mito

Mai Rudolf Bultmann si avvicina tanto alla teologia della comunità primitiva, ritiene Oscar Cullmann, come nella sua visione della funzione salvifica della croce. Arriva al punto da descrivere questo, che è l'unico fatto storico cui riconosce valore salvifico, in termini molto simili a quelli del Nuovo Testamento. Per questo, ci spiega il Cullmann, è ragionevole iniziare la critica sistematica del pensiero del teologo di Marburg proprio da questo, che sembra essere un suo « punto di contatto » colla fede primitiva.

Allora, il primo interrogativo del nostro teologo sarà: il Bultmann ha interpretato bene il senso profondo della fede dei primi cristiani nella croce?[18]

1. *Funzione pedagogica della croce.*

Gli scritti del Nuovo Testamento, osserva Oscar Cullmann, ci insegnano che è la fede che salva. Ma è la fede nel fatto che l'avvenimento della morte di Cristo, come tale, ci ha già salvati. Mediante la fede, entriamo in partecipazione di un frutto di salvezza che è già stato acquistato, indipendentemente da noi.

Ora, se noi analizziamo profondamente la teologia della croce di Rudolf Bultmann, prosegue il Cullmann, vediamo che per lui non è l'avvenimento storico della morte di Gesù come tale che ci salva, ma *unicamente l'incontro* tra questo avvenimento e noi.[19]

---

[17] *Le mythe*, 125 s.
[18] *Le Mythe*, 126.
[19] *Ibid.* Esiste una doppia interpretazione della teologia della salvezza di R. Bultmann. Un'interpretazione « soggettiva »: la salvezza è un avvenimento interiore che si verifica nell'incontro attuale di fede tra l'appello e il credente. L'avvenimento esterno salvifico non è che « modello », « illuminazione », « ispirazione concreta », « simbolo »... nei confronti della decisione.
L'interpretazione oggettiva sostiene che l'avvenimento di salvezza si verifica, almeno inizialmente, fuori di noi. La discussione è difficile e incerta, data l'oscurità del Bultmann e la possibilità per entrambi i partiti

Il Bultmann pensa che l'avvenimento in se stesso, indipendentemente dall'appello che esso ora ci rivolge e che noi accogliamo, non ha nessun senso per la nostra salvezza. E' un martirio come tanti altri. La salvezza non sta nell'atto unico della croce. E' un avvenimento che si ripete indefinitivamente in ogni individuo ogni volta che il Messaggio, che emana dal crocifisso, giunge sino a lui.

Per il teologo di Marburg, insiste il nostro autore, nel momento unico della storia in Gesù Cristo è spirato sulla croce, non è capitato nulla, sul piano ontologico, per la salvezza dell'umanità.

Per questo, relegherà tra gli ingombri mitici il discorso così frequente sulle labbra dei primi credenti intorno alla morte di Cristo come morte redentrice, espiatrice o riconciliatrice.[20]

Ma, in definitiva, qual'è la funzione salvifica della morte di Cristo nella teologia bultmanniana, secondo il nostro teologo?

Per la comunità primitiva, precisa Oscar Cullmann, la fede nella morte di Cristo è il fondamento della nostra salvezza, nel senso che è abbandono completo ad un avvenimento del passato, che è avvenuto per noi, proprio perché si è verificato fuori di noi e prima di noi.

E' un avvenimento in cui il credente sa che è accaduto qualcosa tra il Cristo morente e il Padre per la nostra salvezza. L'oggetto ultimo della sua fede nella croce è proprio questo « qualcosa » che si è verificato tra il Cristo e il Padre in questo momento ultimo.

Rudolf Bultmann è su un piano opposto. Per lui, dire che si è verificato « qualcosa » tra Cristo e il Padre non ha senso. L'oggetto della sua fede nella morte di Cristo non è l'avvenimento storico in se stesso. E' il suo « significato pedagogico ». Cioè l'appello che da esso emana e che ci

---

di trovare testi favorevoli alle loro opposte tesi (VÖGTLE, 889). Non è nostra competenza entrare in questa controversia. Rimandiamo all'acuta disamina del MALEVEZ (67-114) il quale, sostenitore dell'interpretazione oggettiva, analizza però le due posizioni. Una presentazione globale, meno impegnata nella disputa, con relativa abbondante bibliografia si trova in VÖGTLE, 889-898. A noi bastava accennare ai termini del dissenso per situare il Cullmann tra le fila degli interpreti soggettivi del pensiero bultmanniano.

[20] *Le Mythe*, 127.

invita a una considerazione nuova, cristiana, della nostra esistenza (ib.).

E il Cullmann si affretta a formulare una precisazione che è una nuova condanna implicita dell'intera teologia bultmanniana:

« In realtà, non si tratta qui di una semplice trasposizione del messaggio cristiano nel nostro linguaggio moderno ma si tratta piuttosto di una fede radicalmente diversa *nella sua stessa essenza*. L'oggetto non è più il medesimo ».[21]

E aggiunge:

« Certamente i primi cristiani arrivano a una nuova comprensione della loro esistenza, ma solamente mediante una fede che non si riferisce precisamente a questa comprensione, ma alla portata ontologica dell'atto stesso (della morte di Cristo). L'uomo del Nuovo Testamento non crede in un martire la cui morte ha un senso pedagogico per l'intera umanità, ma nel « Servitore di Dio » che mediante un atto libero ha tolto il peccato dal mondo ».[22]

2. *Negazione del Messaggio come storia e come efàpax.*

Il solo avvenimento storico della vita di Cristo, cui Rudolf Bultmann riconosceva valore salvifico era la morte di croce. Ora Oscar Cullmann ha dimostrato che per il Bultmann non è l'avvenimento storico in se stesso, in quanto storico, che ci salva. E' piuttosto l'appello che ne emana e che noi accogliamo.

Questa è riprova dell'affermazione cullmanniana: Rudolf Bultmann nega alla storia ogni funzione salvifica, cioè, nega la storia della salvezza. O, in altre parole, la smitizzazione è negazione del carattere storico e temporale della salvezza.[23]

---

[21] « En réalité, il ne s'agit pas là d'une simple transposition du message chrétien dans notre langage moderne, mais il s'agit d'une foi radicalement différente *dans son essence même*. L'objet n'est plus le même »: *art. cit.*, 127.
[22] « Certes les premiers chrétiens arrivent à une compréhension nouvelle de leur existence, mais seulement par une foi qui ne se rapporte précisément pas à cette compréhension, mais à la portée ontologique de l'acte lui même. L'homme du NT ne croit pas dans un martyr dont la mort a un sens pédagogique pour toute l'humanité, mais dans le « Serviteur de Dieu » qui par un acte volontaire a enlevé le péché du monde »: *art. cit.*, 127.
[23] *ChZ*, 25-26.

Del resto, nota il Cullmann, questa negazione era conseguenza necessaria della definizione stessa di mito, adottata dal teologo di Marburg. La storia di salvezza è infatti una rappresentazione del trascendente che si incarna, si inserisce nel tempo e nella visibilità per salvarci. Insomma è, agli occhi del Bultmann, un'oggettivazione del divino. E' quindi mito: va superata, negata e interpretata.[24]

Questa negazione della storia compromette anche un altro elemento fondamentale della teologia del cristianesimo primitivo: il carattere « efàpax » della croce come di ogni altro avvenimento salvifico. L'avvenimento storico si verifica una sola volta ma è decisivo per sempre (einmal für allemal). Questo, osserva amaramente il nostro autore, non ha senso per il teologo di Marburg: per lui la base della salvezza non è l'avvenimento ma l'appello che ne scaturisce. E tale appello, come abbiamo visto, si ripete un numero indefinito di volte per ogni uomo che sta decidendo (allemal je jetzt).[25]

Insomma il Bultmann ripete oggi l'esperienza dello gnosticismo, pur non volendo essere gnostico.[26]

La follìa della croce, osserva Oscar Cullmann, non sta come vorrebbe il teologo di Marburg, nel credere a ciò che non è visibile, disponibile, oggettivabile ma trascendente. Anche i greci potevano accettare questa fede, esprimendola con veri miti.

La follìa della croce sta nell'affermare che la salvezza è una storia. Questa era follìa per il pensiero ellenico, come lo è per il pensiero moderno.

Gli gnostici hanno cercato di annullare questa follìa per far piacere al pensiero ellenico: hanno sostituito alla storia, fonte di salvezza, una sapienza.

---

[24] *Le Mythe*, 128. KARL BARTH reagisce vivamente contro questa concezione del mito come umanizzazione o oggettivazione del divino. La definizione andrebbe, secondo lui, capovolta: mitica sarebbe piuttosto ogni rappresentazione del mondano e dell'umano in forma divina: *Ein Versuch*, 31-33. Logicamente questa concezione del mito deve condurre il Bultmann fino al rifiuto dell'Incarnazione. Cf. art. *Le Mythe dans le N.T.*: DBS II, c. 264 (R. MARLÉ).
[25] *Le mythe*, 126-128. Si associano in questa critica, tra gli altri: MARLÉ, 168-172; OTT, 119-125; J. HAMER, *Zur Entmythologisierung Bultmanns*: *KM* V, p. 52, n. 12.
[26] *Le mythe*, 130.

Il Bultmann ripete il medesimo tentativo per venire incontro al pensiero moderno. E, come già gli gnostici, sostituisce alla storia, fonte di salvezza, un sistema di verità atemporali, astratte.[27]

3. *Una nozione di storia estranea al Nuovo Testamento.*

Il lettore può essere rimasto dubbioso davanti a queste ultime osservazioni critiche di Oscar Cullmann. Basta leggere uno degli studi di Rudolf Bultmann, raccolti in « *Kerygma und Mythos* » o « *Glauben und Verstehen* », per avere l'impressione che la storia (Geschichte) è un valore onnipresente nella sua riflessione.[28]

Il Cullmann raccoglie questa nostra legittima perplessità. E ci risponde: la « Geschichte » di cui parla il Bultmann non ha nulla a che fare colla vera nozione temporale di storia della salvezza, contenuta nel Nuovo Testamento.

Il Cullmann ritiene infatti, che ci sono tre possibili nozioni di storia:

— La storia di salvezza (divina economia): successione cronologica di determinati avvenimenti salvifici, iscritti nel tempo.

— La storia profana: successione cronologica di determinati avvenimenti che fanno da sfondo, su cui si proiettano gli avvenimenti di salvezza.

— La temporalità dell'esistenza: concetto di storicità heideggeriana.

La teologia della comunità primitiva usa il termine « storia » nei primi due sensi. Il Bultmann invece, adotta il terzo senso. E per raggiungere questo senso e per metterlo in rilievo, non vede nei primi due che un involucro mitico.

Smitizzare il Messaggio significa per lui interpretare (negandola) la storia della salvezza che la Bibbia ci presenta, nel tentativo di scoprirvi una più autentica e profonda « storia di salvezza », da cui ogni elemento di temporalità successiva e reale sia escluso.[29]

---

[27] *Art. cit.,* 128 s.
[28] Il Bultmann stesso loda il Marlé d'aver capito come quello di storicità (Geschichtlichkeit) è un concetto-guida (leitender Begriff) nella sua teologia: *In eigener Sache,* 242.
[29] *La nécessité et la fonction de l'exégèse philologique et historique de la Bible*: VbC 3 (1949), 6; 8-9; specie p. 9, n. 1.

Heinrich Ott ha ripreso e rielaborato quest'interessante osservazione di Oscar Cullmann.[30]

Vale la pena di prestarvi una certa attenzione. La riflessione di Ott infatti ci sembra nutrita di una competenza filosofica che manca al Cullmann. Rimane, d'altra parte, vicina alla linea cullmaniana.[31]

Per il Bultmann, secondo l'Ott, esiste un doppio modo di temporalità:

— Il tempo durata (Verlaufzeit). E' il tempo che ha un prima e un poi. E' la dimensione nella quale, secondo il teologo di Marburg, si iscrivono i fatti dei processi naturali o i rapporti dei fatti puramente storici (Historie).

— Il tempo come adesso (Jetzt). E' il tempo nel suo significato autentico e pieno. E' la dimensione della decisione esistenziale e perciò del suo vero accadere storico (Geschichte) in cui si realizza l'attuazione dell'esistenza cioè il suo porsi come esistenza autentica.

Questa è la categoria temporale che il Bultmann pone alla base dell'interpretazione esistenziale del Messaggio e che costituisce, in ultima analisi, una storia di salvezza smitizzata.[32]

La storia di salvezza consiste tutta in questo « Jetzt » della decisione esistenziale di fede: in esso l'appello di Dio che emana dalla morte di Cristo mette in questione il Dasein e questi decide per Dio.[33]

E' un « adesso » puntuale: cioè senza durata, totalmente altro da ogni forma di durata volgare o successiva.[34]

E' un « adesso » alternativo: non è separazione (Scheidung) tra passato e presente ma scelta che decide (Entschei-

---

[30] L'art. del Cullmann è del 1949, il libro dell'Ott del 1955. Diciamo « ripreso » non necessariamente nel senso che l'Ott si sia ispirato all'art. del Cullmann ma nel senso che la loro interpretazione sulla posizione della Geschichte bultmanniana coincide.

[31] Il suo, in fondo, può essere visto come un tentativo di salvare la Heilsgeschichte. Cf. Recens. di J.N. WALTY: *RSPhTh* 42 (1958), 364-367.

[32] OTT, 116 s. Quali sono le reazioni degli studiosi del Bultmann davnti all'interpretazione dell'Ott? Il Marlé sostanzialmente la condivide. Cf. ad es. p. 99 172. Il Körner la critica aspramente: Ott parla di due modi di temporalità invece di parlare di due diversi atteggiamenti (Verhaltungsweise) davanti ad una medesima storia: p. 151 s.

[33] OTT, 138.

[34] *Op. cit.*, 123. Non può implicare durata: sarebbe, osserva Ott, esserne dipendente: p. 117 s. Differisce allora radicalmente dalla « Zeitlosigkeit » platonica: questa infatti si riduce alla « Verlaufzeit » di cui è negazione: OTT, 129.

dung) tra due possibilità: ritorno verso il passato e ripiegamento nella propria autosufficienza (peccato) o apertura al Futuro (fede).[35]

Vediamo ora come quasi tutte le critiche di Oscar Cullmann alla teologia di Rudolf Bultmann gravitano in definitiva su questa temporalità « puntuale »:

— Il rifiuto della storia: il Cullmann pensa che la storia della salvezza sia « Verlaufzeit ». Insiste: il tempo del calendario non è distrutto dall'azione divina ma trasformato. L'azione di Dio vi si inserisce.[36] Il Bultmann opta decisamente per il tempo puntuale che è appunto esclusione di ogni successione e durata.

— Il rifiuto dell'efàpax: l'efàpax suppone una linearità in cui si iscrivono avvenimenti legati tra loro da una continuità di durata e che possono influire gli uni sugli altri. Suppone una temporalità-durata (Verlaufzeit).

La temporalità puntuale nega tutto questo: è appunto esclusione di continuità e di durata. Dio non ci ha salvato una volta per sempre (einmal für allemal) ma ci salva ogni volta (allemal je jetzt) (ogniqualvolta nel singolare adesso) che ci invita alla decisione di fede.[37]

— Il rifiuto di momenti privilegiati sulla linea: centralità di Cristo, significato specifico di salvezza dei vari perodi: antico Testamento, futuro...

E' un rifiuto logico: oltre ad avere gli stessi motivi che il rifiuto dell'efàpax, ha in più questo: lo "jetzt" della decisione di fede non appartiene alla linea temporale della salvezza. E' estraneo ad ogni successione di durata. Quindi gli avvenimenti del passato e del futuro, iscritti sulla linea, non possono esercitare nessun influsso su di esso.[38]

— Una concezione metafisica dell'escatologia.[39] L'attesa escatologica è dal Bultmann ridotta, secondo il teologo alsaziano, a una « permanente disponibilità alla decisione esistenziale ».[40]

---

[35] OTT, 121.
[36] ChZ, 70-81; specie 80.
[37] OTT, 125-140.
[38] OTT, 124. Il Marlé, nella medesima linea di pensiero, formulerà un'identica critica in questi termini: « S'il n'y a en définitive d'histoire que recueillie dans une conscience individuelle, comment est- il encore possible de parler dans l'histoire du monde d'un moment qui soit de soi un moment privilégié? »: MARLÉ, 172.
[39] ChZ, 79-80.
[40] Le retour, p. 14-15, n. 1.

Infatti una Fine concepita come avvenimento finale temporale, posto al termine della linea, trova un suo quadro logico solo in una temporalità-durata. Solo in essa è concepibile una salvezza progressiva, legata a una serie di avvenimenti storici di cui la Fine sia il coronamento conclusivo che assicura la salvezza definitiva.[41]

Pensiamo ancora che il Cullmann possa mantenere la sua accusa di « gnosticismo »? La « Geschichte » bultmanniana che siamo andati esaminando non è una semplice sapienza. Anche se esclude la successione temporale è qualcosa di ben reale e concreto nella sua « puntualità ».

Il Cullmann mantiene la sua insinuazione. Egli forse riconosce la « realtà » della « Geschichte » bultmanniana. Ma la « Geschichte » bultmanniana è qualcosa che riguarda il Dasein. E' il Dasein che si attualizza. E' l'azione divina di salvezza che è negata come storia, sia puntuale che successiva. Quello che rimane dell'intervento divino è un semplice appello cioè un'indicazione, una dottrina che rivolgendosi al « Dasein » scatena il suo attualizzarsi reale. E' qui, a nostro parere, tutto il punto-forza dell'accusa cullmanniana: l'avvenimento divino non salva, in quanto avvenimento, ma in quanto appello, dottrina per una genuina considerazione sull'esistenza.

E' questo il tipo speciale di gnosticismo che il Cullmann rimprovera a Rudolf Bultmann.[42]

4. *La « smitizzazione » come ritorno al mito?*

Con che diritto, si domanda poi Oscar Cullmann, il Bultmann considera come storico e come avente funzione salvifica *soltanto la morte del Cristo* in croce?

Non possiamo trascurare i fatti del ciclo della risurrezione, qualunque sia la loro natura. E' storicamente provato che furono la base della fede e della predicazione primitiva.[43]

---

[41] *ChZ*, 122 s.
[42] *Le Mythe*, 128 s. Ott e Marlé noteranno che la stessa interpretazione storica (geschichtlich) dell'esistenza temporale dell'uomo minaccia di finire in un'astrazione estranea alla nostra esperienza esistenziale del tempo. Quindi mettono in causa la stessa « realtà » della storicità del Dasein?: MARLÉ, p. 98-99; OTT, 155.
[43] *Le Mythe*, 131, n. 17. Interessanti le critiche di K. Barth alla posizione bultmanniana di fronte alla risurrezione: *Kirchliche Dogmatik* III/2, p. 531-537, riprodotte in *KM* II ,p. 102 s; rinnovate in *Ein Versuch*,

Il motivo di questa grave omissione è uno solo, afferma il Cullmann, il punto di partenza della riflessione esistenziale sul Messaggio è l'opposto di quello del credente primitivo.[44]

Il teologo esistenziale è assillato dal problema postogli dalla comprensione del suo Dasein. Messo davanti al Messaggio, vi cerca quello che gli sembra rispondere al suo interrogativo intimo. Questo lo dichiara essenziale e fondamentale. La morte e non la risurrezione gli sembrano risolvere la sua ansia. Per questo valorizza la prima e lascia cadere la seconda. Insomma, vede e capisce gli avvenimenti di salvezza alla luce dei problemi della sua esistenza personale: questo, ripete il Cullmann, è il solo motivo dell'esclusivo riconoscimento della croce.[45]

Questa presa di coscienza del Messaggio, situata agli antipodi di quella della comunità primitiva, ha, prosegue il teologo alsaziano, delle conseguenze inquietanti sulla stessa soluzione bultmanniana del problema del mito.

La chiesa primitiva non aveva nemmeno il sospetto dell'esistenza sulla linea della salvezza di avvenimenti che noi avremmo definiti miti.

Ma questo non fa nulla. I primi cristiani li avevano già, senza saperlo, smitizzati. In che modo? Storicizzandoli. Cioè, spiega il nostro autore, subordinandoli alla storia di Cristo. Ad esempio, il mito di Adamo lo smitizzano, storicizzandolo, nel senso che lo mettono in rilievo nel suo carattere di « primo Adamo ». Lo vedono così, in funzione del « secondo Adamo »: il Cristo. Il mito di Adamo è allora smitizzato, mediante la sua inserzione nella storia della salvezza, di cui il Cristo è il centro.[46]

22-24. Un'analisi parallela delle due diverse concezioni della risurrezione in J. HAMER, « *Christ est ressuscité* ». *Un important débat dans le protestantisme contemporain. R. Bultmann et K. Barth*, in: *L'Eglise et les Eglises. Mél. L. Beauduin* t. II, p. 437-468. Per la critica cattolica a questo punto di dottrina bultmanniana vedere oltrecché MARLÉ, 160 s, MALEVEZ, 79-84, KARL ADAM, *Das Problem der Entmythologisierung und die Auferstehung des Christus*: *KM* V, p. 100 s.

[44] *Le mythe*, 130 s.

[45] *Art. cit.*, p. 131. Un avvio di critica in questo senso, ci pare di notarlo già nell'art. del 1928, *Les problèmes posés*..., 73.

[46] *Art. cit.*, 132. *ChZ*, 82 s. O. Cullmann sa che il Bultmann vede in Giovanni lo smitizzatore-modello: la teologia giovannea interpretata dal teologo di Marburg (*Das Evangelium des Johannes*, 1952; *Theologie des N.T.*, 1953, p. 349-439) è singolarmente vicina alla teologia esistenziale bult-

Il Bultmann nega questa storia di salvezza, come il Nuovo Testamento ce la presenta, cioè come storia lineare cristocentrica. Di colpo, fa ripiombare nel mito tutti gli elementi mitici che la fede cristiana primitiva aveva smitizzato, storicizzandoli, cioè inserendoli nella storia della salvezza.[47]

Il Bultmann volendo smitizzare il Messaggio sembra finire per mitizzarlo.[48]

E questo dipende proprio dal suo modo di prendere coscienza del Messaggio. La norma di considerazione del Messaggio deve essere costituita dall'atteggiamento assunto davanti ad esso dalla comunità credente degli inizi.[49] Ora questo è accettazione umile della storia di salvezza, così com'è, nel suo carattere rigidamente temporale (Verlaufzeit). Rudolf Bultmann invece subordina la realtà del Messaggio ai problemi della sua esistenza personale. Perciò stesso minaccia di sconvolgere il Messaggio nel più penoso dei modi: ritorna al mito.

Questa analisi critica ci rivela anche la concezione profonda secondo la quale il nostro autore accosta il problema del mito. Non si tratta di smitizzare. Si tratta solo di prendere coscienza di una smitizzazione già avvenuta e di sottolineare così il modo con cui questa si è fatta.

Questo equivale a dire, egli continua, che la funzione del teologo davanti al problema del mito consiste unicamente nel mettere in rilievo in che modo questi avvenimenti, che noi chiamiamo oggi miti, mettono in evidenza il

---

manniana: *Le mythe*, p. 133. Ebbene il Cullmann ritiene che la prospettiva giovannea è diametralmente opposta alla tesi del Bultmann. L'evangelista vuole precisamente mostrare l'identità tra il Gesù della storia e il Cristo della fede. Lo fa sottolineando, soprattutto attraverso i legami che collegano sacramenti e semeia, come il presente, tempo della Chiesa, non è che continuazione del passato, tempo di Cristo: *Le mythe*, p. 134; *Les sacrements*, p. 9-28. *Eiden kai episteusen. La vie de Jésus, objet de la « vue » et de la « foi » d'après le quatrième évangile*, in: *Aux sources de la tradition chrétienne. Mél. Goguel*, 1950, p. 52-61.

[47] Gli esempi concreti di elementi mitici «storicizzati» che il Cullmann ci fornisce, oltre a quello citato sopra di Adamo, sono rari e non precisi. Ci parla di cristianizzazione del concetto di Logos da parte di Giovanni: *ChZ*, 50. Così il medesimo autore avrebbe «storicizzato» influssi della concezione greca di immortalità: *Immortalité*, 20-21. Ma non ci è chiaro che si tratti di due elementi mitici.

[48] *Le Mythe*, 130.

[49] Sottolineiamo come il Cullmann è rigidamente fedele ai suoi principi metodologici: il criterio normativo di lettura della Scrittura è la testimonianza di pensiero e di azione della comunità primitiva.

movimento della storia della salvezza in rapporto cogli avvenimenti storicamente controllabili.[50]

Infatti la comunità primitiva li ha smitizzati, dando loro questa funzione di accentuare il carattere profetico e dinamico della storia della salvezza.[51]

Nota: *Un mito non storicizzato nel Nuovo Testamento.*

Oscar Cullmann stesso però, ci segnala la presenza nel Nuovo Testamento anche di alcuni miti non integrati nella storia di salvezza. Quindi sono miti « non storicizzati », miti « puri ». Appoggia questa sua affermazione su una citazione di W. G. Kummel.[52]

Non ci fornisce esempi di questi « miti puri », infiltratisi, tali e quali, nelle pagine neotestamentarie. Ci assicura solo che negli scritti cristiani canonici sono molto pochi.[53]

Abbondano invece negli apocrifi.

Come dobbiamo smitizzarli?

Si limita a dirci:

« Per questa categoria di miti la ricerca dei motivi generali che sono alla base del mito si impone ».[54]

E' un'indicazione troppo laconica.

L'assenza di esempi concreti di tale tipo di mito[55] e di un tentativo di simile smitizzazione, ci lasciano nell'incertezza sulla via di interpretazione che Oscar Cullmann ci avrebbe proposta, se avesse approfondito anche questo aspetto del problema del mito. Ad ogni modo, ci pare che il teologo della salvezza dovrebbe smitizzare questi relitti di mito puro, ispirandosi al modo con cui la comunità primitiva smitizzò gli altri miti. Questo è un principio costante della teologia cullmanniana: il pensiero e il comportamento della

---

[50] *Le Mythe*, 132.
[51] *ChZ*, 84 s.
[52] *Le Mythe*, 132, n. 20. Cita W.G. Kümmel, *Mythos im N.T.*: *ThZ* 6 (1950), 321 s.
[53] Veramente il Kümmel ritiene che tali miti siano piuttosto frequenti nel N.T.: *art. cit.*, 326.
[54] « Pour cette catégorie de mythe, la recherche des motifs généraux qui sont à la base du mythe s'impose »: *Le Mythe*, 133.
[55] Il Kümmel ci da due esempi, a suo parere tipici, di forme mitiche: *Phil.* 2,5 s; *1 Petr.* 3,18 s: *Mythos im N.T.*: *ThZ* 6 (1950), 326-331. Ma il Cullmann non dice di accettarli come tali.

comunità primitiva sono la norma ultima e definitiva cui ricorrere.

Dovremmo allora, sull'esempio dei primi credenti, considerare il contenuto di questi miti, in funzione di una storia di salvezza in cui inserirli.

CAPITOLO SECONDO

LA PRESA DI POSIZIONE DI RUDOLF BULTMANN

I. R. Bultmann critica la soluzione cullmanniana del problema del mito

« *Christus und die Zeit* » costituiva un tentativo organico di dare una soluzione all'interrogativo, che era anche quello del Bultmann; qual'è l'essenza del Messaggio?
Almeno il Cullmann, concepiva così il suo valore.[1]
Rudolf Bultmann sembra comprendere l'ambizione e gli scopi di Oscar Cullmann.[2] Ma non si cura di esaminare le critiche che questi gli rivolge. Non dialoga, contrattacca. La sua critica è radicale. Colpisce i cardini stessi della teologia della storia della salvezza, dopo aver negata persino la legittimità del problema del mito in un contesto cullmanniano.

1. *Illegittimità del problema.*

a) *Oscar Cullmann non ha il diritto di porsi il problema del mito*. Il Cullmann non ha nè la possibilità nè il diritto di porsi questo problema. Questo perchè nella teologia della storia della salvezza qualunque differenza tra storia (Geschichte) e mito (Mythus) è semplicemente senza senso (sinnlos). Infatti il mito che il teologo alsaziano prende in considerazione è il mito storico-salvifico (heilsgeschichtlich) quindi che per definizione appartiene alla storia e alla temporalità. Come potrà allora interrogarsi su un'alternativa, una divergenza tra mito e storia (Geschichte)?[3]
Perciò il problema del mito, così come di fatto se lo pone Oscar Cullmann, è un interrogativo rettorico, a vuoto. E le

---
[1] Vedi sopra, p. 38 s.
[2] *Heilsgeschichte und Geschichte. Zu Oscar Cullmann, Christus und die Zeit*: ThLZ 73 (1948), 659-666.
[3] *Art. cit.*, 663.

critiche che egli rivolge all'interpretazione esistenziale, basate come sono, su una pseudo-soluzione di uno pseudo-problema, nè la toccano nè l'indeboliscono.

Questo problema, continua il Bultmann, comincia a porsi veramente quando ci si decide a chiedersi qual'è il significato profondo del termine « Geschichte » nel composto « Heilsgeschichte ». E questo il Cullmann non lo fa.

Però sta di fatto che il teologo alsaziano si pone questo problema del mito e costruisce una certa soluzione, costata il Bultmann.

Ma questa teologia non è valida. Quella della storia della salvezza non è nemmeno vera teologia, ribatte il teologo di Marburg. Infatti è animata da una doppia pretesa: partire da un'esperienza di fede (quella dei primi cristiani); rimanere ancorato a un rigido senso storico e positivo. Ora il Cullmann fallisce in ambedue questi criteri informativi del suo programma.

b) *Quella del Cullmann non è vera teologia*. Per capire il significato di questa negazione bultmanniana, è utile premettere un breve cenno sulla sua concezione della teologia.

Dobbiamo partire dal Kerigma. Questi è la Parola di Dio che interpella l'uomo con autorità assoluta. Penetra nell'intimo della sua esistenza. Lo salva o lo condanna secondo che l'uomo la accetta o la rifiuta.

La fede è appunto la risposta dell'uomo al Kerigma. E' decisione obbediente di accettare la Parola. Kerigma e fede stanno tra loro come Parola (di Dio) e risposta (dell'uomo). Risposta che è sì. Nell'istante stesso in cui l'uomo emette la decisione di fede, accetta il Kerigma, in lui si realizza quello che il Kerigma annuncia. Il Messaggio (Verkündigung) è appunto la proclamazione che si realizza quando è accolta nella fede: l'avvenimento di Cristo *è* adesso un avvenimento proprio all'uomo, Cristo *è* la sua vita.

Questa realizzazione del Kerigma quindi, è nuova esistenza, nuova vita. Conseguentemente, importa una nuova comprensione (Verständnis) di sè, di Dio e del mondo: sappiamo che, secondo la filosofia esistenziale, esistere è sempre connesso con autocoscienza.[4]

---

[4] Vedi sopra, p. 66 s.

Questo nuovo « Verstehen » esplicitato, analizzato, reso conscio è appunto la teologia.[5] Adesso il senso dell'esigenza, espressa dal Bultmann davanti alla teologia della storia della salvezza, ci è chiaro: il punto di partenza per una teologia autentica della « Geschichte » e della « Heilsgeschichte » può essere soltanto un « Geschehen » che, nella fede, è stato vissuto e capito come tale.[6]

Il Cullmann pretende di partire da una simile esperienza di fede, fatta dai primi credenti. Il Bultmann lo sa (ib.). Ma contesta decisamente: la concezione della storia della salvezza che il teologo alsaziano ne deduce è troppo complessa e troppo povera insieme, per corrispondere veramente a un'autentica esperienza di fede cristiana.

E' troppo complessa: pensiamo alla Linea della salvezza colle sue varie tappe, centrata nella morte e nella risurrezione di Cristo e che procede in una determinata direzione... Che interesse ha per la fede dover capire che la morte di Cristo non è solo l'evento che mi salva ma è anche il centro della storia della salvezza? Esclama il Bultmann.[7]

Non mancano poi elementi la cui presenza non è giustificata dalla comprensione di fede. Pensiamo all'idea di sviluppo (Entwicklung), linearità... (ib.). E d'altra parte, questa teologia ignora elementi vivi e importanti per l'esperienza cristiana come le idee di mondo, peccato, salvezza, giustificazione...[8] Questa povertà, questa complessità, questo ricorso ad elementi estranei alle categorie di fede fanno confessare al Bultmann che è sua impressione che il Cullmann ha fatto della teologia del Nuovo Testamento una filosofia cristiana della storia.[9] E' soprattutto questa complessità che lo turba. Gli sembra un tentativo di penetrare nei « myste-

---

[5] Seguiamo in quest'analisi P. LENGSFELD, *Rudolf Bultmann: Das Anliegen seiner Theologie und der Eine Glaube*, in: *Una Sancta* 13 (1958), 114-115. R. Bultmann ha esplicitamente lodato l'esattezza di queste caratterizzazioni del Lengsfeld: *Una Sancta* 13 (1958), 295. Del resto, esse si attengono fedelmente alle riflessioni del teologo di Marburg nelle « Epilegomena » della sua opera « *Theologie des N.T.* », Tübingen 1953, p. 577-591.

[6] *Heilsgeschichte*, 662.

[7] *Art. cit.*, 662 s.

[8] *Art. cit.*, 663.

[9] *Art. cit.*, 663. E, soggiunge, che allora non si meraviglia più della confessione del Cullmann il quale ammette di far sua la concezione fondamentale della teologia di E. Stauffer (*ChZ*, 21, n. 8). Questi infatti nella sua teologia neotestamentaria ha proprio fatto della teologia una filosofia.

ria » (*Rom.* 11,25), e di sfuggire allo scandalo della fede e alla follia della croce.[10]

Il Bultmann ha così tentato di scardinare il primo punto del programma cullmanniano: basarsi sull'esperienza di fede autentica e normativa dei membri della comunità primitiva. Ma egli cerca di abbattere anche il suo secondo postulato: fedeltà al metodo e al senso storico.

Il teologo di Marburg infatti, incalza: la scarsa conoscenza della storia delle religioni che Oscar Cullmann manifesta, compromette gravemente questo suo preteso senso storico.

Lo espone infatti a una doppia serie di errori:

— non si accorge che la concezione della storia della salvezza che egli crede tipicamente cristiana, è in realtà sotto l'influsso prevalente del giudaismo apocalittico. Anche l'idea di centro non è originale: essi pure aspettavano uno che sarebbe stato il centro di un divenire futuro.

— i tratti che nella storia della salvezza il Cullmann ci presenta come nuovi: il salvatore escatologico che è anche mediatore della creazione, la salvezza non ristretta a un popolo eletto ma offerta all'intera umanità... non sono, nemmeno loro, originalmente cristiani. Hanno la loro origine nel pensiero gnostico.

Conferma ultima di questa incompetenza è l'affermazione del Cullmann secondo cui l'idea tipica dello gnosticismo sia l'atemporalità. Tutt'altro! L'errore gnostico è di aver confuso la storia della natura (Historie) colla storia intera dell'uomo (Geschichte).[11]

La critica cui il Bultmann sottopone la teologia storico-salvifica è dissolvente e totale. Non ha il diritto di porsi il problema del mio. La teologia che, di fatto, si pone il problema e ne costruisce una soluzione non è nè vera teologia nè competente ricerca critica.

E l'analisi critica di Rudolf Bultmann non si ferma qui. Prosegue: quella della storia della salvezza non è vera teologia anche perchè ha per oggetto una storia che è, in ultima analisi, profana .

---

[10] *Art. cit.*, 663. Non ritorniamo poi sulle critiche strettamente esegetiche di cui il Bultmann fa oggetto la teologia neotestamentaria cullmanniana. Vedi sopra, p. 62 s.
[11] *Art. cit.*, 664 s.

2. Oscar Cullmann profana la nozione di Storia della Salvezza.

Oscar Cullmann rimproverava a Rudolf Bultmann di distruggere il Messaggio, negando il carattere storico della Salvezza.[12] Il teologo di Marburg contrattacca: il Cullmann profana il Messaggio perchè ne riduce il carattere storico al rango di una qualunque storia profana. Identifica storia profana e storia sacra. Guarda al Messaggio non coll'occhio del teologo ma con quello dello storico (Historiker).[13]

Capiamo facilmente che questa è una critica veramente di fondo: mette in questione la nozione di storia che è alla base della storia della salvezza.

Per afferrarne tutta la portata, occorre situarla nel contesto del pensiero da cui sgorga.[14]

Vediamo allora brevemente l'atteggiamento che la teologia bultmanniana attribuisce allo storico e al teologo davanti alla storia. E' assai diverso.

Lo storico. Non è semplice cronista. Riferisce gli avvenimenti, interpretandoli. La sua interpretazione sarà tanto più valida quanto più acutamente avrà saputo scoprire l'interpretazione data agli avvenimenti in esame, da coloro stessi che ne furono i protagonisti, i testimoni o almeno i contemporanei.

Ogni uomo deve dare un senso alle vicende del suo tempo per poterle vivere. E' proprio questo senso delle vicende passate che lo storico deve riuscire a ritrovare o a ricostruire.

Ma tale senso è effimero. Ogni storico finisce per dare al medesimo evento un senso diverso. Questo perchè il senso che ognuno gli può dare è parziale.

Non per nulla la filosofia della storia è un succedersi ininterrotto dei sistemi più diversi! E lo storico intelligente è il primo ad essere persuaso che la storia non ha un senso definitivo e quindi è sprovvista di valore assoluto.

Il teologo. La storia che è oggetto della sua riflessione invece ha un senso definitivo e un valore assoluto. Infatti esso è costituito dall'azione di Dio (die Tat Gottes). D'altra

---

[12] Vedi sopra, p. 232 s.
[13] *Art. cit.*, 662.
[14] *Art. cit.*; inoltre R. Bultmann, *Weissagung und Erfüllung*, in: *GV* II, p. 162-186. Cf. Körner, 99-101 117-119.

parte, deve essere persuaso che la storicità (Historizität) di un avvenimento di cui fosse pure protagonista l'azione divina e che entra in contatto colla temporalità volgare (Verlaufzeit) e che perciò stesso cade sotto il controllo dello storico non ha valore assoluto. E' il caso dei tentativi di vite di Gesù.

Questo non solo perchè in questo caso valgono i motivi esposti sopra a proposito della storia-oggetto dello storico profano. Ma anche per un preciso atto di fede. La sua fede nell'azione di Dio in Cristo è professione dell'unicità del valore assoluto: l'azione di Dio.[15]

Il teologo è tentato di far ricorso alla storicità (Historizität) di Gesù e della sua morte per combattere le negazioni razionalistiche, gnostiche o fideistiche? Se cede a questa tentazione, sbaglia. Questo genere di « storicità » non è mai assoluto e non ha vero valore cristiano.

Il valore religioso cristiano è uno solo: il Cristo ci salva. Cristo e salvezza sono elementi che sfuggono allo storico che si affanna a descrivere Gesù di Nazareth. Lo storico, e soprattutto il filosofo della storia, avrà invece l'assurda pretesa (e il Bultmann qui pensa specialmente ad Hegel) di dimostrare che la salvezza dell'umanità è immanente alla storia stessa e che si va verificando gradualmente col divenire della storia. Per questo il teologo dovrà vedere nel Cristo colui che condanna questa storia: la salvezza è oltre e fuori di questa storia. Il cristianesimo è rottura e non realizzazione dell'attesa giudaica proprio per questo: il significato di Gesù non sta nel fatto che egli è il Messia dei giudei ma il Cristo della fede. Quindi niente salvezza, di sapore giudaico, iscritta nel corso stesso della storia (innergeschichtlich).[16]

Questa concezione di un'elezione legata definitivamente alla storia di Israele conduceva, tra l'altro, a una presuntuosa certezza di salvezza e a una giustificazione, concepita come una realizzazione autonoma, immanente al divenire della stessa storia del popolo eletto (Selbstrechtfertigung).

---

[15] E' un modo di riaffermare che ciò che è primo ed assoluto è il « dass » (cioè il fatto dell'interpellazione, l'esistenza della predicazione) non il « was » (cioè la natura o il contenuto inventoriale della rivelazione). Cf. Vögtle, 860 s, e 866 s; Marlé, 146 s. Oltre che in Körner (l.c.) un'esposizione equilibrata della relazione storia-teologia nel pensiero di R. Bultmann si troverà in Marlé, 28-33 142-150.

[16] *GV* II, p. 174.

Già la reazione profetica che invitava alla religione interiore e alla responsabilità individuale stimmatizzava l'errore di chi oggi vuole interpretare in questo senso il carattere di elezione del popolo di Israele.[17]

Ebbene, Oscar Cullmann mette alla base della sua costruzione teologica un'idea di storia che non è quella del teologo: azione di Dio, ma quella dello storico profano.

La dice essenziale al Messaggio. Rimprovera all'interpretazione esistenziale di scartarla per rimanere fedele alla storia che sola ha un senso cristiano oltrecchè valore definitivo e assoluto: l'azione di Dio (die Tat Gottes). Rimproverava, in altre parole, alla teologia bultmaniana di essere vera teologia!

Il Cullmann concepisce la salvezza come se si realizzasse storicamente sulla medesima linea su cui si inseriscono gli eventi della storia profana.

Vede nel Cristo e nella sua croce il centro temporale e salvifico della linea del tempo. Insiste sulla continuità perfetta tra Antico e Nuovo Testamento. Concepisce la salvezza come sviluppo (Entwicklung) lineare orientato verso una Fine temporale e lanciato in un movimento di sempre crescente realizzazione della salvezza (aufsteigende Heilslinie). Non è forse adottare l'ambizione dell'autogiustificazione della storia (Selbstrechtfertigung), propria di molti storici e filosofi della storia, che abbiamo denunciata sopra?

La stessa insistenza del Cullmann, continua Rudolf Bultmann, nel voler definire la nozione di mito secondo criteri di « Historizität » non è un'ulteriore prova dello storico che si sostituisce al teologo?[18]

Infine la sua preoccupazione di ricostruire la coscienza messianica di Gesù non è forse un richiamo alla preoccupazione dello storico di ritrovare come il protagonista dell'evento passato lo ha personalmente interpretato? Al vero teologo non interessa sapere che cosa il Cristo pensasse della sua missione o della parusia. Suo unico centro di interesse è nell'azione di Dio che salva.[19]

Ora la critica del Bultmann assume per noi tutto il suo

---

[17] *GV* II, p. 180 s.
[18] *Heilsgeschichte*, 662.
[19] *Art. cit.*, 663; *GV* I, p. 265 s; *Theologie des N.T.*, 25 s.

significato. Oscar Cullmann, teologo, usurpa i metodi e lo stesso oggetto di ricerca proprio allo storico.

La storia di cui ci parla non è la vera storia di salvezza. E' una storia profana. Un seguito di avvenimenti che si verificano nel tempo e nello spazio e nei quali, mai una volta, osserva il Bultmann, il nostro autore si prende la briga di distinguere tra avvenimenti propriamente umani e fenomeni naturali.[20]

Ma il Cullmann non afferma forse che Dio si rivela nella storia (in der Geschichte)? Questo ci lascia nella completa oscurità, insiste il Bultmann. E' rivelazione che è realizzazione immanente (innerhalb) alla storia stessa? Oppure è rivelazione che si manifesta e si da a noi nella storia (in der)?

E' vero, il Cullman parla di rivelazione « in der Geschichte ».[21] Ma il dubbio rimane, osserva il teologo di Marburg: non ci dice che cosa intenda per rivelazione! [22]

Ma la descrizione della storia della salvezza come « rivelazione profetica della storia » non sottolinea forse la non coincidenza della storia della salvezza colla storia profana? [23]

Certo, risponde Rudolf Bultmann. La storia della salvezza sarebbe ridotta ad essere « significato profetico » della storia profana (prophetische Deutung). Ma allora non inchiuderebbe più temporalità, non importerebbe più avvenimenti propri, sarebbe una rinuncia al « Geschehen »? Non sarebbe questo un rinnegare la temporalità della salvezza, il cuore stesso della teologia cullmanniana?

Il Bultmann rifiuta di inoltrarsi ulteriormente in queste « oscurità e contraddizioni ». Ed esclama sfiduciato: non mi ci raccapezzo più! (Ich finde mich nicht durch!).[24]

Il conflitto che siamo andati descrivendo in queste pagine, si situa sul piano della concezione della storia. Ma, se ne cerchiamo la radice, arriviamo alla scoperta di un dissidio, se possibile, ancora più profondo. Si tratta della concezione della funzione stessa del Cristo nella storia.

---

[20] *Heilsgeschichte*, 662.
[21] *ChZ*, 19.
[22] *Heilsgeschichte*, 662.
[23] *ChZ*, 84 s.
[24] *Heilsgeschichte*, 662.

Per Oscar Cullman, Cristo non solo salva ma anche, appunto perchè la salva, spiega la storia, tutta la storia anche profana.[25]

Per questo il Cristo è il centro (Mitte) della storia.

Per il Bultmann invece, il Cristo non salva la storia, la condanna. Non la spiega, la distrugge. Cristo è la fine (Ende) della storia.[26]

3. *Cristo non è il centro della Storia.*

Rudolf Bultmann osserva che la teologia cullmanniana si può riassumere nell'affermazione della centralità di Cristo. Cristo è il centro della storia: la salva e la spiega. E' in lui solo che essa può essere compresa.[27]

E giustamente, vede nella morte e nella risurrezione l'avvenimento in cui Oscar Cullmann fonda questa centralità. La morte gloriosa è l'avvenimento temporale che da un senso (sinngebender Mittelpunkt) all'intero sviluppo temporale.[28]

Però il Bultmann respinge decisamente questa concezione (ib.). Nega ogni valore all'argomentazione su cui il Cullmann cerca di fondarla. Non si perde in una confutazione particolareggiata. Semplicemente dice che non gli risulta che il Nuovo Testamento contenga in qualche sua pagina elementi per una simile concezione. Anzi, è chiaro ai suoi occhi che il Nuovo Testamento ci impone la concezione opposta: l'avvenimento di Cristo come fine (Ende) della storia. Non solo infatti non troviamo in esso traccia di un divenire storico che continua (fortlaufendes Geschehen) dopo Cristo, ma la sua apparizione avviene « quando i tempi furono compiuti » (*Gal.* 4,4). E questo significa, come espliciterà Giovanni, che colla sua venuta sono il giudizio e la parusia che si verificano.[29]

Cristo segna quindi la fine di ogni storia, sia sacra che profana, perchè la sua è venuta escatologica. Cioè, è una

---

[25] Vedi sopra, p. 136 s.
[26] *GV* II, p. 170-171. Cf. Körner, 105 s. Marlé, *Bultmann et l'Ancien Testament*: *NRTh* 78 (1956), 475 s.
[27] *Heilsgeschichte*, 659.
[28] *Art. cit.*, 665.
[29] *Theologie des N.T.*, 37 44 270 s 325 383 s.

venuta che pone fine al vecchio aiôn, caratterizzato da una temporalità-durata.[30]

Dopo di lui non c'è più storia sacra, nel senso che, dopo di lui, la salvezza non sarà legata, come pretende il Cullmann, a una successione temporale. Se nel Vecchio Testamento si poteva parlare di una storia sacra, nel senso che c'era un qualche valore salvifico, innestato nella vicenda temporale di un popolo eletto, questa colla venuta di Cristo è interrotta. Non nel senso che nel Cristo la storia di salvezza abbia raggiunto il suo scopo (Ziel) ma solo nel senso che con lui ha raggiunto il suo punto finale dopo il quale cessa (Ende).[31]

Cristo quindi, è la cessazione della storia sacro-temporale veterotestamentaria precisamente perchè è irruzione escatologica: Dio mi interpella in lui perchè io mi decida per la nuova vita.

Tanto meno poi, aggiunge il Bultmann, possiamo considerare col Cullman, il Cristo come centro e scopo della storia profana.

Il Cristo non è venuto a distinguere una storia sacra da una storia profana. E' venuto semplicemente ad abolirle entrambe.[32] La croce, l'unico evento storico che ha carattere salvifico, segna precisamente la fine anche della storia profana. Infatti è attraverso la croce, ripete il Bultmann, che Dio ci interpella e ci invita a decidere per un'esistenza radicalmente nuova che trascende ogni esistere profano, quindi ogni storia profana. La decisione di fede che ci introduce in tale novità di vita e di storia ha infatti come primo atteggiamento interiore nel rinunciare al mondo e alla sua vita e vicenda (Entweltlichung) per impegnarci così in una esistenza escatologica (eschatologisch existieren).[33]

In questo senso, la croce non viene a spiegare il mondo e la sua storia, la storia profana. Non viene a darle un senso. E' anzi un appello a fuggirla, a negarla. Rudolf Bultmann dirà che Cristo non salva ma condanna la storia.[34]

---

[30] *Heilsgeschichte*, 665.
[31] *GV* II, p. 170 s.
[32] Körner, 120 s.
[33] *Theologie des N.T.*, 424 s. 274 s 325 s.
[34] Körner, 99 s.

Vediamo così che questo contrasto sbocca in un'altra antinomia non meno decisa: sono due escatologie che si affrontano.

Infatti, il motivo profondo che il Bultmann ci da di Cristo come fine (Ende) della storia è che egli è già venuto, ci ha già giudicati.[35]

4. *L'escatologia come attualità della salvezza.*

Johannes Körner sostiene che il valore centrale del cristianesimo per Rudolf Bultmann è l'escatologia.[36] Protesta contro chi vuole ridurre la teologia bultmanniana ad una ermeneutica smitizzatrice: l'interpretazione esistenziale è invece in funzione dell'escatologia. E' infatti l'interpretazione esistenziale che offre alla lettura bultmanniana della Scrittura le strutture formali necessarie per mettere in valore l'esistere cristiano come esistere escatologico che si attua nella decisione di fede.[37] Non tocca a noi giudicare della giustezza di queste affermazioni del Körner.[38] Le abbiamo riportate perché ci sembrano portare una spiegazione, almeno parziale, alla costatazione che facciamo, studiando la critica del teologo di Marburg alla soluzione cullmanniana del problema del mito e alla sua teologia della savezza. La radice del contrasto ci sembra essere appunto l'opposta concezione dell'escatologia. Ce ne convinceremo se ricorderemo la linea di sviluppo della critica bultmanniana che siamo andati finora esaminando. Rudolf Bultmann rimprovera a Oscar Cullmann di profanare la storia sacra: ammettendo la temporalità (Verlaufzeit) della salvezza, inserisce l'Azione divina (Tat Gottes) nella successione degli avvenimenti umani.

Il motivo di questa opposizione? Il Cullmann ritiene che il Cristo è il centro della storia. Il Bultmann afferma invece che ne è la fine. Ebbene, se ora ci chiediamo il senso pro-

---

[35] *Heilsgeschichte*, 665. *Das Evangelium des Johannes*, p. 185 s 193 s 209 s 330 s; *Theologie des N.T.*, p. 384-386 76 211 s.

[36] KÖRNER, 13 s. Però distingue opportunamente l'escatologismo bultmanniano da quello della scuola escatologica. Il primo considera l'esistere attuale cristiano come escatologico mentre la seconda si limita a una conclusione storica: il cristianesimo primitivo era essenzialmente attesa del ritorno imminente del Cristo.

[37] J. KÖRNER, *Endgeschichtliche Parusierwartung und Heilsgegenwart im N.T.*: *Evangelische Theologie* 14 (1954), 177 s.

[38] In fondo, l'intera sua opera «*Eschatologie und Geschichte*» vuole essere una conferma di questa sua tesi.

fondo del Cristo come fine della storia, arriviamo alla concezione bultmanniana dell'escatologia come « presenza attuale della salvezza ». Il Cullmann invece la concepisce come « avvenimento salvifico definitivo posto alla fine della linea temporale della salvezza ».

In che cosa consiste l'errore dell'escatologia cullmanniana, secondo il Bultmann? Sta precisamente nell'aver ridotto l'avvenimento escatologico a un dramma finale, cosmico, temporale (endheilsgeschichtliche Eschatologie). L'ha così separata dalla giustificazione attuale del credente.[39] Il Cullmann rimane ancorato all'escatologia mitica di cui il semplice fatto del ritardo della Parusia ha dimostrato la caducità.[40]

La salvezza è allora da lui considerata come fatto del futuro: La Parusia. O anche del Passato: la morte di Cristo è infatti conquista della salvezza per noi. Sia la Parusia che la Morte sono avvenimenti cronologici.

Quindi, in definitiva, la salvezza per Oscar Cullmann è passato, futuro ma non presente.

Mentre il Cullmann finisce così per sopprimere il presente, il Bultmann vede la salvezza come presente e solo come presente. La storia di salvezza è un evento puntuale che si attua nel « jetzt » della decisione attuale di fede.[41]

Il Bultmann definisce l'esistere cristiano come esistere escatologico proprio nel senso che, nell'atto di decisione di fede, il cristiano assume già, di fronte a Dio e al mondo, il suo autentico atteggiamento. Dio lo interpella in Cristo. Egli accetta la Parola. Si libera con ciò stesso dal mondo (Entweltlichung). « Questo mondo » che è il segno del peccato e della morte costruito dall'uomo ribelle ma che è anche la sfera del visibile, dell'essere-là (die Sphäre des Vorhandenen), del disponibile (des Verfügbaren) e perciò anche del caduco (des Vergänglichen). Allora il Cristo vive nel credente. L'esistere escatologico è proprio questo esistere come « nuova creatura » (*2 Cor.* 5,17) di chi si è liberato dal mondo.

---

[39] *Heilsgeschichte*, 665. Critica ripresa anche dal Körner, 133.
[40] *GV* I, p. 143.
[41] In questo senso Ott dirà che la teologia bultmanniana è centrata attorno alla categoria di « attualizzazione » (Vergegenwärtigung): Ott, p. 154-157. Il Körner definirà poi quella del Bultmann come « präsentische Eschatologie »: Körner, p. 86 s.

Comprendiamo allora il senso bultmanniano dell'esistere cristiano come esistere escatologico, nella fede: la fede significa ormai esistere escatologicamente, esistere liberato dal mondo, essere passato dalla morte alla vita (*1 Cor.* 7,39-31; *Io.* 5,24; *1 Io.* 4,13).[42]

Il Bultmann perciò elimina decisamente ogni attesa della salvezza futura. La salvezza, l'eschaton, è presente.

Cullmann gli rimprovera di distruggere l'escatologia perché, negandola come futuro temporale, la riduce a un dato metafisico?[43]

Il Bultmann risponderà che tale concezione storico-salvifica poggia su basi neotestamentarie contestabili perché unilaterali e parziali.

Questa sua risposta sarà così ad un tempo difesa della sua escatologia e critica della escatologia cullmanniana.

Questa escatologia temporale (futurische) può rifarsi alla concezione temporale dei sinottici e di certe pagine di Paolo che spirano ancora l'atmosfera dell'apocalittica giudaica, concede il teologo di Marburg.[44]

Ma il panorama escatologico di Giovanni è ben diverso: il regno è già arrivato, Dio abita in noi, la salvezza è presente.[45] L'idea di storia è presente e importante negli scritti giovannei. Ma non si può ridurla agli schemi temporali. Il suo significato essenziale è la presenza di Cristo al credente.[46]

Del resto, incalza il Bultmann, gli stessi sinottici affermano la salvezza come presente: « il regno di Dio è tra voi » (*Mt.* 12,28; 11,14; 28,20; *Lc.* 17,20). E non si tratta di una presenza di nuda fede. E' già salvezza: i peccati sono rimessi, le malattie guarite.[47]

E l'invito alla penitenza che accompagna la proclamazione del regno non è forse un'affermazione della necessità dell'Entweltlichung?[48]

Nel Nuovo Testamento quindi troviamo, secondo Rudolf Bultmann, una doppia presentazione dell'escatologia.

---

[42] *KM* I, p. 27-40; *Theologie des N.T.*, 421 s.
[43] *ChZ*, 79-80.
[44] *Heilsgeschichte*, 665. Cf. *Theologie des N.T.*, 2-10 37 270-275.
[45] *Heilsgeschichte*, 665. Cf. *Theologie des N.T.*, 421-439.
[46] *Theologie des N.T.*, 354 s.
[47] *Op. cit.*, 2-9.
[48] *Op. cit.*, 9 20-21.

Una di origine apocalittico-giudaica: l'escatologia come avvenimento temporale della fine.

L'altra, originale, tipicamente cristiana: l'escatologia come incontro e decisione attuale per Cristo. Salvezza attuale.

Oscar Cullmann tenta di armonizzare queste due presentazioni. Il tentativo fallisce: finisce per subordinare la presentazione cristiana alla giudaica.

La « tensione », soluzione cullmanniana di questo problema, realizza questa subordinazione. Infatti è tensione, proprio perché inquadra in uno schema temporale giudaico un elemento profondamente trascendente il tempo come il dialogo Dio-uomo.

Tra l'altro, è una tensione illusoria, nota J. Körner: i due elementi non sono nello stesso ordine. Il dialogo Dio-uomo si svolge adesso su un piano esistenziale. Come può allora subire le sollecitazioni e le influenze di un avvenimento che si svolgerà in un futuro indeterminato sul piano di una temporalità volgare puramente estrinseca?[49]

Ma ancora: il Cullmann giustamente ripete che la mancata parusia non ha turbato la fede della comunità primitiva: la data (Wann) della Parusia, spiega il teologo alsaziano, è andata sempre più perdendo di importanza nel NT.[50]

Non s'accorge di sottoscrivere così a un argomento che mina irrimediabilmente la sua tesi sulla temporalità dell'escatologia?

Se infatti la cristianità primitiva fosse stata orientata verso una Parusia concepita anzitutto come fine temporale futura, il ritorno mancato di Cristo avrebbe suscitato un problema insolubile.[51]

Quali sono nella logica bulmanniana le conseguenze erronee dell'escatologia cullmanniana?

— Anzitutto, la centralità di Cristo.

— Trascura poi il carattere del Messaggio come presenza attuale della salvezza. Il Cullmann ammette, colla sua teologia della « tensione », una certa presenza della salvezza. Ma non è autentica attualizzazione. Infatti per lui la salvezza

---

[49] KORNER, 95-97. J. KÖRNER, *Endgeschichtliche Parusierwartung und Heilsgegenwart im N.T.*: *Evangelische Theologie* 14 (1954), 187.
[50] *Heilsgeschichte*, 665 s.
[51] *Art. cit.*, 666.

è anzitutto avvenimento temporale. E questa salvezza temporale sarà decisiva solo alla Fine. Perciò non ha senso, in contesto cullmanniano, parlare di una salvezza già presente. E' come parlare di un futuro temporale già presente. E' contraddittorio.

— Trascura il problema della temporalità dell'essere escatologico. Per questo, nota il Bultmann, ha creduto di potermi attribuire la volontà di eliminare l'aspetto temporale del Messaggio.[52]

Rudolf Bultmann ci spiega ampiamente in che consista tale problema:

L'esistere temporale è un esistere, affrontando sempre nuove decisioni, attraverso continui incontri (Begegnungen) cogli uomini, colle cose, cogli eventi. Ma come può accadere questo per chi ha già emesso la decisione definitiva di fede? Come può esserci un destino di morte e di sofferenza per chi è già morto e risorto col Cristo? Come può essere oggetto di tentazione da parte del mondo, della carne colui che nella decisione di fede si è già liberato « smondanizzato » (Entweltlicht)? Come può essere sottomesso a un imperativo etico colui per il quale la legge è già finita? Come mai il cristiano, il consacrato, si trova ancora di fronte la profanità?

Insomma, l'esistere cristiano, appunto perché esistere escatologico, si situa al di là della storia cronologica e del mondo. Eppure, costatazione drammatica, il mondo e la storia che per lui non hanno più senso, non esistono più, rimangono l'atmosfera in cui è immerso, in cui respira e che può arrivare, mediante la suggestione della tentazione, a rimettere in questione la stessa definitività della decisione di fede.[53]

Oscar Cullmann, nota il Bultmann, non si è reso conto dei veri termini di questo problema. Per questo ha potuto scrivere, continua sempre il teologo di Marburg, che la teologia esistenziale elimina il tempo e la storia.

Se avesse capito questo problema, avrebbe visto come, accanto alla temporalità propria dell'esistenza cristiana, che trascende ogni successione cronologica, sussiste nella teologia esistenziale, una storia cronologica esterna alla storia del Dasein. Tale storia è tanto reale che mette in questione

---

[52] *Art. cit.*, 667.
[53] *Art. cit.*, 666.

la permanenza del Dasein stesso nella storia di salvezza. Pone cioè, il difficile problema della temporalità dell'essere escatologico.

L'insensibilità del Cullmann davanti a questo problema costituisce, a parere di Rudolf Bultmann, la lacuna più dolorosa (der schmerzlichste Mangel) della sua costruzione teologica.[54]

Ma noi ci chiederemo se è proprio vero che il Cullmann non si pone questo problema.

II. RUDOLF BULTMANN « RISPONDE »

Negli scritti di Rudolf Bultmann non c'è traccia di una risposta diretta alle obbiezioni di Oscar Cullmann. Però, in una recensione dello studio di René Marlé, il Bultmann precisa il suo pensiero davanti ad alcuni rilievi formulati dal gesuita francese.[55]

Due di questi coincidono con due importanti critiche cullmanniane.

Ci pare allora utile fermare la nostra attenzione sulla reazione del teologo di Marburg su questi due punti. Se non altro, acquisteremo una maggior conoscenza del pensiero bultmanniano.

1. Storicità dell'esistere cristiano come astrazione?

La concezione di Rudolf Bultmann dell'autentica storia (Geschichte) come decisione puntuale (Jetzt) minaccia di renderla avulsa ed estranea al tempo concreto che è successione continua (Verlaufzeit).[56]

Conseguentemente:

— l'esistenza umana, nel suo svilupparsi, ignora ogni forma di continuità. La sua storia è una serie di decisioni separate;

— l'esistenza escatologica, che si attua appunto mediante tale decisione, si riduce ad un'astrazione.[57]

---

[54] *Art. cit.*, 667.
[55] *In eigener Sache*: ThLZ 82 (1957), 241-250.
[56] Vedi sopra, p. 232 s. Cf. anche MARLÉ, 99 s; OTT, 155 188 s.
[57] Abbiamo formulato la critica secondo i termini stessi con cui il Bultmann la presenta: *In eigener Sache*, 244.

17 — L. BINI, S. J.

Il Bultmann comincia col precisare che, tra il tempo concreto che è successione continua (Zeitverlauf) e la decisione di fede (geschichtliche Entscheidung), non c'è opposizione (Gegensatz) ma solo distinzione (Unterscheidung). Inoltre, l'adesso della decisione (das geschichtliche Jetzt), è sempre un adesso inserito nel tempo durata (innerzeitliches Jetzt). E questo in due sensi complementari:

— E' un adesso che importa responsabilità concreta verso il passato e il futuro. La decisione per un'autentica esistenza cristiana è, sempre e soltanto, reale come concreta decisione di fronte al passato e al futuro. E' infatti scelta critica (kritische Auswahl) tra le possibilità offerte dal futuro. E verso il passato, tale senso di responsabilità può formularsi in questo interrogativo: come posso assumere ed amministrare la sua eredità?[58]

— Inoltre è un adesso temporale (zeitliches Jetzt), soggiunge il Bultmann, nel senso che l'atto di fede è l'atto di un uomo concreto. E spiega:

« La parola del Messaggio non mi tocca solo in una determinata situazione concreta, ma ha anche il suo senso nel fatto che essa vale per tutte le mie situazioni concrete (colle loro rispettive responsabilità); allora io devo comprenderle alla luce della parola che mi è rivolta ».[59]

2. *L'efàpax smitizzato.*

Abbiamo visto come parecchi rimproverano al Bultmann di aver distrutto l'efàpax biblico.[60] Ignora il valore unico e definitivo dell'azione salvifica di Cristo.

Rudolf Bultmann nota che, chi gli rivolge questa critica, mostra di non capire la « relazione paradossale » che egli pone tra storia ed escatologia.

In che cosa consiste questa relazione paradossale?

Gesù non era un « theios anèr ». La sua persona e la sua opera non lasciavano trasparire riflessi di una trascendenza. Le sue azioni non erano fatti miracolosi. Le sue pa-

---

[58] *Art. cit.*, 244 s.
[59] « Das Wort der Verkündigung trifft mich nicht nur je in einer bestimmten konkreten Situation, sondern hat auch seinen Sinn darin, dass es für alle meine konkreten Situationen (mit ihrer Verantwortung) gilt; denn ich habe diese im Lichte des mir zugesprochenen Wortes zu verstehen »: *In eigener Sache*, 245.
[60] Vedi sopra, p. 231 s; Marlé, 157; E. Brunner, *Die christliche Lehre von Schöpfung und Erlösung: Dogmatik*, II Zürich 1950, p. 314.

role trasmettevano il Messaggio in termini semplici e comuni.[61]

Per questo l'azione divina escatologica di cui egli era l'intermediario sfugge completamente all'osservazione dello storico e all'analisi del filosofo. Non è databile, controllabile. Non è oggettivabile. Tale azione divina continua oggi, nella scrittura e nella predicazione della Chiesa. Ma continua, avvolta dalla medesima opacità, impenetrabile a ogni speculazione e indagine. Questo atto salvifico ci si rivela nell'incontro esistenziale della decisione di fede. Questo avviene nel momento stesso in cui, accettando la Parola, siamo immessi nella nuova vita escatologica.

Il paradosso è qui: l'azione escatologica che ci salva, si realizza attraverso la vicenda di Gesù, la predicazione della Chiesa, la lettura della Scrittura. Tutti intermediari opachi agli occhi del mondo (storia, filosofia, scienza incredula).

Non offrono nessuna traccia di una prova che essi sono veramente intermediari della salvezza trascendente.

E' il paradosso sintetizzato nella confessione: il Verbo si è fatto carne.

E' scandalo: questo uomo Gesù, questa predicazione pretende di portare la Parola di Dio. E' precisamente lo scandalo che è alla radice della fede. Solo essa può sormontarlo, accettando l'azione divina. La fede è fede proprio perché, accettando questo « scandalo », nega e supera ogni valore umano. Per questo smitizzare è esigenza di fede autentica.[62]

Infatti il mito rende oggettivabile il trascendente: crede che la sua luce trapeli nella vicenda opaca di Gesù e della Chiesa. Mito è negazione di fede. Questa teologia del paradosso è agli occhi del Bultmann, il risultato finale della sua ricerca esistenziale e il motivo profondo dell'opposizione del vero teologo ad ogni mitologia.[63]

E' in questa logica, che il Bultmann affermerà di non negare l'efàpax biblico. Ne ritrova il senso autentico.[64]

---

[61] *Theologie des N.T.*, 386 s.
[62] *KM* II, p. 197-207.
[63] *In eigener Sache*, 248.
[64] Il Marlé, pur conoscendo la teologia del paradosso e la sua portata nel pensiero bultmanniano (p. 173 s), ha respinto la validità dell'efàpax bultmanniano.

La morte di croce ad es., come fatto storico, è avvenuta una volta sola in un momento databile dal passato. Ma, agli occhi della fede e *della sola fede*, è avvenimento escatologico. E, come tale, è sempre presente e attuale e si realizza ovunque l'annuncio della Parola è accolto nella fede o respinto nell'incredulità.[65]

Il Cullmann non prende in considerazione la teologia del paradosso. Perciò è ben lontano dall'accettare l'efàpax bultmanniano, così smitizzato. E' una conferma dell'abisso che separa i nostri due teologi. Il Bultmann vedrà nell'efàpax cullmanniano un efàpax mitico. Infatti l'efàpax cullmanniano lega indissolubilmente al tempo-durata l'avvenimento escatologico di salvezza che è trascendente. Questo significa mitizzarlo: lo rende infatti dipendente dal tempo, databile, oggettivabile.

---

[65] *KM* I, p. 42 45 48; *KM* II, p. 204-208.

CAPITOLO TERZO

LA « RISPOSTA » DI OSCAR CULLMANN

Prima di formulare un giudizio sull'interessante « dialogo » che stiamo esaminando, ci pare necessario ricercare, nell'opera di Oscar Cullmann, gli elementi per una « risposta » alle critiche rivoltegli da Rudolf Bultmann. Il Cullmann non ci ha dato una risposta vera e propria, ai rilievi del teologo di Marburg. Saremo noi che tenteremo di mettere in risalto la « risposta » che ci sembra emanare dall'intera teologia della storia della salvezza.

I. Legittimità del problema del mito nella teologia della storia della salvezza

Negare a un teologo la possibilità e il diritto di porsi un dato problema, significa proclamare che impostazioni e soluzioni, da lui escogitate, saranno semplicemente ignorate. E' a questa, almeno parziale, « morte teologica » che Rudolf Bultmann condanna Oscar Cullmann.[1]

I capi d'accusa? Nel contesto cullmanniano, quello del mito è uno pseudo-problema; la teologia cullmanniana non è vera teologia.

1. *Il problema del mito è un vero problema nel contesto storico-salvifico.*

La nozione di mito di Oscar Cullmann, definita in rapporto al concetto di « Historie », non coincide con quella, fornitaci dal Bultmann, che trova il suo significato meno impreciso nel concetto di « oggettivazione del trascendente ».[2]

---

[1] Vedi sopra, p. 242 s.
[2] Vedi sopra, p. 187 s; 226 s.

Ma questo non vuol dire che il problema del mito si riduca nel pensiero di Cullmann a un semplice interrogativo retorico. Prende in considerazione un vero interrogativo, suscitato dalla concezione moderna della storia : come possiamo concepire l'inserzione nella linea temporale della salvezza, di avvenimenti che sfuggono ad ogni controllo della scienza storica (Historie)? E' vero, in partenza, il Cullmann non contrappone il mito alla storia di salvezza (Heilsgeschichte). Anzi, lo dichiara parte integrante di essa. Però come spiegare la coesistenza nell'ambito di una identica continua e unitaria « Geschichte » di avvenimenti non « historisch » (mitici) e « historisch »? E' questo che egli si domanda. Il Bultmann sembra non essersi accorto di questo confronto tra « Heilsgeschichte » e « Historie », presente alla radice della riflessione cullmanniana.

E' vero, il teologo alsaziano più che smitizzare, scopre una smitizzazione già operata dalla comunità primitiva.[3] Questo significa solo che egli ritiene di trovare anche di questo problema, la soluzione nella Scrittura. Questo non dimostra l'inesistenza del problema in questione. Dovrebbe forse il teologo ritenere veri e autentici problemi solo quelli che non hanno una soluzione nella Scrittura?

Eppoi il Cullmann stesso afferma l'esistenza nelle pagine del Nuovo Testamento di un mito non smitizzato cioè non ancora « storicizzato ».[4] Non sviluppa con suficiente chiarezza ed ampiezza questa sua costatazione. E' una lacuna. Ma questa ammissione non è almeno la conferma della realtà del problema del mito nel contesto storico-salvifico, anche se formulato e impostato su un piano diverso da quello su cui discorre Rudolf Bultmann?

2. *La teologia di Oscar Cullmann è valida?*

Oscar Cullmann non avrebbe il diritto di porsi il problema del mito. Tanto meno poi, può pretendere di risolverlo. La soluzione che di fatto presenta, osserva il Bultmann, è inaccettabile perché non è una soluzione autenticamente teologica. La teologia della storia della salvezza è una

---

[3] Vedi sopra, p. 194 s.
[4] Vedi sopra, p. 240 s.

costruzione, troppo complessa e povera insieme, per essere autentica teologia.[5]

Questa critica è formulata nell'ambito di una concezione esistenziale della teologia.[6] Il Cullmann è ben lontano dall'accettare una simile nozione di teologia. Egli non considera la teologia come esplicitazione dell'esperienza personale di fede. Abbiamo già visto come per lui la fede è anzitutto luce che guida la ricerca esegetica e la riflessione sistematica.[7] E' anche l'oggetto ultimo di tale ricerca e riflessione. La teologia è intelligenza e sviluppo della fede. Certo. Ma non della fede considerata come atto, come adesione personale al Messaggio.

La fede, oggetto della teologia, è il contenuto della Parola di Dio, qual'è codificato nella Scrittura.

E' vero, è una Parola rivolta a me. Mi interpella personalmente. Il Cullmann teologo però, non la studia a partire dall'adesione e dalla trasformazione che il suo appello suscita in me. La studia in se stessa, nel suo contenuto.[8]

La teologia cullmanniana ci presenta una concezione complessa del Messaggio di fede? Se anche fosse così, questo non basterebbe a dimostrare la non validità della sua riflessione teologica. La teologia per Cullmann, abbiamo detto, è intelligenza del contenuto del Messaggio, come dato oggettivo conservato nella Scrittura. E' per il Bultmann invece, che è esplicitazione della nuova autocoscienza, legata alla accessione al nuovo esistere cristiano. Quindi, caso mai, quello della complessità è un capo d'accusa efficace contro una teologia edificata secondo i canoni bultmanniani e soltanto contro quella.

A parte questo, la teologia della storia di salvezza pecca di artificiosità e di complessità?

E' un giudizio difficile da emettere. Certe osservazioni di Karl Barth non ci inviterebbero forse a ritorcere questa accusa contro il Bultmann stesso?[9]

---

[5] Vedi sopra, p. 243 s.
[6] Vedi sopra, p. 243.
[7] Vedi sopra, p. 88 s.
[8] *Les problèmes posés par la mèthode éxégétique de Karl Barth*: RHPhR 8 (1928), 73, n. 1.
[9] *Ein Versuch*, 3 e passim. Il titolo stesso del saggio del Barth la dice lunga in questo senso: *Rudolf Bultmann. Ein V e r s u c h, ihn zu verstehen.*

Oscar Cullmann veramente, afferma che l'oggetto di fede cui aderiva il credente della comunità primitiva era estremamente semplice: Gesù è il Kyrios.

E insiste nel sottolineare come l'esperienza concreta di fede è anzitutto adesione al Cristo. Ed è in questa adesione a Lui, centro della storia della salvezza, che il credente accetta l'intera linea di salvezza in cui si inserisce.

Ed è ancora in questa adesione fondamentale che va acquistando progressivamente la « comprensione profetica » del senso della linea della salvezza e delle sue varie tappe.[10] Il teologo alsaziano è ben lontano dal ritenere, come gli attribuisce a torto il Bultmann, che l'adesione di fede supponga nel credente, un'esperienza cosciente ed esplicita delle articolazioni e delle strutture della storia della salvezza, quali ci sono descritte in « *Christus und die Zeit* ».[11]

Conchiudiamo ora questa prima tappa della nostra ricerca di una « risposta » a Bultmann. Pensiamo che il Cullmann potrebbe ragionevolmente sostenere, di fronte all'obbiezione bultmanniana, sia la legittimità del suo confronto col problema del mito sia la validità della sua teologia. Abbiamo cercato di mostrarlo.

Crediamo che se il Bultmann avesse tenuto presente l'impostazione specifica data dal Cullmann al problema del mito, come confronto coll'Historie, e la sua concezione della teologia, come riflessione sul contenuto oggettivo del Messaggio, avrebbe potuto concedere tale legittimità. Non si sarebbe giunti a un vero dialogo: sono su piani ben diversi. Ma almeno il Bultmann avrebbe riconosciuto al Cullmann il diritto di pensare al mito.

II. Oscar Cullmann profana la nozione di storia della salvezza?

Se questo rilievo bultmanniano è fondato, la teologia del Cullmann si rivelerebbe una semplice filosofia cristiana della storia. E il teologo della storia della salvezza ne avrebbe in realtà liquidato ogni contenuto salvifico.[12]

---

[10] Vedi sopra, p. 133 s.
[11] Vedi sopra, p. 244 s.
[12] Vedi sopra, p. 246 s.

A noi sembra di poter trarre da un'analisi, attenta e coerente, del pensiero cullmanniano questa duplice « risposta » a tale critica:

— Il Cullmann non « profana » la nozione di storia della salvezza

— caso mai, tende a « sacralizzare » la storia profana, in modo tale da esporla ad essere assorbita nella storia di salvezza.

1. *Oscar Cullmann non « profana » la nozione di storia della salvezza.*

La linea di difesa del Cullmann contro questa accusa la possiamo caratterizzare in questi termini: Rudolf Bultmann non vede esattamente dove il Nuovo Testamento fa cadere la differenza tra storia sacra e profana.[13]

Suppone che la « profanità » consista nella successione temporale. Ritiene che affermare che l'Azione di Dio si iscriva nella vicenda temporale significa oggettivarla, renderla dipendente dal tempo e immanente, « mitizzarla ».

Il Cullmann è invece persuaso di aver dimostrato, alla luce della Regola di fede, come il Nuovo Testamento ci presenti l'Azione di Dio come inserita in una temporalità che è durata e successione (Verlaufzeit).

Quindi la profanità non sta in tale temporalità. La storia della salvezza è costituita da avvenimenti temporali come quelli che formano la storia profana. Ma hanno per protagonista Dio in Cristo: perciò sono trascendenti ed immanenti insieme. Hanno per effetto la salvezza dell'umanità.

L'avvenimento profano invece, ha per autore l'uomo ed è inetto a salvarlo.

E precisamente in questo sta la sua profanità: suo protagonista è l'uomo e la sua efficacia umana, limitata.

Il Cullmann allora non profana la storia sacra. L'avvenimento salvifico trascende il profano nel suo contenuto e nella sua portata. Rimane « Tat Gottes ». Suo protagonista unico è Dio. E il tempo (Verlaufzeit) in cui si inserisce non è che « strumento » (Mittel) di cui Dio si serve per realizzare

---

[13] *Le Mythe*, 130, *La nécessité et la fonction de l'éxégèse philologique et historique de la Bible*: *VbC* 3 (1949), 6 8-9. Vedi sopra, p. 234 s.

la salvezza, ribadiva quasi a scongiurare lo spettro dell'oggettivazione.[14]

L'intenzione della teologia cullmanniana è in fondo, di salvare, da una parte la realtà dell'Incarnazione e dall'altra la trascendenza dell'azione salvifica di Dio.[15]

Queste riflessioni ci mettono ulteriormente in guardia da una concezione semplicistica della linea di salvezza quasi fosse una linea temporale parallela alla linea temporale profana. Il grafico cullmanniano (su cui troviamo isolati gli avvenimenti sacri) è una rappresentazione astratta. Nella realtà gli avvenimenti temporali, sacri e profani, si intrecciano, si incontrano, sono contemporanei ecc...

Beninteso, è una rappresentazione utile: il Cullmann costruisce anzitutto una teologia degli avvenimenti della salvezza. E il grafico rappresenta quelli.

Ma questo non deve portarci ad immaginare che egli concepisca due realtà temporali opposte, in quanto temporali: una temporalità sacra e una profana. La temporalità sacra è successione continua come è successione continua (Verlaufzeit) la temporalità profana.

2. Sacralizzazione della storia profana?

Oscar Cullmann vede nella storia profana del presente un intermezzo provvisorio. Infatti, spiega:

« Abbiamo visto come all'inizio, tutti gli avvenimenti della storia della salvezza si confondono colla storia profana. E' ugualmente evidente che, secondo la fede cristiana, la storia della salvezza si confonderà di nuovo, alla fine colla storia profana perché è proprio questo il senso della 'realizzazione': bisogna che 'tutto Israele', i pagani come il popolo di Israele che fu un tempo eletto, 'entri' (*Fom.* 11,25 s) e che un nuovo cielo e una nuova terra siano creati ».[16]

---

[14] *ChZ*, 42-44 e tutto il cap. IV « Gottesherrschaft über die Zeit » p. 59-69.
[15] Una riprova eloquente l'abbiamo nella stessa definizione cullmanniana dell'intima natura della storia della salvezza come « die Beziehung Gottes zu den Menschen » (*ChZ*, p. 19). Il Bultmann conosce questa definizione (*Heilsgeschichte*, c. 662). Ma non le assegna l'importanza che merita: nella stessa colonna, ci da una sua definizione della storia di salvezza cullmanniana come semplice « Folge von Ereignissen in der Zeit ».
[16] « Dass am Anfang alles Heilsgeschehen zugleich Weltgeschehen ist, haben wir gesehen. Es ist auch ohne weiteres klar, wie nach christlichen

Ma non si tratta soltanto di « provvisorietà » rispetto alla Fine. Abbiamo visto come nella teologia cullmanniana non esiste, nell'economia attuale, una realtà che sia totalmente e solamente profana. Il mondo: uomini, istituzioni, cose... è già salvato, è già regno di Cristo.[17] Quindi anche l'intera storia profana (Weltgeschichte) è già salvata, è già sotto l'influsso sovrano di Cristo. Che cos'è infatti la storia profana se non l'intreccio degli avvenimenti di cui gli uomini sono protagonisti? E l'attività porta impresse le caratteristiche di chi ne è autore.[18] Se l'uomo è salvato, lo è anche l'istituzione che egli costruisce. Tale provvisorietà della profanità della storia si accentua ulteriormente, nella logica del teologo della storia della salvezza, se consideriamo il criterio del giudizio di valore, portato dal cristiano sulla storia profana.

L'opzione cristiana davanti ai valori del mondo, come ce la descriveva il Cullmann, ci pareva un atteggiamento troppo ambiguo: il credente accetta il mondo, solo nella misura in cui egli sa che è voluto da Dio, come quadro della storia della salvezza, e, nella misura in cui sa che esso passerà, vi rinuncia.[19]

In altre parole, la nostra opzione « per o contro » la realtà profana non è determinata da un valore « suo », profano. Ma unicamente da qualcosa di non « suo », di non « profano »: il volere di Dio che ne fa un elemento nel quadro della storia della salvezza (der gottgewollte Rahmen der heilsgeschichtlichen Gegenwart).[20] E Dio vuole la « Weltgeschichte » come quadro della storia della salvezza precisamente perché è già « regnum Christi ». Per formulare un giudizio critico serio su questa posizione del Cullmann, il

---

Glauben am Ende die Heilsgeschichte wieder zur Weltgeschichte wird, denn es ist ja der Sinn der Vollendung, dass 'ganz Israel' eingehe, die Heiden und das ehemals erwählte Volk Israel (*Röm.* 11,25 ff.), und dass ein neuer Himmel und eine neue Erde erschaffen werden »: *ChZ*, p. 167 s. Questo carattere di « provvisorietà » della storia profana è accentuato, in modo molto vicino a quello di Oscar Cullmann, anche da KARL LÖWITH, in: *Weltgeschichte und Heilsgeschehen*, Stuttgart 1953, p. 169.

[17] Vedi sopra, p. 211-217.

[18] Infatti il Cullmann applica l'appellativo di « regnum Christi », « già salvato » indifferentemente agli uomini, agli avvenimenti come alle istituzioni... Cf. *ChZ*, 157-192.

[19] Vedi sopra, p. 216-217 s.

[20] *ChZ*, 188. Questa posizione è integralmente condivisa anche da KARL LÖWITH, *Weltgeschichte und Heilsgeschehen*, 170.

teologo cattolico dovrebbe tener conto, oltre che del suo patrimonio di fede, anche delle discussioni che dividono i teologi, protesi nel tentativo di esplicitare gli elementi che la dottrina cattolica offre per una soluzione approfondita del problema dell'atteggiamento del credente davanti ai valori profani.[21]

Forse non potrebbe non denunciare una certa svalorizzazione della « Weltgeschichte », operata da Oscar Cullmann.[22]

A noi però, preme unicamente costatare come la tendenza della teologia cullmanniana della storia è in direzione opposta a quella segnalata dal Bultmann.

Non solo non tende a « profanare » la storia sacra ma ci da l'impressione fondata di accentuare il carattere « sacro » della storia profana in modo da farci chiedere se per lui sussista ancora una realtà profana.

3. L'« os mé » cullmanniano.

Queste riflessioni ci portano logicamente ad un altro problema. Il Bultmann rimprovera Oscar Cullmann di non accorgersi del problema posto dalla temporalità dell'essere escatologico.[23] Ammette però che se ne è accorto in un caso: come può sussistere un imperativo etico determinato per il cristiano, liberato dalla Legge?[24]

Ci pare che le pagine precedenti ci hanno convinto della presenza di questo problema nella teologia della storia della salvezza. L'interrogativo circa l'atteggiamento del credente davanti alla realtà profana, riprende proprio nei suoi ter-

---

[21] E' una gamma di posizioni più o meno esattamente coordinate sotto i due appellativi di « incarnazionisti » e « escatologisti ». Rimandiamo all'ottima rassegna bibliografica critica che G. OGGIONI ha aggiunto all'art. di M. SCHMAUS, *Il problema escatologico del cristianesimo*, in: *Problemi e orientamenti di teologia dommatica*, Milano 1957, t. II, p. 972-974.

[22] A una « Heilsgeschichte » concepita come assorbimento della « Weltgeschichte », opporrebbe forse una « Heilsgeschichte », concepita come sua sublimazione e pienezza. La « Heilsgeschichte » è il centro verso cui la « Weltgeschichte » si polarizza e attinge valore perché nessuna realtà è più storia della storia del Verbo Incarnato. Cf. H. URS VON BALTHASAR, *La Théologie de l'histoire*, Paris 1955, p. 25 e tutto il cap. III.

[23] *Heilsgeschichte*, 667. Vedi sopra, p. 256 s.

[24] Cf. *ChZ*, 200. Il Bultmann però si affretta a chiarire che, anche su questo punto, la soluzione di O. Cullmann è parziale e superficiale: non ha preso la sola via possibile per una vera soluzione cioè l'analisi dell'atto di fede nei confronti del comportamento pratico in questione: *Heilsgeschichte*, 668.

mini essenziali tale problema.²⁵ Ma c'è di più: i due Autori ci danno una soluzione, non solo formulata in termini simili (questo potrebbe dire poco), ma anche situata in una direzione di pensiero tendenzialmente convergente.

Le due soluzioni infatti, si possono dire ben concretizzate nell'os mè paolino. Il cristiano, davanti al mondo, è colui che « ne usa come se non ne usasse » (*1 Cor.* 7,29-31). Che il senso della conclusione bultmanniana sia questo, Heinrich Ott ha cercato di determinarlo diligentemente. Rudolf Bultmann ha approvata la validità di questa interpretazione.²⁶

Oscar Cullmann poi fonda esplicitamente su questo passo di Paolo la sua teologia dell'opzione. Anzi, la formulazione finale della sua posizione non è che una parafrasi del testo di *1 Cor.*²⁷

Ma ci pare che la similitudine di atteggiamenti va oltre. Non si può forse dire che anche il Bultmann si muova in una direzione di « sacralizzazione » della storia profana?

Ci affrettiamo di nuovo a precisare che i contesti teologici sono diversi. Il teologo di Marburg riflette in chiave esistenziale mentre il nostro autore si propone di considerare il nostro interrogativo, coll'occhio ingenuo e sprovvisto di apriori filosofici del credente della comunità primitiva.

---

[25] Indubbiamente il termine « essere escatologico » ha un senso diverso sulla penna di Rudolf Bultmann e di Oscar Cullmann. Per il Bultmann, come sappiamo, è un esistere immerso in una storicità esistenziale, estranea alla temporalità in cui il Cullmann lo situa. Ma si tratta pur sempre del medesimo incontro del « credente » colla « profanità ». Interessante notare che il Bultmann nega la validità della soluzione ma non la legittimità del problema nell'unico caso in cui, secondo lui, il teologo alsaziano affronta questo interrogativo.

[26] « Bultmann hat mir überdies seine Antwort einmal mündlich mitgeteilt »: OTT, 126. Del resto fin dal 1941, Bultmann ci dava indizi chiari di una soluzione in questa direzione. Cf. *Die Frage der natürlichen Offenbarung* ora in: *GV* II, p. 79-104. Ivi definisce il nostro atteggiamento (Haltung) davanti al mondo come « als ob nicht » e commenta in questo senso *1 Cor.* 7,29-31 (p. 97-98). Cf. anche KÖRNER, 127-129.

[27] *ChZ*, 188. Una critica cattolica di fondo dell'opzione cullmanniana dovrà quindi dare un rilievo speciale all'esame esegetico di questo testo. Più che ai commenti di E. ALLO (*Première ép. aux Corinthions*, Paris 1934 e 1956, p. 180 s), o di V. JACONO (*Le Epistole di S. Paolo*, I, Torino 1951, p. 318 s) che ci sembrano minimizzare all'eccesso la considerazione escatologica, rimanderemmo a O. KUSS (*Die Briefe an die Römer, Korinther und Galater*, Regensburg 1940, p. 148-150) e a L. CERFAUX (*Le Christ dans la Théologie de S. Paul*, Paris 1951, p. 49-53).

Ma, fatta questa riserva sostanziale, abbiamo l'impressione che la tendenza a « sacralizzare » il profano sia comune nei nostri due teologi.

Il Bulmann afferma che la realtà che trascende (cioè attua, interpella, determina) l'esistere cristiano non è più il mondo (Welt), la storia esterna. E' Dio. Il credente vive ancora a contatto colla realtà del mondo e degli altri esseri umani. Le sue relazioni con loro sono tuttavia determinate da Dio.

Questo è il senso che egli attribuisce alla formula paolina 'os mè'. Dio ha il primato assoluto sull'esistenza cristiana. Dio cioè, specifica, e quindi rinnova, la relazione Dasein-mondo, Dasein-storia profana. Appunto perchè 'nuova vita', quella in cui la decisione di fede ci introduce, importa una trasformazione di tutto il "comportamento" umano. Conseguentemente, il mondo non agisce più sul credente se non sotto il primato di Dio. Per lui non è più « mondo » (Welt) ma « creazione » (Schöpfung).[28]

Conseguenza di questa comune tendenza alla "sacralizzazione" è la comune "ambiguità" o, se si vuole, "complessità" di opzione.

La complessità "cullmanniana" riflette la complessità della "tensione".[29]

L'ambiguità dell'opzione bultmanniana ci si presenta piuttosto come presa di posizione essenzialmente dialettica. Se infatti riflettiamo sulla natura della "smondanizzazione" (Enweltlichung) di cui è un riflesso, vediamo che si definisce in termini di rottura ma non di rifiuto o di fuga (Weltflucht).[30] Il Bultmann stesso lo definisce un atteggiamento paradossale (das paradoxe Verhältnis).[31] La conclusione di questa ulteriore tappa della nostra ricerca di una "risposta" a Bultmann ci pare possa essere questa: non solo il Cullmann si pone il problema della temporalità dell'essere escatologico in tutta la sua ampiezza, ma anche tenta una solu-

---

[28] Cf. l'analisi di KÖRNER, 127-129.
[29] Vedi sopra, p. 216 s.
[30] *GV* II, p. 98. Notare come le due « ambiguità » di opzione siano dipendenti dalla natura delle due escatologie.
[31] René Marlé ha mostrato come il Bultmann applica concretamente questo atteggiamento paradossale alle varie attività profane: filosofia, scienze, politica e, in generale, ad ogni forma di umanesimo: MARLÉ, p. 128 s e, più ampiamente, in *Dieu-Vivant*, n. 26, p. 135-140: « *Un récent livre de R. Bultmann* » (*A propos de Glauben und Verstehen II*).

zione in una direzione, che potremmo definire, parallela a quella in cui si innesta la soluzione bultmanniana. Quindi, almeno questo: Oscar Cullmann è in grado di capire il problema del mito posto dalla teologia bultmanniana, dato che questa comprensione è subordinata dal Bultmann, al sentire questo interrogativo.[32]

III. LA « COMPLESSITÀ » DELL'ESCATOLOGIA CULLMANNIANA

La radice del contrasto insanabile tra le due teologie che stiamo esaminando, dicevamo, sta nelle opposte escatologie.[33] E l'accusa maggiore del Bultmann, in questo settore, la possiamo riassumere in questa proposizione: ignora la salvezza come realtà attuale e presente. La riduce ad un evento cosmico posto alla fine dei tempi (ib.).

L'opera di Oscar Cullman ci pare smentire questa critica. La sua concezione escatologica è stata giustamente da lui stesso definita « complessa ».[34] La salvezza è già attuale, presente. Tuttavia la salvezza definitiva è legata all'avvenimento della Fine.[35]

1. *L'escatologia cullmanniana come "presenza della salvezza".*

Abbiamo visto come la caratteristica essenziale del presente (efàpax) è, nella teologia della storia della salvezza, la « tensione » (Spannung).[36] Questa non può definirsi soltanto come dialettica temporale tra passato e futuro. E' dialettica di salvezza anzitutto. La dialettica temporale è una conseguenza della dialettica di salvezza.[37] Nella logica cullmaniana perciò, la "tensione" deve definirsi prima di tutto

---

[32] Ci pare di poter notare nel modo con cui il Bultmann sente questo problema un elemento di urgenza quasi drammatica, assente nell'esposizione del Cullmann. Forse questo carattere drammatico dipende dal fatto che questa storia profana, che per il salvato non ha più senso e che il Cristo è venuto ad annullare, è sempre lì, nonostante tutto, presente davanti al credente. Il Cullmann è su posizioni più serene: il Cristo ha dato un senso alla storia profana, l'ha salvata anch'essa.
[33] Vedi sopra, p. 250 s.
[34] *ChZ*, 200.
[35] Vedi sopra, p. 148 s.
[36] Vedi sopra, p. 153 s.
[37] *ChZ*, 128.

come dialettica tra « ciò che è già e ciò che non è ancora » cioè tra una giustificazione che ci è già conferita, in virtù di un'azione del Passato (morte gloriosa di Cristo), e una giustizia che ancora ci manca e che solo l'intervento della Fine ci assicurerà. Ma rimane il fatto che « qualcosa ci è già dato »: la salvezza è presente, attuale.

E' quanto l'esame dei vari aspetti del Presente ci confermeranno.

Il Presente è il tempo del regno di Cristo.[38] Ciò significa, ci spiegava il Cullmann, che il « Cristo regna »: il crocifisso e il risorto si dà a noi e ci fa partecipare alla sua salvezza (*Rom.* 13,11) in modo così vero che possiamo dire di « regnare con lui » (Mitherrschen) (*1 Cor.* 4,8).[39]

La Chiesa, in quanto corpo di Cristo, è la rappresentazione vitale del regno, cioè annuncia all'umanità la salvezza di Cristo, presente a noi, ed è il « luogo » in cui, mediante il culto, abbiamo accesso a tale salvezza.[40]

La salvezza si fa presente a noi anzitutto nel culto. Suo protagonista, ci dice il Cullmann, non è la comunità o l'uomo-ministro ma Dio stesso in Cristo.[41]

Esso opera « una specie di attualizzazione » delle gesta salvifiche del Gesù della Storia.[42] I due atti centrali del culto, il Battesimo e la Cena, sono due modi di attualizzazione che ci immergono fin d'ora nel corrente della salvezza.

Nel Battesimo l'uomo accetta la salvezza. Esso ci inserisce nel Corpo di Cristo. Rimette i peccati, facendoci partecipare al frutto della morte e della risurrezione e ponendoci così sotto l'influsso dell'azione santificatrice dello Spirito.[43]

---

[38] Vedi sopra, p. 155.
[39] *ChZ*, 128 s 147 s. Il significato stesso della prima confessione di fede è proprio questa: Cristo regna su di noi per la sua salvezza è presente tra noi, adesso. *ChZ*, p. 126 134 s.
[40] Vedi sopra, p. 155-157.
[41] *Les sacrements*, 85 s. *Urchristentum*, p. 11, n. 1.
[42] *Les sacrements*, 63-69 9-13 36-40 84 s. Diciamo « una specie di attualizzazione ». Infatti il Cullmann non vuole si pensi a un'attualizzazione in senso cattolico: *ChZ*, p. 148. Però, come segnala il Benoit, il teologo alsaziano mostra di avere un'idea errata dell'attualizzazione cattolica. La concepisce come un'identità perfetta di gesta. Quindi pone contemporaneità tra atto cultuale presente e atto storico passato di Cristo. Di qui, quello che egli denuncia come il « grave errore cattolico », assolutizzazione del presente: il tempo della Chiesa diviene tempo di Cristo. Cf. P. Benoit: *RB* 55 (1948), 107 (recensione a *ChZ*).
[43] *ChZ*, 197 s; *Tauflehre*, 6 s.

E' nella Cena che l'attualizzazione della salvezza raggiunge il suo punto culminante. E' in essa, spiega il Cullmann, che la persona stessa di Cristo, crocifisso e risorto, si unisce alla sua Chiesa e unisce la sua Chiesa a sè.[44]

La salvezza è talmente presenza che vi è presente nella persona del Salvatore risorto e atteso. Presenza che genera carità, gioia e pace.[45]

Sarebbe interessante poter determinare il significato profondo dell'attualizzazione cullmanniana. Nella sua opera troviamo una presentazione descrittiva di come questa attualizzazione si verifica nei sacramenti e nella predicazione. E' quanto stiamo analizzando. Ma non ci sembra abbia affrontato lo studio riflessivo del concetto stesso di « attualizzazione » teologica.[46]

Ad ogni modo, per nostra risposta a Bultmann, basta l'elemento di fondo di cui siamo in sicuro possesso: i sacramenti sono segni e mezzi di una presenza attuale della giustizia. Sappiamo che Rudolf Bultmann annovera anche il sacramentalismo tra i valori mitici. Gli rimprovera di attribuire ad elementi materiali e fenomenici la possibilità di suscitare effetti spirituali e trascendenti.[47]

---

[44] *ChZ*, 136 s; *Les sacrements*, 66 s; *Urchristentum*, p. 93-98. Ambrosanio ci fa notare la precisione di termini di Oscar Cullmann nella sua teologia eucaristica. « Santa cena » è la primitiva cena eucaristica. « Eucaristia » la presenza del Signore negli elementi del pane e del vino. Cf. A. AMBROSANIO, *L'Eucaristia nell'esegesi di O. Cullmann*, Napoli 1956, p. 3, n. 4. Rimandiamo a quest'opera per un'analisi cattolica della posizione cullmanniana sull'Eucaristia. Notiamo che il Cullmann non ammette la presenza reale in senso cattolico. Gesù è presente nella Cena come una persona viva e attiva in mezzo alla comunità: *Les sacrements*, 66-68; *Christologie*, 99. Il pane è necessario ma per attestare la Presenza come il corpo di Gesù attesta l'Incarnazione: *op. cit.*, p. 85. Ma non esiste « transustanziazione ». Cf. anche AMBROSANIO, 47 139 s.

[45] Cf. AMBROSANIO, *op. cit.*, 23 s 130 s.

[46] Un tentativo di definizione più attenta dell'attualizzazione lo troviamo nell'analisi di *Io.* 19,34:

« Le lien qui unit les sacrements à la mort du Christ peut être saisi, pour ainsi dire, touché du doigt sur le Crucifié. Comment comprendre cette relation? Du point de vue théologique elle résulte de ce que dans les sacrements Christ fait bénéficier son Eglise de l'oeuvre expiatoire qu'il a accompli en mourant. Du point de vue chronologique, elle résulte du fait qu'aussitôt après sa mort, alors que son corps pend encore à la croix, le Jésus historique indique déjà sous quelle formes il sera désormais présent sur terre: dans les sacrements (...) il s'agit d'une présence aussi réelle que la présence en chair du Jésus historique... »: *Les sacrements*, p. 81 s. In *Tauflehre*, p. 24-28, cerca di spiegare l'attualizzazione colle categorie di partecipazione all'azione di Cristo salvatore.

[47] *KM* I, p. 16; MARLÉ, 53 154 162. Per questo, secondo l'osservazione

E' vero, il Cullmann sembra considerare il sacramento più come elemento *indicativo* dell'azione trascendente di salvezza che come suo segno *efficace* (causa strumentale).[48] Ma il Bultmann non può non considerare anche questo « sacramentalismo indicativo » come mito: la natura è talmente corrotta ed oggettivante che non può nemmeno esercitare questa funzione, diciamo così, indicatrice dell'azione trascendente senza oggettivarla e adulterarla.[49]

Tuttavia, questa condanna del sacramentalismo non dovrebbe impedire al Bultmann di riconoscere che, sia pure per una via a suo parere inadatta, il Cullmann mostra di non avere nessuna intenzione di ridurre la salvezza ad un avvenimento temporale finale.

Questa conclusione si impone quando consideriamo che questa presenza attuale della salvezza è affermata da due altri elementi importanti della teologia cullmanniana: la predicazione, la funzione dello Spirio Santo nel presente.

La missione tipica della Chiesa è la predicazione del regno.[50] Ebbene, nel contesto storico-salvifico, è essenzialmente annuncio della presenza della salvezza. Deve infatti svelare all'umanità che è già suddita del Cristo, riscattata e che la salvezza le è offerta oggi.[51]

Lo Spirito Santo è, nella teologia cullmanniana, il santificatore del Presente.

E' primizia, arra del Futuro (*2 Cor.* 1,22; 5,5; *Rom.* 8,23). Questo significa, spiega Oscar Cullman, che lo Spirito, artefice della ri-creazione e della salvezza definitiva che avverrà alla Fine, è per noi adesso la primizia della Fine nel senso che è già all'opera tra noi, ci sta già salvando.[52]

---

del Cullmann, cerca di minimizzare il sacramentalismo di Giovanni: *Urchristentum*, 59, n. 18-19; 105 s.

[48] *Les sacrements*, 85.

[49] Marlé, 131, n. 59; Idem, *La Théologie du N.T. de R. Bultmann*: *RSR* 42 (1954), 463 s.

[50] Vedi sopra, p. 155 s.

[51] *ChZ*, 138 s; *Tauflehre*, 6 s; *Königsherrschaft*, 41-43. Su questo punto il Cullmann dice di discostarsi dall'insegnamento dei riformatori che credevano che la predicazione fosse l'opera *tipica* del tempo apostolico e non del presente. No. La predicazione è l'*opera tipica* del tempo della Chiesa. O. Cullmann, *Escatology and Missions in the N.T.*, in: *Miscell. C.H. Dodd*, Cambridge Univ. Press 1956, p. 421; *Le retour*, 31 s.

[52] *ChZ*, 63 205 s 210; *Tauflehre*, 5 s; *Le retour*, 29; *Königsherrschaft*, 11-13.

a) *Fa partecipare oggi alla salvezza i nostri corpi.*

Era un'azione già iniziata, nota il prof. Cullmann, nei miracoli di guarigione e di risurrezione dei morti che avvenivano nella Chiesa primitiva. Sono un'affermazione e un simbolo della vittoria che è già nostra, sulla carne di peccato (sarx).[53] Oggi, questa partecipazione si realizza anzitutto nel fatto che è lo Spirito a far inserire i nostri corpi, santificati dal Battesimo e dall'Eucaristia, nell'unico corpo di Cristo.[54]

b) *Agisce oggi su tutta la nostra vita.*

E' lo Spirito che ci guida e fortifica nella lotta che conduciamo conro la sarx e le altre potenze che abbiamo vinte in Cristo ma non ancora completamente domate. Anzi, precisa il nostro teologo, lo Spirito combatte in noi la sarx: potenza di morte e di menzogna.[55]

Ci infonde vita: nel culto, è lo Spirito che è all'opera e che agisce nei sacramenti.[56]

Ci infonde luce: « suggeret vobis omnia... » (*Io.* 16,13). Egli « parla in noi » quando preghiamo, quando confessiamo la fede, quando ci consacriamo alla sapienza di Dio e leggiamo la Scrittura.[57]

E' in primo luogo nella Scrittura che agisce lo Spirito come luce.

« E perchè la Scrittura non è lettera morta, ma principio di vita, presenza di Cristo? Perchè da una parte il Kyrios in essa ci parla direttamente, come abbiamo visto, e dall'altra parte l'attualizzazione dell'ispirazione ci è assicurata a tutti, nonostante la nostra imperfezione umana e la possibilità di interpretazione erronea che sussiste, dallo Spirito Santo, perchè noi viviamo già nell'eone nuovo: tempo

---

[53] *The proleptic deliverance of the body in* « *Earl Church* », 166-168.
[54] *Art. cit.*, 169-173. Notiamo come il Cullmann metta l'accento sul fatto che anche i nostri corpi fisici sono salvati e come tali entrano a costituire il corpo visibile di Cristo che è la Chiesa. Ed è precisamente in questa santificazione del corpo che egli vede la fonte del valore cristiano del matrimonio: *art. cit.*, 172 s.
[55] *Necessità della teologia per la Chiesa secondo il N.T.: Protestantesimo* 13 (1958), 6.
[56] *Le culte*, 29 s; *Tradition*, 35 s; *Königsherrschaft*, 20-22.
[57] *Necessità della teologia per la Chiesa secondo il N.T.: Protestantesimo* 13 (1958), 5-9; *Les sacrements*, 17-18 41. Cf. anche *Tradition*, 51-52.

dello Spirito Santo. Presenza del Kyrios nella Scrittura — presenza dello Spirito Santo nel lettore che crede ».[58]

Insomma, la funzione illuminatrice dello Spirito nel presente, la riassumerà così: « (lo Spirito) pone il lettore credente dei libri sacri direttamente in faccia a Cristo ».[59]

E, notiamolo bene, il Cullmann considera questa presenza della luce come presenza della salvezza. Illuminazione è salvezza. La conquista della verità infatti è condizionata dalla vittoria sulla sarx. Le tenebre dell'errore e della menzogna sono, come la morte, i frutti appunto della sarx.[60]

2. *L'avvenimento della Fine e la salvezza definitiva.*

Abbiamo mostrato come Oscar Cullman sia pienamente conscio che la salvezza ci investe e ci trasforma già, oggi. Però la salvezza attuale è anticipazione e inizio della salvezza definitiva della Fine.

Il regno di Cristo è affermazione della salvezza che ci è offerta nel presente. Ma solo alla Fine, Cristo conseguirà il trionfo totale. Solo allora noi saremo veramente e integralmente salvi.[61]

La Cena è il vertice del culto cristiano proprio perchè in essa, già fin d'ora, il Cristo viene, ritorna tra i suoi. E' cioè la più viva anticipazione della venuta visibile e trionfale del Giudice dell'ultimo giorno.[62]

Il presente è il campo di azione dello Spirito Santo. Ma sono irruzioni temporanee, nota il Cullman. Le sue vittorie in noi contro la sarx sono provvisorie. Sono interventi questi, che non fanno che preparare e anticipare l'azione decisiva della Fine.[63]

---

[58] « Et pourquoi l'Ecriture n'est-elle pas lettre morte, mais principe de vie, présence du Christ? Parce que d'une part le Kyrios y parle directement, comme nous l'avons vu, et que d'autre part l'actualisation de l'inspiration nous est assurée à tous, malgré notre imperfection humaine et malgré la possibilité d'erreurs d'interprétation qui subsiste, par le Saint-Esprit, car nous vivons déjà dans l'éon nouveau: temps du Saint-Esprit. Présence du Kyrios dans l'Ecriture — présence du Saint-Esprit dans le lecteur qui croit »: *Tradition*, 54.

[59] *Op. cit.*, 35.

[60] *Necessità della Teologia...*: *Protestantesimo* 13 (1958), 5-6.

[61] Vedi sopra, p. 148 s.

[62] *ChZ*, 137 64 s. Cf. A. Ambrosanio, *L'Eucaristia nell'esegesi di O. Cullmann*, 21-26.

[63] *ChZ*, 122 s; *Le retour*, 29 s. *Königsherrschaft*, 13-15.

Ma ci sembra superfluo insistere ulteriormente in questa dimostrazione. Il Bultmann non mette affatto in dubbio che il teologo della storia di salvezza veda soltanto nell'avvenimento temporale della Fine la salvezza definitiva. Tutt'altro! Riduce ingiustamente tutta la concezione cullmanniana della salvezza a questo avvenimento finale.[64] Ci basti ricordare come il Prof. Cullmann concepisca la linea della salvezza come linea ascendente (aufsteigende Heilslinie) appunto per sottolineare che solo al termine temporale della vicenda storico-salvifica la salvezza sarà piena e completa.[65]

Queste nostre ultime riflessioni avevano come solo scopo di mettere in rilievo il carattere complesso dell'escatologia cullmanniana e di mostrare come, nel suo pensiero, Fine e Presente, salvezza iniziale (o anticipata, partecipata, provvisoria) e salvezza definitiva si richiamino e si completino.

3. *Il senso della "presenza della salvezza"*.

Quanto siamo venuti esponendo, trova la sua conferma e la sua sintesi in una precisazione terminologica, voluta da Oscar Cullmann. Cosa apparentemente di scarso rilievo ma, a nostro parere, di significato importante.

Rifiuta di definire l'escatologia della comunità primitiva come « escatologia conseguente »: cioè esclusivamente futura. In altri termini, questa definizione escluderebbe l'escatologia come presenza attuale della salvezza.[66]

Insiste invece, sulla necessità di caratterizzare l'escatologia primitiva, mediante una valorizzazione « storico-salvifica conseguente » del presente (konsequent heilsgeschichtlich).[67] Questo significa, continua il Cullmann, mettere al centro della nostra analisi dell'escatologia, il presente come "tensione".[68]

Se ora vogliamo approfondire ulteriormente il senso della presenza della salvezza cioè del presente come tensione, ci pare indispensabile proseguire il nostro esame dal punto di vista della teologia cullmanniana della giustifica-

---

[64] Vedi sopra, p. 252 s.
[65] *ChZ*, 70 s 43 s 122 s.
[66] *ChZ*, 124 178 s.
[67] *Op. cit.*, 148.
[68] *Ibid.*; *Königsherrschaft*, 16-19 23 27-28 30-32.

zione. E' infatti impossibile riflettere su una salvezza attualmente presente al credente, senza rifarci alla giustificazione del credente stesso.

Questo nostro sviluppo non è di per sè richiesto dalla « risposta a Bultmann » che stiamo ricercando nelle pagine dell'opera del teologo alsaziano. Ma vedremo che ci condurrà su un terreno da cui forse potrebbe partire una discussione fruttuosa tra noi e il teologo di Marburg.

Oscar Cullmann definisce la giustificazione come storia di salvezza riferita all'individuo.[69] La storia di salvezza è interamente ordinata alla salvezza dell'individuo: « tua res agitur ». L'atto, con cui Dio rivela il piano in cui questa storia è da lui organizzata, è al medesimo tempo l'atto con cui Egli interpella vitalmente l'uomo cui tale rivelazione è fatta.[70] L'uomo per aprirsi a questa Parola, continua il Cullmann, deve anzitutto essere animato da una coscienza profonda del suo peccato e della sua colpevolezza (Sünden-und Schuldbewusstsein). E' appunto questo peccato che ha reso necessaria la storia di salvezza ed è da esso che questa viene a liberarlo.[71]

Solo in questa coscienza di colpevolezza può infatti germogliare la fede: l'elemento che fa sì che la storia di salvezza divenga la mia storia.[72]

E' solo mediante la fede poi, spiega il nostro teologo, che possiamo dire di essere morti e risorti col Cristo e di vivere nascosti con Lui in Dio. E' solo la fede che ci fa partecipare già oggi alla salvezza.[73]

Ma in che senso noi oggi viviamo e moriamo con Cristo? Cioè, in che senso l'avvenimento del passato (morte e risurrezione di Cristo) è presente a noi e l'avvenimento del Futuro è già attuale nell'azione dello Spirito?

Non si deve parlare di ripetizioni o di anticipazioni mitiche. Cadremmo nell'errore di considerare gli avvenimenti di salvezza come miti atemporali repetibili o anticipabili, appunto perchè non legati a una data.[74]

---

[69] *ChZ*, 195.
[70] *Op. cit.*, 193.
[71] *Op. cit.*, 194 s. Dirà, equivalentemente, che la radice della Linea della salvezza è la « caduta »: *ChZ*, 99; *Immortalité*, 38 50.
[72] *ChZ*, 195-197.
[73] *Op. cit.*, 194.
[74] *Op. cit.*, 194 s.

Il passato e il futuro conservano a pieno il loro specifico valore temporale e salvifico. Partecipiamo ad essi, nel senso che crediamo al valore salvifico della morte e della risurrezione di Cristo. E questa nostra fede nell'efficacia salvifica dell'azione terrena di Gesù ci riveste dei suoi effetti di salvezza. Partecipiamo ai frutti della sua opera.[75]

Questi effetti salvifici iniziano in noi un'opera di salvezza di cui artefice è lo Spirito. Questa salvezza sarà totale e radicale alla Fine. Ma oggi è iniziata in noi come effetto della morte gloriosa. Per questo diciamo che siamo agli inizi della Fine e che la Fine è anticipata. Per questo pure, per essere fedeli alla logica del pensiero cullmanniano, dobbiamo sottolineare come la Fine, che non è ancora avvenuta, non influisce direttamente su di noi. E' il passato (morte e risurrezione di Cristo) che produce in noi effetti di salvezza che sono le primizie della Fine.

L'escatologia cullmanniana trova così il suo valore profondo nelle categorie di giustificazione. Resta fermo l'elemento temporale: la contrapposizione tra oggi e Fine. Ma esso è interamente ordinato alla giustificazione iniziata e definitiva.

Il Cullmann non viene forse così a rirovarsi (come del resto anche il Bultmann) nell'alveo della giustificazione luterana?[76]

Notiamo infatti, tra l'altro, il primato della fede nella giustificazione cullmanniana: non c'è salvezza se non per colui che crede che le gesta di Dio in Cristo hanno come scopo e risultato la sua salvezza. La fede, afferma il nostro Autore, è l'unico aggancio (Bindeglied) tra l'azione redentrice e noi.[77]

Eppoi, non siamo forse autorizzati a vedere nella "tensione" una versione storico-salvifica della dialettica luterana del "simul iustus et peccator"?

Diciamo subito che non siamo in grado di dare ora una risposta esauriente a questo quesito.[78]

---

[75] *Op. cit.*, 193-197.
[76] La dimostrazione del legame escatologia-giustificazione in Lutero e in Bultmann ci è data dal KÖRNER, 131-133.
[77] E' un motivo che ritorna in *ChZ*, 193-197.
[78] Ci porterebbe fuori dai limiti del presente lavoro. Infatti esigerebbe un esame accurato del significato assunto dall'assioma in questione, oltre che nella teologia luterana, nell'ambiente teologico protestante in cui si

Tuttavia non nascondiamo che propenderemmo per la affermativa. Il senso dell'assioma luterano sembra essere sostanzialmente questo: il credente rimane intimamente e realmente peccatore. E' giustificato solo nella considerazione di Dio (im Ansehen Gottes). La giustificazione reale, intima, effettiva rimane qualcosa di atteso per la Fine. Quindi, da questo punto di vista, la situazione del credente può essere caratterizzata anche come: « peccator in re, iustus in spe ».

Perciò la fede che sola salva è fondamentalmente atteggiamento e confessione interiore di colpabilità. Conseguentemente, è continuo abbandono all'azione sovrana trascendente e assolutamente gratuita di Dio.[79]

Ci sembra di rirovare questi elementi nell'escatologia di Oscar Cullmann. Anzitutto, abbiamo visto come egli radica la fede che sola salva nella coscienza attuale del nostro peccato e della nostra colpevolezza.[80]

Inoltre, la presenza della salvezza ci lascia immersi nella lotta contro la « sarx », potenza di peccato e di menzogna. Questo perchè siamo ancora realmente, benchè provvisoriamente, sotto il suo dominio intimo e questo in ogni attimo del presente. Se riuscissimo a scuoterci di dosso realmente la potenza di peccato, anche per un solo momento, la salvezza sarebbe totale. Sarebbe la Fine.

Infatti la vittoria definitiva dello Spirito Santo sulla « sarx » dentro di noi è espressa dalla risurrezione del corpo come anche dal "risveglio" dell'anima dallo stato di sonno in cui precipita al momento della morte dell'uomo e in cui rimane fino al giudizio della Fine.[81]

La risurrezione della carne è legata alla nostra rinascita intima di cui è effetto e simbolo. Ma è legata anche alla ri-creazione del cosmo. Solo la Fine vedrà la vittoria totale

---

è venuta maturando la sintesi storico-salvifica. Inoltre, il fatto che il Cullmann non ci dà una dommatica ma una teologia biblica complicherebbe il nostro compito: dovremmo ricorrere a confronti e interpretazioni per capire il vero pensiero cullmanniano, soggiacente alla terminologia biblica che egli adotta.

[79] Cf. Körner, 131-133, e art. *Justification*: *DThC* VIII/2, specie c. 2137-2148 (J. Rivière).

[80] Vedi sopra, p. 278.

[81] La corruzione del corpo come il sonno dell'anima sono indici della persistenza del dominio della sarx sull'uomo fino alla Fine: *Immortalité*, 38.

e radicale dello Spirito sul peccato in noi e fuori di noi nella stessa realtà non umana.[82]

Il dramma della Fine è per il Cullmann ben più di un semplice dramma finale cosmico. E' anzitutto ri-nascita e ri-creazione delle realtà più profonde della coscienza. Solo allora saremo "iustificati in re" e "nuove creature in senso radicale". Rifacciamoci, a titolo di ulteriore conferma, ad un caso concreto.

Oscar Cullmann ci insegna che il primo effetto del Battesimo è la remissione dei peccati: « (il Battesimo) conferisce ad ogni credente il perdono dei suoi peccati cioè gli fa gustare il frutto del periodo passato, il frutto della morte e della risurrezione di Cristo ».[83]

Il lettore cattolico potrebbe approvare. Ma qual'è il senso che il Cullmann da a queste affermazioni di sapore biblico?

Nella pagina seguente egli vuole mostrare come l'etica cristiana sia intimamente connessa colla dommatica. Allora spiega:

« Noi siamo santi » significa che noi « dobbiamo » santificarci; « noi abbiamo ricevuto lo Spirito » significa che noi « dobbiamo camminare secondo lo Spirito ». In Cristo, noi siamo già riscattati dalla potenza del peccato; questo significa: è soprattutto adesso che dobbiamo lottare contro il peccato ».[84]

E per chiarire questa apparente contraddizione tra indicativo e imperativo, si rifà appunto al presente come tensione.

Ci sembra che un simile linguaggio, inserito nell'insieme della teologia della storia della salvezza, tradisca precisamente una concezione estrinseca, forensica della giustificazione. La santificazione è un impegno a santificarmi. Non una qualità dinamica ma, entro certi limiti, mia, già acqui-

---

[82] *Immortalité*, 38 s; *Königsherrschaft*, 14-15.

[83] « Einerseits vermittelt sie (die Taufe) dem einzelnen Gläubigen Vergebung der Sünden, d.h. die Frucht der heilsgeschichtlichen « Vergangenheit », des Todes und der Auferstehung Christi; anderseits aber den heiligen Geist, d.h. die Gabe der heilsgeschichtlichen **Gegenwart und Zukunft** »: *ChZ*, 198.

[84] « Wir sind heilig, das heisst, dass wir uns heiligen sollen. Wir haben den Geist empfangen, das heisst, dass wir « im Geiste wandeln » sollen. Wir haben in Christus schon Erlösung von der Sündenmacht, das heisst, dass wir jetzt erst recht gegen die Sünde kämpfen müssen »: *ChZ*, 199.

sita. La vittoria sul peccato non è superamento già avvenuto di un determinato peccato ma invito a lottare contro la potenza di peccato ecc.[85]

4. *Un punto di partenza per la critica a Bultmann?*

Ci pare di aver ritrovato nell'opera di Oscar Cullmann, elementi sufficienti a convincerci dell'infondatezza della critica fondamentale di Rudolf Bultmann alla sua concezione dell'escatologia. Ora possiamo segnalare un primo, appariscente limite dell'escatologia bultmanniana che potrebbe offrire al Cullmann un punto di partenza per una critica interna efficace della costruzione teologica del teologo di Marburg.

L'escatologia per Rudolf Bultmann è la salvezza già attuale e realizzata nell'adesso (jetzt) della decisione di fede. Ogni attesa di un futuro temporale non ha senso. La stessa Parusia non ha nulla di un ritorno futuro. La Parusia è già realizzata oggi nel ritorno del Risorto presso i suoi, nel dono dello Spirito.[86]

Ma nel Nuovo Testamento, e persino in Giovanni, sussiste anche una dimensione temporale dell'escatologia: una attesa del futuro. Questa attesa così giustamente messa in rilievo da Oscar Cullmann,[87] il Bultmann la trascura.[88]

Non sarebbe questo un punto vulnerabile nel sistema bultmanniano ad una critica decisiva e coerente?

---

[85] L. Cerfaux, partendo dall'analisi dell'efficacia che il Cullmann attribuisce al Battesimo dovuta, secondo lui, a un atto di governo di Dio giunge alla medesima nostra conclusione: *DBS*, art. *Justification*, 1494-1496.

[86] *Theologie des N.T.*, 402 s. Specie 405. *Geschichte und Eschatologie*, Tübingen 1958, 188 pp. costituisce un'ultima riaffermazione di questa visione escatologica in dialogo con Spengler, Toynbee, Dilthey, Croce...

[87] Korner, 88. K. Löwith afferma che la necessità di una Fine come futuro temporale può essere dimostrata filosoficamente, anche indipendentemente dalla Scrittura. Infatti la Fine (das Ende) costituisce anche il Fine (der Zweck, das Ziel). Ora le azioni dell'uomo, investito dalla salvezza, sono temporali (Zeitlich). Quindi, il punto finale, che è scopo e coronamento di tale agire, dev'essere un avvenimento temporale. *Weltgeschichte und Geschichte*, Stuttgart 1953, p. 15. Evidentemente il Bultmann non può accogliere come valida una simile conclusione. Il Löwith situa l'attività del Dasein sul piano della temporalità volgare invece che su quello della « Geschichte ». Caso mai, il Bultmann, seguendo il medesimo filo logico, arriverebbe alla conclusione opposta a quella del Löwith.

[88] Körner, 88 s; Idem, *Endgeschichtliche Parusiewartung und Heilsgegenwart im N.T.*: *Evangelische Theologie* 14 (1954), 189; P. Benoit, recens. di *Theologie des N.T.*, in: *RB* 59 (1952), 97 s; *Urchristentum*, 54.

Sarebbe una critica decisiva: colpirebbe proprio la concezione escatologica del teologo di Marburg. Questa, anche se non fosse l'essenza del suo pensiero come vorrebbe il Koerner,[89] ne costituisce almeno uno dei fondamenti.

Questa critica sarebbe interna al suo sistema. Toccherebbe i limiti dell'interpretazione esistenziale. Infatti come il Bultmann potrebbe coerentemente esprimere con categorie esistenziali questa attesa di una salvezza futura definitiva, iscritta nel tempo e inizio di una nuova esistenza transterrena?

Ricordiamo come l'analisi esistenziale è essenzialmente fenomenologica. Quindi non può essere esplicitazione che di ciò che attualmente comprendo esistendo.[90]

Perciò potrà, al massimo, parlarci del fenomeno attuale dell'attesa umana. Ma del futuro e della nuova vita dell'al di là non può dirci nulla.[91]

D'altra parte il Bultmann, anche se nega una Fine posta nel futuro temporale, non può negare totalmente l'esistenza di uno stato che si trova al di là dell'esistenza temporale terrena. E' una nozione paolina e giovannea.[92] Ed è un'esigenza del suo luteranesimo fondamentale. Negare questo stato equivarrebbe a perpetuare l'attuale situazione dialettica: simul iustus et peccator. Sarebbe allora ritenere che l'uomo non sarà mai « iustus in re ». Ciò che è nettamente opposto alla teologia luterana.[93]

Oppure significherebbe cadere nel « perfezionismo ». Cioè ammettere che il credente sia, già fin d'ora, realmente e intimamente giustificato. Ma il Bultmann si proclama esplicitamente fedele alla giustificazione forensica.[94]

---

[89] Körner, 13-15.
[90] Vedi sopra, p. 71-72.
[91] D'altra parte per essere coerente non può e non vuole ricorrere al linguaggio analogico. Cf. Malevez, p. 156 s; Marlé, p. 69, n. 111.
[92] Körner, 136-137.
[93] « ... homo huius vitae est pura materia Dei ad futurae formae suae vitae... est homo in hac vita ad futuram formam suam, cum reformata et perfecta fuerit imago Dei »: Mart. Luther, *Disp. de homine*, These 35 und 38: *D. Martin Luthers Werke*, Weimarer Ausgabe XXXIX/1, S. 177. Cit. in Körner, 132.
[94] R. Bultmann ringrazia Marlé: ha messo bene in luce il suo luteranesimo e anzitutto su questo punto della giustificazione forensica (Marlé, 136 s). Invita ironicamente i suoi avversari protestanti a leggere quelle pagine di Marlé. Così potranno finalmente impostare le loro critiche su un piano valido: *In eigener Sache*, 246 s. Cf. KM II, p. 207 e anche p. 185 201.

Nessuna meraviglia allora che Rudolf Bultmann, conscio di queste esigenze bibliche e luterane, abbia talora espressioni come "al di là dell'esistenza temporale terrena" (jenseits der zeitlich irdischen Existenz) e simili.[95]

Ma, come osserva Johannes Körner, queste espressioni saltuarie rimangono nella sua teologia dei corpi estranei (Fremdkörper).[96]

Non ci mostra come siano compatibili colle basi fenomenologiche del suo pensiero. Manifestano nel Bultmann un disagio: si accorge che la Fine e l'al di là pongono un problema reale a tutta la sua costruzione teologica.

Perchè una critica interna del bultmannesimo non potrebbe cominciare da qui?

E Oscar Cullmann avrebbe più di altri teologi protestanti tutte le carte in regola per questa indagine critica. Infatti, come abbiamo visto, la sua escatologia è un equilibrio complesso e dinamico in cui i valori temporali e il fattore « attualizzazione » hanno una funzione reale e unitaria.

---

[95] Ad es. *Theologie des N.T.*, 317 318 342...
[96] Körner, 136.

CONCLUSIONE GENERALE

Il proposito che animava il nostro lavoro era duplice:
— Esporre la soluzione che Oscar Cullman propone al problema, che egli ritiene di avere in comune con Rudolf Bultmann, dell'essenza del Messaggio.

— Interrogarci per sapere se il teologo cattolico può mettersi nella linea del teologo alsaziano per risolvere quel problema.[1]

Questo bilancio finale si articolerà allora in due parti. Ora che abbiamo cercato di esporre, con oggettività e con simpatia, la soluzione cullmanniana nei suoi principali aspetti, ci chiederemo:

— Oscar Cullman raggiunge lo scopo che si prefiggeva, cioè, « dimostra esegeticamente » a R. Bultmann che la storia costituisce l'elemento essenziale del Messaggio? In altre parole, qual'è l'esito del « dialogo » Oscar Cullmann - Rudolf Bultmann?

— Quale può essere l'atteggiamento ragionevole del teologo cattolico davanti a queste due teologie protestanti che si affrontano nello sforzo di giungere a darci il nucleo del Messaggio di Cristo?

1. *L'esito del « dialogo »*.

Purtroppo, possiamo definirlo in una parola: è nullo. Non esiste nemmeno un dialogo vero e proprio. Già la semplice analisi dei loro rispettivi metodi di interpretazione della Scrittura ci aveva fatto presagire quell'impossibilità di un discorso costruttivo (Conclusione I Parte) che poi l'indagine particolareggiata delle loro rispettive posizioni (III Parte) è venuta a confermare.

L'analisi del metodo ci convinceva dell'impossibilità del dialogo: mancava loro un linguaggio comune. La Scrittura,

---
[1] Vedi sopra Introduzione.

norma ultima del loro credere e ragionare, sotto la luce di due interpretazioni così diametralmente opposte (l'una rifacendosi a strutture formali esistenziali, l'altra alla rigida Regola di fede primitiva), assumeva senso e valore contrastante.[2]

L'indagine « a posteriori » degli elementi costitutivi del loro incontro ha confermato pienamente le nostre previsioni.

Anzitutto, non è che si impegnino in un'attenta critica reciproca.

R. Bultmann si è limitato a stendere una recensione di « Christus und die Zeit ».[3]

O. Cullmann, oltre a spargere di punte critiche antibultmanniane le sue opere, ci ha dato in « Numen » un articolo altretanto impegnato in un'esposizione polemica della sua soluzione che in un'analisi critica di quella bultmanniana.[4]

Le varie « risposte » sono in gran parte dovute al nostro sforzo di ritrovarle espresse nella totalità del loro pensiero. Questo vale soprattutto del Cullman.

Basta poi scorrere con una certa attenzione la terza parte di questo lavoro per convincersi che i nostri due autori sono su due piani completamente diversi. Il valore fondamentale in discussione è certamente quello di « Geschichte ».

Ebbene danno loro un senso semplicemente opposto. Il Bultmann ne esclude ogni elemento di temporalità successiva. Il Cullmann invece la definisce addirittura come temporalità sucecssiva.[5]

La loro discussione è, per così dire, teologica. Ebbene la loro stessa idea di teologia non coincide. Per il Bultmann è esplicitazione di un'esperienza di fede, per il Cullmann lettura oggetiva della Bibbia alla luce della Regola di fede.[6]

Le conseguenze di questa divergenza sono gravi: il teologo di Marburg arriverà a dire che la costruzione cullmanniana è troppo povera e troppo complessa insieme per essere autentica teologia. E' una filosofia cristiana della storia (ib.).

---

[2] Vedi sopra, p. 62-63 e conclusione I Parte.
[3] *Heilsgeschichte und Geschichte*: ThLZ 73 (1948), 659-666.
[4] *Le mythe dans les écrits du Nouveau Testament*: Numen 1 (1954), 120-135.
[5] Vedi sopra, p. 106 s 232 s 246 s.
[6] Vedi sopra, p. 243-245, 262-264.

La parola « escatologia »? Ha un contenuto teologico ben diverso per i due. Il Bultmann vi vede « l'hic et nunc » dell'adesione di fede, il Cullmann la salvezza che, già iniziata oggi, sarà nel Futuro definitiva e totale.[7]

Potremmo continuare il nostro esame dei rispettivi termini teologici. Per convincerci che si tratta di due linguaggi diversi, ci sembra basti aver ricordato questi che sono forse tra gli elementi più caratteristici di questi due pensieri in confronto. Conseguenza di questa situazione è che una certa critica che un autore fa all'altro potrebbe dirsi giustificata e ingiustificata al medesimo tempo.

E' giustificata se la situiamo nel complesso teologico di chi la muove. Ma si rivela ingiustificata, se la ritraduciamo nel contesto del pensiero di chi ne è l'oggetto. Questo ci pare, ad esempio, il caso dell'accusa che il Bultmann fa al Cullmann di profanare la nozione di storia della salvezza e di giungere così a una riduzione indebita della teologia e filosofia.[8]

Anche O. Cullmann neglige più di una volta di entrare nella mentalità dell'altro. Pensiamo al semplicismo con cui afferma che la teologia bultmanniana è totalmente sottomessa ai dettami della filosofia di Heidegger,[9] oppure con cui lascia cadere senz'altro il concetto di mito, come oggettivazione, senza sottoporlo a nessun esame critico interno, per adottare, in sua vece, una sua nuova categoria di mito, fondata su criteri di storicità (Historizität).[10]

L'impostazione stessa della sua polemica ci sembra rivelare questa incomprensione profonda. Prescindendo da una critica interna o da un'analisi filosofica dei presupposti dell'interpretazione esistenziale, si lancia nell'impresa, in un certo senso disperata, di voler dimostrare esegeticamente al Bultmann che la temporalità-successione è parte essenziale del nucleo del Messaggio.[11]

---

[7] Vedi sopra, p. 252 s. 271 s.
[8] Vedi sopra, p. 246 s. Infatti la « Geschichte » oggetto della teologia per il Bultmann è « die Tat Gottes », per il Cullmann invece è « die Tat Gottes in der Zeit ». Questo « kalendarische Zeit » è agli occhi del Bultmann oltreché un'oggettivazione dell'azione divina l'oggetto proprio della storia (Historie).
[9] Vedi sopra, p. 49 s.
[10] Vedi sopra, p. 187 s.
[11] *ChZ*, 25-27.

Diciamo: impresa disperata. Il Cullmann poteva capire in partenza che il teologo di Marburg, che riconosce come sola lettura valida della Scrittura quella esistenziale, non si sarebbe certo lasciato convincere da una dimostrazione esegetica storico-salvifica, illuminata dalla sola regola di fede.

Dialogo infecondo, insomma. E per tale l'hanno alla fine confessato i suoi stessi protagonisti.[12]

Dialogo inutile allora? Infruttuoso ma utile. Sarebbe stato fruttuoso a condizione che il Cullmann che lo ha inaugurato, proponendosi con « Christus und die Zeit » di risolvere il problema posto dal Bultmann e sferrandovi le sue prime critiche alla smitizzazione, si fosse addentrato in un esame più attento dell'interno del pensiero bultmanniano.

Abbiamo già segnalato le due vie che gli erano aperte verso un risultato: quella dell'analisi critica dei presupposti filosofici dell'interpretazione [13] e quella della critica interna a partire dall'impossibilità in cui sembra trovarsi la teologia esistenziale di esprimere i valori escatologici della Fine e dell'al di là.[14]

Personalmente crederemmo che questa seconda via avrebbe potuto condurre più facilmente il Cullmann ad un risultato tangibile. Infatti, inchiude anche la critica filosofica accennata dalla prima via. Parte da una lacuna evidente del pensiero bultmanniano. Il Cullmann avrebbe invece il vantaggio di possedere su questo punto una posizione che è tra gli elementi più sicuri e interessanti del suo pensiero.

E' possibile una terza via? H. Ott lo pensa. Accetta senz'altro l'impostazione della discussione su un piano esi-

---

[12] R. BULTMANN, in: *Heilsgeschichte*, c. 663; O. CULLMANN, in: *Le Mythe*, 123. Sarà interessante ricordare ciò che scrive il Bultmann a proposito della presa di posizione di E. STAUFFER in *Entmythologisierung oder Realtheologie?* (*KM* II, p. 13-29): « Ich denke, mit ihm schiedlich-friedlich auseinanderzukommen, wenn wir uns nur gegenseitig je ein Eingeständnis machen: ich, dass ich von der Realtheologie nichts verstehe; er, dass er von der Entmythologisierung nichts versteht »: *KM* II, p. 179, n. 2.

Non ci meraviglieremmo se il Bultmann fosse animato dalla medesima decisione verso la teologia della salvezza. Dopo 1948 non si è più interessato delle ulteriori accuse e difese di O. Cullmann. Confessa di rinunciare a capire il significato della Profezia e della Rivelazione nella teologia della storia della salvezza (*Heilsgeschichte*, c. 662; vedi sopra, p. 249). Infine sottolinea la parentela di pensiero che lega il Cullmann allo Stauffer (*Heilsgeschichte*, c. 663).

[13] Vedi sopra, p. 56.
[14] Vedi sopra, p. 282 s.

stenziale. Quindi l'aspetto filosofico della questione assume la precedenza su quello esegetico. Suo scopo, se ne capiamo bene il pensiero, è di arrivare a una valorizzazione della storia di salvezza (intesa in un senso abbastanza vicino al cullmanniano) in un contesto esistenziale. Per questo appunta il suo esame critico sui limiti di una « Geschichte » concepita come « Jetzt » puntuale.[15]

Non osiamo pronunciarci sulla validità di questa terza via.[16]

Sta di fatto che il dialogo quale il Cullmann l'ha impostato è infruttuoso. Ma non è inutile, dicevamo. Ha spinto il Cullmann a pensare il problema del mito, inquadrandolo in una costruzione unitaria e seriamente fondata esegeticamente.

E certamente non era inutile per noi analizzare tale « dialogo », anche se abortito.

Rifacciamoci infatti alla diagnosi che Jean-Louis Leuba ci ha delineata della situazione attuale della teologia protestante.[17]

La teologia dialettica rispondeva a preoccupazioni eminentemente pneumatologiche; come *attualizzare* il fatto cristiano? L'esperienza liberale aveva dimostrato che la sola scienza storica lascia questo interrogativo insoluto. Il dialettico conchiudeva: Dio solo con una rivelazione *attuale* può mettere l'uomo in contatto colla rivelazione di cui la Bibbia ci è testimone.[18]

K. Barth afferma l'unicità dell'« illic et tunc » dell'azione divina in Cristo. L'unico tempo valido è quello dell'epi-

---

[15] OTT, p. 201 s. Però non dà linee positive di costruzione. Si limita a citare come esempi i tentativi di Diem (p. 201, n. 1) H. Schlier e H. Schrey (p. 202, n. 1).
Questa nostra interpretazione del tentativo di Ott è condivisa anche da J.N. WALTY, *Bulletin de Théologie protestante*, RSPhTh 42 (1958), 367.
[16] Il Körner la ritiene inconcludente: KÖRNER, 145 s 151 s.
[17] JEAN-LOUIS LEUBA, *La tâche actuelle de la théologie protestante*: VbC 12 (1958), 54-67. Notiamo che J. Hamer condivide le linee di questa analisi e vede nel giudizio del Leuba sul significato della teologia barthiana una posizione simile a quella del Bouillard: J. HAMER, *Le programme de K. Barth et le voeu de tout théologien*: RSPhTh 42 (1958), 453 s, n. 65. Del medesimo parere è René Marlé quantunque, come vedremo, dissenta dal Leuba per la funzione che questi attribuisce al Cullmann: R. MARLÉ, recens. a G. MIEGGE, *L'Evangile et le Mythe dans la pensée de Rudolf Bultmann*, Neuchâtel-Paris 1958, in: RSR 46 (1958), p. 468 s.
[18] JEAN-L. LEUBA, *art. cit.*, 57.

fania terrena di Cristo. Il nostro è tempo decaduto di peccatori. Non è tempo autentico.[19]

Questo ci dovrebbe portare a un « biblicismo » assoluto, osserva il Leuba. Infatti, se veramente il tempo di Cristo prende il posto del nostro tempo informe e senza contenuto autentico, non si vede come la testimonianza umana resa alla rivelazione (predicazione, teologia) possa avere un senso cristiano, radicata com'è nel nostro tempo di peccato.

Dovrebbe consistere in una ripetizione letterale della Scrittura.[20]

Insomma il Barth finisce per assolutizzare il tempo di Cristo e sopprimere il nostro. Così il Leuba. Notiamo tuttavia che la posizione barthiana esce da quest'analisi semplificata e, almeno parzialmente, travisata. K. Barth infatti ritiene che la Predicazione — in quanto annuncio e dono di salvezza — non è radicata nel nostro tempo di peccato ma nell'azione dello Spirito Santo. L'azione dell'uomo e l'azione dello Spirito Santo si svolgono su due binari paralleli. Però tale parallelismo viene interrotto in un « hic et nunc » attuale, dove e quando lo Spirito Santo avrà deciso. E in questo determinato momento di « oscillazione », diremmo, la predicazione (umana), sotto l'influsso dello Spirito, testimonia dell'azione salvifica di Cristo, della nostra nuova esistenza in Cristo.

Il Bultmann, continua il Leuba, parte dalla medesima esigenza di attualizzazione. Ma la confronta con un'altra esigenza non meno impellente. L'uomo è essere « geschichtlich »: il suo valore è costituito dalla sua storia interiore. Solo ciò che entra in contatto con questa sua « Geschichte » lo tocca, lo interessa veramente. Questo vale anche del Messaggio cristiano.

Quindi l'attualizzazione salvifica sarà un'interpellazione, una presenza dell'azione divina realizzata adesso. Si rivolgerà all'uomo « hic et nunc ». E per questi è reale e esiste come salvifica, soltanto in questo « hic et nunc ».[21]

Il Bultmann è arrivato agli antipodi della posizione barthiana: l'« illic et tunc » dell'epifania terrena di Cristo

---

[19] *Art. cit.*, 57-61 63-64.
[20] *Art. cit.*, 60. E se il Barth costruisce di fatto una teologia così aderente ai problemi concreti di oggi lo fa a prezzo di un'incoerenza, nota il Leuba.
[21] *Art. cit.*, 61-64 .

si riduce all'« hic et nunc » dell'interpellazione che mi è rivolta adesso. Anche sul piano della lettura della Scrittura siamo al polo opposto: il Barth riconosceva un'unicità talmente esclusiva all'« illic et tunc » dell'epifania di Cristo che la Predicazione non ritrovava una sua specificità di fronte alla Scrittura.[22] Ora è il contrario: la Scrittura è posta in un confronto così attuale coi problemi concreti del Dasein che difficilmente si può vedere come il Bultmann ne salva il carattere di norma oggettiva trascendente cui predicazione e riflessione teologica devono subordinarsi.[23]

Come potremo evitare che il Messaggio che essa contiene, non venga a scivolare in uno stato di subordinazione rispetto alla situazione esistenziale dell'uomo e ai suoi interrogativi concreti?

Ci appare ora chiaro, conchiude il Leuba, come nel pensiero dei suoi due massimi rappresentanti la teologia dialettica si è smarrita in due vicoli ciechi. Questo ci rivela quali sono i problemi di fondo che si impongono oggi alla teologia protestante: il problema del tempo e il problema della tradizione.

Il problema del tempo è posto dal conflitto tra l'« illic et tunc » di Cristo e l'« hic et nunc » del credente. Quello della Tradizione dal conflitto Scrittura-Predicazione. Due problemi intimamente connessi la cui soluzione è interdipendente. Assicurata un'individualità definita al presente (tempo della Chiesa) e al passato (tempo di Cristo), anche l'attività di interpretazione e di predicazione che in essi si inserisce è giustificata.

D'altra parte, la soluzione del problema della tradizione è legata alla soluzione del problema del tempo. Infatti, la realtà teologica della Tradizione risulta di due elementi: da una parte, l'avvenimento definitivo dell'epifania di Cristo, che è la rivelazione. Questo è codificato nella testimonianza orale e scritta (quod traditum est). D'altra parte, la predicazione che attualizza quella rivelazione (actus tradendi).[24]

---

[22] Diremmo che anche qui il Leuba fraintende il Barth: appunto perché la Predicazione è radicata nell'azione « hic et nunc » rivelante dello Spirito essa ritrova di fronte alla Scrittura una sua specificità.

L'incompletezza dell'analisi di J.-L. Leuba dipende forse dal fatto che egli, almeno su questo punto, rivolge la sua attenzione troppo esclusivamente sul primo Barth.

[23] *Art. cit.*, 64.
[24] *Art. cit.*, 66-67.

La sorte della Tradizione dipende così dalla natura dell'avvenimento che costituisce il deposito come dalla natura dell'atto di trasmettere.

Il problema del tempo, osserva il Leuba, è stato affrontato nella sua giusta impostazione da Oscar Cullmann. La sua è una teologia della salvezza inserita nella nostra durata reale. La sua nozione di tempo non si esaurisce nell'alternativa tra la concezione dello staticismo circolare greco e quella dell'istantaneismo esistenziale. Giustamente si ispira alla concezione del tempo che scaturisce semplicemente dal fatto cristiano stesso. E' una durata reale che ha un centro (epifania di Cristo), attorno a cui si va strutturando tutta la storia.[25]

Ed è in questo contesto temporale, continua il Leuba, che O. Cullman ha situato logicamente il problema della tradizione.[26]

René Marlé rifiuta decisamente di vedere nella teologia cullmanniana la vera via di uscita dal dilemma in cui l'attualismo dialettico si è incagliato. A suo parere, la nozione di storia di O. Cullman rimane troppo sul piano delle rappresentazioni per essere valida.[27]

Jean-Louis Leuba aveva già, in un certo senso, neutralizzata questa negazione del Marlé. In uno scritto precedente, gli rimproverava di aver trascurato, nel suo studio sul Bultmann, di affrontare seriamente il problema del tempo e di non aver tenuto in debito conto le soluzioni cullmanniane.[28]

Ma il Leuba va oltre. Si domanda se il motivo vero di questa poca attenzione dello studioso cattolico al problema del tempo, non derivi dal fatto che la sostanza del pensiero del Bultmann coincide con quella del cattolicesimo.[29]

E il Leuba mostra di ritenere che sia veramente così. Basta vedere come spiega la frase di un teologo protestante,

---

[25] J.-L. LEUBA, *Bultmann et l'interprétation du Nouveau Testament*, VbC 2 (1957), 61.

[26] Il Leuba approva l'impostazione e le linee generali della teologia cullmanniana ma non si pronuncia su tutte le soluzioni particolari.

[27] R. MARLÉ, recens. a G. Miegge, in: RSR 46 (1958), 469.

[28] J.-L. LEUBA, *Bultmann et l'interprétation du Nouveau Testament*, VbC 2 (1957), p. 60-61. Qui il Leuba notava come il Marlé non si occupa del problema del tempo se non fugacemente in due soli punti (p. 36 169) e molto superficialmente.

[29] *Art. cit.*, 61-62.

riportata dal Marlé: per un bultmanniano c'è una sola alternativa: o incredulità o cattolicesimo.³⁰

Il Leuba l'approva. E osserva: questo non è determinato da una crisi di smarrimento angoscioso ma dalla convergenza profonda che esiste tra Bultmann e il cattolicesimo.

Tutt'e due situano la salvezza in un presente privo di ogni riferenza *decisiva* al passato.³¹

Queste riflessioni ci sembrano mostrare l'attualità e l'importanza dell'esame condotto dal nostro lavoro.³²

Siamo in grado di prendere posizione sui problemi suscitati dall'analisi del Leuba. Coincidono sostanzialmente con quelli che ci proponevamo all'inizio di questa ricerca.

Il secondo interrogativo che apriva queste pagine riguardava appunto l'atteggiamento del teologo cattolico davanti a queste due teologie protestanti in confronto. Ora assume una configurazione più netta.

2. *L'attualizzazione della salvezza in R. Bultmann e nella teologia cattolica.*

Peccheremmo di ingenuità e di superficialità se pretendessimo di delineare in poche righe la posizione cattolica davanti al bultmannesimo.

Il pensiero di R. Bultmann è estremamente complesso. Il giudizio che i vari autori cattolici hanno portato su di esso, pur essendo omogeneo nelle grandi linee, non è sprovvisto di varianti e di sfumature.

Crediamo ragionevole concentrare la nostra attenzione sul tema « attualizzazione » che, secondo Jean-Louis Leuba, avvicinerebbe tanto la teologia bultmanniana al cattolicesimo. Anzitutto, il teologo cattolico condivide l'anelito del Bultmann per ritrovare l'essenza del Messaggio. Esso verrebbe liberato da elementi che lo compromettono con « visioni del mondo » (Weltbild) propri a particolari epoche e regioni. Così acquisterebbe un carattere di *autentica attualità* nei confronti dell'uomo d'oggi come di ogni altra epoca.³³

---

³⁰ MARLÉ, 187, n. 85.
³¹ *Bultmann et l'interprétation du Nouveau Testament*, p. 62.
³² Cf. ad es. MALEVEZ, p. 116 s; MARLÉ, p. 176; J. HAMER, *Zur Entmythologisierung Bultmanns*: KM V, p. 47; R. SCHNACKENBURG, *Der Abstand der christologischen Aussagen des N.T.*: KM V, p. 100.
³³ Le inesattezze che abbiamo creduto di segnalare nella presentazione del pensiero di Karl Barth, fatta da Jean-Louis Leuba, non indeboliscono

Che il Bultman ricorra a una riflessione filosofica è pure visto con favore: non è forse un cenno di ritorno al tema cattolico della « fides quaerens intellectum »?[34] Léopold Malevez va oltre. Il Bultmann adotta l'analitica esistenziale. Ebbene il Malevez ritiene possibile una formulazione del principio dell'interpretazione esistenziale del Messaggio che anche il cattolico può sottoscrivere. Il Messaggio per essere accolto deve rispondere a una certa attesa dell'uomo. Ebbene questa attesa non potrebbe essere svelata e messa in rilievo da una analitica esistenziale che non ha nulla di specificamente heideggeriano?[35]

L'essenza del Messaggio poi, il Bultmann la definirà in termini di attualità della salvezza. Dio interpella in Cristo l'uomo adesso. L'adesione di questi (fede) lo situa in una nuova esistenza autentica di salvato.

Il cattolico non può non considerare Bultman come un alleato nella misura in cui insiste sulla presenza attuale dell'opera salvifica di Cristo.[36]

Ma quanto più cerca di approfondire il reale significato che il Bultmann attribuisce a questa presenza, tanto più invalicabile gli appare l'abisso che lo separa dall'attualizzazione della salvezza cattolica. Abisso che la somiglianza o la coincidenza di talune espressioni non può certo bastare a colmare.

Lasciamo stare il fideismo, la concezione forensica della giustificazione, la minimizzazione della natura, dell'uomo, della carne che ne fanno un « ultraprotestante », secondo la espressione di Marlé.[37]

---

l'interesse delle sue riflessioni. Incidono forse sulla giustezza con cui il Leuba attribuisce al Cullmann la funzione fondamentale di sbloccare la teologia protestante dallo scoglio su cui si è incagliata.

Noi non discutiamo questa conclusione del Leuba. Ci interessa invece, data l'indole e l'impostazione del nostro lavoro, l'altra osservazione importante del teologo svizzero: la sostanza del bultmannesimo e del cattolicesmio coincidono per questo il critico cattolico (in questo caso R. Marlé) trascura la teologia storico-salvifica di O. Cullmann.

[34] H. FRIES, *Das Anliegen Bultmanns im Licht der katholischen Theologie*: *KM* V, p. 31.

[35] MALEVEZ, 118.

[36] R. MARLÉ, recens. Miegge: *RSR* 46 (1958), 468.

[37] *Art. cit.*, 469; MARLÉ, 136 s; MALEVEZ, 115-162 passim. Per il BARTH, il Bultmann non è né un razionalista in ritardo né uno storicista anacronistico ma un luterano autentico benché un luterano sui generis: *Ein Versuch*, 46.

Non prendiamo neppure in considerazione il suo « razionalismo ». Questo lo conduce a negare la divinità di Cristo, la portata storica e salvifica dell'Antico Testamento come delle varie tappe dell'epifania terrena di Cristo. Gli fa mettere in dubbio quasi tutti i dati storici del Nuovo Testamento e ricusare l'inserzione reale e oggettiva del divino nel nostro mondo.[38]

Ricordiamo anzitutto due caratteristiche salienti della attualizzazione della salvezza, secondo l'insegnamento della teologia cattolica.

E' avvenimento ecclesiale. L'appello della salvezza ci è rivolto attraverso alla Chiesa. Essa è custode ed interprete normativa del Messaggio.[39] La nostra adesione al Messaggio, cioè l'atto come la virtù di fede, è essa pure ecclesiale. Crediamo cioè, ciò che Dio ci propone, mediante il magistero della Chiesa.[40] E il primo motivo di credibilità è proprio il fatto che la Chiesa ce lo insegni e lo creda.[41] Crediamo, entrando in comunione colla fede della Chiesa.

La salvezza poi ci investe, cioè siamo giustificati, riceviamo la Grazia, mediante i sacramenti della fede cui accediamo nella Chiesa.[42]

E' una realtà ontologica. La giustificazione è essenzialmente santificazione e rinnovamento interiore per cui il reato della colpa è veramente cancellato. E' così elevazione sopranaturale ad uno stato di filiazione adottiva divina, in

---

[38] P. Benoit, recens. di R. Marlé, *Bultmann et l'interprétation du N.T.*: RB 64 (1957), 454 s, rileva che Marlé non ha sottolineato con sufficiente chiarezza ed energia quest'opera distruggitrice del Bultmann. Così M. Corvez, *Chronique bultmannienne*: **RThom 56 (1956), 330-332.** Per una abbondante bibliografia, dell'analisi critica cui il pensiero cattolico e protestante ha sottoposto la teologia di R. Bultmann rimandiamo a Vögtle, 899-959, come pure a R. Tucci, *Un nuovo allarme tra i teologi protestanti*: *La Civiltà Cattolica* (1957 I), 580-593; *La fede della comunità primitiva e il Cristo della storia*: *ibid.* (1957 IV), 122-136.

[39] H. Denzinger, *Enchiridion symbolorum*, n. 159 s 1797 s.

[40] *Ibid.*, n. 783 1792.

[41] H. Vignon, *Adnotationes in tractatum de virtutibus infusis*, **Romae** 1943, 162-178.

[42] Denzinger, *Ench. symb.*, n. 844 847 849. Il carattere ecclesiale della collazione della Grazia, mediante i sacramenti, ci sembra messo in luce chiaramente anche dall'insistenza del Magistero sul fatto che il ministro, rappresentante della Chiesa, anche se moralmente indegno, purché rispetti le condizioni di materia, forma e intenzione, « vere conficit sacramenta »: *ibid.*, n. 672 855 e che è vera causa (ministeriale, strumentale) della giustificazione: *ibid.*, n. 1058.

cui il credente gode di una « presenza » di Dio nello Spirito Santo.[43] Si tratta insomma di una « qualità » dinamica che trasforma realmente il salvato. A torto, ci pare, il Bultmann contrappone la giustizia come « qualità » alla giustizia come « relazione ».[44]

Infatti pensiamo anzi che i due termini si implichino a vicenda. La giustizia è in noi « qualità dinamica » (qualità sui generis) in quanto è una trasformazione vitale che è ad un tempo effetto e base di una nuova relazione con Dio.

D'altra parte, questa nuova relazione è reale solo se è fondata su un nuovo nostro modo di essere di cui noi parliamo nella terminologia teologica scolastica come di qualità. Nuovo modo di essere che è, evidentemente, l'opera in noi dell'azione del Dio di Misericordia.

Questi due tratti essenziali sono assenti nell'attualizzazione bultmanniana.

E' un avvenimento individualistico. Il Messaggio interpella immediatamente il singolo. La fede è la risposta docile di questo individuo che accetta la Parola.[45]

I Sacramenti non hanno nessuna funzione di veri strumenti di salvezza.[46]

E la Chiesa? Il Bultman fa intervenire la comunità nella formazione e nella trasmissione del Messaggio. Ma non è « corpo di Cristo ». Non è stata nemmeno fondata da Lui. E, se sussiste anche oggi, non è come corpo o istituzione ma come pura continuazione accidentale di quella primitiva. E' l'insieme inorganico di coloro che ascoltano e continuano ad annunciare la Parola.[47]

---

[43] *Ibid.*, n. 197 799 etc. 1021 1042.

[44] Il Bultmann tenta di mettere in rilievo il significato positivo della giustificazione forensica. La definisce così non come « qualità » ma come nuova « relazione » col Dio della giustizia e della misericordia. MARLÉ, 136; 7.

[45] OTT, 188-193; MARLÉ, 99 s.

[46] R. BULTMANN: *KM* I, p. 16; *KM* II, p. 182-184; MALEVEZ, 154; MARLÉ, 131; R. MARLÉ, *La « Théologie du N.T. » de R. Bultmann*: *RSR* 42 (1954), 463-445; H. FRIES, *Bultmann, Barth und die katholische Theologie*, Stuttgart 1955, p. 153 s.

[47] MALEVEZ, 159; MARLÉ, 172; MARLÉ, recens. Miegge: *RSR* 46 (1958), 468 s; IDEM, *Bulletin de Théol. protestante*: *RSR* 41 (1953), 629. Il Bultmann confessa di non aver potuto leggere senza sorridere (nicht ohne zu lächeln) la critica che il Marlé, d'accordo con Barth e Ott, gli fa di prescindere totalmente dalla Chiesa nella sua teologia: *In eigener Sache*, 243. Non ci dice i motivi di questo buon umore. Forse è l'accordo tra il critico cattolico e il Barth?

Non ha quindi una funzione di mediazione essenziale nell'opera di salvezza.

E' una realtà estrinseca. La visione bultmanniana della salvezza vuole essere il più fedele approfondimento della giustificazione forensica luterana.[48] Il Bultmann è luterano e se ne vanta. Ringrazia lo studioso cattolico che mette in rilievo la sua fedeltà al Padre della Riforma.[49]

La conclusione di questa breve analisi ci pare chiara. Il Bultmann si incontra col cattolicesimo nella sua aspirazione a presentarci la salvezza come un avvenimento che interroga ed investe noi, oggi. Ma il contenuto profondo della sua teologia dell'attualizzazione della salvezza rifiuta aspetti troppo vitali della teologia cattolica dell'attualizzazione perchè si possa essere autorizzati a parlare col Leuba di convergenze e di coincidenze sostanziali. E' possibile a noi cattolici il dialogo col Bultmann che a Cullman rimane precluso? Risponderemo sotto quando avremo messo in luce anche altri aspetti della teologia cattolica dell'attualizzazione della salvezza.[50]

3. *La teologia della storia della salvezza davanti alla teologia cattolica.*

Per desiderio di chiarezza, riassumiamo gli elementi di convergenza tra la teologia cullmanniana e il pensiero cattolico attorno a tre punti focali:

Storia; presente come tensione; presente come attualizzazione della salvezza mediante i sacramenti e, entro certi limiti, mediante una certa funzione del magistero.

I consensi.

a) Il teologo cattolico non può non vedere con favore l'affermazione base del pensiero cullmanniano. Il contenuto del Messaggio è costituito da una *storia di salvezza cristocentrica*. In altri termini, l'opera di Cristo è stata una vicenda veramente storica. Le sue gesta si sono inserite nel nostro tempo, accanto alle nostre azioni.

E ci salvano per due motivi: hanno per soggetto il Cristo e sono veramente accadute nel nostro tempo volgare

---

[48] *KM* II, p. 207 s; MARLÉ, 136-139; KÖRNER, 131-136.
[49] *In eigener Sache*, 246.
[50] Vedi sotto, p. 308, specie n. 83.

(Verlaufzeit, kalendarische Zeit). E' il fatto della morte, in quanto fatto storico, che ci salva.[51]

E questa storia di salvezza è cristocentrica: il Cristo ne è il protagonista. Essendo l'inviato del Padre, esercita così la sua funzione di Mediatore. La Mediazione è, nel contesto cullmanniano, la caratterizzazione più profonda del significato dell'opera di Cristo nella salvezza. E' l'elemento rappresentato dal termine, che può avere un sapore troppo geometrico per taluno, di « cristocentrismo della salvezza ».[52]

b) Anche le grandi linee della *soluzione escatologica* di Oscar Cullman ci sembrano poter coincidere con quelle della soluzione cattolica. La salvezza ci è già data ma sarà definitiva solo alla Fine.

Il presente è così un tempo intermedio (Zwischenzeit) tra il tempo centrale in cui il Cristo ci ha conquistata ed offerta la salvezza e la Fine in cui la salvezza sarà una realtà totale in noi e fuori di noi.[53]

c) Un altro punto di convergenza ci sembra costituito dal fatto che il Cullman riconosca all'attualizzazione della salvezza un *carattere ecclesiale*. Vedremo come questa ecclesialità soffra di varie gravi limitazioni. Ma è un fatto: questo carattere, benchè assai mortificato, sussiste nella teologia cullmanniana.

Secondo questa infatti, la salvezza ci è offerta mediante la Chiesa. E' nei sacramenti della Chiesa che siamo inseriti nel Corpo di Cristo (Battesimo) e che entriamo a contatto colla presenza di Cristo (Cena). Nella Predicazione della Chiesa poi, il Cristo ci interpella per darci coscienza dello stato di salvati cui il Battesimo generale del Golgotha ci ha elevati.[54]

Anche al Magistero va riconosciuta una certa responsabilità di interpretazione del Messaggio, com'è codificato nella Scrittura. Non è evidentemente un indirizzo normativo ma solo direttivo. Tuttavia è un primo passo. Entro limiti

---

[51] Vedi sopra, p. 114 s. QQuesta insistenza del Cullmann a legare la salvezza all'avvenimento storico e non tanto alla nostra fede in esso prende tutto il suo rilievo nella critica cui sottopone la « theologia crucis » bultmanniana. Vedi sopra, p. 230 s.
[52] Vedi sopra, p. 136 s.
[53] Vedi conclusione II Parte.
[54] Vedi sopra, p. 153 s.

ben angusti s'intende, ma in modo reale ,il prof. Cullmann ritiene che una vera lettura cristiana della Bibbia deve essere effettuata, oltre che alla luce interiore dello Spirito e sotto la guida della Regola primitiva di fede, « nella Chiesa » cioè sotto un certo controllo indicativo di essa.[55]

Enunciando questo triplice nucleo di consensi, sappiamo che, più che proporre tre punti di accordo totale, sottolineiamo tre direttrici fondamentali di pensiero teologico che ci sono, in un certo senso, comuni.

Il teologo cattolico lungo queste tre direttrici va oltre il Cullmann. Le approfondisce non le rifiuta. Ed è in questo suo sforzo di approfondimento che vengono alla luce valori che il Cullmann ha negato o ignorato.

Le riserve.

Ci pare di poter organizzare i capi di riserva sotto quattro punti. In ciascuno mostreremo le conseguenze negative che si ripercuotono sulle tre linee essenziali di marcia della teologia di salvezza che abbiamo delineate sopra e che dicevamo esserci comuni.

a) *Cristologia funzionale.* Il carattere salvifico del Messaggio cristiano non è pienamente valorizzato finchè non è affrontato il problema delle due nature. Uno dei principi fondamentali della soteriologia patristica è proprio questo: ciò che non è assunto non è salvato.[56] Se quindi non approfondiamo la costituzione ontologica di Cristo fino all'affermazione che la natura umana è assunta dal Verbo nella sua integrità, la logica patristica non ci permette di conchiudere che noi uomini siamo veramente e interamente salvati dall'azione del Redentore.[57]

Come poi possiamo parlare di *storia* della salvezza in senso pieno se non ci rendiamo conto, nello spirito di una cristologia ontologica, che Cristo non solo ha agito « nel e sul » nostro tempo ma che è stato anche uno di noi? Il suo agire infatti è storia nel senso totale se, almeno entro certi limiti, può essere « misurato » dal tempo come esso « mi-

---

[55] *Tradition*, 39-40 51-52.
[56] Cf. ad es. Teodoreto, *Haereticorum fabularum compendium*: PG 83, 492 AB. Cit. da J. Daniélou, *Christologie et eschatologie*, in: *Das Konzil von Chalkedon*, Würzburg 1954, Band III, p. 277.
[57] Teodoreto, *op. cit.*: PG 83, 492 D. Citato *ibid.* p. 278.

sura» il nostro agire. E questo pone il problema di sapere *chi è* colui la cui azione si situa «simul» nel tempo e sopra il tempo, come azione di uno di noi ma con efficacia divina.[58]

Anche la concezione cullmanniana della tensione a causa del funzionalismo perde forse alquanto del suo vigore persuasivo. Il Cullmann motiva la tensione anzitutto col fatto che siamo già salvati perchè il Cristo è già morto per noi. E' vero ma non è tutto. C'è anche un altro elemento che solo una riflessione sulla costituzione ontologica di Cristo ci può fornire. Il Cristo incarnandosi realizza oltrechè l'attesa dell'Antico Testamento anche lo scopo della Creazione. E' il telos. Infatti l'Incarnazione è un avvenimento in se stesso definitivo perchè insuperabile. Nella persona del Verbo, c'è un'unione tale tra la natura umana e la natura divina che è impossibile concepirne una più intima. La natura umana è assunta dalla Persona stessa del Verbo. L'unione ipostatica, oggetto della definizione di Calcedonia, è così l'espressione di quell'unione perfetta che è sublimazione e perfezione insuperabile della natura umana.[59]

Ma se l'unione ipostatica, in questo senso, realizza il fine della creazione in quanto concerne la divinizzazione dell'uomo, lo realizza anche in quanto concerne la glorificazione di Dio. Questa risulta dall'azione sacerdotale perfetta. Ora il Cristo ne diviene il protagonista mediante l'Incarnazione. E' infatti per la sua natura umana che egli è sacerdote. Mediante l'unione ipostatica questa rende liberamente a Dio l'omaggio di una adorazione perfetta.[60]

Quindi la tensione ha come primo polo il telos raggiunto nella Persona di Cristo, che unisce in sè le due nature.

Ma non è il peras (Ende, termine). Questo sarà segnato dalla vittoria suprema della Parusia sulle potenze di morte. La risurrezione finale sarà così la ripercussione sul mondo totale dei corpi e del cosmo e non solo delle anime della vittoria di Cristo.[61]

---

[58] Vedi anche sopra, p. 206-208. Una buona analisi teologica in questo senso ci pare quella di J. MOUROUX, *La conscience du Christ et le temps*: RSR 47 (1959), 321-344. Specialmente la prima parte: Temporalité et Mission du Christ, p. 321-324.

[59] J. DANIÉLOU, *Christologie et eschatologie*, in: *Das Konzil von Chalkedon*, Würzburg 1954, Band III, p. 276.

[60] *Op. cit.*, 278.

[61] *Op. cit.*, 280 s.

La « tensione » troverebbe così la sua radice ultima nel Cristo telos e archè al medesimo tempo. Telos dell'antica economia e Archè dell'economia nuova che, passando per la morte gloriosa, è già economia della Fine.

b) L'attualizzazione della salvezza nella teologia cullmanniana avviene attraverso i sacramenti. Ma qual'è la funzione della Chiesa?

Essa è il « *luogo* » (Ort) in cui il sacramento si realizza. Il luogo e l'atmosfera in cui l'inserzione del cristiano nel corpo di Cristo è operata dallo Spirito (Battesimo) o il Cristo si fa presente alla comunità (Cena).[62]

Luogo necessario: solo nell'atmosfera creata dalla fede della comunità lo Spirito può agire.[63] Luogo necessario ma soltanto luogo non intermediario. La Chiesa non assume una vera funzione di mediazione essenziale in questa azione divina. Questo non viene a rendere precario e insignificante il concetto cullmanniano della Chiesa come corpo di Cristo?[64] I sacramenti sono le forme primarie di culto. Ne realizzano al massimo la definizione: azione di Dio in Cristo.[65]

E di questa azione di Cristo, che sono i sacramenti, la Chiesa « corpo di Cristo », è semplicemente il luogo in cui si svolge? Questo rivela in fondo anche uno svuotamento del concetto della Santità della Chiesa per la quale essa partecipa intimamente alla vittoria decisiva riportata dal Cristo nella sua morte gloriosa sulle potenze della carne e del peccato. E' appunto in forza di questa partecipazione che essa diviene intermediaria essenziale dell'attualizzazione di salvezza.

In questa linea di pensiero cogliamo un nuovo motivo della non normatività della Tradizione.

Il prof. Cullmann non vede nella Chiesa la mediazione essenziale dell'azione rivelatrice di Cristo. Quindi la Tradizione e il Magistero, attività della Chiesa, non possono partecipare del carattere di normatività che è proprietà esclusiva dell'azione di Cristo.

La Chiesa è il « luogo » in cui Cristo ci parla attraverso alla Scrittura.

---

[62] *Tauflehre*, 25 28 30; *Tradition*, 36; *Urchistentum*, 35-36; *ChZ*, 63 s 132 s 198.
[63] *Tauflehre*, 37 s 48 s.
[64] Vedi sopra, p. 138-140 233 s; *Königsherrschaft*, 28-30.
[65] *Urchristentum*, p. 11, n. 1.

Il cattolico invece riconoscerà la normatività della Tradizione e del Magistero appunto perchè riconosce che il Cristo insegna attraverso alla Chiesa.

Conseguentemente il tempo della Chiesa, nella teologia cullmanniana, è non solo subordinato ma anche diminuito rispetto al tempo centrale di Cristo. Infatti protagonista di questo tempo è in definitiva la Chiesa e non il Cristo. Per noi è ancora il tempo di Cristo che continua ad agire nella Chiesa. Insomma il Cullmann non finisce per trascurare che la Chiesa è quaggiù il Sacramento di Gesù Cristo come Gesù Cristo è per noi, nella sua umanità, il sacramento di Dio? [66]

c) Sappiamo che Oscar Cullman è fedele alla concezione luterana della giustificazione *forensica*.[67]

Il presente come tensione è legato al forensismo? Certo il forensismo fonda una « tensione »: oggi la giustizia mi è solo imputata (peccator in re, iustus in spe), solo alla Fine sarò giusto « in re » (ib.).

Però anche la concezione cattolica della giustificazione importa una dialettica che può trovare la sua espressione nella teologia della « tensione ».

La giustizia è reale: ci trasforma intimamente. Siamo « iusti in re ». Tuttavia ci lascia esposti alla tentazione. Le insidie vengono dal mondo, dalle potenze del male come anche dalla concupiscenza resa più accesa e ribelle dai nostri peccati attuali.

Infine la Grazia è in noi una vita. Ma una vita che comincia. E' solo un inizio (inchoatio) della nostra partecipazione alla vita divina. Solo alla Fine, il nostro possesso e la nostra visione di Lui saranno chiari e totali, proporzionalmente al nostro merito.

Ci sembra anzi che la teologia cattolica **della giustificazione** fondi una tensione più viva e più profonda della

---

[66] Cf. H. De Lubac, *Méditation sur l'Eglise*, Paris 1953, p. 157. O. Semmelroth, *Die Kirche als Ursakrament*, Frankfurt a.M. 1953, specie p. 38 s.

Sarebbe interessante esaminare se questa dottrina cullmanniana della Chiesa come luogo in cui Dio agisce nei sacramenti, non è in relazione di dipendenza dalla concezione luterana sulla funzione dell'umanità di Cristo nell'opera di salvezza. Sembra infatti che il riformatore tendesse a vedere in questa umanità non una causa (sia pure strumentale) della nostra salvezza. Cf. Y.M.-J. Congar, *Regards et réflexions sur la christologie de Luther*, in: *Das Konzil von Chalkedon*, Band III, p. 460-477.

[67] Vedi sopra, p. 278 s.

luterana. Infatti, la salvezza che investe il credente egli la vive personalmente come una nuova vita cui le sue potenze e il suo essere sono elevati. E questo è qualcosa di più teso verso la pienezza: la esige per un dinamismo intrinseco, che non un elemento che rimane, in un certo senso, estrinseco al suo io profondo.

E' una vita già iniziata che anela alla sua totale espansione. E' come la tensione vitale che anima il seme gettato nel terreno fertile e su cui spuntano i primi germogli. E' certo una tensione più vivida e vera di quella del chicco di grano che riposa ancora in fondo al silos e che è in attesa della semina cui il padrone l'ha destinato.

La giustificazione forensica ci pare avere come conseguenza anche un'attualizzazione della salvezza, in un certo senso, meno reale, meno storica.

Infatti l'azione di Cristo in essa rimane ancora, entro certi limiti, alle soglie del nostro essere e del nostro agire. La sua salvezza non penetra dentro e non ci trasforma intimamente e totalmente fin d'ora.

d) *La fede come pura presa di coscienza?* E' la fede che ci fa membri attivi del corpo di Cristo e ci inserisce nella storia di salvezza.

Ricordiamo le tappe della genesi della fede, secondo Oscar Cullmann: ogni uomo è fondamentalmente un salvato. Il Battesimo generale del Golgotha l'ha liberato dal dominio della potenza della sarx.

E' un salvato ma che non sa di esserlo.

La Chiesa ha proprio la missione di annunciarglielo. Al contatto della Predicazione, questo salvato inconscio prende coscienza dello stato di asservimento in cui il peccato l'aveva ridotto e della liberazione operata dal Cristo.

Questa è la fede.[68]

In questa teologia della fede, l'elemento « decisione libera » è, se non assente, per lo meno sprovvisto di rilievo. La fede infatti non è solo presa di coscienza ma anche decisione libera di impegnarsi in un nuovo modo di esistenza.

---

[68] *ChZ*, 193-197.

Questa categoria di « decisione » che caratterizza l'apporto della libera volontà all'atto di fede non lo troviamo negli scritti cullmanniani.[69]

Questo silenzio non è un handicap di primo ordine per chi pretende di dialogare o di confutare il teologo di Marburg che vede nella fede, prima di tutto ed essenzialmente, una decisione esistenziale?

Si ha l'impressione che il Cullmann riduca la fede al passaggio da un « essere inconsciamente salvo » ad un « essere consciamente salvo ».

Non offre così un argomento a chi vorrebbe far passare la storia della salvezza, che è vita ed attività di salvati, per una concezione filosofica cristiana del tempo?

Non è questo, l'abbiamo visto.[70] Ma purtroppo questa carenza della sua riflessione teologica sulla fede può sviare chi non tiene in debito conto la visione totale del suo pensiero. A rafforzare questa impressione inesatta non contribuisce forse anche il fatto che il Cullmann insiste spesso sull'idea che lo scandalo della fede, almeno per gli ellenisti, consisteva nel dover accettare una concezione lineare del tempo?[71]

E' vero, il Cullmann non dimentica lo scandalo della croce.[72] Ma ha il rilievo che la sua insistenza sull'opposizione tra temporalità ellenica e giudaico-cristiana finisce per dare allo scandalo della linearità?

La fede come presa di coscienza irrazionale? Ci è difficile ritrovare nell'opera del teologo alsaziano una presa di posizione sufficientemente chiara sulla razionalità della fede e della teologia.[73]

---

[69] E questo non manca di stupirci. La fede, nella teologia luterana, è fiduciale cioè formalmente atto di volontà. Cf. H. LANGE, *De Gratia*, Freiburg i.B. 1929, p. 233.

[70] Vedi sopra, p. 148 s, e tutto il cap. II della II Parte.

[71] Vedi sopra, p. 233. Cf. *Le Mythe*, 128 s.

[72] Ad es. in: *Necessità della teologia per la Chiesa secondo il N.T.*: *Protestantesimo* 13 (1958), 4-5.

[73] Presa di coscienza irrazionale non è nel nostro caso, come potrebbe sembrare a prima vista, contraddittorio: significa accettazione passiva e ingiustificata di un nuovo contenuto di coscienza. Usiamo qui il termine « irrazionale » nel senso che le esigenze di razionalità nell'adesione di fede e nella lettura della Bibbia sono ignorate.

Il fideismo di R. Bultmann non lascia adito a dubbi: *KM* I, p. 46; *KM* II, p. 207. Cf. MARLÉ, 184; OTT, 168; K. BARTH, *Ein Versuch*, 21 33.

Vi rintracciammo soltanto indizi, abbastanza eloquenti però.

Parlandoci delle relazioni tra Teologia e Fede, Oscar Cullmann vuole mostrare come la riflessione teologica è fondata esclusivamente sulla fede. Il suo argomento iniziale è proprio in una linea di sapore, in un certo senso, « fideistico »:

« (la vera teologia) Trova infatti il suo punto di partenza nella convinzione, generata dalla fede, che con le nostre sole forze non possiamo sapere nulla di Dio, se Dio stesso non si rivela a noi. La ragione umana in quanto tale non può raggiungere Dio. Perciò il Nuovo Testamento condanna ogni tentativo di voler conoscere Dio mediante le nostre capacità umane ».[74]

Nell'analisi di *Rom.* 1,18 poi, il nostro Autore si dichiara d'accordo col Bultmann nel negare l'esistenza di una teologia naturale. La rivelazione che Dio fa di se stesso ai pagani attraverso alla Creazione non è una conoscenza che li conduce positivamente al Cristo. Ha come solo scopo di far loro scoprire che sono creature e che sono immersi nel peccato.[75]

Inoltre l'antifilosofismo accanito dell'interpretazione storico-salvifica della Bibbia non è forse anche espressione di sfiducia nella ragione?

Il Cullmann sembra dimenticare che il pensiero umano è l'interlocutore primo cui la Parola si rivolge. « Nil volitum quin praecognitum ». Quindi la Parola prima di essere accettata come vita deve venire accolta come « pensata ».

Il teologo alsaziano invece non sembra vedere nel pensiero che una fonte di falsificazione o di contaminazione della Sapienza.[76]

Una conseguenza, a nostro parere, non felice di questo irrazionalismo, ci pare di vederla nella sua soluzione del problema del mito.

L'impostazione del problema del mito di Oscar Cull-

---

[74] *Necessità della teologia per la Chiesa secondo il N.T.*: Protestantesimo 13 (1958), 3. Questo tema ritorna anche nelle pag. 4 e 5.

[75] *ChZ*, 160-162. Ma tutto questo non implica una teologia naturale embrionale? Il senso di una colpa presuppone la convinzione nella signoria divina come quello di creatura la persuasione della Sua onnipotenza e trascendenza.

[76] Vedi sopra, p. 49 s.

mann è ben diversa da quella di Rudolf Bultmann, lo sappiamo.

Il Bultmann lo considera anzitutto come un problema di « espressione » del Messaggio.[77]

Il mito è una rappresentazione che oggettiva l'intervento trascendente di Dio in Cristo.

Tutto consisterà in un tentativo di re-interpretazione. Andare sotto all'espressione attuale biblica mitica oggettivante e, negandola, ritrovarvi il senso profondo e genuino della Parola.[78]

La smitizzazione è così un mezzo per toccare il nucleo profondo del Messaggio. In questo senso, si può forse dire che il problema del mito è il problema fondamentale della teologia bultmanniana. La sua soluzione si situa al punto di partenza di tutta la sua costruzione. Se rimane insoluto od oscuro, tutta la sua riflessione teologica susseguente è bloccata o viziata.

Il prof. Cullmann invece, affronta il problema del mito al termine del suo itinerario teologico. Ha già scoperto il nucleo del Messaggio come storia di salvezza cristocentrica. Il problema è la presa in considerazione di un'obbiezione che lo storico moderno può sollevare di fronte alla stupenda costruzione, edificata dal teologo della salvezza: come possono essere storico-salvifici (heilsgeschichtlich) avvenimenti che non sono storicamente controllabili (historisch)?

Con questa impostazione il Cullmann si metteva su un piano di giustificazione razionale del carattere storico-salvifico di certi avvenimenti non storicamente controllabili. E la soluzione? E' un richiamo drastico alla rivelazione e alla fede.

L'avvenimento mitico è storico-salvifico perchè ci è rivelato come tale. A noi non resta che accettare tale rivelazione, in pura fede. La nostra ragione e la nostra ricerca storica non hanno nessuna possibilità di giustificazione.[79]

---

[77] Vedi sopra, Introduzione; p. 66 s; cf. anche J.C. FURTRELL, *Myth and Message*: *Catholic Biblical Quarterly* 21 (1959), 286; R. MARLÉ, art. *Mythe. Dans le N.T.*: *DBS*, VI, c. 263 265.

[78] Vedi sopra, p. 226 s.

[79] Vedi sopra, p. 194 s. Non nascondiamo che, ai nostri occhi, la nozione cullmanniana di mito non è scevra di oscurità. Il criterio di « controllabilità » ci pare assai ambiguo. E' infatti relativo ed incerto: ciò che era controllabile per i primi cristiani non lo è forse più per noi e viceversa; ciò che è controllabile oggi non lo sarà forse più tra un secolo.

Noi invece ci aspettavamo che una simile impostazione del problema conducesse il nostro teologo ad un esame oggettivo che anche lo storico profano potesse capire e forse accettare. Questa indagine avrebbe avuto per oggetto il valore del concetto di « storia » delle varie fasi della cultura giudeo-cristiana in cui i libri sono nati, i generi letterari, il significato dei loro caratteri di storicità e autenticità.

Invece il Cullman ci mette davanti ad una preclusione: la vostra scienza storica non è di nessun valore, bisogna credere.

Non potremmo allora dire che questa svalutazione della ragione impedisce a Oscar Cullmann non solo la possibilità del dialogo con Rudolf Bultmann, a causa della sua teologia biblica afilosofica, ma anche lo estrania da un reale contatto col mondo della critica storica, con questa soluzione più dommatica che storica di un problema da lui posto anzitutto come problema di storia?

4. *Il bilancio finale.*

Queste sono alcune tra le riserve più significative che il teologo cattolico deve formulare davanti al pensiero cullmanniano.[80]

Non rappresentano forse nel cammino teologico di Oscar Cullmann degli ostacoli che gli impediscono una coerenza più radicale colle tre direttrici fondamentali che avevamo creduto di individuarvi e sulle quali ci trovavamo concordi?

Abbiamo creduto di mostrarlo man mano che esaminavamo i punti di « riserve ».[81] Hanno per risultato sostanziale di rendere meno realmente storia, la storia di salvezza e meno attuale, l'attualizzazione di salvezza nel presente.

Il bilancio di questi consensi e di queste riserve (giudicate come le abbiamo giudicate, cioè come « incoerenze ») ci permette ora di rispondere all'ipotesi del Leuba.[82] Non neghiamo di trovare un alleato in Bultman in quanto insiste sull'attualità della salvezza e sulla necessità di un ap-

---

Eppoi qual'è la norma di controllabilità? Documenti e testimonianze estrabibliche o bibliche?

[80] Altri elementi di critica li abbiamo espressi nel contesto della nostra esposizione.

[81] Questo ci pare valido, in primo luogo, per le prime tre critiche formulate. Vedi sopra, p. 291-303.

[82] Vedi sopra, p. 293.

porto di strutture di pensiero per la lettura della Bibbia. Questo anzi, ci apre probabilmente una possibilità di dialogo che al Cullmann era chiusa.[83]

Tuttavia è nelle linee di forza della teologia di Oscar Cullmann che ritroviamo le tracce più convincenti di una interpretazione autenticamente cristiana del Messaggio. E le lacune che vi denunciavamo sono anzitutto deviazioni dalle direttrici fondamentali del suo stesso pensiero.

Perciò se dovessimo scegliere, sentiremmo Oscar Cullman dalla nostra parte.

Siamo lieti che egli abbia individuato le tappe fondamentali di una riflessione teologica cristiana.

Ma le divergenze, soprattutto metodologiche ed ecclesiologiche che abbiamo segnalate gli impediscono di camminare veramente accanto a noi nella scia della grande teologia cristiana.

E quale lezione possiamo dire di ricevere dal teologo alsaziano?

Oscar Cullmann ha, a nostro parere, soprattutto il merito di richiamare, colla sua ricerca seria onesta e credente, la nostra attenzione sul fatto cristiano come storia di salvezza cristocentrica e sul presente come tempo di « tensione ».

Cose non nuove per noi.

Ma forse non hanno sempre avuto nella nostra riflessione teologica sistematica il peso che la tradizione antica dava loro.

---

[83] In un certo senso, possiamo parlare di un fruttuoso dialogo possibile tra noi e il Bultmann. Ci troviamo d'accordo sulla necessità dell'apporto di una « filosofia » per la lettura totale della Bibbia. Si tratterà di criticarne la struttura, s'intende. Ma non ci rifiutiamo a priori di discutere e magari anche di accettare certi aspetti dei presupposti bultmanniani (Cf. MALEVEZ, p. 115-120). Questo ci apre le prime due vie di cui parlavamo sopra, p. 288. Inoltre, l'attualizzazione della salvezza, nella teologia cattolica, ha un contenuto di presenzialità più intenso che nella teologia cullmanniana: il tempo della Chiesa, in cui la salvezza si attualizza nei sacramenti, giustificandoci realmente, è sì tempo subordinato al tempo centrale di Cristo ma non è diminuito rispetto ad esso. E' subordinato: è nel centro che si svolse il dramma della morte gloriosa; ma non diminuito: la Chiesa, corpo di Cristo, è per noi una continuazione della Incarnazione redentrice e, in quanto Santa, partecipa alla vittoria di Cristo. Il Cristo agisce così nella Chiesa.

Questo da una parte non può non accentuare la nostra differenziazione dalla posizione protestante del Bultmann, tuttavia ci mette anche nel diritto di una discussione più reale col teologo della presenza della salvezza.

INDICE DEI NOMI

ADAM K., p. X; p. 19 n. 65; p. 238 n. 43.
AGOSTINO S., p. 114 n. 44; p. 115 n. 46-47; p. 213 n. 83.
ALLO E., p. 269 n. 27
ALONSO-SCHÖKEL L., p. 96 n. 15.
ALTHAUS P., p. 76; p. 122 n. 72; p. 126 n. 86.
AMBROSANIO A., p. VIII; p. 97 n. 21; p. 273 n. 44-45; p. 276 n. 62.
ARRIETA J.S., p. VIII; p. 157 n. 140.
AUBERLEN K., p. 76.
AULEN G., p. VIII.
BACHT H., p. 160 n. 151.
BARTH K., p. IV-VIII-IX-XVII; p. 4 n. 3; p. 12 n. 38; p. 19 n. 67-69; p. 20 n. 70; p. 22 n. 76; p. 25 n. 88; p. 26 n. 89; p. 27 n. 93; p. 28 n. 98; p. 51 n. 63; p. 60 n. 24; p. 65 n. 42; p. 69 n. 60; p. 71 n. 68; p. 86 n. 25-26; p. 122 n. 73; p. 137 n. 35-36; p. 155 n. 131; p. 163 n. 163; p. 171 n. 184; p. 206 n. 63; p. 233 n. 24; p. 237 n. 43; p. 263 n. 8-9; p. 289; p. 290 n. 20; p. 291 n. 22; p. 294 n. 22; p. 294 n. 37; p. 304 n. 73.
BARTSCH H.-W., p. VIII; p. XIII n. 2-3; p. 57 n. 14-15; p. 58 n. 17-18; p. 64 n. 37-38.
BARUCQ A., p. 114 n. 44.
BAVAUD G., p. 169 n. 177; p. 173 n. 190.
BEAUDUIN L., p. 238 n. 43.
BENOIT P., p. VIII; X; p. 5 n. 8; p. XVI n. 17; p. 10 n. 27; p. 12 n. 41; p. 16 n. 57; 55; p. 45 n. 40; p. 46 n. 44; p. 114 n. 43; p. 125 n. 84; p. 143 n. 71; p. 160 n. 151; p. 162 n. 159; p. 179 n. 209; p. 180 n. 214; p. 182 n. 221; p. 272 n. 42; p. 282 n. 88; p. 295 n. 38.
BERTRAM G., p. 4 n. 4; p. 5 n. 10; p. 12 n. 37; p. 16 n. 54.
BIRAGHI A., p. 59 n. 21.
BOEHME J., p. 76 n. 89.
BOISMARD P., p. 97 n. 21; p. 171 n. 186.
BOMAN TH., p. 111 n. 34.
BORNKAMM G., p. 63 n. 33.
BOUILLARD H., p. X; p. 3 n. 2; p. 19 n. 65-66-69; p. 20 n. 70; p. 48 n. 50; p. 51 n. 63-64-65; p. 129 n. 2; p. 289 n. 17.
BOUSSET W., p. 12 n. 39; p. 28 n. 90.
BOUTTIER M., p. VIII.
BOUYER L., p. 114 n. 44.
BRAUN F.M., p. 4 n. 4; p. 5 n. 8; p. 94 n. 6; p. 119 n. 59; p. 149 n. 94.
BRECHT F.J., p. 74.
BRUNNER E., p. 19; p. 20; p. 73 n. 74; p. 258 n. 60.
BURI F., p. IX; p. 34; p. 72 n. 71.
CALVINO G., p. 26 n. 90; p. 51.
CERFAUX L., p. XI; p. 16 n. 57; p. 17 n. 57; p. 45 n. 40; p. 112 n. 39; p. 162 n. 159; p. 220 n. 14; p. 269 n. 27; p. 282 n. 85.
CHENU M.-D., p. 114 n. 45.
CHIFFLOT P., p. VIII; p. 114 n. 43; p. 125 n. 85.
CIPRIANI S., p. VIII; p. 160 n. 151.
COLLIGWOOD R.G., p. 7 n. 14.
COLOMBO C., p. 96 n. 14.
CONGAR Y.M.-J., p. XI; p. 171 n. 185; p. 178 n. 208; p. 184 n. 227; p. 185 n. 229; p. 302 n. 66.
CONTE G., p. VIII.
CORTI G., p. 162 n. 159.
CORVEZ M., p. 295 n. 38.
DANIÉLOU J., p. VIII; p. XI; p. 45 n. 40; p. 97 n. 21; p. 108 n. 24; p. 111 n. 30; p. 112 n. 38; p. 114 n. 43-44; p. 124 n. 79; p. 142 n. 69; p. 158 n. 143; p. 160 n. 150; p. 299 n. 56; p. 300 n. 59.
DE GHELLINCK J., p. IX: p. 134 n. 19.
DE HAES P., p. 5 n. 8.
DEJAIFVE G., p. IX; p. 160 n. 151; p. 161 n. 152; p. 161 n. 155.
DELEKAT F., p. 76.
DELLING G., p. 102 n. 5; p. 106 n. 18.

DE LUBAC H., p. 107 n. 20; p. 112 n. 39; p. 113 n. 42; p. 302 n. 66.
DE MONTCHEUIL Y., p. 165 n. 166.
DENZINGER, p. 123 n. 75; p. 295 n. 39-42.
DESCAMPS A., p. 6 n. 13.
DHANIS E., p. 178 n. 208; p. 179 n. 209.
DIBELIUS M., p. 4 n. 6-7; p. 13 n. 43.
DILTHEY W., p. 282 n. 86.
DODD C.H., p. VIII; p. XI.
DRIVER G.R., p. 111 n. 34.
DUBARLE A.M., p. 160 n. 151.
DUMERY H., p. 158 n. 143.
DUPONT J., p. 171 n. 186.
EBELING G., p. 52 n. 66.
ELERT W., p. 171 n. 185.
ELIADE M., p. 107 n. 20; p. 191 n. 20.
FESSARD G., p. 109 n. 27; p. 116 n. 49; p. 118 n. 56-57.
FESTUGIERE A.-J., p. 113 n. 41.
FEUILLET A., p. 95 n. 9; p. 148 n. 94; p. 220 n. 14-15.
FILOGRASSI G., p. 160 n. 151.
FILTHAUT TH., p. 129 n. 1.
FLORIT E., p. 10 n. 27.
FRIES H., p. X; p. 294 n. 34; p. 296 n. 46.
FRISQUE J., p. VII; p. IX; p. 3 n. 1; p. 172 n. 187; p. 177 n. 205.
FRUSCIONE S., p. 161 n. 153.
FUTRELL J.C., p. 306 n. 77.
GAECHTER P., p. 114 n. 43; p. 124 n. 79; p. 180 n. 214; p. 182 n. 221.
GAROFALO S., p. 150 n. 102.
GIRARDET G.M., p. VIII.
GOGUEL M., p. VIII.
GONZELMANN H., p. 163 n. 163.
GRELOT P., p. 95 n. 8.
GRESSMANN H., p. 19.
GRILLMEIER A., p. 107 n. 21; p. 173 n. 190.
GRUETZMACHER R.H., p. 137 n. 39; p. 138 n. 41.
GUITTON J., p. 114 n. 43-44; p. 115 n. 47.
HAEBERLIN P., p. 92 n. 48.
HAMER J., p. 51 n. 64; p. 97 n. 20; p. 127 n. 94; p. 233 n. 25; p. 238 n. 43; p. 289 n. 17; p. 293 n. 32.
HARVEY J., p. 97 n. 20.
HEGEL G.W.F., p. 76 n. 89; p. 77 n. 92-93-94; p. 118 n. 57.
HEIDEGGER M., p. 53; p. 54 n. 4; p. 56; p. 71 n. 68; p. 73 n. 74; p. 76; p. 189 n. 15.
HEITMUELLER W., p. 28 n. 97.
HERING J., p. 116 n. 51.
HERRMANN W., p. 61 n. 27.
HIRSCH E., p. 76 n. 89; p. 78 n. 99; p. 138 n. 39-41; p. 203 n. 55.
HOLSTROEM F., p. 30 n. 101-102; p. 34 n. 3; p. 148 n. 94.
HOFMANN I.C.K., p. 76 n. 89; p. 78 n. 99; p. 137 n. 39; p. 138 n. 41; p. 203 n. 55.
IRENEO, p. 107; p. 115; p. 134 n. 20; p. 173.
JACONO V., p. 269 n. 27.
JASPERS K., p. 60 n. 24.
JONES G.V., p. XI; p. 132 n. 14.
JOURNET CH., p. IX; p. 162 n. 159.
JUELICHER A., p. 20.
KAEHLER M., p. 76.
KARRER O., p. IX.
KITTEL G., p. 101 n. 2.
KIERKEGAARD S., p. 51; p. 118 n. 57; p. 156 n. 132.
KOERNER J., p. IV; p. IX; p. XIII n. 4; p. 31 n. 104; p. 63 n. 34; p. 65 n. 40; p. 69 n. 58; p. 71 n. 68; p. 72 n. 71; p. 73 n. 74; p. 76 n. 86-87; p. 76 n. 90-91; p. 77 n. 92-93-94-95; p. 94 n. 4; p. 97 n. 21; p. 106 n. 19; p. 121 n. 68; p. 122 n. 70; p. 167 n. 173; p. 227 n. 11; p. 229 n. 16; p. 235 n. 32; p. 246 n. 14; p. 247 n. 15; p. 250 n. 26; p. 251 n. 32-34; p. 252 n. 36-37-38; p. 253 n. 39-41; p. 255 n. 49; p. 269 n. 26; p. 270 n. 28; p. 279 n. 76; p. 280 n. 79; p. 282 n. 87-88; p. 283 n. 89-90-92-93; p. 284 n. 96; p. 289 n. 16; p. 297 n. 48.
KUEMMEL W.G., p. 240 n. 52-53-55.
KUENG H., p. 134 n. 20.
KUENNETH W., p. 123 n. 75.
KUSS O., p. 115 n. 45; p. 219 n. 5-6-7; p. 269 n. 27.
LAFFOUCRIERE O., p. 67 n. 47.
LAGRANGE M.J., p. 151 n. 110.
LAMPERT E., p. XI; p. 185 n. 230.
LANGE H., p. 304 n. 69.
LATOURELLE R., p. 160 n. 151.
LENGSFELD P., p. XVI n. 17; p. 227 n. 9; p. 244 n. 5.
LEON-DUFOUR X., p. 10 n. 27; p. 97 n. 21.
LEUBA J.L., p. XI; p. XIV n. 5; p. VIII n. 22; p. 60 n. 25; p. 124 n. 80-83; p. 127 n. 93; p. 289 n. 17-18; p. 290 n. 20; p. 291 n. 22; p. 292 n. 25-26-28.
LEVIE J., p. IX; p. 3 n. 2; p. 95 n. 8; p. 177 n. 206; p. 179 n. 209.

LICHTENBRAN, p. 11 n. 35; p. 12 n. 42.
LOEWITH K., p. XI; p. 73 n. 74; p. 105 n. 16; p. 267 n. 16-20; p. 282 n. 87.
LONERGAN B.J.F., p. 97 n. 19.
LUTERO M., p. 26 n. 90; p. 51; p. 171 n. 185; p. 283 n. 93.
LYONNET S., p. 94 n. 6; p. 95 n. 8-10; p. 96 n. 16.
MALEVEZ L., p. IV; p. X; p. XIV n. 6; p. XV n. 14; p. 19 n 67; p. 26 n. 91; p. 59 n. 22; p. 63 n. 34; p. 69 n. 62; p. 70 n. 63-65; p. 71 n. 68-69-70; p. 72 n. 71; p. 73 n. 74; p. 74 n. 78; p. 94 n. 4; p. 123 n. 73; p. 125 n. 85; p. 173 n. 189; p. 177 n. 206; p. 178 n. 207; p. 178 n. 208; p. 190 n. 18; p. 191 n. 20; p. 227 n. 9-11; p. 229 n. 16; p. 231 n. 19; p. 238 n. 43; p. 283 n. 91; p. 293 n. 32; p. 294 n. 35-37; p. 296 n. 46-47; p. 308 n. 83.
MARLÉ R., p. IV; p. IX; p. X; p. XIV n. 6-7; p. XV n. 9-14; p. XVI n. 15-17; p. 3 n. 2; p. 5 n. 10; p. 8 n. 20; p. 59 n. 21; p. 59 n. 22; p. 60 n. 25; p. 61 n. 28; p. 63 n. 34; p. 64 n. 36; p. 67 n. 48-49; p. 68 n. 55-56-57; p. 69 n. 58-59; p. 70 n. 65-66-67; p. 71 n. 68-70; p. 72 n. 71; p. 73 n. 72-74; p. 75 n. 83; p. 77 n. 97-98; p. 80 n. 5; p. 106 n. 17; p. 142 n. 68; p. 166 n. 171; p. 167 n. 173; p. 178 n. 208; p. 184 n. 227-228; p. 190 n. 18; p. 206 n. 63; p. 220 n. 10; p. 226 n. 7; p. 227 n. 9; p. 229 n. 14-16; p. 233 n. 24-25; p. 234 n. 28; p. 235 n. 32; p. 236 n. 38; p. 237 n. 42; p. 238 n. 43; p. 247 n. 15; p. 250 n. 26; p. 257 n. 56; p. 259 n. 64; n. 270 n. 31; p. 273 n. 47; n. 274 n. 49; p. 283 n. 91-94; p. 289 n. 17; p. 292 n. 27-28; p. 293 n. 30-32; p. 294 n. 36-37; p. 295 n. 38; p. 296 n. 44-45-46-47; p. 297 n. 48; p. 304 n. 73; p. 306 n. 77.
MARROU H.-I., p. XI; p. 7 n. 13; p. 7 n. 14; p. 97 n. 19; p. 213 n. 83.
MASSON CH., p. VIII; p. 97 n. 21; p. 142 n. 69.
MCKENZIE J.L., p. 226 n. 7.
MEINERTZ M., p. IX; p. 151 n. 110; p. 167 n. 172; p. 173 n. 189; p. 180 n. 214.
MICHEL O., p. VIII.
MIEGGE G., p. IX; p. XIV n. 6; p. XV n. 11-13-14; p. XVI n. 15; p. 53 n. 1;
p. 63 n. 34; p. 167 n. 173; p. 171 n. 184; p. 189 n. 15; p. 190 n. 18; p. 227 n. 9-11; p. 229 n. 15-16; p. 289 n. 17; p. 292 n. 27; p. 294 n. 36; p. 296 n. 47; p. 71 n. 68.
MOLS R., p. 114 n. 43.
MOUROUX J., p. 112 n. 40; p. 116 n. 50-51; p. 300 n. 58.
NEWMAN J.H., p. 114 n. 44.
OGGIONI G., p. 179 n. 209; p. 268 n. 21.
ORIGENE, p. 25 n. 87; p. 113 n. 42; p. 115 n. 47.
OTT H., p. IV; p. X; p. XIII n. 1; p. XV n. 10-14; p. 60 n. 24; p. 61 n. 30; p. 63 n. 34; p. 64 n. 36; p. 66 n. 44; p. 67 n. 45-47-48; p. 68 n. 53; p. 69 n. 58-59-61-62; p. 70 n. 64; p. 72 n. 71; p. 73 n. 73-74-75; p. 74 n. 78-79; p. 94 n. 4; p. 167 n. 173; p. 171 n. 184; p. 189 n. 15; p. 190 n. 18; p. 227 n. 9; p. 233 n. 25; p. 235 n. 30-32-33-34; p. 236 n. 35-37-38; p. 237 n. 42; p. 253 n. 41; p. 257 n. 56; p. 269 n. 26; p. 289 n. 15; p. 296 n. 45.
PASCAL B., p. 114 n. 44.
PAUTREL R., p. 111 n. 30.
PEDERSEN JOHS., p. 111 n. 34.
PIDOUX G., p. 111 n. 30-31.
PRENTER R., p. 63 n. 33.
PRUEMM K., p. 46 n. 42.
PUECH H.C., p. XI; p. 112 n. 38-39; p. 113 n. 41; p. 115 n. 47; p. 117 n. 55.
RAHNER K., p. XI; p. 94 n. 6; p. 128 n. 95; p. 178 n. 208.
RICHARDSON A., p. 182 n. 221.
RIGAUX B., p. 6 n. 11.
RIVIERE J., p. 280 n. 79.
ROUSSEAU O., p. 114 n. 44.
SASSE H., p. 104 n. 14; p. 126 n. 88; p. 127 n. 95.
SCHLATTER A., p. 202 n. 51.
SCHLIER H., p. 289 n. 15.
SCHLINK E., p. 178 n. 208.
SCHMAUS M., p. XI; p. 220 n. 14; p. 269 n. 21.
SCHMIDT K.L., p. 85 n. 23.
SCHMITT J., p. 134 n. 21; p. 85 n. 23.
SCHNACKENBURG R., p. 293 n. 32.
SCHREY H., p. 289 n. 15.
SCHRENK G., p. 106 n. 18.
SCHUMANN F.K., p. 65 n. 42; p. 73 n. 76.
SCHWEITZER A., p. 30 n. 102; p. 50 n. 55; p. 131 n. 9.
SEMMELROTH O., p. 302 n. 66.

Sertillanges A., p. 123 n. 75.
Spicq C., p. 94 n. 5; p. 95 n. 8-10;
   p. 96 n. 16; p. 97 n. 17-18.
Spengler, p. 282 n. 86.
Stanley D.M., p. 179 n. 209.
Stauffer E., p. 244 n. 9; p. 288 n. 12.
Schlatter A., p. 202 n. 51.
Stirnimann H., p. IX; p. 221 n. 20-21.
Straeter C., p. 38-39 n. 21.
Strotmann D.Th., p. IX; p. 108 n. 25;
   p. 114 n. 43; p. 115 n. 48.
Subilia V., p. 141 n. 61.
Tavard G.H., p. IX; p. 160 n. 151.
Teodoreto, p. 299 n. 56-57.
Thielicke H., p. XIII n. 3.
Tommaso S., p. 114 n. 45.
Toynbee A., p. 282 n. 86.
Troeltsch E., p. 61 n. 27.
Tucci R., p. X; p. 295 n. 38.
Turner H.E.W., p. 127 n. 92.

Van der Leeuw G., p. 188 n. 11;
   p. 191 n. 20.
Van Roo W. A., p. 135 n. 23.
Vignon H., p. 295 n. 41.
Voegtle A., p. IV; p. X; p. XVI
   n. 15; p. 53 n. 1; p. 66 n. 44;
   p. 62 n. 47; p. 69 n. 61; p. 229
   n. 16; p. 231 n. 19; p. 247 n. 15;
   p. 295 n. 38.
Von Allmen J.J., p. XI; p. 214 n. 88.
Von Balthasar H.U., p. 185 n. 230;
   p. 268 n. 22.
Walty J.N., p. 235 n. 31; p. 289 n. 15.
Weijenborg R., p. IX; p. 167 n. 172;
   p. 179 n. 209; p. 180 n. 214.
Weiss J., p. 28 n. 97; p. 30 n. 102.
Werner M., p. 14 n. 48; p. 34 n. 2;
   p. 115 n. 47; p. 131 n. 9.
Wrede W., p. 8 n. 18.
Zorelle F., p. 149 n. 94.

INDICE

	PAGINA
SIGLE E ABBREVIAZIONI	III
BIBLIOGRAFIA	V
INTRODUZIONE	XIII-XIX

PARTE PRIMA
L'INTERPRETAZIONE DEL NUOVO TESTAMENTO

CAPITOLO I: *Verso l'interpretazione storico-salvifica* . . 3
   I. *« Formgeschichtliche Methode »* 3
      1. Il postulato liberale 5
      2. La nuova scuola 8
      3. Problemi aperti 14
   II. *Esegesi oggettiva* 18
      1. Esegesi « oggettiva » piuttosto che « teologica » 19
      2. Esegesi oggettiva e storia 23
   III. *Escatologia e temporalità* 28
      1. « Autotrasparenza » 29
      2. Verso la scoperta della temporalità . . . 30

CAPITOLO II: *L'interpretazione storico-salvifica* 33
   I. *Il cristianesimo come storia di salvezza* . . . 35
      1. Storicità della « Sache » 35
      2. Il Kerygma è storia 36
   II. *L'interpretazione storico-salvifica del NT* . . 37
      1. Il problema di « Christus und die Zeit » . . 38
      2. Fede e storia 39
      3. La concezione di fede del cristianesimo primitivo 40
   III. *La Regola di fede* 42
      1. Le confessioni di fede 42
      2. Le confessioni come norma 43
      3. Normatività e temporalità 45
      4. La condizione fondamentale di ogni teologia . 47
   IV. *Rifiuto della filosofia* 49
      1. « Sola Scriptura ». Nessun « apriori » . . . 49
      2. Ellenismo 50

		PAGINA
Capitolo III: *Il « dialogo »*		53

    I. *L'interpretazione esistenziale secondo O. Cullmann* . . . 53
        1. Il problema di R. Bultmann 53
        2. Il contrasto 55
    II. *Dudolf Bultmann* 57
        1. Una base di partenza comune 57
        2. La Formgeschichtliche Methode 63
        3. L'interpretazione esistenziale 66
    III. *Hegelismo di O. Cullmann* 74
        1. La reazione di O. Cullmann 74
        2. O. Cullmann hegeliano? 75

Capitolo IV: *Ultimi sviluppi* 79

    I. *L'interpretazione storico-salvifica come ricerca critica* 79
        1. L'esegesi di due dopoguerra 79
        2. Il fondamento teologico della ricerca critica . 82
        4. Funzione della ricerca critica 84
    II. *L'interpretazione storico-salvifica e la riflessione teologica* 87
        1. Teologia e fede 88
        2. Teologia come manifestazione dello Spirito . 89
        3. Riflessione teologica e ricerca critica . . . 90
        4. Il dottore nella Chiesa 91

Conclusione della prima parte:

        1. O. Cullmann imposta un dialogo valido con R. Bultmann? 93
        2. Il teologo biblico cattolico e l'interpretazione storico-salvifica 94

Parte Seconda
IL CRISTIANESIMO COME STORIA DI SALVEZZA

Capitolo I: *Il cristianesimo come storia lineare di salvezza*   101

    I. *La terminologia temporale del NT* 102
        1. Kairòs 102
        2. Aiôn 104
    II. *Linearità cristiana e ciclicità ellenica* 106
        1. La concezione temporale greca e la salvezza . 106
        2. Linearità semplificatrice? 109
    III. *Linearità e eternità* 121
        1. Linearità e eternità 121
        2. Ipostatizzazione del tempo? 124

	Pagina
Capitolo II: *Il cristianesimo come storia lineare cristica* .	129
I. *La centralità di Cristo*	129
1. Il Messia è venuto	129
2. Il Cristo centro	133
II. *Il significato della centralità di Cristo* . . .	136
1. Il principio di sostituzione	138
2. L'idea fondamentale di Cristo come «autocomunicazione di Dio»	143
III. *Funzione della centralità di Cristo*	144
1. Il passato della storia di salvezza	146
2. Il futuro della storia di salvezza	148
3. Il presente della storia di salvezza . . .	153
IV. *Il Mediatore è Dio?*	166
Capitolo III: *Il cristianesimo come storia profetica* . .	186
I. *Il problema del mito*	186
1. Il concetto di mito	187
2. Il problema del mito	191
II. *Il cristianesimo come storia lineare profetica* .	194
1. La storia della salvezza come profezia . .	194
2. Profezia e temporalità	200
3. Profezia e Incarnazione	203
4. Profezia e storia	208
Conclusione della seconda parte	218

Parte Terza

IL «DIALOGO»

Capitolo I: *L'atteggiamento polemico di O. Cullmann* .	225
I. *O. Cullmann espone la soluzione bultmanniana del problema del mito*	226
1. Il nucleo della soluzione bultmanniana . .	226
2. La teologia della croce	228
II. *O. Cullmann critica la soluzione bultmanniana*	230
1. Funzione pedagogica della croce	230
2. Negazione del messaggio come storia e come efàpax	232
3. Una nozione di storia estranea al NT . .	234
4. La smitizzazione come ritorno al mito? . .	237
Nota: Un mito non «storicizzato» nel NT . .	240
Capitolo II: *La presa di posizione di R. Bultmann* . .	242
I. *R. Bultmann critica la soluzione cullmanniana*	242
1. Illegittimità del problema	242

	PAGINA
2. O. Cullmann profana la nozione di storia della salvezza	246
3. Cristo non è il centro della storia	250
4. L'escatologia come attualità della salvezza	252
II. *R. Bultmann « risponde »*	257
1. Storicità dell'esistere cristiano come astrazione?	257
2. L'efàpax smitizzato	258
CAPITOLO III: *La « risposta » di O. Cullmann*	261
I. *Legittimità del problema del mito nella teologia della storia di salvezza*	261
1. E' un vero problema	261
2. La teologia di O. Cullmann è valida?	262
II. *O. Cullmann profana la nozione di storia di salvezza?*	264
1. Non profana la nozione di storia di salvezza	265
2. Sacralizzazione della storia profana?	266
3. L'« os mè » cullmanniano	268
III. *La « complessità » dell'escatologia cullmanniana*	271
1. L'escatologia cullmanniana come « presenza della salvezza »	271
2. L'avvenimento della Fine e la salvezza definitiva	276
3. Il senso della « presenza della salvezza »	277
4. Un punto di partenza per la critica a Bultmann?	282

CONCLUSIONE GENERALE

1. L'esito del « dialogo »	285
2. L'attualizzazione della salvezza in R. Bultmann e nella teologia cattolica	293
3. La teologia della storia della salvezza davanti alla teologia cattolica	297
4. Il bilancio finale	307
INDICE DEI NOMI	309